영화·드라마의
숲속으로

INTO THE WOODS
by John Yorke

좋은 시나리오에 반드시 있는 '구조'를 찾아가는 여행

영화·드라마의

숲속으로

존 요크 지음 | 정재윤 옮김

두란

뒤란에서 예술 읽기 03

영화·드라마의
숲속으로

초판 1쇄 발행 2022년 4월 15일
지은이 존 요크 **옮긴이** 정재윤
책임편집 오은조 **편집** 박은혜 **디자인** 볍씨 **인쇄** 아트인
펴낸이 김두엄 **펴낸곳** 뒤란 **등록** 제2019-000029호(2019년 7월 19일)
주소 07208 서울시 영등포구 선유로49길 23 IS비즈타워2차 1503호
전화 070-4129-4505 **전자우편** ssh_publ@naver.com
블로그 sangsanghim.tistory.com **인스타그램** @duiran_book
ISBN 979-11-969251-9-2 03680

"예술은 한계로 이루어져 있다.
모든 그림에서 가장 아름다운 부분은 프레임이다."

체스터턴G.K.Chesterton

차례

들어가는 말 · 8

◆ 제1막 집

1장 이야기란 무엇인가? · 27
2장 3막 구조 · 61
3장 5막 구조 · 73
4장 변화의 중요성 · 91
5장 우리가 이야기를 하는 방법 · 114

◆ 제2막 숲속 나라, 낮

6장 프랙털 · 135
7장 막 · 139
8장 도발적인 사건 · 146
9장 장면 · 156
10장 모든 구성 요소의 결합 · 167

◆ 제3막 숲

11장 보여주기와 말하기 · 185

◆ 제4막 돌아가는 길, 밤

12장 인물과 인물 묘사 · 201
13장 인물과 구조 설계 · 220
14장 인물의 개성화 · 228

15장 대사와 인물 묘사 · 240
16장 해설 · 245
17장 서브텍스트 · 260

◆ 제5막 다시 집으로, 달라진 채

18장 텔레비전과 구조의 승리 · 273
19장 시리즈와 연속극의 구조 · 282
20장 드라마 시리즈 속의 변화 · 295
21장 다시 집으로 · 304
22장 왜? · 325

부록

1. 〈레이더스〉의 막 구조 · 373
2. 〈햄릿〉 - 구조 형식 · 377
3. 〈존 말코비치 되기〉 - 구조 형식 · 382
4. 〈나의 아연 침대〉 - 구조 형식 · 389
5. 〈대부〉 - 구조 형식 · 395
6. 첫 번째 막과 마지막 막의 병렬: 몇 가지 추가 사례 · 400
7. 시나리오 창작 교사들을 위한 반짝 가이드 · 401

주석 · 404
참고문헌 · 447
옮긴이의 말 · 453
색인 · 458

들어가는 말

배 한 척이 낯선 해안에 도착한다. 그 배에는 한 청년이 타고 있다. 필사적으로 자신을 증명해야 하는 청년은 원주민과 친구가 되어 그들의 비밀을 알아내는 것이 임무다. 그런데 원주민의 삶의 방식에 매료된 청년은 원주민 여자와 사랑에 빠지며, 자기 주인들을 불신하기 시작한다. 청년이 원주민에 동화됐다는 것을 알게 된 주인들은 그와 원주민 전부를 완전히 제거하기로 결심한다.

이 이야기는 〈아바타Avatar〉인가, 아니면 〈포카혼타스Pocahontas〉인가? 이야기만 놓고 보자면 둘은 거의 똑같다. 그래서 제임스 캐머런James Cameron이 인디언 신화를 표절했다고 비난하는 사람들도 있다.[1] 그러나 두 이야기는 인디언 신화보다 어쩌면 더 단순하기도, 더 복잡하기도 하다. 근본적인 구조는 두 이야기뿐만 아니라 모든 이야기들에 공통되기 때문이다.

또 다른 세 가지 이야기를 살펴보자.

위험한 괴물이 공동체를 위협한다. 한 남자가 그 괴물을 죽이겠다고 나선다. 마침내 성공하여 왕국에 다시 행복을 가져온다.

이것은 1976년에 개봉한 〈죠스Jaws〉의 이야기다. 또한 8세기와 11세기 사이에 출판된 앵글로·색슨의 서사시 〈베어울프Beowulf〉의 이야기이기도 하다.

그리고 그보다 친숙한 이야기다. 〈괴물The Thing〉이 그렇고, 〈쥬라기 공원Jurassic Park〉이 그러하며, 〈고질라Godzilla〉, 〈다크 나이트 라이즈The Dark Knight Rises〉도 다르지 않다. 이 영화들에는 모두 형체가 있는 괴물이 등장한다. 괴물을 인간의 모습으로 바꾸기만 하면, 이것은 제임스 본드 영화의 이야기가 되고, 〈스푹스Spooks〉, 〈캐주얼티Casualty〉, 〈하우스House〉 또는 〈CSI〉의 이야기가 된다. 〈엑소시스트The Exorcist〉, 〈샤이닝The Shining〉, 〈위험한 정사Fatal Attraction〉, 〈스크림Scream〉, 〈싸이코Psycho〉 그리고 〈쏘우Saw〉에서도 같은 면모를 볼 수 있다. 〈나이트메어Nightmare on Elm Street〉에 나오는 진짜 괴물은 〈에린 브로코비치Erin Brockovich〉에서는 기업으로 변신하기도 한다. 그러나 근본적인 구조는(적이 소탕되고 공동체의 질서가 회복된다는 점에서) 그대로 남아 있다. 괴물은 〈타워링The Towering Inferno〉에서는 불이 되고, 〈포세이돈 어드벤처The Poseidon Adventure〉에서는 뒤집힌 배가 되고, 〈보통 사람들Ordinary People〉에서는 소년의 엄마가 되기도 한다. 겉모습은 다를지라도 뼈대는 모두 같다.

우리의 주인공이 멋진 신세계로 우연히 빠져든다. 처음에는 신세계의 장대함과 화려함에 정신을 빼앗기지만, 사태는 점점 험악해진다.……

이것은 〈이상한 나라의 앨리스Alice in Wonderland〉 이야기다. 〈오즈의 마법사The Wizard of Oz〉, 〈라이프 온 마스Life on Mars〉 그리고 〈걸리버 여행기Gulliver's Travels〉의 이야기이기도 하다. 환상적인 세계를 주인공들에게만 환상적인 것으로 바꾼다면 〈브라이즈헤드 리비지티드Brideshead Revisited〉, 〈레베카Rebecca〉, 〈아름다움의 선The Line of Beauty〉과 〈제3의 사나이The Third Man〉 등도 모두 이 유형이라는 것을 금세 알 수 있다.

공동체가 위험에 빠진다. 해결책은 아주 멀리 떨어진 곳에 있는 묘약을 찾아오는 것임을 알게 된 부족 구성원들은 임무를 띠고, 미지의 곳으로 위험한 여행을 떠난다.……

이것은 〈레이더스Raiders of the Lost Ark〉, 〈아서 왕의 죽음Morte D'Arthur〉, 〈반지의 제왕Lord of the Rings〉과 〈워터십 다운Watership Down〉의 이야기다. 이 판타지를 조금 더 현실적인 것으로 바꾼다면 〈마스터 앤드 커맨더Master and Commander〉, 〈라이언 일병 구하기Saving Private Ryan〉, 〈나바론 요새Guns of Navarone〉와 〈지옥의 묵시록Apocalypse Now〉이기도 하다. 인물들의 임무와 목표만 바꾸면 〈리피피Rififi〉, 〈유주얼 서스펙트The Usual Suspects〉, 〈오션스 일레븐Ocean's Eleven〉, 〈이지 라이더Easy Rider〉와 〈델마와 루이스Thelma and Louise〉이기도 하다.

세 가지 이야기는 이처럼 다양하게 변형된다. 이 말이 이야기에는 결국 세 가지 유형밖에 없다는 의미일까? 아니다. 〈베어울프〉와 〈에이리언Alien〉, 〈죠스〉는 '괴물' 이야기다. 이 영화들은 주인공이 낯설고 끔찍한 세계 속으로 빠져드는 이야기이기도 하다. 〈지옥의 묵시록〉이나 〈니모를 찾아서Finding Nemo〉와 같은 고전적인 '탐색' 이야기에서는 주인공들이 괴물도 만나고, 이상한 신세계와도 마주친다. 〈걸리버 여행기〉와 〈위트니스Witness〉, 〈금발이 너무해Legally Blonde〉와 같은 '멋진 신세계' 이야기들 또한 세 가지 정의에 모두 들어맞는다. 인물들은 탐색해야 할 과제가 있고, 무찔러야 할 괴물도 있다. 겉모습은 서로 다르지만 이 이야기들은 모두 동일한 틀과 동일한 이야기 동력을 가지고 있다. 모두 인물을 낯선 신세계 속에 빠뜨리고, 그곳에서 빠져나올 탈출구를 찾아야 하는 과제를 떠안긴다. 어떤 방식을 택하든 모든 이야기에서 인물은 괴물을 무찔러야 한다. 또한 모든 이야기는 일말의 안전과 안정, 완성, 집의 중요성이란 목표를 향해 간다.

이런 원리가 영화나 소설, 나아가 〈스푹스〉나 〈홈랜드Homeland〉, 〈킬링The Killing〉 같은 텔레비전 드라마에서만 나타나는 것은 아니다. 내 친구의 아홉 살 된 아이는 이야기를 쓰기로 마음먹었다. 아이는 누구의 도움도 받지 않고 이야기를 쑥쑥 써 내려갔다.

한 가족이 휴가를 떠날 날만 잔뜩 고대하고 있다. 엄마는 집세를 내기 위해 휴가를 포기해야 한다. 아이들은 숲속에 보물이 숨겨진 곳을 알려주는 지도를 정원에서 발견하고는 보물을 찾아 나서기로 한다. 아이들은 숱한 어려움을 겪고 무언가에 쫓기기도 한다. 그래도 결국 보물을 찾고, 한층 더 멋진 휴가를 떠난다.[2]

왜 아이는 무의식적으로 몇 세기 전부터 있었던 이야기의 형식을 자연스레 따른 것일까? 왜 아이는 자신만의 글을 쓸 때조차 몇 세대에 걸쳐 내려온 이야기 구조에 관한 지식을 뽐내는 것일까? 왜 우리는 계속 똑같은 우물에서 이야기를 퍼 올리는 것일까?

뒤 세대가 앞 세대를 복제하고, 그리하여 일련의 관습들이 구축되었기 때문일 수도 있다. 이것으로 이야기 패턴의 편재성을 설명할 수 있을지 모른다. 그러나 우상 파괴에 대한 저항감과 같은 유형을 재창조하는 것의 신선함, 즐거움을 생각해보면 다른 이유가 있지 않을까 짐작할 수 있다.

스토리텔링에는 형태가 있다. 스토리텔링은 모든 이야기를 들려주는 방식을 지배하며, 그 유래는 르네상스 시대뿐 아니라 말이 기록되기 시작한 시대까지 거슬러 올라갈 수도 있다. 스토리텔링은 예술영화 상영관에서든 공항 대합실에서든 우리가 열광적으로 빠져드는 구조를 갖추고 있으며(물론 조심스럽게 접근해야겠지만), 그 구조는 보편적인 원형일 수도 있다.

> "미술에 관한 글은 대부분 화가가 아닌 사람들이 쓴 것이다. 따라서 모두 오해다."
>
> \- 외젠 들라크루아Eugène Delacroix

보편적인 이야기 구조를 밝혀내려는 노력이 새로운 것은 아니다. 20세기 초반의 프라하학파와 러시아 형식주의자들로부터 시작해 노스럽 프라이Northrop Frye의 『비평의 해부*Anatomy of Criticism*』를 거쳐 크리스토퍼 부커Christopher Booker의 『일곱 가지 기본 구성*The Seven Basic Plots*』에 이르기까지 많은 사람들은 이야기가 어떻게 작동하는지에 대해 연구해 왔다. 내 분야에서도 이것이 대단한 유행이어서, 시나리오 창작에 관한 책이 몇 백 권이나 나와 있다(그런데 텔레비전 드라마에 관해서는 잘 쓴 책이 거의 없다). 나는 이 책들을 대부분 읽었는데, 읽으면 읽을수록 두 가지가 분명해졌다.

1. 이들은 서로 완전히 다른 체제를 설정하고 있지만, 저마다 자신의 방식이 이야기를 쓰는 유일하고 독보적인 방식이라고 주장한다. 어떻게 이들 모두는 한결같이 자신만이 옳다고 주장할 수 있을까?
2. 이들은 누구도 '왜?'라는 질문은 하지 않는다. 왜 우리는 3막으로 이야기를 할까? 왜 이야기들은 한결같이 끔찍할 만큼 비슷한 방식으로 작동할까?[3]

이 책들 중 일부는 매우 귀중한 정보를 담고 있다. 가치 있는 통찰력을 보여주는 책들도 더러 있다. 시나리오 창작 책들은 모두 열심히 '어떻게'를 말하고, "12쪽에 도발적인 사건이 있어야 한다."라고 열렬히 주장하지만, 그중 어느 것도 '왜' 그래야 하는지 설명은 하지 않는다. 생각해 보면 황당하다. '왜'라는 질문에 답할 수 없다면 '어떻게'는 모래 위에 세운 집에 불과하다. 일단 그 질문에 답하고자 스스로 시도해 보면(몇몇 이론은 예리할지 몰라도) 대부분의 이론이 잘 들어맞지 않음을 깨닫게 될 것이다. 신이 명령을 내려, 12쪽에서 도발적인 사건이 일어나라고 했을까? 주인공의 여행이 12단계로 이루어져 있으라고 했을까? 물론 아니다. 그것은 만들어 낸 것에 불과하다. 왜 이런 형태들이 존재하는지 논리적인 이유를 발견하지 못한다면 이렇게 주장하는 사람들을 진지하게 받아들일 이유도 별로 없다. 그들은 변두리를 돌아다니며 가짜 약을 파는 약장수에 지나지 않는다.[4]

나는 성인이 된 다음부터 계속 이야기를 만들어 왔고, 영국 텔레비전에서 가장 인기 있는 몇몇 프로그램에서 일하는 특권을 누리기도 했다. 2천만 명이 넘는 시청자들이 본 드라마의 스토리 라인을 짰으며, 드라마의 영역을 새롭게 정의하는 프로그램 제작에 참여하기도 했다. 나는 아주 독특한 방식으로 이 산업에 종사했다. 예술적인 프로그램뿐만 아니라 대중적인 주류 프로그램도 만들었으며, 두 가지를 동등하게 사랑했다. 그리고 이야기를 하면 할수록 이야기 구성의 근본적인 유형(시청자들이 특정한 것을 요구하는 방식)은 놀라울 정도로 동일하다는 것을 더욱 절실히 깨달았다.

6년 전부터 나는 스토리텔링에 관한 것이라면 무엇이든 읽기 시작했다. 더욱 중요한 것은, 나와 함께 작업하는 모든 작가들에게 시나리오를 어떻게 쓰는지 묻기 시작했다는 것이다. 어떤 작가는 3막 구조의 관습을 따른다고 했고, 어떤 작가는 아니라고 했다. 어떤 작가는 어떤 식으로든 관습을 따르고 있으면서도 그것을 깨달지 못한 채 부인하기도 했다. 몇몇 작가는 4막을 고수했고, 어떤 작가는 5막이어야 한다고 주장했다. 어떤 작가는 막 같은 것은 아예 존재하지 않는다고 주장하기도 했다. 어떤 작가는 솔직하게 시나리오 작법대로 쓴다고 했고, 어떤 작가는 구조 이론을 악마의 자식이라며 비난하기도 했다. 그러나 새로운 재능으로 무장한 작가가 썼든, BAFTA(영국 영화 및 텔레비전 예술상British Academy of Film and Television Arts - 옮긴이)에서 여러 차례 수상한 작가가 썼든, 내가 읽은 좋은 시나리오에는 통일된 요소가 하나 있었다. 이들 시나리오에는 한결같이 동일한 구조적 특성이 바탕에 깔려 있었다.

두 가지 간단한 질문(이 특성이 무엇일까? 그리고 이 특성은 왜 반복될까?)을 함으로써 나는 이야기의 역사로 가득 찬 벽장을 열었다. 그러고는 곧 3막의 패러다임이 현대적인 발명품이 아니라 훨씬 더 원초적인 무언가를 표현하는 것임을 발견했다. 현대의 막 구조는 관객의 주의 집중 시간이 짧아지고 커튼이 고안되면서 나타났다. 가장 흥미로운 점은 5막극의 역사가 19세기 프랑스의 극작가 외젠 스크리브Eugène Scribe와 독일의 소설가 구스타프 프라이타크Gustav Freytag를 거쳐 몰리에르Molière, 셰익스피어Shakespeare, 존슨Johnson 등으로, 다시 고대 로마인들에까지 이어져 있다는 것이다. 이 주장이 설득력을 얻으려면 5막극이 시나리오에만 국한되지 않고 모든 서사 구조에 적용되어야 할 것이다. 어떤 작가는 모든 이야기가 한 가지 유형을 따른다고 말하고, 어떤 작가는 전혀 그렇지 않다고 말한다. 만일 스토리텔링에 원형이 있다면 그것은 자명해야 할 것이다.

연구를 진행하는 과정에서 나는 생각해 봐야 할 흥미로운 곁가지들을 많이 발견했다. 처음에는 영화와 텔레비전 드라마를 집중적으로 분석하면서 나는 다음과 같이 정리했다.

- 주인공이 한 명인 스토리텔링뿐 아니라 주인공이 여러 명인 드라마에서는 이야기 구조가 어떻게 작동하는지를 탐구하기
- 주인공들이 왜 적극적이어야 하는지 이유를 설명하기
- 구조적인 원리들이 드라마에서 어떻게 작동하는지 기존의 설명보다 한층 더 상세하게 보여주기
- 해설이 어떻게 드라마를 망가뜨리는지 이해하기
- 왜 그렇게 많은 등장인물이 드라마의 끝에서 두 번째 단계에서 죽는지 자세히 설명하기
- 왜 거의 모든 경찰들은 성격이 괴팍한지 설명하기
- 드라마의 필연적인 법칙 때문에 시리즈의 수명에는 한계가 있으며(보통 3년 이내) 그렇지 않으면 드라마가 자신의 패러디가 될 위험이 있음을 설명하기
- 등장인물의 성격은 드라마의 구조로부터 만들어지며 그것이 구조의 작동에 필수적임을 자세히 설명하기

그러나 이 문제들은 조금 더 중요한 사실들에 수반되어 부수적으로 발견한 것들이다. 시나리오 창작에 대한 기초적인 탐구에서 시작한 것이 모든 스토리텔링의 핵심에 이르는 역사적, 철학적, 과학적 그리고 심리적인 여행으로 서서히 변모했고, 이어서 드라마

의 구조가 단지 머릿속에서 지어낸 것이 아니라 심리학과 생물학, 그리고 물리학의 산물임을 깨닫기에 이르렀다.

이 책 『영화·드라마의 숲속으로』에서 나는 이 구조의 아주 특별한 아름다움을 탐구하고 밝혀내고자 했다. 구조의 역사적인 발전을 다루고, 인물에서 대사, 또 그 이상으로 모든 허구의 양상에서 어떻게 그리고 왜 이 구조가 드러나는지를 이해하고자 했다. 영화가 우리에게 친숙하기 때문에 나는 주로 영화를 탐구 자료로 이용하려 한다. 그러나 이 책의 범위는 영화를 넘어 텔레비전 드라마까지, 그리고 〈어프렌티스The Apprentice〉와 〈더 엑스 팩터The X Factor〉(리얼리티 쇼와 오디션 프로그램의 대표작이다 - 옮긴이)가 텔레비전 드라마와 어떤 관련이 있는지도 함께 살펴볼 것이다. 더 나아가 우리가 역사를 어떻게 서술하는지, 우리가 예술과 광고를 어떻게 해석하는지, 심지어는 법정에서 주인공이 무죄인지 유죄인지에 대해 우리의 의견을 어떻게 형성하는지를 다루게 될 것이다. 〈더 엑스 팩터〉는 왜 이전의 모든 것을 쓸어버렸을까? 현대 미술은 어떻게 순진한 후원자들을 속여먹었을까? 버밍엄 식스 사건(영국 버밍엄에 있던 한 술집이 폭파돼 21명이 사망하고 200명이 부상한 사건. 아일랜드 출신의 가톨릭 이민자 6명이 용의자로 지목되어 자백을 강요당했다. 이들은 16년간 복역하다가 다른 증거가 발견되어 석방됐다. - 옮긴이)의 용의자들은 처음부터 왜 유죄라고 단정되었을까? 결국 이 모든 것은 이야기와 관련이 있다.

이 과정은 이야기가 만들어지는 근본적인 구조뿐만 아니라, 더 중요하게는 이야기 형태가 왜 존재하는지, 어떻게 모든 사람이 미리 학습하지 않고도 자기 머릿속에서 이야기를 통째로 복제할 수 있는지 설명할 수 있도록 이끌어 준 여행이었다. 아홉 살 아이가 어떻게 아무것도 없이 완벽한 이야기를 만들어 낼 수 있었을까? 이것이 핵심 질문이다. 이것을 이해하면 드라마 구조의 진정한 형태와 목적, 이유를 해명할 수 있을 것이다. 이것은 어떤 시나리오 창작 교사도 하지 않았던 질문이다.

그런데 당신이 알 필요가 있을까?

> 당신은 영화 이론으로부터 사람들을 해방시켜야 한다. 사람들에게 그들의 이야기, 삶, 감정, 그리고 세계를 이해하는 방식을 억지로 끼워 넣는 코르셋을 주어서는 안 된다. 절반밖에 모르는 사람들이 영화 산업의 80%를 운영한다는 것은 매우 불행한 일이다. 조지프 캠벨Joseph Campbell(미국의 신화학자 - 옮긴이)과 로버트 맥키Robert McKee(미국의 시나리오 작가이자 대학 교수 - 옮긴이)를 읽었답시고 영웅의 여정에 관해 당신에게 이야기를 늘어놓으면, 그들의 거시기를 잘라 그들의 입속에 처넣고 싶어질 것이다.[5]

기예르모 델 토로Guillermo Del Toro는 많은 작가나 영화 제작자들의 견해와 똑같은 이야기를 털어놓는다. 많은 사람들에게는 구조에 대한 연구를 자신의 천재성에 대한 배신으로 간주하는 암묵적이고 고질적인 믿음이 있다. 평범한 사람들이 뮤즈의 대체물을 찾는 지점이라는 것이다.[6] 이 연구를 끝내는 데는 딱 한 가지 방법밖에 없다. 데이비드 헤어David Hare(영국의 영화감독이자 시나리오 작가

- 옮긴이)는 이렇게 말한다. "관객들은 지루해한다. 관객들은 촬영을 시작하는 순간부터 진부한 UCLA 영화 학교의 공식들(행동, 흐름, 개인적 여정 등등)이 또 펼쳐질 것이라고 예측할 수 있다. '조지프 캠벨에 대한 예의'와 '초심자를 위한 융'을 들이미는 것은 화가 나고 모욕적인 일이다. 모든 위대한 작품은 이제 장르 외부에 있다."[7]

형식의 한계를 넘어서기 위해 할리우드에서 많은 작업을 해 온 찰리 코프먼Charlie Kaufman은 한 걸음 더 나아간다. "모든 사람들이 고유한 시나리오 구조, 곧 3막 구조에 매달린다. 솔직히 나는 3막 구조에 별로 흥미가 없다. 사실 나는 시나리오를 쓰는 대부분의 사람들보다 구조에 관해 관심이 더 많을지도 모르겠다. 나는 늘 구조를 생각하기 때문이다."[8] 그러나 이들의 항의는 너무 과도하다. 앞으로 살펴보겠지만, 중독에 관한 탐구인 헤어의 〈나의 아연 침대My Zinc Bed〉와 코프먼의 〈존 말코비치 되기Being John Malkovich〉의 시나리오는 완벽하게 고전적 이야기 형식을 띠고 있다. 사람들은 아무리 거부하려 해도(그리고 내 생각에는 그들의 분노 자체가 그들을 배신한다) 그들이 혐오해 마지않는 청사진을 따라가는 수밖에 없다. 왜 그럴까?

왜냐하면 모든 이야기는 같은 틀에서 만들어지기 때문이다. 작가들은 자신이 사용하는 구조에 관한 한 선택의 여지가 없다. 내가 말하고자 하는 바와 같이, 그들은 물리학과 논리학, 그리고 형식의 법칙에 따라 똑같은 길을 걷게 된다. 그 틀은 무엇이며 왜 작가들은 그것을 따를까? 어떻게, 그리고 왜 우리는 이야기를 하는가? 이것이 이 책의 주제다.[9]

그렇다면 이것이 스토리텔링의 만능 열쇠일까? 우리는 이런 자만에 빠지지 않도록 주의해야 한다. 순서를 정하고 설명하고 목록으로 만들고자 하는 충동은 사소한 것에 열중하는 사람들이 보이는 경향이기도 하다. 드라마의 다양성과 독특하고 다층적인 성격을 부정한다면, 삶을 설명하려 애쓰느라 정작 삶에서는 등을 돌리고 만 『미들마치*Middlemarch*』의 말라비틀어진 껍데기, 커소번Casaubon이 될 위험이 있다. 과학 공식으로 경이로움을 평가 절하하고 무지개를 풀어헤치는 것은 너무나 매혹적인 일이다(영국의 시인 존 키츠는 장편 시 「라미아」에서, 뉴턴이 분광학으로 무지개를 풀어헤치는 바람에 그 시성詩性이 사라졌다고 했다 - 편집자).

그러나 거기에는 규칙이 있다. 〈웨스트 윙The West Wing〉의 기획자 에런 소킨Aaron Sorkin은 이렇게 말했다. "진짜 규칙은 드라마의 규칙이며, 아리스토텔레스가 말하는 규칙이다. 가짜 TV 규칙은 멍청한 TV 제작자가 당신에게 요구하는 규칙이다. '이렇게 하면 안 돼. 저렇게 해야 돼. 이건 세 개가 필요하고, 저건 다섯 개가 필요해.' 이만큼 멍청한 짓거리도 없다."[10] 소킨은 위대한 예술가라면 모두가 알고 있는 사실을 지적했다. '기예'에 대해 이해할 필요가 있다는 것이다. 모든 형태의 예술적 구성에는 모든 언어와 마찬가지로 문법이 있으며, 그 문법과 구조는 단순히 지어낸 것이 아니라 인간의 마음이 어떻게 작동하는지를 가장 아름답고 미묘하게 표현한 것이다.

작가들은 구조에 대해 이해할 필요가 없다는 주장은 매우 중요하다. 최고의 작가들에게는 대개 무의식적으로 이야기 형태에 접근할 수 있는 묘한 능력이 있다. 아홉 살 아이가 그러하듯 마음속에 이미 이야기가 있기 때문이다. 이 책은 그것을 의식적으로 활용하라고 부추기는 책은 아니다. 이 책의 목적은 이야기의 본질을 탐구하고 검증하는 것이며, 이야기가 어떻게 그리고 왜 존재하는지, 왜 아이도 어렵지 않게 이야기를 쓸 수 있는지(왜 그들은 규칙을 따를 수 있는지)를 묻는 것이다.

의심할 여지 없이 이 규칙은 많은 사람들에게 도움을 준다. 프리드리히 엥겔스Friedrich Engels는 간단히 말했다. "자유란 필연성을 인식하는 것이다."[11] 박자와 조성에 관한 지식 없이 연주하는 피아노 소리는 오래 듣기 힘들다. 형식의 관습을 따르는 것이 베토벤과 모차르트, 그리고 쇼스타코비치에게는 제약이 되지 않았다. 규칙을 파괴하더라도(안 될 것도 없지 않은가?) 일단 확실한 근거를 갖추어야 한다. 모더니즘의 선구자들(추상적 인상파, 입체파, 초현실파, 미래파)은 형식을 파괴하기 전에는 구상 회화의 장인들이었다. 이들은 규칙을 넘어서기 전에 규칙의 제약을 알아야 했다. 탁월한 미술 평론가 로버트 휴스Robert Hughes는 이렇게 보았다.

> 지난 백 년 동안 쇠라에서 마티스, 피카소에서 몬드리안, 베크만에서 쿠닝에 이르기까지 모든 중요한 화가들은 거의 예외 없이 '학교' 회화를 배우거나 혼자 연습했다. 그들은 힘들고 실제적인 모티프와 긴 싸움을 치렀고, 결국 그것이 모더니즘의 진정한 형식적 업적을 쌓을 수 있는 유일한 토대임을 입증했다. 지속적인 전통 속에서의 올바르고 근본적인 전복은 오직 이런 방식으로만 이루어졌으며, 그 작업들은 즉

흥적인 결과물의 수준을 넘어섰다.…… 몬드리안의 사각형과 격자의 철학적 아름다움은 그가 그린 사과나무들의 경험적 아름다움에서 시작된 것이다.[12]

영화와 텔레비전에는 전통적인 구조를 따르지 않는 훌륭한 작품들이(특히 유럽에는) 많이 있다. 그러나 그 작품들 또한 여전히 보편적 원형에 견고하게 뿌리내리고 있으며, 보편적 원형에 대한 반작용이라는 것을 알 수 있다. 휴스의 말처럼 그 작품들은 지속적인 전통을 의식적으로 뒤집은 것이다. 장인들은 구성의 기본 원리를 버리지 않았다. 그들은 더 이상 사실성에 매달리지 않는 예술에 그 원리를 새롭게 적용했을 뿐이다. 모든 위대한 예술가들은(음악, 연극, 문학과 미술에서) 의식적으로 또는 무의식적으로 규칙을 이해하고 있었다. 옛 중국 속담에 이런 말이 있다. "눈과 손, 마음 모두 필요하다. 둘만으로는 할 수 없다."

이 책은 '글쓰기 방법'에 관한 책이 아니다. 글쓰기 교사들은 이미 넘쳐난다. 겉으로 보기에 이 책은 드라마의 구조에 관한 책이다. 핵심 내용을 설명하기 위해 때때로 저널리즘과 시, 소설을 언급하기는 했지만, 이 책은 텔레비전 드라마와 연극, 영화가 어떻게 작동하는지에 대해 이야기하고 있다. 영화를 예시로 많이 든 이유는 영화가 잘 알려져 있고 쉽게 접근할 수 있기 때문이다. 이러한 원리가 특별히 영화에만 적용되는 것은 아니다. 영화는 훨씬 더 오래된 과정이 최근의 기술로 표현된 것에 불과하기 때문이다. 영화와 텔레비전 드라마를 탐구하는 묘미는 쉽게 접근하고 분석할 수 있다는 점과, 그 분석이 다소 바륨액(엑스선 촬영 때 사진을 뚜렷이 나타내기 위해 사용하는 조영제 - 옮긴이) 같은 역할을 한다는 것이다. 이 분석을 잘 활용하면 모든 이야기 구조뿐 아니라 허구적인 것이든 아니든 모든 서사 구조를 분명하게 파악할 수 있고, 우리가 경험을 인식하고 표현하는 방식에 대해서도 이해할 수 있다. 따라서 이 책의 기반은 영화와 텔레비전 드라마의 구조이지만, 이 매체들이 우리에게 드러내는 함축과 교훈은 훨씬 더 폭넓은 것이다.

스토리텔링은 호흡만큼이나 사람에게 중요하고 필수적이어서 우리는 모두 스토리텔링에 집착한다. 모닥불 주위에 둘러앉아 들었던 신화적인 이야기에서부터 텔레비전이 발명된 이후 폭발적으로 증가한 이야기에 이르기까지 스토리텔링은 우리의 삶을 지배한다. 따라서 우리는 스토리텔링을 계속하고 이해해야 한다. 들라크루아는 지식에 대한 두려움을 간결하게 반박했다. "우선 장인이 되는 법을 배워라. 그것이 천재가 되는 것을 막지는 않을 것이다." 시대를 관통하는 이야기에는 끊임없이 반복되는 하나의 모티프가 존재한다. 어둡지만 생명을 주는 비밀이 숨겨진, 숲속으로 떠나는 여행이다. 이 책은 숲속 깊은 곳에 숨겨진 것을 찾으려 한다. 모든 이야기는 이곳에서 시작된다.

제1막

집

1장

이야기란 무엇인가?

"옛날 옛적에……"

이런 문장을 읽으면 당신은 곧 그다음에 배경이 이어질 것이라고 짐작한다. 그리고 이곳에서 일련의 사건이(거의 확실히 한 개인에게) 일어나리라는 것도 안다. 간단히 말해 "옛날 옛적에, 이러저러한 곳에서 어떤 일이 일어났다."라는 것은 이야기에 관한 가장 훌륭한 정의다. 물론 훨씬 더 복잡한 설명도 있지만 우리가 앞으로 다룰 설명들 중 이처럼 단순하면서도 모든 것을 포괄하는 정의는 없다.

원형적인 이야기는 당신에게 중심인물(주인공)을 소개하고, 당신을 그 인물과 동일시하게 만든다. 중심인물은 매우 효과적으로 당신의 드라마 속 아바타가 된다. 당신은 그를 통해 실감 나게 이야기를 경험한다. 그가 위험에 처하면 당신 역시 위험에 처한다. 그가 황홀해하면 당신 역시 황홀해진다. 〈트랜스포머Transformers〉나

〈한나 몬타나Hannah Montana〉를 보는 아이들을 관찰해 보라. 아이들의 감정이 고양되고, 허구적인 인물의 운명과 아이들이 끈끈하게 이어지는 과정을 지켜보는 매우 특별한 경험을 할 것이다.

이렇게 당신은 중심인물에게 관심을 갖고, 그에게 공감하게 된다. 이제 그에게 어떤 일이 일어나며, 그 일은 이야기의 출발점이 된다. 잭이 콩 줄기를 발견한다. 본드가 세계를 정복하려는 블로펠드의 계획을 알게 된다. '어떤 일'이란 거의 항상 하나의 문제이며, 때로 그 문제는 기회인 듯 위장하고 있다. '어떤 일'은 인물을 평온했던 세계 밖으로(정상적이고 일정한 속도로 진행되던 주인공의 삶에서 모든 것이 폭발하듯) 던져 버린다. 앨리스는 토끼 굴로 떨어지고, 〈스푹스〉는 급진적 테러리스트의 계획을 알게 되고, 고도는 나타나지 않는다.

당신의 인물에게는 해결해야 할 문제가 생겼다. 앨리스는 현실 세계로 돌아가야 한다. 스푹스는 오후 2시에 런던 시내 한가운데에서 터질 폭탄을 막아야 한다. 블라디미르와 에스트라공은 기다려야 한다. 주어진 문제를 해결하기 위해 인물이 떠나는 여행, 그것이 바로 이야기다. 여행하는 도중에 그는 자기 자신에 관해 새로운 사실을 알 수도 있다. 그는 분명 극복해야 할 일련의 장애물에도 부딪히게 될 것이다. 모든 희망을 잃은 듯한 마지막 순간과 마주칠 것이다. 그리고 마지막 1분을 남겨 두고 희망이 되살아날 것이며, 수많은 역경에 맞서 최후의 전투를 치를 것이고, 패배의 문턱에서 승리를 낚아챌 것이다.

당신은 모든 이야기에서 이러한 형태(또는 비극적인 등가물)가 어느 정도 작동하는 것을 보게 될 것이다. 문제는 〈에이리언〉이나 〈죠스〉에서처럼 크고 분명할 수도 있고, 〈보통 사람들〉에서처럼 조금 더 미묘할 수도 있다. 문제에 대처하는 반응으로 나타날 수도 있다(장뤼크 고다르의 〈주말Weekend〉). 그러나 델 토로와 코프먼, 헤어의 작품이 그렇듯이 문제는 반드시 존재한다. 문제가 가장 명확히 드러나는 것은 고전적인 범죄 드라마나 의학 드라마에서다. 살인 사건이 일어나고 누군가 병에 걸린다. 형사는 범인을 찾아야 하고, 의사는 환자를 치료해야 한다. 이런 이야기가 문학이 주는 마약이다. 모든 불순물이 제거되고, 즐거움이 몰아닥치고, 최소의 노력으로 최대의 보상을 받는 스토리텔링이다. 이것이 바로 탐정 이야기가 왜 그리 인기가 있는지를 설명해 주는 이유다. 모든 이야기에 어느 정도는 나타나는 통합적 요소들이 여기에서 가장 잘 드러나기 때문이다.

만일 문제와 그 답을 찾는 과정이 이야기의 틀을 제공한다면 이야기는 실제로 어떤 요소들로 이루어질까?

필수적인 구성 요소들

주인공

이야기는 어떤 사람을 둘러싸고 벌어진다. 이 사람이 바로 주인공이다. 보통은 아주 명백하다. 배트맨이고, 제임스 본드이며, 인디애나 존스다. 주인공이 누구인지 특정하기 어렵다면 그 이야기는 한 사람이 아니라 여러 사람에 관한 것이다(〈이스트엔더스EastEnders〉나 로버트 올트먼의 〈숏 컷Short Cuts〉). 그러나 관객이 가장 많은 관심을 갖는 그 인물이 항상(적어도 이야기가 작동한다면) 주인공이다.

그런데 우리는 이미 어려움에 직면했다. '관심을 갖는다'라는 말은 흔히 '좋아한다'로 해석된다. 그래서 많은 작가들은(흔히 글을 쓰지 않는 상사들로부터) "주인공을 좋은 사람으로 만들어 달라."라는 압력을 받는다. 〈브룩사이드Brookside〉(1982년 11월에 시작하여 2003년 11월까지 방영된 영국의 드라마 - 옮긴이)의 작가 출신이자 영국에서 가장 성공적인 시나리오 작가 중 한 명인 프랭크 코트렐 보이스Frank Cottrell Boyce는 강력하게 주장한다. "공감은 이 산업계의 임원들에게는 코카인과 흡사하다. 내 멋진 대본이 공감 타령을 하는 사람들 때문에 심한 마비 상태에 빠진 적도 있다. 시청자가 인물들에게 관심을 가져야 한다는 것은 물론 맞는 말이지만, 인물들을 꼭 인정할 필요는 없다. 그런데도 인물들이 나쁜 짓을 할 것 같으면, 할리우드는 사과문을 끼워 넣고 싶어 한다."[1]

우리는 〈실낙원〉에 등장하는 사탄을 좋아하지 않는다. 우리는 그를 사랑한다. 그가 완벽하고 유쾌하게 악을 구현하기 때문에 그를 사랑한다. 선한 캐릭터는 그보다 덜 매력적이다. 인물들에게 아무 문제도 없고 우리를 화나게 하지도 않는다면, 우리의 관심을 끌 만한 것도 없을 게 분명하다. 더 흥미로운 것은 다듬어지지 않은 구석이며, 악한 부분이다. 우리는 이런 것들을 사랑한다. 의식적으로 인정하고 싶지는 않지만, 이런 것들이 우리 내면의 깊은 곳을 건드리기 때문이다. 〈그랜드 테프트 오토Grand Theft Auto〉나 〈콜 오브 듀티Call of Duty: Modern Warfare〉 같은 비디오 게임을 한다면(수백만 명이 한다), 당신의 앞길을 막는 장애물들을 죽이거나 불구로 만들거나 파괴하거나 같이 잠을 자는 것 이외에는 아무 일도 하지 않는 사실상의 아바타를 갖게 된다. 심지어 우리는 누군가의 머릿속으로 들어갈 수도 있다. 데이비드 에드거David Edgar는 나치 건축가 알베르트 슈페어Albert Speer에 관한 자신의 연극을 다음과 같이 말함으로써 정당화했다. "팽배해 있는 끔찍한 진실은 가장 위대한 드라마가 우리에게 요구하는 반응이 '예, 그렇게 해 주세요.'도 아니고 '고맙지만 사양하겠어요.'도 아니라, '당신도 그래요?'라는 것이다. 아니면 차가운 새벽빛 속에서 '신의 은총이 없었다면 나도 그렇게 했을 거요.'라는 것이다."[2]

공감을 얻는 열쇠는 예의를 지키거나 착하게 구는 데에 있지 않다. 흔히 주장하듯이 동기를 이해하는 데에도 있지 않다. 인물들이 왜 그렇게 행동하는지 이유를 안다면 우리는 분명히 그들을 더 많이 사랑할 것이다. 그렇지만 그것은 공감의 증상이지 근본적인 원인은 아니다. 공감의 열쇠는 우리의 무의식에 접근하고 연결하는 그들의 능력에 달려 있다.

이야기 속 경찰관들은(사실 의사들도) 왜들 그리 성질이 괴팍할까? 작가가 게을러서일 수도 있겠지만 정말 그것이 한 가지 특정 직업군의 특성이 이처럼 널리 퍼져 있는 이유가 될 수 있을까? 왜 그렇게 많은 사람들이 〈킬링〉(덴마크의 텔레비전 드라마 - 옮긴이)의 사라 룬트에게 저항도 못 하고 끌리는 것일까? 싸구려 소설에 나오는 주인공들처럼 그녀는 규칙을 어기고, 상사를 무시하고, 상사의 뒤통수를 친다. 많은 사람들이 그렇듯, 그녀 또한 상사로부터 "24시간을 주겠어. 그때까지 해결 못 하면 사건에서 손 떼."라는 말을 듣는다. 그녀와 그녀처럼 행동하는 괴팍한 주인공들은 왜 그렇게 인기가 있을까? 우리 역시 때로는 이들과 똑같다는 느낌을 받기 때문이다. 우리는 멍청이들에게, 우리를 이해하지 못하는 무지 관료적인 관리자들에게, 윗사람 눈치나 보고 눈앞의 진실은 보지 못하는 창의성 없는 동료들에게 둘러싸여 있다고 가끔 느끼지 않았던가?

이야기 속 인물과 비슷한 감정을 느끼는 순간 우리는 그 인물에 마음 깊이 공감할 수 있다. 상사를 거부하는 사라 룬트를 보고 우리는 생각한다. "나도 저럴 수 있다면 얼마나 좋을까." 〈콜 더 미드와이프Call the Midwife〉에서 미란다 하트가 연기한 추미Chummy를 보고, 우리는 그녀의 어설픔에 안타까워하면서도 무능한 그녀의 이야기가 우리 자신의 이야기이기도 함을 깨닫는다. 복수하는 인물을 통해, 자신이 가치 있고(덴마크 형사처럼) 궁극적으로 옳다는 것을 증명해 내는 인물을 통해, 삶을 간접적으로 경험하는 것은 엄청나게 매력적인 일이다. 선물로 받은 것이든, 스스로 노력해서 이룬 것이든 소망이 이루어진다는 것의 매혹은 과소평가할 수 없다. 그것이 아니라면 신데렐라 이야기가 전 세계에 퍼져 있는 이유, 오늘날 마블 시리즈가 전 세계를 지배하고 있는 이유를 어떻게 설명할 수 있겠는가? 우리 내면에 스파이더맨으로 변하기를 갈구하는 피터 파커가 있지 않은가? 우리가 좋아하는 인물들은, 선한 인물이든 악하고 추한 인물이든 우리가 원하는 바를 체현하는 인물들이다. 우리는 아돌프 히틀러에 공감한다는 생각에는 반발하겠지만 〈다운폴Downfall〉은 우리가 그럴 수도 있고 실제로 그렇다는 것을 입증해 준다. 뛰어난 작가는 우리를 누구와도 이어지게 만들 수 있다.[3]

관객이 이야기의 음모에 빠지는 순간은 모든 드라마에서 가장 마법 같은 순간이다. 연극을 보면 잘 알 수 있다. 그 순간은 주인공이 관객의 내면으로 파고들어 관객을 사로잡는 순간이며 기침조차 멈추게 하는 순간이다. 공감에 대해서는 앞으로 더 살펴보겠지만, 지금은 〈콜 오브 듀티〉에서 살육을 막는 장면에 주목할 가치가 있다. 여기에서 주인공은 바로 우리이며, 우리가 세계를 구할 사명을 띠고 있기 때문이다.

사명에 관한 부분은 중요하다. 인물의 목표와 욕망은 인물에 대해 정말 많은 것을 말해준다. 만일 그가 나치로부터 잃어버린 성궤를 찾고 싶어 한다는 것을 우리가 안다면, 텍사스에서 강간을 당한 적이 있어서 가장 쉬운 길인 텍사스로의 길을 택하지 않고 경찰을 피해 멕시코로 달아나고자 한다는 것을 안다면, 우리는 인물에 관해 더 많은 것을 알게 될 것이다.

사실 모든 원형적인 이야기는 한 가지 본질적인 원리로 정의된다. 중심인물에게는 반드시 달성해야 할 목표가 있다. 그는 무언가를 갈망한다. 만일 그렇지 않다면 그에게 관심을 갖는 것 자체가 불가능하다. 우리는 관심을 가질 수밖에 없다. 그는 우리의 아바타다. 그러므로 그는 이야기 속으로 들어가는 입구다. 우리는 그가 승리하기를, 그가 구원을 찾기를 간절히 바라며, 만일 그가 법을 어겼다면 처벌받기를 간절히 바란다. 무의식적으로 우리는 욕망 속에서 매우 심하게 자학적이기도 하기 때문이다. 사실상 그는 우리 자신이다.

적대자

중심인물에게 어떤 일이 일어난다. 길도 없는 곳에 던져지고, 아주 낯선 세계 속으로 떨어진다. 콩 줄기가 자라고, 환자는 쓰러지고, 살인 사건이 일어난다. 이 모든 행위에는 결과가 따른다. 이 행위들은 적대 세력의 다른 이름인[4] 장애물을 만들어 낸다. 적대 세력이란 인물이 욕망을 추구하는 것을 가로막는, 모든 장애물의 총합이다. 우리가 이야기의 절정을 향해 나아가는 첫 순간부터 이 세력은 조금씩 커져 간다.

단순한 형사 이야기에서는 적대 세력의 활동이 살인으로부터 시작된다. 의학 드라마에서는 환자로부터 시작된다. 적대 세력은 주인공이 해결해야 할 문제이거나 넘어서야 할 장애물이다. 만일 살인자나 행성을 지배하려는 악한이 존재한다면 그들이 분명 적대자다. 환자는 적대적으로 행동하지 않더라도 드라마에서 진정한 적이 되는 질병을 구현한다. 그러므로 적대자는 주인공이 목표를 달성하기 위해 반드시 물리쳐야 하는 사건이나 사람이다.

형사 이야기와 '괴물' 이야기가 아주 잘 보여주듯이 적대 세력은 다양한 방식으로 자신을 드러낸다. 가장 흥미로운 것은 그것이 주인공 내부에 있을 때다. 비겁함, 알코올 중독, 자존감 부족, 이것 모두 주인공이 목표에 도달하는 것을 가로막는 내적 장애물이다. 우리가 숨겨진 것을 파헤치기 때문에, 인물은 더 사실적이게 된다. 반면에 적대자는 외부에 존재할 수도 있고(《제임스 본드James Bond》), 내부에 존재할 수도 있으며(《잠수종과 나비The Diving Bell and the Butterfly》), 외부와 내부 모두에 존재할 수도 있다(《죠스》). 히치콕Hitchcock이 간단히 요약했듯이 어떤 경우나 한 가지 공통점이 있다. "악당이 성공적일수록 영화도 더 성공적이다."[5] 가장 훌륭한 제임스 본드 영화는 가장 나쁜 악당이 나오는 영화다. 적대 세력이 효과적일수록 이야기는 더 훌륭해진다.

단순한 스릴러 형태에서는 다른 사람들의 삶을 통제하고 지배하려는 욕망을 가진 적대자가 등장한다. 그는 공동체의 도덕 규범을 따르지 않는다. 대개는 이기심의 화신이다. 또한 역사적으로 보아 신체적 혹은 정신적 불구라는 것이 특징이다. 영화 〈007 카지노 로얄Casino Royale〉에서 르 쉬프르의 고장 난 눈물관은 〈007 황금총을 가진 사나이The Man with the Golden Gun〉에서 닥터 노Dr. No의 잘린 손이나 스카라망가Scaramanga의 세 번째 젖꼭지의 현대적 대응물이다. 정치적으로 한층 올바른 시대에는(내적 상처가 외적으로 표현된 듯한) 신체적 결함의 정도가 사회가 용인하는 수준으로까지 약해진다. 적대자가 내부에 있을 때에도 같은 원리가 적용된다. 내부의 적은 주인이 갖춘 더 나은 본성과는 반대로 활동한다. 적대자는 주인을 불구로 만든다. 적대자는 주인이 될 수 있는 모든 것에 맞선다. 이야기 구조의 심층적인 기능에 대해 암시하는 것이 바로 이것이다.

본드와 블로펠드, 세라와 터미네이터, 샘 타일러와 진 헌트(〈라이프 온 마스〉의 주인공들 - 옮긴이), 피오나와 프랭크 갤러거(〈쉐임리스〉의 주인공들 - 옮긴이)의 공통점이 무엇일까? 〈팅커 테일러 솔저 스파이Tinker Tailor Soldier Spy〉에서 카를라Karla가 스마일리Smiley에게 말한다. “당신과 나, 우리는 그렇게 다르지 않아요. 우리 둘 다 각자의 체제에서 결함을 찾느라 삶을 보내고 있지요.”

이들은 서로가 서로의 대립자다.

답지 않게 이야기 구조를 파악한 조커가 〈다크 나이트The Dark Knight〉[6] 에서 배트맨에게 말했듯이, “네가 나를 완성해 준다.” 우리는 나중에 그 이유를 살펴볼 것이다. 지금은 적대 세력이 주인공의 삶에 존재하지 않는 특성을 구현하고 있다는 점에 주목하는 것으로 충분하다.

욕망

인물이 무언가를 원하지 않는다면 그는 수동적인 인물이다. 수동적인 인물은 죽은 것이나 마찬가지다. 주인공에게 생기를 불어넣고자 하는 욕망이 없다면 작가는 인물을 살아 움직이게 할 희망도, 이야기를 할 희망도 없으며, 작품은 항상 지루할 것이다. 에런 소킨이 간단명료하게 말했다. “누군가 무언가를 원해야 한다. 무언가는 그것을 얻는 일에 방해되어야 한다. 그렇게 하면 멋진 장면을 얻을 수 있다.”[7]

모든 이야기에서 가장 기본적인 것이 바로 이것이다. 러시아의 배우이자 감독이며 이론가인 콘스탄틴 스타니슬랍스키Constantin Stanislavski는 인물들이 욕망 때문에 움직인다는 생각을 처음으로 말한 사람이다.[8] 실제 삶에서도 그렇듯이 드라마 속 인물도 마찬가지다. 아무리 작고 하찮을지언정 우리는 모두 매일 매 순간 목표 때문에 움직인다. 그렇지 않다면 우리는 침대에서 일어나지도 않을 것이다. 원탁의 기사들은 성배에 대해 알게 된 다음에야 살아 움직인다. 다른 인물들도 마찬가지다. 니모를 찾기 위해, 타워링의 불을 끄기 위해, 자신들의 이름을 지우기 위해, 도둑을 잡기 위해 등 목표가 부여되어야 하며 적극적으로 추구되어야 한다. 그러지 않으면 인물이 죽는다. 〈이스트엔더스〉의 인물들은 왜 주문을 외우듯이 이 말을 되풀이할까? "모두 가족을 위해서야." 이것이 그들에게 싸울 이유를 주기 때문이다. 이것이 그들에게 목표를 부여하기 때문이다. 이것이 그들에게 생명을 불어넣기 때문이다. 안톤 체호프Anton Chekhov는 말했다. "당신이 원하는 것을 말해 보라. 그러면 당신이 어떤 사람인지 말해 주겠다."[9]

주의할 점도 있다. 주인공이 사랑이나 행복을 원하는 것만으로는 충분하지 않은 경우도 있다. 그것은 너무 모호하고 너무 막연하다. 가장 인기 있는 작품들은 대상 속에서 욕망을 구체화한다. 주인공은 '줄리엣'을 원하고, '고도'를 원하고, '잃어버린 성궤'를 원한다. 특히 영화와 텔레비전에서는 욕망이 단순하고 구체적이며 말로 설명할 수 있는 것인 경우가 많다. 눈에 보이거나 손으로 쥘 수 있는 트로피 같은 것이다. 〈레이더스〉에서는 오직 잃어버린 성궤만이 세상을 구할 수 있다. 〈노팅 힐Notting Hill〉에서는 사랑을 애나 스콧Anna Scott에게서 발견할 수 있다. 〈시민 케인Citizen Kane〉은 '장미꽃 봉오리Rosebud'의 의미를 밝히고자 하는 기자의 사명을 바탕으로 하고 있다. 〈지옥의 묵시록〉은 커츠 대령을 죽이고자 하는 윌러드 대위의 욕망이 바탕이다. 텔레비전 시리즈의 목표는 매회 바뀌지만 항상 주인공이 자기 세계를 구하고, 보존하거나 발전시키는 사명을 실제로 완수하는 것이 목표다.

단순하든(상어를 죽이는 것) 심오하든(채널4의 〈약속The Promise〉에서 열쇠를 돌려주는 것), 근본적인 '성배 찾기'의 구조는 명확하다. 경찰은 살인범을 잡고자 하며, 의사는 환자를 치료하고자 한다. 사실 대상이 무엇인지는 중요하지 않다. 대상의 중요성은 추구하는 사람들이 부여한다. 〈북북서로 진로를 돌려라North by Northwest〉에서는 모든 사람들이 그저 불특정하고 다양한 마이크로필름을 쫓는다. 자주 그렇듯이 히치콕의 말이 가장 훌륭하다. "스튜디오에는 그것을 지칭하는 용어가 있다. '맥거핀MacGuffin'이라는 것이다. 이것은 어떤 이야기에서든 흔히 나타나는 기계적인 요소다. 사기꾼 이야기에서는 대개 목걸이가 되고, 스파이 이야기에서는 대개 증명서가 된다."[10]

어떤 대상이든 성배가 될 수 있지만, 또 다른 주의사항이 뒤따른다. 거의 모든 성공적인 연극과 영화, 소설은 인간의 원시적 욕망에 관한 것이다. 성공(〈금발이 너무해〉), 복수(〈폴링 다운Falling down〉), 사랑(〈노팅 힐〉), 생존(〈에이리언〉) 혹은 가족이나 가정의 보호(〈스트로우 독스Straw Dogs〉) 등과 같은 것이다. 다른 이유라면 우리가 그토록 게걸스럽게 이야기를 소비하겠는가? 사랑, 가정, 소속감, 우정, 생존과 자존감은 지속적으로 반복된다. 이것들이 우리에게 가장 중요한 주제이기 때문이다. 좀비가 점령한 세계에서 소수의 생존자들이 싸우는 내용의 미국 케이블 드라마인 〈워킹 데드The Walking Dead〉는 이 모든 요소들을 아주 명확하게 구현한다. 살아남아 잘 살고자 하는 가장 우선적인 욕망이 존재한다. 그러나 각 에피소드에는 고유한 하위 목표(옥상에서 탈출하기, 총 구하기, 가족이나 실종된 여자아이 찾기)가 있다. 모든 드라마에서와 마찬가지로 우리 스스로도 저렇게 할 것이라고 믿으면서, 우리는 인물들이 안전한 상태에 이르고 안전을 위협하는 존재를 물리치는 것을 구경한다.

드라마 초반에 주인공에게 '어떤 일이 일어났다면' 그것은 안전하다고 생각했던 것이 어느 정도 깨어지는 것을 말한다. 그는 깜짝 놀라 자기가 처한 상황을 바로잡으려 한다. 그의 '희망'은 안전을 되찾는 것이다. 그러나 그들은 종종 엉뚱한 곳에서 안전을 찾으려고 한다. 인물들은 자신에게 이로울 것이라고 생각했던 것이 실제로는 그렇지 않은 상황과 자주 부딪힌다. 우리가 앞으로 보게 될 이 갈등은 구조의 근본적인 원리 중 하나다. 갈등은 외적 욕망과 내적 욕망 사이의 투쟁을 보여주기 때문이다.

외적 욕망과 내적 욕망

할리우드 블록버스터는 본능적이고 흥미진진한 경험이다. 할리우드 영화들은 쉽고 편하게 볼 수 있다는 장점으로 우리를 유혹하고, 섹스, 폭력, 로맨스, 복수, 파괴, 명예의 획득 등의 즐거움을 대리 만족시켜 주겠다고 약속하며 매혹적으로 반짝인다. 기술적으로 탁월하고 때로는 심오하기도 하지만, 이 영화들이 종종 공허한 경험처럼 느껴지는 것은 무엇 때문일까? 왜 마음속에 남는 것이 거의 없을까? 많은 사람들이 약간은 실망하고 불편해하며 단것을 너무 많이 먹은 느낌으로 영화관을 떠나게 되는 이유는 무엇일까?

그 답은 다른 모든 것과 마찬가지로 구조에서 찾을 수 있다. 한두 가지 예외는 있겠지만 블록버스터는 2차원적이다. 단순한 욕망의 세계이다. 주인공은 무언가를 원한다. '킬 빌Kill Bill'이거나 유니콘의 비밀을 발견하는 것이다. 그 목표를 추구하는 동안 초인적인 주인공은 조금도 변화하지 않는다.

냉소적인 사람들은 시장의 요구 때문이라고 쉽게 말할지도 모른다. 우리는 제임스 본드가 모든 영화에서 같기를 바란다. 본드는 특별한 종류의 인물이다. 그는 더 심오한 원형을 정제하고 단순화하고 화학 처리한 변종이다.[11] 그는 불순물을 제거하고 소화가 잘되도록 만들어진 흰 빵이다. 이야기에 스릴을 더 넣고, 골치 아프고 성가신 요소들은 제거해 달라는 요구에 따라 만들어진 상품이다. 단순과 반복을 추구하는 우리의 욕망이 낳은 자식이다. 본드는 변하지 않기 때문에 2차원적이다. 그는 차원이 제거되었기에 우리는 그를 반복해서 즐길 수 있다. 본드는 원하기만 할 뿐이다. 그는 순수한 욕망의 화신이다. 그러나 3차원적인 인물은 변한다. 그는 가진 것이 조금 더 많다. 그는 원하는 것이 있고 필요한 것이 있다. 그리고 그 두 가지가 꼭 같지만은 않다.

우리가 처음 델마와 루이스를 만났을 때 그들은 보수적인 미국 사회의 어둠 속에서 살고 있었으며 은행 대출금에 허덕이고 있었다. 〈타인의 삶Das Leben der Anderen〉에서 국가안전부 요원인 하웁트만 비슬러는 공감이 존재하지 않는 세계의 산물이다. 이 영역 안에서 그는 잘 살 수 있다. 그의 힘과 의지는 무서울 지경이다.

델마와 루이스 그리고 비슬러는 모두 결함이 있는 인물들이다. 3차원적 스토리텔링에서 절대적으로 중요한 것이 바로 이 '결함'이라는(또는 뭔가 부족하다는) 개념이다. 비슬러는 누군가에게 관심을 가질 수 없다. 여자들에 대한 감정은 무의식적으로 억눌린다. 각 인물들은 이 내면화된 성격을 극복해야 한다. 그들이 완전한 깨달음에 도달하기 위해서는 그들의 약점을, 내재하는 결함을 극복하는 여행을 떠날 필요가 있다.

결함이나 필요는 바람이나 욕망과 같지 않다. 비슬러는 자기가 감시하는 반체제 부부를 처벌하기를 원한다. 델마와 루이스는 경찰을 피해 멕시코로 가기를 원한다. 이 인물들은 모두 여행을 하면서 자기가 원하는 것이 자기에게 필요한 것과는 정반대라는 것을 깨닫게 된다. 멕시코로 가거나 반체제 인사를 감옥에 보내는 것이 자신들을 완벽하게 만들어 주지는 못하는 것이다.

러시아 형식주의자 블라디미르 프로프Vladimir Propp는 주인공이 이야기의 초기 단계에서 놓치고 있는 것을 '결핍'이라는 다소 아름다운 용어로 지칭하고 있다. 3차원적 이야기가 이용하는 것이 바로 이 결핍이다. 인물은 자기가 원하는 것을 추구하며, 그럼으로써 자기에게 필요한 것을 실현한다. 그의 결핍은 더 이상 결핍이 아니다. 그는 결함을 극복하고 완전해진다.

인물이 원하는 것과 필요한 것을 모두 얻는 경우도 있지만(〈에이리언〉이나 〈스타워즈Star Wars〉에서는 분명히 이런 일이 일어난다), 더 보편적이고 강력한 원형은 좀 더 중요하고 가치 있으며 더 본질적인 무언가를 위해 초기의 자기중심적인 목표를 포기할 때 나타난다. 〈록키Rocky〉나 〈카Cars〉, 〈라이언 일병 구하기〉, 〈미스 리틀 선샤인Little Miss Sunshine〉, 〈미드나이트 런Midnight Run〉, 〈투씨Tootsie〉에서는 주인공이 자기가 찾고 있는지도 몰랐던 목표를 발견한다. 왜 이런 형태가 더 진실한가에 대해서는 나중에 논의하게 되겠지만 좀 더 단순해진 원형을 지나치게 엄격하게 판단해서는 안 된다.

탐정소설이나 범죄소설(범인이 항상 붙잡히는 세계)은 언제나 인기가 많다. 무엇보다 주인공이 우리 자신이라면, 우리가 옳고 우리는 멍청이들에게 둘러싸여 있으며 다른 사람들은 틀렸다는 말을 대신하여 듣는 것은 위로가 된다. 그러나 너무 자주 이런 말을 들어서도 안 된다. 3차원적 수준에서 작동하며 인물들이 처음에 원했던 것을 얻지 못하는 영화들은 우리에게 훨씬 더 깊은 영향을 미친다. 이것은 이런 영화들이 더 많은 것을 가졌음을 설명해 준다. 이런 영화들은 블록버스터라는 흰 빵의 세계를 가공 처리하는 2차원적 세계와 비교되는 통밀빵이다. 블록버스터 영화가 재미있기는 하겠지만 〈우주 전쟁War of the Worlds〉, 〈인디펜던스 데이Independence Day〉, 〈투모로우The Day after Tomorrow〉를 반복해서 본다고 해서 많은 자양분을 얻어내기는 어렵다.

인물들은 원하는 것을 항상 얻어서는 안 된다. 그러나 그럴 자격이 있다면 필요한 것은 얻어야 한다. 필요한 것 또는 결함은 거의 언제나 영화 초반부에 나타난다. 하지만 진정 원하는 것은 도발적인 사건이 일어나기 전까지는 분명하게 드러나지 않는다.

도발적인 사건[12]

모든 이야기에는 '만일 이렇게 된다면?'이라는 가정이 있다.

말더듬이 군주가 식민지 출신의 한 괴짜에게 가르침을 받는다면?……

뭄바이의 빈민가 거주자가 〈누가 백만장자가 되고 싶은가Who Wants To Be a Millionaire〉에서 사기를 쳤다고 고소를 당한다면?……

쓰레기를 수거하는 로봇이 고향 행성에서 쫓겨난다면?……

'만일 이렇게 된다면?'은 거의 항상 도발적인 사건이며 도발적인 사건은 모든 이야기에서 일어나는 '어떤 일'이다. 아주 오랜 옛날, 이러저러한 곳에서, 어떤 일이 일어났다면?

〈롱 굿 프라이데이The Long Good Friday〉에서 폭력배 해럴드 샌드는 런던의 버려진 항만 구역을 개발할 계획이다. 그는 투자가 안전하다는 것을 보여주기 위해 마피아를 런던으로 초대한다. 그때 해럴드의 어머니를 부활절 예배에 모셔 가기로 한 부하가 아무 경고도 없이 교회 밖에 세워 둔 차와 함께 폭사하고 만다.

해럴드의 세계는 말 그대로 형체도 없이 날아가 버린다. 이것이 도발적인 사건이다. 혹은 도발적인 사건의 일부이다. 도발적인 사건은 주인공의 욕망을 일깨워야 하기 때문이다. 이야기의 형태로 돌아가자. 문제가 발생하고 해결이 모색된다. 해럴드의 해결책은 가해자를 추적하여 처단하는 것이다. "자정까지는 시체에 피가 뚝뚝 떨어지는 것을 보게 만들겠다."라고 그는 중얼거린다. 이것이 그가 '바라는 것'이며, 이것이 이 영화다.

도발적인 사건은 항상 주인공의 욕망을 일깨우는 기폭제다. 〈캐주얼티〉나 〈먼로Monroe〉에서는 치료를 받기 위해 등장하는 환자가 기폭제이고, 〈루터Luther〉나 〈웨이킹 더 데드Waking the Dead〉에서는 "누가 내게 이런 짓을 했지?"라는 질문을 던지는 시체가 기폭제다. '아주 오랜 옛날, 이러저러한 곳에서, 어떤 일이 일어났다면?' 하는 것이 가정이며, '그래서 나는 이렇게…… 할 것이다.'가 이야기다.

도발적인 사건의 좀 더 상세한 구조는 나중에 살펴볼 것이다. 1808년 슐레겔A. W. Schlegel은 도발적인 사건에 대해 처음 글로 정리했다. 그는 도발적인 사건을 '최초의 결정'이라고 불렀다.[13] 이것은 영화 예고편의 소재로 매우 유용하다. 이것이 여행이 시작되는 순간이다.

여행

제임스 캐머런의 엄청나게 성공적이고 획기적인 속편 〈터미네이터 2Terminator 2〉에서 작가와 감독은 아널드 슈워제네거의 성격에 두 가지 중요한 변화를 주었다. 아널드는 악당에서 영웅으로 탈바꿈해 확실히 '가족 친화적인' 스타로 자리를 잡았다. 훨씬 더 중요한 변화는 성격이 업그레이드되었다는 것이다. 새로운 터미네이터 모델 T2는 기존 모델과는 달리 주변 환경과 경험을 통해 배우도록 프로그램되었다. 내면의 변화를 겪는 그의 능력은 실제로 대본 속에 교묘히 녹아들었다.

앞에서 살펴보았듯이, 내면의 변화는 성격을 더 흥미진진하게 만들고 작품을 한층 자극적으로 만든다. 〈007 위기일발From Russia with Love〉과 〈007 카지노 로얄〉을 비교하고, 〈터미네이터〉와 〈터미네이터 2〉를 각각 비교해 보자. 전자의 두 작품은 아주 매끈하게 잘 만들어진 작품이지만 〈터미네이터〉 두 작품의 깊이와 울림이 훨씬 더 크다. 주인공들이 목표를 추구해 가는 동안 후자의 두 작품 속 주인공들의 여행은 우리에게 본능적 스릴을 주는 것을 넘어, 우리의 감각만이 아니라 한층 더 깊은 내면의 무언가를 건드린다. 두 속편에서 주인공들의 표면상의 바람은 충족되지 않는다.[14] 좀 더 심오하고 무의식적인 갈망을 깨닫는 과정에서 거절당하기도 한다. 인물들은 필요한 것을 얻는다. 그들은 탐색 여행에서 한 가지를 기대했지만 또 다른 한 가지에 직면한다. 전통적인 세계관은 강화되지 않고 편견은 인정받지 못한다. 그 대신 주인공의 세계관(따라서 우리의 세계관 역시)이 바뀐다. 직설적으로도 비유적으로도 우리는 변화한다.

캐머런은 〈에이리언〉에서 비슷한 수법을 썼다.[15] 여주인공 리플리가 망망한 우주에서 구조된다. 인공 동면 상태에서 깨어난 그녀는 지구에 두고 온(영화 1편 이전에) 딸이 늙어서 죽었다는 사실을 알게 된다. 그녀는 죄책감에 괴로워한다(그녀는 딸의 열한 번째 생일에 돌아오겠다고 약속했었다). 그녀의 원래 임무는 에이리언을 무찌르기 위해 행성으로 돌아가는 것이었지만, 우주선에서 발견한 고아 뉴트를 보살피게 되면서 중요한 임무가 생긴다. 자신의 모성을 다시 한번 입증하는 것이다. 외적 욕망에서 벗어난 것은 아니지만 욕망을 추구하는 가운데 예측하지 못했던 중요한 무언가를 새롭게 알게 된다. 〈에이리언〉 이전에는 여성 액션 히어로(리플리는 라라 크로프트Lara Croft보다 훨씬 이전의 인물이다)가 드물었는데 여기에 덧붙여 내적 변형을 겪는 할리우드 블록버스터의 주인공을 보는 것도 여전히 흔한 일은 아니다.

탐색 여행은 모든 원형적인 이야기의 필수 요소다. 어떤 종류의 변화는 탐색 여행의 핵심에 놓여 있다. 그러므로 어떤 변화를 선택하느냐도 그만큼 중요하다. 주인공은 결국 어떻게 변화할 것인지 선택해야 하기 때문이다. 이것이 가장 분명해지는 순간은 위기라는 지점이다.

위기

위기는 일종의 죽음이다. 주인공과 가까운 누군가가 죽거나(《대부The Godfather》), 주인공 자신이 죽을 위기에 처한다(《이티E.T.》). 그러나 좀 더 일반적인 것은 모든 희망이 사라지는 것이다. 미국의 일부 텔레비전 드라마는 위기를 '최악의 경우'[16]라고 부른다. 영국의 BBC 연속극에서는 '최악의 지점'이라는 말이 거의 보편적인 용어가 되었다. 그럴 만한 이유가 있다. 어떤 극본에서든 이 지점은 최대의 위기가 존재하는 지점이며, 시청자가 화면을 보다가 "아, 안 돼!" 하고 외치는 순간이며, 주인공이 결코 '벗어날 수' 없을 것처럼 보이는 순간이다. 또 위기는 단막극에서 중간 광고 직전에 나오는 손에 땀을 쥐게 하는 순간이며, 뻔한 이유에서 〈이스트엔더스〉와 1960년대의 〈배트맨Batman〉 TV 시리즈, 〈슈퍼맨Superman〉에서 〈플래시 고든Flash Gordon〉에 이르는 1940년대 미국의 모든 시리즈 영화에서 각각의 에피소드가 끝나는 지점이다.

위기는 주인공의 마지막 딜레마가 확실해졌을 때, 주인공이 이야기 속에서 가장 중요한 질문(나는 어떤 사람인가?)에 직면했을 때 발생한다. 빠져나올 수 없는 구멍 속에 떨어진 자신을 발견하고 주인공은 선택의 기로에 선다. 〈스타워즈〉에서 루크는 오비완 케노비의 죽음에 충격을 받고, 컴퓨터와 포스 가운데 하나를 선택해야 한다. 〈카사블랑카Casablanca〉에서 릭은 일자를 보내 주거나(겉으로 드러나지는 않지만) 세상을 파괴해야 한다. 〈에이리언〉에서 리플리는 뉴트를 구하거나 아니면 혼자 도망쳐야 하는 상황에 놓인다. 심지어 본드도 닥터 노와 싸우지 않는 것을 선택할 수 있다.

이때 선택이란 인물이 치러야 할 마지막 시험이다. 자신의 드라마적 필요나 결함에 직면할 수밖에 없게 만드는 순간이기 때문이다. 〈스타워즈〉의 바탕에 깔려 있는 『천로역정*The Pilgrim's Progress*』(영국의 작가 버니언이 지은 우화 소설로, 신의 노여움을 두려워하는 한 기독교인이 갖은 고난을 겪고 천국에 이르는 과정을 그린 작품 - 옮긴이) 유형의 구조에서 루크의 선택은 소년으로 머무느냐, 남자가 되느냐다. 〈카사블랑카〉에서 릭은 자신의 이기심('그 누구를 위해서든 내 목을 내놓을 수는 없다')을 직면하고 극복해야 한다. 〈에이리언〉에서 리플리는 뉴트를 구하겠다는 선택을 함으로써 다시 한번 엄마가 될 수 있음을 알게 된다. 텔레비전 드라마에서도 정확히 같은 장치를 볼 수 있다. 〈글리Glee〉의 첫 번째 에피소드에서부터 핀은 글리 클럽과 풋볼팀 가운데 하나를 선택해야 하며, 윌 슈스터는 자신의 클럽과 경력 가운데 하나를 선택해야 한다. 이 모든 것에서 우리는 구조적 장치가 매우 영리하다는 것을 알 수 있다. 외부의 적대자는 주인공들이 가장 두려워하는 존재의 화신이다. 외부에 있는 것을 극복하려면 내부의 균열을 극복해야 한다.

따라서 여기에서 죽음의 냄새가 난다. 모든 위기는 주인공이 낡은 자아를 죽이고 새롭게 태어날 수 있는 기회다. 그는 변화를 거부하고 이전의 자신으로 되돌아가거나 가장 내밀한 공포에 직면하여 그것을 극복하고 보상을 받거나, 둘 중 하나를 선택해야 한다. 그는 죽음을 선택할 수도 있고, 새롭게 태어나기 위해 이전의 자신을 죽일 수도 있다. 2011년판 〈머펫The Muppets〉에서 개리가 위기의 순간에 "나는 사람인가, 머펫인가?"라고 노래했을 때, 그는 사실상 모든 주인공들이 중대한 구조적 지점에서 직면하는 전형적인 딜레마를 표현한 것이다. '사람'이 되는 것은 가보지 않은 길이다. 그것은 훨씬 더 힘든 선택이다.

아쟁쿠르(북프랑스의 작은 마을로, 백년전쟁 중인 1415년 10월 25일 절대다수의 프랑스군이 소수의 영국군에게 이곳에서 크게 졌다 - 옮긴이)로 떠나기 전날의 헨리 5세처럼, 위기는 항상 이길 가능성이 전혀 없는 역경과의 전쟁에서 마지막 전투를 앞두고 있는 순간(절정 직전의 어두운 밤)에 찾아온다.

절정

절정은 주인공이 벗어날 수 없어 보였던 궁지에서 벗어날 길을 발견하는 단계이다. 적대자와 벌이는 마지막 결전이며, 주인공이 드라마적 필요와 싸우고 자신의 결함을 극복하는 전투다. 역사적으로 절정은 때로 '필수적인 장면'[17](19세기에 프랑스의 연극 평론가인 프랑시스크 사르세Francisque Sarcey가 붙인 용어)이라고 불렸다. 앞으로 보게 되겠지만 이보다 더 나은 용어는 '필수적인 막'이 될 것이다.[18]

델마와 루이스가 강간범을 총으로 쏘고 법망을 피해 달아나기로 결정했을 때 일어날 수밖에 없었던 필수적인 시퀀스가 있다. 그들은 법과 싸워야 한다. 이야기가 그것을 요구하며, 본능적으로 우리는 그 대결이 이루어지기 전에는 이야기가 끝날 수 없음을 안다. 일단 엘리엇이 이티를 친구로 받아들이고 얼굴 없는 정부 요원들로부터 이티를 구한 다음에는 하나의 장면/시퀀스/사건/행위가 반드시 발생한다. 엘리엇은 이티를 찾고 있는 '악당들'과 대결해야만 한다.

우리가 영화를 보는 동안 델마와 루이스, 그리고 엘리엇은 자신들의 결함을 극복하는 데 필요한 능력을 발전시켜 간다. 두 여자는 스스로와 서로를 믿게 되고, 엘리엇은 내면의 고집스러움과 사심 없는 마음을 발견하게 된다. 그리고 절정 단계에서 그들은 이 능력을 발휘한다. 두 영화는 고전적으로 구조화된 영화들이다. 〈이티〉에서처럼 주인공의 결함은 악당들의 성격을 통해 드러난다. 엘리엇이 외적 장애를 극복할 때 내적 필요가 해방된다. 여자들이 사회를 포기할 때 그들은 해방되고(우리는 그렇게 믿도록 유도된다) 완전해진다.

〈연을 쫓는 아이The Kite Runner〉는 소설과 영화 모두 내적 죄의식을 명료하게 겉으로 드러내는 방식으로 구성했다는 점에서 매우 비슷하다. 사실상 도발적인 사건("다시 착해질 수 있는 방법이 있어."라고 주인공에게 알려 주는 전화 한 통)은 매우 명확한 탐색 임무이다. 몹시 달성하기 어려운 그 탐색 임무는(아이를 구함으로써) 속죄하며 적대자와 맞서는 일이다. 외적 장애물을 극복함으로써 그는 내면을 치유할 수 있다.

절정은 전복될 수도 있지만(코엔Coen 형제의 〈노인을 위한 나라는 없다No Country For Old Men〉는 위기 지점에서 주인공을 죽여버리지만 이는 아주 드문 예외다), 그 효과는 블로펠드에게서 달아나는 본드와 비슷하다. 그것이 더 큰 계획의 일부가 아니라면, 작가가 설정만 해 두고 마무리는 하지 않은 것처럼 이상하게 느껴진다.

도발적인 사건은 "다음은 어떻게 될까?"라는 의문을 갖게 하고, 절정(혹은 필수적인 막)은 "바로 이거야!" 하고 답을 준다. 맥베스가 덩컨을 죽였을 때, 우리는 즉각 다음으로 무슨 일이 일어날지 궁금해한다. 그리고 덩컨에게 충성하는 세력이 수적으로나 힘으로나 성장을 거듭해 마침내 맥베스에게 복수할 준비를 마친다. 〈맥베스 Macbeth〉는 이야기 구조가 어떻게 작동하는지에 대한 완벽한 사례를 보여준다. 맥베스가 스코틀랜드 왕을 살해했을 때 왕의 동지들은 하나둘 잉글랜드로 달아난다. 잉글랜드 진영은 버넘 우드가 던시네인 언덕을 향해 행진할 수 있을 만큼 세력이 강해지고, 맥베스는 마지막 막에서 왕을 시해한 결과에 맞닥뜨린다.

이처럼 도발적인 사건은 질문을 던지고 절정에서 답을 한다. 도발적인 사건은 적대자나 거대한 적대 세력을 흥분시킨다. 이 세력은 산 정상에 있는 눈덩이처럼 규모를 점차 키우다가 천둥소리를 내며 아래로 굴러 내려가 마침내 정면으로 주인공과 맞선다. 사실상 이것이 바로 절정이다. 주인공과 적대자가 승부가 날 때까지 끝까지 싸우는 지점이다. 만일 모든 이야기가 주인공과 적대자의 싸움에 관한 것이라면 원칙적으로 싸움에는 시작과 중간뿐만 아니라 끝도 있어야 한다. 하나라도 생략되거나 어설프게 그려지면 스토리텔링에 문제가 있다고 느껴진다. 두 세력 사이의 마지막 전투가 앞으로 보게 될 것처럼 한 장면이 허용할 수 있는 것보다 훨씬 더 복잡하더라도 그 전투를 흔히 '필수적인 장면'이라고 부르는 이유가 바로 이것이다.

특히 본드나 히치콕 영화에서는 절정을 가려내기가 쉽다. 항상 영화의 마지막 25분을 잡아먹는다는 사실은 제쳐 두고라도, 절정은 가장 거대하고 상징적인 시퀀스인 경우가 많다. 절정은 아주 독특한 장소에서, 그리고 거의 항상 주인공에게 낯선 영역에서 일어난다.

절정은 드라마의 정점이다. 모든 것, 이야기의 모든 가닥, 모든 쟁점, 모든 주제가 이 마지막을 향해 모아진다. 주인공은 적대자와 맞서고, 모든 것이 함께 모여 끝까지 싸워 마침내 해결을 본다.

해결

어떤 이야기의 대단원Denouement은 모든 사실이 드러나고 감정들이 마지막으로 다 표현되며 행위에 따른 '보상'이 주어지는 곳이다. 'Denouement'은 '풀리다'라는 뜻을 지닌 Dénouer에서 나온 말이다. 이것이 대단원의 본질이다. 구성의 매듭이 풀리고, 복잡한 것들이 해결된다. 느슨한 결말을 단단히 마무리하는 것이기도 하다. 고전적으로 구조화된 작품에서는 모든 설정이 마무리되어야 하며, 방치되거나 잊힌 채 남겨진 가닥이 있어서는 안 된다.

해결은 전투가 끝난 뒤에 내려지는 최후의 심판이다. 주인공이 악마를 이겼다면 그는 보상을 받는다. '휴 그랜트'는 적극성을 배우고, '제임스 본드'는 세계를 구한다. 또 둘 다 여자를 얻는다.[19] 이야기는 일종의 성적 만족감으로 끝나는 경우도 많다. 그런데 주류 영화에도 몇몇 흥미로운 변형이 있다. 〈스타워즈〉에서 루크는 사실 레아 공주와 맺어져야 했다. 그런데 공주가 루크의 여동생이라는 것이 밝혀지자 악을 무찌른 데 따른 보상으로 사랑 대신 명성을 얻는다.[20] 성적 요소가 없기 때문에 어린이들도 이 영화를 볼 수 있었으며, 따라서 이러한 전복 때문에 이 영화가 엄청난 성공을 거두었다고 설명할 수도 있다. 그러나 사랑보다 명성을 더 높이 평가한 것이 이 영화를 탄생시켰으며, 이 영화의 성공에 여전히 기여하고 있는 당대의 가치관에 대해서도 시사하는 바가 크다.

전통적으로 이야기는 항상 "그 후로도 오랫동안 행복하게 잘 살았습니다."로 끝난다. 모든 행동이 결말을 맞는다. 비극적인 주인공은 죽고 낭만적인 커플은 결혼한다. 저널리스트이자 작가인 크리스토퍼 부커가 관찰한 바에 따르면, 산업 혁명의 결과로 우리가 이야기를 하는 방식에도 의미 있는 변화가 아주 많이 일어났다. 결말은 이제 '열린 결말'로 이루어질 개연성이 높아졌다. 부분적으로 불확실성의 분위기가 더해졌으며, 부분적으로 신이 없는 세상에서는 죽음의 의미가 예전과는 달라졌기 때문이다. 부커보다 앞서 셰익스피어 연구자 얀 코트Jan Kott가 말했다. "고대의 비극은 생명의 상실이었지만, 현대의 비극은 목적의 상실이다."[21] 오늘날의 인물들은 죽는 대신 무의미하게 잊히거나(《대부2》), 제단에 놓인 스스로를 발견하는 대신 결혼을 하지 못한다(《네 번의 결혼식과 한 번의 장례식Four Weddings and a Funeral》).

원형적인 결말은 효과를 높이기 위해 왜곡될 수도 있다. 〈더 와이어The Wire〉는 보통의 인물 운용 방식을 뒤집는 극히 영리한 방식을 발견했다. 인물을 느닷없이 폭력적으로 제거해 버리는 것이다. 생판 모르는 이방인의 손에 오마 리틀을 죽게 한 것은 서사적으로 문제가 있기 때문에 오히려 더 큰 효과를 발휘한다. 이러한 방식은 갑작스럽고, 비속하고, 예기치 않은 죽음의 순간에 이르기까지 모든 관습을 채택함으로써 고전적인 주인공의 여행을 중단시켜 버린다. 사실상 이것은 그러한 코드가 작동하지 않는 세계이며,

그와 같은 전복은 마약 거래가 이루어지는 볼티모어의 잔인하고 비정한 세계가 실제로 어떻게 돌아가고 있는지 우리에게 추가로 이야기해 준다.

구성 요소들의 결합

이러한 구성 요소들은 스토리텔링의 기본 색채를 이룬다. 많든 적든 이들 요소는 모든 이야기 속에 드러난다. 이들 요소 가운데 무언가가 빠지면(〈더 와이어〉에서 오마의 갑작스런 죽음, 〈노인을 위한 나라는 없다〉에서 주인공의 때 이른 죽음) 함축적인 서사 효과[22] 가 나타난다. 원형적인 형식에서는 이들 요소가 결합하여 우리가 보고, 읽고, 듣는 거의 모든 이야기의 골격을 형성한다.

이들 요소가 결합하여 형성하는 골격의 구조는 다음과 같다.

> 아주 오랜 옛날, 친구가 없는 엘리엇이라는 소년이 뒷마당에서 외계인을 발견한다. 소년은 이 외계인을 고향으로 돌려보내 주지 않으면 이 생명체가 죽을 것임을 깨닫는다. 그래서 소년은 스스로 나서서 관리들을 따돌리고, 의심하는 자들을 이겨 내고, 시간과 다투면서, 진정 용기 있는 행동으로 친구를 자유롭게 해 준다.

어떤 의미에서는 아주 간단해 보인다. 그러나 알파벳이나 악보의 음표와 마찬가지로 무한히 적용할 수 있는 형식이다. 이것이 어떻게 비극적인 이야기를 전달하는지를 살펴보면 그 적용 가능성이 명확해진다.

어두운 반전[23]

우리가 〈대부〉에서 처음 마이클 콜레오네를 만났을 때, 그는 훈장을 자랑스럽게 가슴에 단 군복을 입고 있었다. 어느 모로 보나 전쟁 영웅인 그는 약혼녀를 진정시키기 전에 자신의 아버지와 형제들의 사악한 소행을 설명한다. "케이, 내 가족은 그런 사람들이야. 하지만 나는 전혀 달라." 맥베스와 묘하게 닮은 구석이 있다. 전투가 끝난 뒤, 안개 속에서 나타나는 그를 보고 덩컨은 감동하지 않을 수 없었다. "그대의 상처처럼 그대의 말이 그대가 되리라. 둘 다 명예의 향기가 나느니." 우리가 말할 수 있는 건, 둘 다 명예로운 사람들이라는 것이다.

마이클 콜레오네와 스코틀랜드의 영웅은 둘 다 결함이 있지만 그들의 잘못은 전통적으로 묘사되는 비극적인 결함이나 약점이 아니다. 대신 그들은 선한 자질을 지니고 있다. 이타심과 용기를 가진 사람이며, 이 점이야말로 비극적인 형태의 이야기가 실제로 어떻게 작동하는지를 알려 주는 열쇠를 제공한다.

비극은 〈죠스〉에서나 〈이티〉에서나 정확히 같은 원리를 따른다. 그러나 순서는 정반대다. 〈죠스〉에서 브로디 서장은 영웅이 된다. 〈맥베스〉에서는 주인공의 영웅다움이 망가지고 만다. 어두운 반전에서 인물의 결함은 관습적인 사회가 '정상'이나 '선'(인물이 자기만의 방식으로 악으로 바꾸는 선량함)이라고 부르는 것이다.

어두운 반전은 모든 인물이 내면에 야망이나 허무(그들의 '비극적 결함')의 작은 싹을 가지고 있다는 아리스토텔레스의 전제[24]와 모순되지 않으며, 실제로는 오히려 그의 전제를 강화한다. 역사적으로 비평가들은, 아리스토텔레스가 비극의 주인공을 묘사하기 위해 사용한 치명적인 악성 결함(맥베스의 야심, 오셀로의 질투)이라는 정의에 초점을 맞추어 왔다. 그러나 인물의 선량함이 어떻게 부패해 가는지를 기록하는 것도 그만큼 유익하다고 나는 생각한다. 어두운 반전은 진보적인 미국 영화들(〈굿 셰퍼드The Good Shepherd〉와 〈킹메이커The Ides of March〉에서는 이상적인 애국자들이 자신의 도덕률이 서서히 잠식되어 가는 것을 발견한다)에서 상투적으로 쓰이는 것인데, 〈스노우타운Snowtown〉(조현병을 앓는 10대가 호주의 가장 악명 높은 연쇄 살인범의 세계로 어떻게 빨려 들어가는가에 관한 섬뜩하리만큼 탁월한 이야기)과 힐러리 맨틀Hilary Mantel의 〈울프 홀Wolf Hall〉에서도 분명하게 나타난다. 〈울프 홀〉의 토머스 크롬웰도 비슷한 파멸을 경험한다. 그를 파멸시키는 것은 자신의 선량함이며, 자신을 맥베스와 마이클 콜레오네처럼 비극적인 궤도에 묶어 두는 것은 뉴먼 주교에 대한 충성심이다. 나아가 앞으로 보게 될 것처럼 이 선량함은 철저히 원형적인 패턴에 따라 부패한다. 〈라인 오브 듀티Line of Duty〉에서 〈백경Moby Dick〉까지, 〈파우스트Dr. Faustus〉에서 〈로리타Lolita〉까지('선함'은 상대적인 개념이다) 우리는 인물들이 걷는 길을 명확하게 그려낼 수 있다. 인물들이 그 길을 따라 목표를 추구하는 동안 도덕적 중심은 붕괴되어 간다. 최초의 목표들은 선하거나(〈대부〉 또는 〈라인 오브 듀티〉) 무해해 보이지만(〈카르멘Carmen〉, 〈파우스트〉) 마지막 결과는 모두 같다. 인물들은 압도적이고 이기적인 욕망에 점차 사로잡힌다. 어두운 주인공의 여행은 〈카사블랑카〉의 릭처럼 이기적인 것에서 이타적인 것으로 가는 여행이 아니라, 정반대 방향으로 가는 여행이다. 이것은 텔레비전 드라마, 특히 드라마 시리즈에서는 대체로 회피하는 길이다. 그럼에도 불구하고 〈브레이킹 배드Breaking Bad〉가 증명했듯이, 풍부하고 비옥한 토양을 제공한다.

"목표는 그를 미스터 칩스Mr. Chips에서 스카페이스Scarface로 바꾸는 것이다."라고 AMC의 〈브레이킹 배드〉의 주인공 월터 화이트를 창조한 기획자 빈스 길리건Vince Gilligan이 말했다.[25] "이것은 늑대 인간 이야기이자, 지킬과 하이드 이야기이다. 애벌레였던 한 남자에 관한 이야기이다. 우리는 그를 나비(마약을 제조하는 나비)로 바꾸고 있다." 유순한 성격의 화학 교사를 마약을 거래하는 사이코패스로 탈바꿈시키는 데 다섯 시즌이 걸렸다. 텔레비전 시리즈라는 점에서는 혁신적인 출발이지만, 탐욕과 도덕의 결과로 가는 풍요로운 여행이라는 점에서 이 작품은 맥베스의 피에 젖은 스코틀랜드 땅에 뿌리를 굳게 내리고 있는 작품이다.

〈브레이킹 배드〉는 원형이 어떻게 작동하는지를 자세하게 그려 보인다. 이야기 시작 부분에 등장하는 결함이 끝에 가서는 정반대되는 것을 만들어 낸다. 악한 의지는 선해지며, 선한 의지는 악해진다. 어두운 반전은 선이 악으로 바뀌는 이야기에서 가장 많이 쓰인다. 하지만 〈라이크 크레이지Like Crazy〉가 어린 소녀의 이상적인 사랑이 어떻게 진부해지는지를 잘 보여주듯이 그 형태는 한층 폭넓게 응용된다.

한 옥타브에 있는 겨우 여덟 개의 음만으로 어떻게 한없이 다양한 음악을 만들어 낼 수 있는지 이해하기는 쉽지 않다. 그러나 각각의 음에 반음을 설정하고, 박자와 빠르기, 양식을 달리함으로써 내용을 변화시킬 수 있다. 이처럼 우리는 매우 단순한 패턴 속에 무한한 변화 가능성이 있음을 알게 된다. 다른 종류의 결합을 투입하거나, 다양한 방식으로 인물들에게 보상을 하거나 처벌을 하면, 다른 종류의 이야기를 만들어 낼 수 있다. 〈홍등大紅燈籠高高掛〉에서 송련은 악습을 받아들였을 때 미쳐버리는 처벌을 받는다. 〈리어 왕King Lear〉과 〈리처드 2세Richard II〉, 〈로미오와 줄리엣Romeo and Juliet〉은 정서적인 성장 이야기를 들려준다. 원형적으로는 인물들이 보상을 받아야 하는데도 보상 대신 처벌을 받음으로써 비극적인 느낌은 극도로 강화된다. 〈택시 드라이버Taxi Driver〉와 〈코미디의 왕The King of Comedy〉에서는 어두운 주인공들이 보상을 받는다. 병든 사회를 어둡게 비꼬기 위해 원형을 비튼 것이다. 〈백경〉과 〈프랑켄슈타인Frankenstein〉처럼 비틀린 세계에서는 주인공이 괴물보다 더 나쁘게 보인다. 〈바티칸의 철십자The Scarlet and the Black〉(그리고 놀랄 만큼 비슷한 〈산장의 밤Room at the Top〉)에서 그들의 비극적인 종말에 우리는 주인공을 비난해야 할지, 사회를 비난해야 할지 몰라 속을 태운다. 〈엘리트 스쿼드Elite Squad〉는 인물이 성장함과 동시에 쇠퇴해 가는 지독한 모호성 위에서 이야기가 펼쳐진다. 반면 〈혹성탈출: 진화의 시작Rise of the Planet of the Apes〉은 사회가 얼마나 쉽게 스스로를 파괴할 씨앗을 만들어 내는가를 보여준다. 〈악질 경찰Bad Lieutenant: Port of Call-New Orleans〉은 더 나아가 부패하고 악취를 풍기며 몰락하는 인물의 모습을 기념하고 있다. 입센의 희곡 〈민중의 적En folkefiende〉도 어두운 반전이라고 해석할 수 있다. 이 작품은 전통적으로 다수의 횡포로부터의 자유를 위한 외침이라고 평가받는 작품이다. 그러나 이 작품을 자유를 위한 외침이라기보다 우생학의 선전[26] 과 인간 혐오, 경계성 인격 장애로 추락하는 한 남자의 이야기라고(특히 1964년의 펭귄 클래식 번역본을 읽어 보면) 볼 수도 있다. 입센의 의도는 분명히 이것이 아니었다. (입센이 쓴 편지를 읽어 보면, 그가 절대적으로 주인공의 편임을 알 수 있다.) 그러나 이 작품을 '민중'에 대한 혐오감에 사로잡혀 가는 한 이타주의자의 여행으로도 읽을 수 있다는 사실은 영웅의 여정과 한층 더 어두운 사촌 사이의 경계가 얼마나 흐릿한 것인지, 그리고 막의 구조를 조작해서 무한한 변형은 아닐지라도 수많은 변형을 만들어 내는 것이 얼마나 쉬운지를 아주 잘 보여준다.[27]

적대자와 맞서는 주인공의 전투, 위기와 절정 그리고 해결을 거쳐서 승리에 이르는 주인공의 여행, 이것은 모든 이야기의 구성 요소들이다. 그런데 이것들은 서로 어떻게 결합될까? 드라마의 전통적인 접근 방식(그리고 확실히 가장 많이 선호하는 접근 방식)은 3막 구조다. 이 단순한 패러다임은 드라마의 형식에 관한 모든 것을 지배하기에 이르렀다. 3막 구조란 무엇일까? 왜 이렇게 만연하게 되었을까? 3막 구조는 매우 효과적으로 작동하기 때문에 몇몇 사람들은 이 구조에 대해 어떤 의문도 갖지 않는다. 딱한 노릇이다. 3막 구조가 드러내는 것은 드라마 자체를 넘어서는 그 어떤 것이기 때문이다. 그것은 지각에 대해, 서사에 대해, 인간 정신의 작동 방식에 관해 우리에게 많은 이야기를 들려준다.

2장

3막 구조

나는 내 아들을 후려갈겼다. 내 분노는 엄청났다. 그것이 정의라는 듯이. 그때 손에 아무 감각이 없음을 알아차렸다. 내가 말했다. "들어봐. 너에게 이 복잡한 사정을 설명하고 싶어." 진지하고 걱정스럽게, 특히 아버지답게 말했다. 내가 말을 마치자 아이가 물었다. 용서 받기를 원하느냐고. 나는 그렇다고 했다. 그러자 아이는 그러지 않겠다고 했다. 자기가 이겼다는 듯이.

미국 작가 레너드 마이클스Leonard Michaels가 쓴 단편 『외식*Eating Out*』 중 「손The Hand」이라는 한 꼭지의 이야기다. 이 자체가 하나의 완전한 이야기이기도 하다. 만일 모든 이야기가 똑같은 구성 요소들을 담고 있다면, 지금은 우리도 익숙해져 있을 것이므로 「손」의 구성 요소들을 상대적으로 쉽게 가려낼 수 있을 것이다.

- 주인공 – 화자

- 적대자 – 화자의 아들
- 도발적인 사건 – 손에 감각이 없다는 것을 알게 됨
- 욕망 – 화자의 행동을 설명하기
- 위기 – '아이가 물었다. 용서 받기를 원하느냐고.'
- 절정 – '나는 그렇다고 했다. 그러자 아이는 그러지 않겠다고 했다.'
- 해결 – '자기가 이겼다는 듯이.'

물론 「손」은 드라마가 아니다. 그렇지만 여기에도 우리가 아는 구성 요소들이 들어 있다. 이들은 어떻게 결합되어 있는가? 어떤 순서와 규칙에 의해? 만일 규칙이 있다면 왜 있는 것일까?

구조란 무엇인가?

앨런 플래터Alan Plater가 텔레비전을 위한 글쓰기를 처음 시작했을 때 그의 에이전트였던 전설적인 페기 램지Peggy Ramsay에게 정확하게 '이 구조라는 것'이 무엇이냐고 물었다. 그녀가 대답했다. "아, 그건 그냥 두세 번의 작은 놀라움 뒤에 매번 다시 더 큰 놀라움을 배치하는 거야."[1] 그저 재치 있는 말대답에 불과한 것 같지만 사실상 드라마의 본질적인 구조 요소가 무엇인지 확실하게 정의하는, 간결하고도 매우 뛰어난 분석이다. 그것이 바로 막이다.

막은 인물의 욕망과 결부된 행동의 단위다. 막에는 시작과 중간,

끝이 있으며 끝은 새롭고 예기치 못한 방향으로 이야기를 비튼다. 이것이 램지가 말한 '놀라움'이다. 그리스인들은 이것을 '페리페테이아peripeteia'라고 불렀는데 흔히 '반전'이라 번역한다.

간단히 말해 인물이 특정한 목표를 추구하고 있을 때 예기치 않은 일이 일어나 탐색 여행의 성격과 방향이 바뀌는 것이다. 작은 반전은 모든 장면에서 일어날 수 있지만 더 큰 반전은 작품을 특정한 막들로 나누는 역할도 한다. 스승 오비완 케노비를 만나고 돌아오는 길에 루크 스카이워커는 양부모가 살해되었음을 알게 된다. 이것이 반전이다. 복수할 길을 찾는 루크에게는 새로운 탐색 임무가 생겼으며, 이를 수행하기 위해 그는 새로운 행동에 돌입한다.

1막짜리 연극은 에우리피데스의 〈키클로페스Cyclopes〉까지 거슬러 올라간다. 시트콤은 흔히들 2막짜리라고 말한다(〈사인펠드Seinfeld〉는 2막 형식을 능수능란하게 다룬다[2]). 그러나 작품의 길이가 한 시간 이상이면(텔레비전의 경우는 확실하게) 3막 이하는 보기 드물다. 이것은 상업적인 중간 광고의 요구와 일부 관련이 있지만, 광고가 있든 없든 3막은 관객을 사로잡는 갈고리나 전환점을 확보해 준다. 하나의 이야기에 있을 수 있는 막의 개수에는 제한이 없다는 것도 기억해야 한다. 〈레이더스〉는 무려 7막으로 이루어져 있다. 그러나 오늘날의 시나리오와 많은 스토리텔링이 바탕으로 하는 것은 바로 3막이다.

3막 형식

3막 구조는 드라마의 초석이다. 아리스토텔레스식[3](실제로는 모든) 구조의 가장 단순한 단위들을 구현하기 때문만은 아니다. 3막은 반박할 수 없는 과학적 법칙을 따른다. 모든 것은 처음과 중간 그리고 끝이 있을 수밖에 없다. 미국의 시나리오 창작 교사인 시드 필드Syd Field는 막 구조를 설정과 대결, 해결이라는 구성 요소들, 그리고 1막의 끝(도발적인 사건)과 2막의 끝(위기)에 두는 전환점 등으로 분해해서 처음으로 3막 패러다임을 명확히 정리했다.

이것이 현대의 모든 주류 영화와 텔레비전 서사의 이면에 놓여 있는 모델이다. 그런데 많은 사람들이 알고 있는 것과는 달리 이 모델은 시드 필드가 창안한 것은 아니다. 현대 영화 형식의 구조적인 원형을 알기 위해서는 1885년에 쓰인, 그래서 〈인디아나 존스Indiana Jones〉의 선조인 것이 분명한 라이더 해거드Rider Haggard의 『솔로몬 왕의 보물*King Solomon's Mines*』을 읽는 것만으로 충분하다.

이 구조를 정확히 표현한 것은 에페스 윈스럽 사전트Epes Winthrop Sargent가 쓴 세계 최초의 시나리오 창작 매뉴얼인 『극영화의 기술*The Technique of the Photoplay*』이 처음이다. 이 책은 1912년 무성 영화 산업의 황금기에 쓰였으나 여전히 가치 있고 흥미로운 책이다. 사전트는 스스로 원하기도 했지만 최초의 영화 '전문가'라는 타이틀을 달 자격이 있는 사람이다. 특별히 막 구조에 대해 언급하지는 않았지만 그가 제시한 이야기의 모든 사례("이야기는 시작뿐만 아니라 목표 지점, 그리고 끝 또는 절정이 있어야 한다.")에는 막 구조의 초기 형식이 담겨 있었다.

미국 시나리오 창작의 역사를 다룬 『다음에는 무슨 일이 일어나는가*What Happens Next*』에서 마크 노먼Marc Norman은 '에드윈 포터와 D. W. 그리피스가 영화에 들여왔으나 고대 그리스에서부터 시작된 원형적인 서사 패턴에 대한 의존성의 증가'에 대해 설명하고 있다.

> 고전 영화의 서사는 구조적으로 단순하지만 무수한 변형이 가능하며, 드라마나 코미디에 적용할 수도 있다…… 관객이 쉽게 공감할 수 있는 목표와 욕망을 지닌 주인공이 등장한다. 그다음에는 주인공을 방해하는 적대자나 적대 세력의 대표자가 등장한다. 영화는 그들의 갈등으로 채워지고, 시퀀스들에서는 그들의 싸움이 가파르건 완만하건 어쨌든 상승 곡선을 그린다. 카우보이는 총잡이와 맞서고, 사랑하는 연인들은 부모의 반대에 부딪힌다. 잘 알려진 고전음악처럼 영화는 예측 가능한 방향으로 흘러간다…… 매끄럽게 진행되던 이 갈등 상황은 3막에서 대립으로 이어지며 절정을 맞이한다. 그리고 비극에서는 죽음으로, 희극에서는 가장 전형적인 방식인 결혼으로, 각각 양식에 적합한 해결로 끝을 맺는다.[4]

우리는 왜 3막에 맞추어 이야기를 할까? 찰리 코프먼이 "솔직히 나는 3막 구조에 별로 흥미가 없다."라고 한 것은 3막이 무성의하고, 관습적이며, 보수적인 형식이라는 뜻이었다. 그러나 그의 영화는 모두 3막 형식을 구현하고 있다. (《존 말코비치 되기》의 전체 분석에 대해서는 부록 3을 보라.) 결함이 있는 개인이 낯선 세계에 던져져 돌이킬 수 없을 만큼 변화한 자신을 발견한다는 식의 똑같은 클리셰는 그의 작품에서 거의 표준이 되어 있다. 리처드 커티스Richard Curtis(《노팅 힐》, 〈러브 액츄얼리〉 등을 쓴 작가 - 옮긴이)의 작품도 마찬가지다. 왜 그는 자신이 비난하는 틀을 스스로 반복할 수밖에 없을까? 우리가 이야기하는 방식이 생물학적이고 신체적인 이유로 결정되는 것이 아니라면 근본적으로 동일한 패턴을 끝없이 반복하는 것은 아마 심리적 이유에서일 것이다. 만일 이야기하는 방식을 우리가 선택한 것이 아니라면 아마도 어쩔 수 없이 그렇게 하고 있는 것이리라.

간단히 말하자면 인간은 세계에 변증법적 질서를 부여한다. 우리는 무작위를 지각할 수 없으므로 우리가 관찰한 모든 현상과 우리 앞에 나타나는 모든 새로운 정보에 고집스럽게 질서를 부여한다. 우리는 존재한다. 우리는 자극을 관찰한다. 둘은 그 과정에서 변화한다. 이것이 정립, 반정립, 종합이다. 학생들은 알지 못했던 무언가를 만나, 그것을 탐구하고 수용한다. 그리고 새로 수용한 것을 이미 가지고 있는 지식과 통합함으로써 그들은 성장한다. 모든 지각 행위는 혼란스러운 세계에 질서를 부여하고 의미 있게 만들려는 시도이다. 스토리텔링이란 어떤 면에서는 이 과정을 드러내는 것이다. 데이비드 마멧David Mamet(《한니발》, 〈포스트맨은 벨을 두 번 울린다〉 등을 쓴 작가 - 옮긴이)은 말했다. "드라마의 구조는 자의적인 발명품이(혹은 심지어 의식적인 발명품도) 아니다. 그것은 정보에 질서를 부여하기 위해 인간 메커니즘을 유기적으로 체계화한 것이다. '사건, 정교화, 대단원', '정립, 반정립, 종합', '소년이 소녀를 만난다, 소년이 소녀를 잃는다, 소년이 소녀를 얻는다', '1막, 2막, 3막' 등이 바로 이것이다."[5]

3막 구조를 분해해 보면 그 안에서 작동하고 있는, 피할 수도 없고 벗어날 수도 없는 이런 형태를 볼 수 있다.

- 1막: 정립
- 2막: 반정립
- 3막: 종합

'할리우드식' 원형은 가장 단순화된 형식의 변증법이다.[6] 결함이 있는 인물을 설정한 다음, 1막 끝에서 낯선 세계로 던져 넣는다. 그가 낯선 세계의 규칙을 수용하게 하고, 마지막으로 3막에서 그가 무엇을 배웠는지 시험한다. 간단하게 정리해 보자.

- 1막: 결함 있는 인물을 설정한다.
- 2막: 그를 대립자와 대결하게 한다.
- 3막: 둘을 종합하여 균형을 이룬다.

우리는 이와 같은 패턴이 끊임없이 다시 나타나는 것을 볼 수 있다. 모든 이야기에는 낯선 세계(이전의 자기 존재 외부에 있던 모든 것을 상징하는 곳)에 내던져지는 인물이 나온다. 〈베어울프〉와 〈걸리버 여행기〉 그리고 〈어둠의 심연Heart of Darkness〉에서 결함이 있는 주인공은 자신에게 없는 특성을 모두 갖춘 미지의 세계와 마주친다. 이 낯선 세계에서 주인공은 자신을 새롭게 발견해야 한다. 이것이 영화에서 가장 흔히 볼 수 있는 패턴이다. 〈카〉에서 이기적이고 거만한 경주용 차, 라이트닝 맥퀸은 1950년대의 시골 마을에 내던져진다. 〈죠스〉에서 브로디 서장의 나른한 애미티(〈죠스〉의 배경, 미국 북동부 뉴잉글랜드의 작은 해안 피서지 - 옮긴이) 생활은 위협, 공포 그리고 도덕적 공황으로 말미암아 갈가리 찢긴다. 책과 영화로 각색된 〈브라이즈헤드 리비지티드〉에서 평범하고 자기혐오에 빠져 있던 찰스 라이더는 상상할 수 없이 사치스럽고 자신에 찬 세계에 들어와 있는 자신을 발견한다. 새로운 세계라는 이 개념을 받아들인다면(존 말코비치의 머릿속에서 자신을 발견하는 것이 특히 좋은 사례이다) 이야기의 원형과 구성 요소들은 모두 깔끔하게 초점이 맞추어진다.

페기 램지가 말한 '놀라움'은 흔히 '기대의 전복'이라고 부른다. 이야기를 새로운 방향으로 돌리는, 놀랍지만 그럴듯한 갑작스러운 반전이다. 주로 모든 막의 끝에 나타나기 때문에(〈델마와 루이스〉에서의 강간 미수와 총격 또는 〈롱 굿 프라이데이〉에서의 폭발이 좋은 예다) 〈앨리스 크리드의 실종The Disapperance of Alice Creed〉이나 〈식스 센스The Sixth Sense〉처럼 반전을 중심으로 만들어진 영화에서는 대놓고 사용되기도 한다. 이런 것들을 한낱 꼼수에 불과하다고 일축할 수도 있겠지만, 이런 기대의 전복은 꼼수가 아니다. 이는 모든 스토리텔링의 바탕에 깔려 있는 매우 중요한 구조적 장치이다. 이 장치가 주인공을 새로운 세계로 초대하는 관문이기 때문이다. 전복은 현대의 고안물이 아니라 페리페테이아 그 자체다. 이것은 주인공을 현재 상태에서 정반대의 상태로, 정립에서 반정립으로, 집에서 미지의 세계로 날려 보내는 도구다.

이것은 도발적인 사건이기도 하다. 도발적인 사건은 '대립의 폭발'이며 인물들이 결여하고 있는 모든 특성, 사실상 그들에게 필요한 모든 것들과 함께 담기는 구조적 도구다. 긴장된 순간과 도발적인 사건, 위기 지점, 즉 막의 끝에 배치되는 전환점, 주인공이 새로운 세계로 들어가는 예기치 않은 진입 지점, 그에게 없는 바로 그 특성들로 만들어져 기존 세계를 폭파하는 폭탄들, 그가 의미 있게 만들어야 할 낯선 공간으로 그를 몰아넣는 것, 이 모든 것은 본질적으로 서로 같은 것이다.

그렇다면 스토리텔링이란 우리가 배우는 방법을 체계화한 것, 즉 3막의 형태로 나타낸 것이라고 볼 수 있다. 변증법적 패턴, 정립/반정립/종합은 우리가 세계를 지각하는 방식의 핵심이다. 이것은 구조를 바라보는 참으로 유용한 방식이기도 하다. 인물은 결함을 가지고 있고, 도발적인 사건은 그를 그가 아닌 모든 것을 상징하는 세계 속으로 던져 넣는다. 그리고 그 세계의 어둠 속에서 낡은 것과 새로운 것이 합쳐져 균형을 이룬다. 우리는 혼돈을 받아들이지 못한다. 우리는 그것에 질서를 부여한다. 만일 이야기에 혼돈의 침입과 질서의 회복이 포함되어 있다면(모든 원형적 이야기는 그렇다), 그 이야기는 3막 형식을 띨 수밖에 없다.

베른하르트 슐링크Bernhard Schlink의 소설 『책 읽어주는 남자 *Der Vorleser*』(그리고 이를 바탕으로 만든 데이비드 헤어의 영화)에서 이들 세 단계는 예외적일 만큼 선명하게 드러난다. 작품은 실제로 3부로 나뉘어 있다. 1부에서 15세의 미하엘은 나이 많은 여자 한나와 사랑에 빠진다. 그런데 어느 날 그녀가 사라진다. 2부는 그로부터 7년이 흐른 시점에서 시작된다. 법학도가 된 미하엘은 전범 재판을 참관하게 된다. 그곳에서 그는 사랑했던 여자가 피고석에 있음을 발견한다. 그녀는 한때 아우슈비츠에서 간수로 있을 때 저지른 범죄 때문에 기소되었다. 한나가 유대인 여성 300명을 학살했다는 범죄 사실이 드러난다. 3부에서 그는 사랑했던 여자와 세상에 모습을 드러낸 괴물을 화해시키려 시도한다. 마침내 그는 이해(이 경우에는 그녀가 문맹이라는 사실)를 통해 '진실'과 일종의 타협을 하기에 이른다. 세 개의 부(또는 세 개의 막)는 각기 '사랑, 증오, 이해', '정

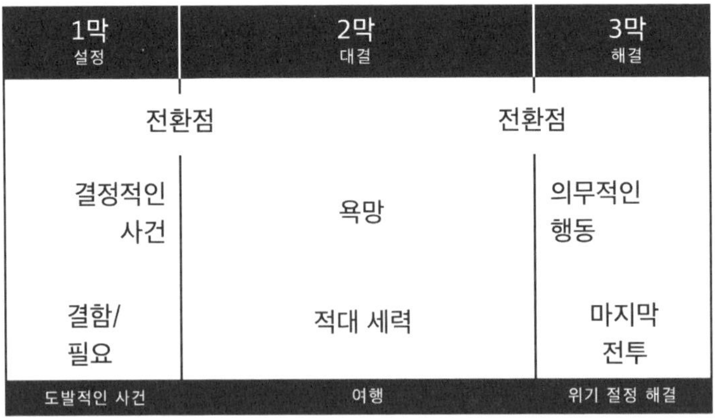

립, 반정립, 종합'을 보여준다.

어떤 이야기든 첫 번째 막에서는 특정한 결함이나 필요한 것이 있는 인물이 등장한다. 도발적인 사건이 첫 번째 막의 끝부분에서 일어나고, 주인공은 '토끼 굴에 빠진다.' 두 번째 막에서는 주인공이 자기가 왔던 세계로 돌아가려고 시도한다. 그러는 동안 중요한 또 다른 세계, 가치 있는 교훈을 얻을 수 있는 세계가 자기를 기다리고 있음을 천천히 알아 간다. 이 부분의 끝에서, 상황이 가장 나쁜 시점에 주인공은 자신이 배운 교훈을 무기로 자신에 맞서는 적들과 대결할 것인지 아니면 과거의 자신으로 순순히 돌아갈 것인지 선택해야 한다. 이것이 주인공이 거의 항상 삶의 가장 큰 전투(또는 결정)에 뛰어들고 마지막으로 수고에 대한 보상(해결)을 받기 전에 새로운 기술을 시험하고 수용하게 되는 위기 지점이다. 이것은 데이비드 헤어의 영화들 〈웨더바이Wetherby〉와 〈리킹 히틀러Licking Hitler〉에도 있고, 찰리 코프먼의 〈이터널 선샤인Eternal Sunshine of the Spotless Mind〉에도 있다. 「손」에서 전지전능한 해설자인 아버지가 죄책감과 수치심으로 가득 찬 세계 속에 던져졌을 때에도 나타난다. 이 모든 이야기는 같은 DNA를 갖고 있다. 주인공이 대립자를 만나서 대립자와 동화되어 변화한다는 것이다.

그런데 만일 3막 형식이 스토리텔링의 근본 구조에 접근할 수 있게 해 준다면(특히 셰익스피어를 포함하여) 20세기 이전의 수많은 연극들은 왜 5막 형식을 사용했을까? 5막 형식을 역사적인 특수성이라고 간주하고 싶을 수도 있지만, 그것이 어떻게 발전해 왔고 왜 그렇게 오래가는지, 숨어 있는 구조적 특성이 무엇인지를 탐구해 보면 훨씬 더 중요한 무언가가 드러날 것이다. 그 과정에서 모든 서사가 실제로 어떻게 작동하는지에 대해 중요한 실마리를 얻을 수도 있을 것이다.

3장

5막 구조

기원전 1세기 말쯤 로마의 서정시인 호라티우스Horatius는 자신의 저서 『시학*Ars Poetica*』에서 막 구조의 원리를 설명했다. 여기에서 그는 세네카의 드라마에 심대한 영향을 미치게 될 모델을 제시하고, 후대의 재발견에 힘입어 미래 드라마의 방향을 제시하기도 했다. 그는 선언했다. "연극을 무대에 올리기를 바란다면, 그리고 다시 공연해 달라는 요청을 받으려면, 5막보다 짧게도 길게도 만들지 말라."[1]

2007년, 저널리스트인 라파엘 베어Rafael Behr는 『가디언』에 당시 크게 유행하던 '멋쟁이 젊은 엄마 문학Yummy Mummy Lit'의 풍자 버전을 실었다.[2]

- **1장** - 아이가 토하는 소리에 잠이 깼다. 나와의 섹스에 더 이상 흥미를 보이지 않는 남편은 자는 척하고 있다. 나는 눈부신 방송가 경력을 지녔고, 남자들을 열광케 했던 적도 있지 않았던가? 어디서부터 모든 게 잘

못된 것일까? (물론 내 아이들은 제외하고. 난 아이들을 사랑한다.)

- **2장 -** 아이를 학교에 데려다주었다가, 사륜구동 차를 몰고 아주 비싼 구두를 신은 여자 때문에 주눅이 들었다. 이래라저래라 하는 시어머니가 와서 나를 멍청이 취급했다. 내가 반한 남자에게 문자를 잘못 보냈다.

- **3장 -** 그가 답을 보내 왔다. 설렜다. 이것으로 나는 바람피우는 여자가 되는 건가? 괜찮다고 생각한다, 남편이 나를 방치했기 때문에. 괜찮다고 생각한다, 만일 내가 '후기 페미니스트'라는 말을 많이 듣더라도.

- **4장 -** 그와 입을 맞추었다/잠을 잤다/아니 거의 잘 뻔했다. 정말 좋았다. 그러나 죄책감이 느껴진다. 나는 남편과 아이들을 사랑한다. 한편 시어머니에게 내가 미처 몰랐던 점이 많다는 사실을 알아차리게 되었다. 그건 그렇고 우리 아빠는 내 영웅이다.

- **5장 -** 아는 사람들만 오는 파티에 갔다. 아주 극적이었다. 나의 불륜 딜레마는 위기 지점에 봉착했다. 나는 불완전한 실제 삶과 망상적인 판타지 중에서 하나를 선택해야 했다. 나는 그가 멍청하다는 것을 깨달았고, 그래서 현재의 가족을 선택했다. 지루하다고 생각했던 내 남편은 안심할 수 있을 만큼 안정적인 사람이라는 것이 판명되었고, 내가 바람피운 것도 용서해 주었다. 그는 나의 새로운 영웅이다. 결코 우리 아빠를 대신할 수는 없겠지만.

호라티우스가 선언한 지 2천 년이 지난 후 베어의 패러다는 긴 여행의 기착지가 되었다. 그의 모방 작품은 알게 모르게(이상할 정도로) 이러한 형식을 따르고 있다. 고대인들이 정리하고, 테렌티우스Terence(고대 로마의 희극 작가 - 옮긴이)가 우연히 발견하고, 벤 존슨Ben Jonson(16~17세기에 활약했던 영국의 극작가이자 시인 - 옮긴이)이 열심히 공부하고, 우리가 쓰고 읽고 말하는 데 아주 심대한 영향을 미치는 작가 셰익스피어가 실천한 그 5막 패턴을 말이다.

3막 구조와 5막 구조

5막 구조와 3막 구조는 실은 다르지 않다. 5막 구조는 3막 구조를 상세하게 다듬은 것일 뿐이다. 두 형식의 흔적은 고대로까지 거슬러 올라간다. 그것은 어떻게 작동할까? 폴란스키Polanski의 영화 〈맥베스〉(한국어 제목은 '맥베드'였다 - 옮긴이)는 고전적인 3막 형태를 띠고 있지만, 그 속에 셰익스피어의 5막 형태를 담고 있다.

간단히 말해 5막은 전통적인 '할리우드식' 패러다임의 두 번째 막에 두 개의 막을 더 끼워 넣어 만든 것이다. 두 형식에서 첫 번째 막과 마지막 막은 그대로 유지된다.

그런데 이것이 어떻게 우리가 이야기를 더 잘 이해할 수 있도록 도와준다는 것일까? 셰익스피어의 막 구조에 관한 기념비적인 연구[3] 에서 미국의 학자 토머스 볼드윈Thomas Baldwin은 5막을 최초로 사용한 사람을 찾기 위해 테렌티우스(B.C. 190~159)까지 거슬러

		셰익스피어	폴란스키
도발적인 사건	마녀들의 예언/덩컨을 죽이겠다고 결심한다	1막	1막
	맥베스가 왕이 된다	2막	
	뱅쿠오가 살해된다/플리언스가 달아난다/맥더프가 변절한다	3막	2막
위기	맥베스의 아내가 미친다/맥베스가 버려진다(최악의 지점)	4막	
절정 해결	마지막 전투 맥베스가 살해된다	5막	3막

올라갔다. 그의 모든 연극에 비슷한 형태가 숨어 있다는 것이다.[4]

첫 번째 막에서는 필요한 예비 정보를 일러 준다. 이 정보는 인물들을 곧 닥칠 투쟁에의 결단으로 이끈다.…… 두 번째 막은 본 전투에 앞선 예비적인 움직임과 그에 대응하는 움직임을 보여준다. 세 번째 막에서는 청년들에 대항하는 세력이 주요 공격을 감행하고 승리를 거머쥐는 듯이 보인다. 네 번째 막에서는 청년들 편에 선 장군이 적의 공격을 방어하기 위해 자신의 세력을 모으고, 막의 끝에서 적들은 사실상 패배했지만 청년들은 아직 공식적으로는 승리를 선언하지 않는다. 5막에서는 그들이 승리한다.

만일 이것과 '멋쟁이 젊은 엄마' 이야기를 겹쳐 보면, 베어의 각 장들과 거의 정확하게 일치할 것이다. 이것은 우연일까, 아니면 한층 더 깊은 연관성이 있다는 뜻일까? 볼드윈은 테렌티우스에 대해 다음과 같이 이야기한다.

> 그의 연극은 완전하고 완벽하게, 그리고 명료하게 구분된 다섯 단계로 구성되어 있다. 테렌티우스는 이 단계들을 의식하고 있었으며, 의도적으로 그렇게 구분했음이 분명하다. 주의 깊고 면밀하게 균형 잡힌 구조는 이렇게 말고는 달리 설명할 수가 없다.…… 테렌티우스 스스로가 이 다섯 단계를 각각 막이라고 표시했든 안 했든, 그는 분명 자기 연극들을 명확하게 구분된 다섯 단위로 구성했다.[5]

르네상스 시대, 고전 사상의 부흥은 오랫동안 잊고 있었던 형식을 크게 부활시킬 수밖에 없었다. 테렌티우스가 확립한 전통은 고전에서 아이디어를 얻고 있던 프랑스와 엘리자베스 시대의 작가들에게 희곡 창작의 표준이 되었다. 자신의 작품 전부를 다섯 부분으로 구성(각 부분은 합창으로 구분되어 있다[6])한 세네카는 특히 막대한 영향을 미쳤다. 이 구조를 영국에 대중화시킨 최초의 영국인으로 알려진 벤 존슨은 자신의 작품에 이 형식을 통째로 수용했을 뿐만 아니라, 『시학』을 처음으로 영어로 번역하기도 했다. 이 책은 글을 익히고 나서 배움에 목말라 있던 새로운 세대에게 호라티우스 구조가 무엇인지 알려 주었다.

셰익스피어도 이 5막 형식을 알고 있었을까? 테렌티우스와 호라티우스가 중등학교 교육과정의 일부였기 때문에 분명히 알고 있었을 것이다. 16세기 중반에 이르면 거의 확실하게 5막 형식이 더욱 인기 있는 공연 방식이 되었다. 그럼 셰익스피어도 이렇게 했을까? 킹스멘(16세기 후반에 설립된 영국 극단의 하나로 셰익스피어가 주요 극작가였다 - 옮긴이)이 블랙프라이어스 극장(왕립 극장 - 옮긴이)을 장악하고 있던 1608년, 양초의 길이를 조절해 달라는 등의 단순한 기술적 요구(양초 하나가 타는 시간이 막 하나의 길이가 되도록) 때문에 이 구조를 도입했겠지만, 이 구조를 후세의 편집자들이 도입했는가에 대해서는 학자들 사이에 꽤 많은(아주 흥미진진한) 논쟁이 있다.[7] 그러나 이런 문제는 어느 모로 보나 중요하지 않다. 중요한 것은 테렌티우스에게서 처음 발견된 그 패턴이 충격적일 정도로 셰익스피어의 작품에 들어맞는다는 점이다. 셰익스피어가 막 구조를 거부했거나 전혀 알지 못했다 할지라도 그의 작품은 자연스럽게 테렌티우스와 존슨과 공통되는 형태를 띠고 있다. 그렇다면 이것은 여기에서 더 나아가 스토리텔링이 자연발생적인 형태를 띤다는 생각을 더욱 강하게 만든다.

그런데 그 형태는 정확히 무엇이며 어떻게 작동할까? 이에 대답하려면 우리는 다시 한번 과거로 여행을 떠나야 한다.

프라이타크Freytag의 피라미드

테렌티우스의 패턴을 최초로 적절히 체계화한 사람은(엘리자베스 시절의 드라마에 나타난 것으로 보아) 독일의 작가 구스타프 프라이타크였다. 1863년 그의 걸작 『드라마의 기법*Die Technik des Dramas*』에서 그는 '프라이타크의 피라미드'를 선보였는데, 형식을 오랫동안 열심히 관찰한 끝에 근본적인 형태를 발견한 것이다.

그는 모든 비극에는 다섯 단계가 존재한다고 선언했다.[8]

1. 전시: 등장인물이 나오고 시간과 장소가 정해진다. 이 이야기 전에 무슨 일이 있었는지 알게 된다. 갈등과 극적 긴장감이 싹트기 시작한다.
2. 복잡화: 행동 과정이 좀 더 복잡해지고, '매듭 만들기'가 발생한다. 이해는 충돌하고, 음모가 생겨나며, 사건은 특정 방향으로 빠르게 전개된다. 긴장감이 쌓이고 계기가 형성된다.
3. 행동의 절정: 갈등이 커져 정점에 도달한다. 주인공은 승리냐 패배냐, 추락이냐 상승이냐 하는 갈림길에 선다.
4. 추락하는 행동: 반전. 3막의 결과가 펼쳐진다. 계기는 느슨해지고, 그릇된 희망/공포에 의해 긴장감이 상승한다. 비극이라면 주인공은 구원받을 수 있을 듯이 보인다. 아니라면 모든 것을 잃을 듯이 보인다.
5. 파국: 재앙이나 주인공의 몰락을 통해서, 아니면 주인공의 승리나 변신을 통해서 갈등이 해소된다.

처음에는 막에 대한 프라이타크의 정의가 혼란스러워 보인다. 사람들은 직관적으로 절정(사다리의 꼭대기)이 3부가 아니라 5부에

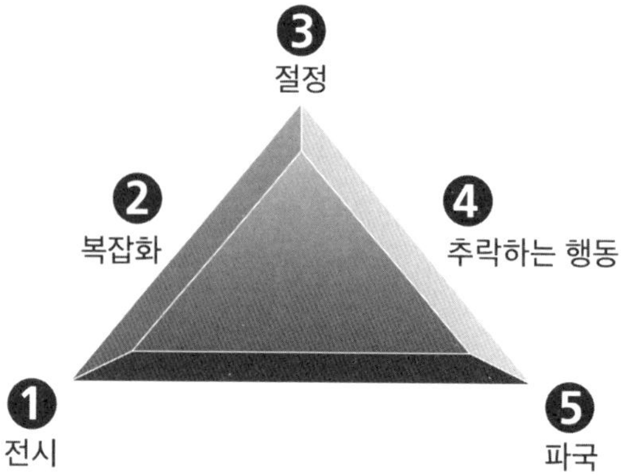

있어야 한다고 느낀다. 그러나 프라이타크가 옳다. 그는 최초로 매우 중요한 무언가를 명확히 말했다. 현재 구조 연구에서 가장 자주 언급되는 순간, 곧 '중간 지점'이다.

중간 지점

〈맥베스〉에서 뱅쿠오의 죽음과 〈007 골드핑거Goldfinger〉에서 레이저 고문 또는 〈귀여운 여인Pretty Woman〉에서 피아노 위의 섹스는 어떤 공통점이 있을까? 뱅쿠오는 4막 3장에서 죽는다. 이것은 연극의 핵심으로, 중간 지점에서 펑 터진다. 본드가 받는 고문과 비비안 워드(영화 〈귀여운 여인〉의 여주인공 - 옮긴이)의 유혹처럼 위험이 엄청나게 상승하는 곳이다.

성공적인 대본이 모두 그렇듯이, 중간 지점은 매우 의미 있는 사건이 발생하는 순간이다. 〈타이타닉Titanic〉에서는 배가 얼음덩이와 충돌한다. 〈위험한 정사〉에서는 댄이 자기 정부가 임신했음을 알게 된다. 〈에이리언〉에서는 제목으로 쓰인 외계 생명체가 케인의 멀쩡한 가슴을 뚫고 나온다.

셰익스피어의 작품은 원형과 정확히 들어맞는다. 〈햄릿〉의 중간쯤에서는 왕자가 클라우디우스의 죄를 확신하게 된다. 〈리어 왕〉에서는 주인공이 폭풍우가 몰아치는 황야에서 자신의 진정한 상태를 알게 된다. 볼링브로크가 자신의 왕국을 약탈했음을 리처드 2세가 알게 되는 것도 이 대목이며("땅바닥에 함께 앉자. 그리고 내게 왕의 죽음에 관한 슬픈 이야기를 들려다오.") 〈오셀로〉에서 무어인이 이아고의 미끼를 무는 것도 이 순간이다. 〈줄리어스 시저Julius Caesar〉의 정확히 중간 지점에서 마르쿠스 안토니우스는 군중을 폭도로 바꾼다.[9] 〈겨울 이야기The Winter's Tale〉에서 레온테스가 델피의 신탁이 내린 판결을 알게 되는 것도 마찬가지다. 〈맥베스〉 역시 철저히 원형을 따른다. 뱅쿠오가 살해되고 그의 아들 플리언스가 달아나자 맥베스는 무언가 심각하게 변화했음을 완전히 깨닫는다. 셰익스피어는 심지어 이렇게까지 말했다.

> 나는 피에 젖어 있소.
> 여기까지 왔으니, 더는 힘들게 가지 않겠소.
> 돌아가는 것도 앞으로 가는 것만큼이나 어려운 일이오.

3막 4장에서 맥베스에게는(그들 모두에게는) 이전의 삶으로 돌아갈 방도가 없다.

델마와 루이스는 왜 사랑하는 사람과 섹스를 나눈 다음 곧 성격이 바뀔까? 제이슨 본은 왜 〈본 얼티메이텀The Bourne Ultimatum〉의 중간 지점에서 자신의 곤경에 대한 진실을 알게 될까? 정서적으로 만족스러운 이야기 형태를 만들어야 할 때 중간 지점은 왜 그리 중요할까?[10] 이야기 이론을 전혀 모르는 작가들은 무의식적으로 이야기를 쓰는 것일까? 삶을 변화시킬 만큼 중요한 행동을 작품의 중간 지점에 써넣도록 작가들을 움직이게 만드는 것은 무엇일까?

크리스토퍼 부커는 스토리텔링의 백과사전 같은 책 『일곱 가지 기본 구성』[11]에서 모든 이야기는 명확히 다섯 부분으로 나눌 수 있다고 주장했다. 아주 간략하게 요약하자면 다음과 같다.

- 행동에 대한 요청
- 꿈꾸는 단계
- 좌절의 단계
- 악몽의 단계
- 죽음으로부터의 아슬아슬한 탈출과 해결

그에 따르면 사실상(아래에서 내가 달리 표현한 대로) 이 다섯 단계는 단순한 패턴을 따른다. 우리가 테렌티우스에게서 처음 본 것과 똑같은 패턴이다.

1. 배경을 설정하고 행동을 요청한다.
2. 사태가 잘 진행되어 초기 목표가 달성된다.
3. 적대 세력이 힘을 모으면서 사태가 잘못되기 시작한다.
4. 사태가 정말 잘못되어 위기를 부른다.
5. 위기와 절정. 적대자와의 마지막 전투. 좋게든 나쁘게든 문제가 해결된다.

각 단계를 막 하나에 적용하면 어떻게 될까? 지나치게 단순화한다고 생각할 수도 있겠지만, 모든 요소가 다 들어 있는 간단한 시놉시스로서 〈맥베스〉에 적용해 보면 부커의 패턴은 셰익스피어의 막 형식과 믿을 수 없을 정도로 잘 들어맞는다.[12]

1. 마녀들이 예언을 하고, 덩컨을 죽이기로 결심한다.
2. 맥베스가 왕이 된다.
3. 맥더프가 떠난다.
4. 맥베스의 아내가 미친다. 맥베스는 버림받는다. 영국이 공격해 온다. (최악의 지점)
5. 마지막 전투. 맥베스가 죽는다.

〈로미오와 줄리엣〉은 어떨까?

1. 로미오와 줄리엣이 만난다.
2. 로미오와 줄리엣이 비밀리에 결혼한다.

3. 티볼트를 죽인 로미오는 추방된다. 줄리엣은 패리스와 결혼해야 할 상황임을 알게 되자 자살을 결심한다.
4. 수사는 줄리엣에게 결혼을 허락하고, 죽은 것처럼 보이게 만드는 약을 먹게 한다. 로미오는 그녀가 죽었다는 소식을 듣지만 자초지종이 담긴 편지는 받지 못한다. (최악의 지점)
5. 무덤으로 달려간 로미오는 스스로 목숨을 끊는다. 줄리엣이 깨어나 연인이 죽은 것을 보고 스스로 목숨을 끊는다.

호라티우스에서 셰익스피어와 존슨에 이르기까지, 스크리브에서 몰리에르와 라신에 이르기까지 각 단계는 이 형식에 맞춤하게 들어맞는다. 〈제임스 본드〉 영화, 〈에이리언〉 영화, 픽사의 영화를 보면(사실상 성공한 영화나 텔레비전 드라마 모두) 같은 형태, 즉 호라티우스가 정리하고 테렌티우스가 차용해서 작품에 구현한 형태를 보게 될 것이다.[13]

할리우드 영화들은 전통적으로 5막으로 된 작품으로 여겨지지 않았다. 그래서 3막의 틀로 만들어진 영화들이 5막 형식에 얼마나 아름답게 들어맞는지를 보면 충격적이다.[14] 5막은 3막 드라마에서 두 번째 막이 실제로 어떻게 작동하는지뿐만 아니라 그 과정에서 드라마 구조의 본성이 무엇인지를 매우 잘 설명해 준다. 중간 지점은 두 번째와 네 번째 막간과 결합하여 매우 분명한 형태를 우리에게 보여준다.

부커는 그 형태를 보았지만 근본적인 디테일을 알아차리는 데에는 실패했다. 3막에서는 사태가 직접적으로 그리고 지속적으로

1막	2막	3막	4막	5막
행동 요청	초기 목표 달성	중간 지점	사태가 잘못되기 시작	승리 또는 패배

잘못되지는 않는다.[15] 오히려 막 후반부에서 운명이 뒤바뀌기 전, 막 중간에서 행동은 정점에 달한다. 전환점들이 각각의 막에서 인물의 운명을 어떻게 반영하는지 그래프로 그려 보면 그래프의 꼭대기(중간 지점)는 드라마에서 극히 중요한 순간이라는 것을 알 수 있을 뿐만 아니라, 익숙한 상투적 표현인 '드라마의 아치'를 아주 명확히 확인할 수 있다.

드라마 일을 하는 사람들은 모두 어느 순간 인물의 아치라는 개념을 우연히 발견하고는 그것을 수용해야 할지 배격해야 할지 몰랐다. 그러나 인물의 아치는 존재하며 그 형태 속에 숨어 있는 대칭은 한층 깊이 있고 의미 있는 것을 시사한다. 이 점에 대해서는 나중에 다룰 것이다. 지나치게 단순화했다고? 찰리 코프먼은 고전적 구조를 공격하면서 그렇게 생각했음이 분명하다. "내게는 이렇게 말하는 것처럼 들려. '좋아, 너는 그림을 그릴 때 항상 여기에는 하늘을, 여기에는 사람을, 여기에는 땅을 그려야 해.' 그런데 넌 그렇게 하지 않아. 다른 예술 형식이나 다른 매체에서는 일할 때 써

먹을 만한 것이라고 받아들이는 데도 말이야."[16]

코프먼의 비유는 잘못된 것이다. 예술사에 관해 피상적인 지식이라도 있다면 르네상스 시대의 완벽한 과학적 비율이나 '중용'은 무시하더라도 예술이란 여전히 어떤 종류의 질서와 균형을 찾고자 하는 것임을 알고 있을 것이다. 잭슨 폴록Jackson Pollock과 추상표현주의자들도 혼돈 속에서 형태를 발견했다. 따라서 로테가 친구 맥신과 섹스를 하려고 존 말코비치의 머릿속으로 기어 들어가 바람을 피울 때 코프먼은 유행을 거부한 것이 아니었다. 그 사건은 정확히 영화의 중간에 일어나며, 그녀의 남편을 적으로 바꿈으로써 위기를 고조시킨다. 이것이 고전적인 중간 지점이다. 코프먼은 내용을 형식으로 오해하고 있다. 5막 구조에 관해 연구해 보면 인물들은(《존 말코비치 되기》의 인물들처럼) 근본적인 여정을 향해 행복하게 나아간다는 것을 알 수 있다.

그렇다면 왜 3막 구조가 이렇게 널리 퍼지게 되었을까? 5막 구조는 2세기 넘게 지배적인 연극 형식이었다. 무엇이 5막 구조를 이렇게 만들었으며, 5막 구조가 정말로 그렇게 중요했다면 무엇이 5막 구조를 종말로 이끌었을까?

5막 대 3막

예술적 충동과는 별개로 어떤 예술 형식을 발전시키는 주요한 촉매제는 생물학과 기술 두 가지다. 5막 구조가 흔해진 것은 단순히 5막 구조가 작가들을 성공적인 이야기에 다가가게 하는 드라마의 틀을 창조했기 때문만은 아니다. 아마도 오래 서 있지 못하는 인간의 무능함과 방광의 용량 역시 빈번한 휴식을 요구하게 된 데에 의미 있는 역할을 했을 것이다. 또 밤을 밝히기 위해 사용된 촛불과 실내 공연의 시간이 한정되어 있다는 것을 고려해 보면, 대체로 이러한 이유 때문에 이야기의 틀을 짤 때 5막이 가장 수용하기 쉬운 방법이 되었을 것이다.

5막 형식은 pièce bien faite 또는 '잘 만들어진 연극'을 사실상 창조하고 발전시킨 프랑스의 대가 외젠 스크리브(1791~1861)의 작품에서 그 절정에 이르렀다. 스크리브가 엄청난 양의 작품(자그마치 76권에 실린 400작품 이상을 그가 '썼다')을 쓸 수 있었던 것은 주로, 제임스 패터슨James Patterson(미국의 소설가 - 옮긴이)과 같은 현대 작가처럼[17] 마무리를 짓기 위해 잘 다듬어진 공식을 따르는 후배 팀을 고용했기 때문으로 설명된다. 스크리브는 운명의 전환점 또는 역전으로 각각의 막을 끝맺는 셰익스피어의 고전적인 형식에 맞추어 자신의 작품을 구성했다. 그는 시사성 있는 주제를 고집했으며, '시적 정의에 부합하여 보상이 공평하게 분배되는' 결말을 요구했다. '당대의 도덕률'을 강화하기 위한 결말이었다.[18]

연극의 주제에 시사성이 있다는 말은 그의 작품에 시대적 한계가 있다는 뜻이기도 하다. 그러나 그는 대량 생산을 위한 틀을 처음으로 만들어 낸 사람으로서 매우 중요한 인물이다. 그의 작품은 믿을 수 없을 만큼 잘 구조화되어 있었으며 멋진 수사적 장치와 대단한 재미로 가득 차 있었다. 그러나 정통성을 따르는 기존 작가들의 두려움과 돈벌이에 대한 이해할 만한 욕망 때문에 그의 명성은 타격을 입었으며, 그의 성공과 대중적인 인기, 오락성에 치중하는 모습은 당대에도 그를 조롱거리로 만들었다. 조지 버나드 쇼는 경멸조로 이렇게 물었다. "왜 악마는 셰익스피어나 몰리에르, 아리스토파네스나 에우리피데스를 쓸 수 있었을 텐데도 스크리브 같은 사람을 썼을까?"[19] 그의 영향력은 과소평가되었지만, 분명히 엄청나다.

젊은 시절 입센은 스크리브의 희곡 21편을 연출했는데,[20] 스크리브가 19세기 연극의 거장들에게 미친 영향은 아주 명백하다. 입센의 5막극인 〈민중의 적〉은 거의 기이할 정도로 원형을 따르고 있으며, 4막극 작품(〈헤다 가블레르Hedda Gabler〉)과 3막극 작품(〈유령Gengangere〉) 역시 그러하다. 스티븐 스탠턴Stephen S. Stanton 교수가 말했듯이[21] 입센은 사실상 대체로 스크리브의 구조를 채택하고 단순히 "심각한 논의를 마지막 막의 관습적인 해결"로 대체함으로써 "극예술의 새로운 학파를 창조했다."[22] 쇼 역시 솔직하지 못했다. 그는 입센에게 미친 스크리브의 영향을 알고 있었을 뿐 아니라[23] 그 자신의 작품 역시 묘하게 스크리브와 닮아 있었다.

스크리브가 없었다면 입센도 쇼도(적어도 아주 같은 형식은) 없었을 것이다. '잘 만들어진 연극'이란 용어가 1960년대에 일종의 유행어로 남용되었고[24] 특히 테렌스 래티건Terence Rattigan(현대 영국 극단을 주름잡은 극작가로 손꼽히고 있지만, 전형적인 '잘 만들어진 연극'의 작가로서 통속적이며 대중적이라는 평을 듣고 있다 - 옮긴이)을 영국 무대에서 사라지게 만든 것은 많은 것을 말해 준다. 오늘날에도 여전히 이런 생각이 남아 있는데, 어찌된 까닭인지 기술은 진짜 작품의 적일 수밖에 없다는 의심을 받는 것이다. 입센과 쇼뿐만 아니라 후세 극작가들인 로버트슨T.W.Robertson에서 오스카 와일드Oscar Wilde, 불워 리턴Bulwer-Lytton에서 프리스틀리J.B.Priestley에 이르기까지 그가 미친 영향을 생각해 보면, 그의 작품이 아무리 시대에 뒤떨어졌다 할지라도 그의 중추적인 위상에 관해 이제야 인정하는 것은 너무 늦었다. 드라마와 스크리브에게는 딱한 일이다.

19세기에 3막극이 부활한 것은 셰익스피어 형식에 대한 반발 때문이 아니라 세상이 더 편해지고 기술이 더 발전했기 때문이다. 〈템페스트The Tempest〉에서 폭풍우는 더 이상 말로만 표현할 필요가 없어졌다. 이제 사람들은 난방이 잘되는 실내의 벨벳 좌석에 앉아 신기한 무대 장치와 정교한 조명을 갖춘 무대 연출의 마법에 마음껏 빠져들 수 있게 되었다. 극장으로 가는 여행이 갑자기 아주 친근한 제안이 되었다. 심지어 화려한 구경거리(와이드스크린이나 3D가 우리에게 주는 느낌과 아주 비슷했을 것이다)가 없고 막간의 수가 줄었어도 연극은 한층 더 안락하고 몰입도 강한 경험이 되었다. 영화의 탄생과 더불어 3막 구조가 다시 표면으로 떠오르자, 영화와 TV의 구조가 연극 덕분에 결과적으로 더 진보하게 되었다. 3막 구조는 참고하기에 가장 편리한 출발점이었다.

우리가 보았듯이 성공적인 3막 작품은 더 큰 구조의 형태를 흉내 낸다. 사실상 3막 형식에서 주인공의 여행 형태는 5막 형식이 요구하는 바에 의해 훨씬 더 분명하게 드러났다. 할리우드의 패러다임과 싸우는 작가들은 종종 5막 형태가 다른 방법으로는 다루기 어려운, 중간 부분에 대한 통제력을 자신들에게 부여한다는 것을 발견했다. 현명하게 사용한다면 그것은 훨씬 더 강력한 구조를 부여하며, 서사의 긴장감을 증대시키는 규칙적인 전환점을 만들어낸다. 그리고 새로운 시나리오 작가들이 추종하는 가장 일반적인 문제들 가운데 하나('매가리'도 없고, 연결도 잘 안 되고, 혼란스럽고, 종종 따라가기도 힘든 2막)를 제거해 주었다.

그러나 5막은 이 이상의 일을 한다. 우리가 깊이 파고들수록 5막 형식은 우리에게 가장 특별한(그리고 복잡한) 숨은 패턴을 드러내 보여준다.

4장

변화의 중요성

그는 변기 물탱크에서 총을 꺼내고 마음을 가다듬은 다음, 화장실 문을 향해 움직인다. 작은 이탈리안 레스토랑에 솔로초와 매클러스키가 안절부절못하며 앉아 있다. 그는 테이블로 돌아가 자리에 앉는다. 지하철이 덜커덩거리며 지나가지만 그에게는 자신의 심장 소리밖에 들리지 않는다. 식사를 하는 사람들은 무심히 이야기를 계속한다. 기차가 굉음을 울리며 지나가자 그는 일어서서 총을 뽑고, 잠시 멈추었다가 순식간에 두 손님의 앞이마에 총알을 쑤셔 박는다. 피가 튀고, 테이블은 뒤집어진다. 그리고 마이클 콜레오네의 삶은 영원히 달라진다.

마이클이 부패한 경찰서장과 그의 갱단 친구를 살해하는 장면은 당연히 상징적인 할리우드 영화의 한 장면이다. 그러나 단지 〈대부〉에서만 상징적인 것은 아니다. 마이클의 얼굴을 보라. 눈을 주목해 보라. 그 뒤에 있는 충직하고 법을 준수하는 전쟁 영웅과 살인자가 된 그 사이의 갈등, 가족 사업의 밖에 있는 아들의 미래와 그를 범죄 사업에 영원히 연루시킬 행위 사이의 갈등을 보라. 방아쇠를 당긴 순간 마이클의 운명은 확실해진다. 과거의 사람과 미래의 사람 사이의 갈등, 그리고 한 상태에서 다른 상태로 옮겨가게 하는 의지에 찬 행위가 완벽하게 포착된다.[1]

사실 이런 장면은 모든 영화에 나오는 장면이다. 이 한 순간, 알 파치노는 모든 드라마가 만들어지는 본질을 묘사하고 있다. 변화, 그리고 한 인물이 변화를 달성하기 위해 겪어야만 하는 내적인 투쟁이 바로 그것이다.

우리는 3차원적인 이야기에서 주인공이 자신의 결함을 극복하기 위해 여행을 떠나는 것을 봐 왔다. 그는 목표에 도달하기 위해 필요한 자질을 갖춘다. 달리 말해 그는 변화한다. 그러므로 변화는 드라마적 욕망과 밀접하게 연결되어 있다. 인물이 무언가를 원한다면 그것을 얻기 위해 그는 변화해야 한다.

에런 소킨의 영화 〈어 퓨 굿 맨A Few Good Men〉에서 캐피 중위(톰 크루즈)는 부패한 제섭 대령(잭 니콜슨)을 끌어내리겠다는 목표를 설정한다. 캐피는 거만하고 가벼우며 다소 버릇없는 젊은이로, 재판을 피하고 의뢰인들의 운명을 거래하면서 초기 경력을 쌓아 올렸다. 그런데 그는 매우 힘 있는 육군 참모총장 제섭에게, 신병을 괴롭히다 죽음에 이르게 한 죄로 벌을 주고 싶어 한다. 만일 캐피가 성장하여 결함을 극복하고 아무 도움 없이 남자 대 남자로 제섭과 법정에서 대결하지 못한다면 그는 욕망을 채우지 못할 것이다. 그의 결함은 성인 남자들의 세계에서 아직은 어린아이라는 것이기 때문이다. 그가 원하는 것은 정의다. 정의를 이루려면 그는 변화해야 한다. 남자가 되어야 한다. 이 한 가지가 드러나는 것만으로, 이 것은 전적으로 변화 위에 세워진 드라마의 원형이다.

〈브레이킹 배드〉가 만들어 낸 반영웅 월터 화이트는 이를 잘 보여준다. 아무런 관심도 없는 과학반 학생들에게 화학에 대해 설명하려고 애쓰면서, 그는 열변을 토한다.

> "음, 엄밀히 말해(화학은) 물질을 연구하는 학문이다. 하지만 나는 화학이 변화를 연구하는 학문이라고 보고 싶다. 자, 생각해 보자. 전자는 자신의 에너지 수준을 변화시킨다. 분자? 분자는 결합 방식을 변화시킨다. 원소는 결합하여 화합물로 변화된다. 뭐, 이게 생명의 전부다. 그렇지?…… 계속해서 분해하고 해체하고, 또 분해하고 해체하고. 그것이 성장이고, 쇠퇴고, 변신이지."[2]

변화야말로 삶의 기반이며 결과적으로 서사의 기반이다. 매혹적인 것은 이야기 자체와 마찬가지로 변화에도 역시 패턴이 숨어 있다는 것이다. 모든 원형적인 이야기에서는 틀(또는 틀의 그림자)을, 우리에게 구조의 신비를 밝혀 줄 변하지 않는 패러다임을 발견할 수 있다. 이 패턴은 무엇이며, 패턴은 어떻게 작동할까?

변화의 패러다임

리들리 스콧Ridley Scott과 캘리 쿠리Callie Khouri의 영화 〈델마와 루이스〉는 다섯 단계로 뚜렷이 나눌 수 있다.

1. 두 여자가 캠핑을 떠난다. 루이스는 깐깐하고 억눌린 여성이며, 델마는 힘든 결혼 생활을 하면서도 자신은 행복하다고 믿는 순진한 여성이다. 술집에 들른 둘은 긴장이 풀어진다. 델마는 강간당할 위기에 처하고, 루이스는 강간범에 맞서다가 그를 총으로 쏘아 죽인다. (도발적인 사건)
2. 루이스는 즉시 범죄 현장에서 벗어나 멕시코로 도망가기로 결심한다. 절망에 빠진 델마는 자수를 하고 남편 대릴에게 돌아가려 한다. 그러나 남편에게 전화를 했다가 처음으로 그의 억압적인 본모습을 알게 되고, 루이스와 함께하기로 한다. 두 도망자의 눈에 멕시코가 보인다.
3. 두 여자는 긴장을 풀고 즐기기 시작한다. 델마의 부추김으로 둘은 잘생긴 청년 JD(브래드 피트)를 차에 태우고, 루이스는 남자 친구(마이클 매드슨)에게 처음으로 도움을 청한다. 그날 밤 모텔에서 두 여자는 각자 섹스를 한다. 다음 날 아침, 루이스는 남자 친구에게 최후의 작별을 고하고, 델마는 JD에게 돈을 모두 도둑맞았음을 깨닫고 잃은 돈에 대한 책임을 지기로 한다. 돈도 없고 도움 받을 곳도 없는 그녀는 달아나는 도중에 슈퍼마켓을 턴다. 살인 혐의로 이미 그들을 찾고 있었던 경찰은 그들의 행방에 관해 처음으로 명확한 단서를 얻는다.
4. 경찰은 그들의 뒤를 바짝 쫓는다. 텍사스를 거쳐 갈 수 없다고 고집하는 루이스가 수년 전 그곳에서 강간을 당했음이 드

러난다. 목적지는 거의 불가능하리만큼 멀어 보이고, 치근덕거리는 유조차 운전사 때문에 그들의 고난은 더욱 커진다. 경찰에 자수할까 말까 흔들리는 마음으로 그들은 밤새 운전을 한다. 그러다 우연히 그들의 위치가 발각되고 만다. (위기)

5. 더 이상 잃을 것이 없는 그들은 유조차 운전사를 꾀어 함정에 빠뜨린 다음, 차를 폭파시켜 버린다. 경찰에 쫓긴 그들은 벼랑 끝으로 내몰린다…… 둘은 손을 꼭 마주 잡은 채 가속 페달을 밟아 벼랑을 넘어 협곡을 향해 내달린다.

폭력적인 가부장제 사회에서 억압받던 평범한 두 여자가 이 소시민적인 삶을 뛰어넘어 이른바 자살이 아니라 한층 더 숭고하고 우아한 그 무엇 속에서 충만함을 발견한다. 작가와 배우, 그리고 감독이 끌어낼 수 있는 모든 솜씨를 발휘함으로써 우리는 이 결말(주인공들이 결함을 극복함으로써)이 일종의 비상이며 보상이라는 것을 믿을 수 있게 된다.

구조

각본을 쓴 캘리 쿠리가 의식적으로 원고를 5막으로 썼는지 나는 알지 못한다. 그러나 이 영화가 어떻게 고전적인 원형의 단계로 나누어지는지 파악하는 것은 어렵지 않다. 그렇게 함으로써 숨어 있는 대칭적 동일성을 확인하는 것도 흥미로운 일이다. '세 번째 막'의 길이는 40분이며, 전체의 중간 지점에서 양분된다. 다른 부분의 길이는 20분 정도다.

이 영화는 의존적인 어린 소녀에서 해방된 여성으로 성장하는 델마를 보여준다. 그와 다른 방향, 즉 억압받는 여성으로 출발한 루이스 역시 해방된 여성으로 변화하는 비슷한 여정을 경험한다. 델마는 자기 결정력을 배우고, 루이스는 나누는 능력을 배운다. 그들은 동등하고도 상반된 지점에 있다. 이와 더불어 우리가 중심인물의 결함에 관해 동의한다면(델마는 순진하고 루이스는 세상살이에 지쳐 냉소적이다) 이야기의 숨은 구조물이 대립물을 중심으로 구축되었을 뿐만 아니라 두 인물 모두 자신의 결함을 극복하고 같은 방식으로 자기실현을 이룬다는 것을 알 수 있다.

한층 더 의미 있는 것은 그들이 동일한 기본 패턴에 따라 변화한다는 점이다. 이 패턴은 인물의 중심적인 결함 또는 필요를 중심으로 만들어진다. 모든 이야기의 시작에서 이 요소들이 무의식적이라는 것을 기억한다면 우리는 그 결함이 어떻게 의식 속으로 들어오고 작동하며 마침내 완전히 극복되는지를 도표로 작성할 수 있다.

델마 — 루이스

1막

순진하다 — 냉소적이다

정신을 차리고 있다 — 정신을 차리고 있다

새로운 세계 — 새로운 세계

2막

경찰을 부르기를 원한다 — 달아나기를 원한다

망설인다 — 망설인다

함께 멕시코로 가는 데에 동의한다

3막

차에서 노래한다 / 델마가 JD와 엮인다/ 루이스가 지미에게 연락한다

남자들과 섹스한다

델마가 책임을 떠맡는다 — 루이스가 맥을 놓아 버린다 — 강도

4막

미래에 대한 두려움

과거의 자신으로 퇴행

새로운 자신을 수용하느냐 마느냐?

5막

새로운 자아의 정립

유조차를 날려 버림

자살 / 비상

비록 접근 방향은 다르지만 의미 있는 지점들은 대부분 둘이 공유하고 있다. 델마는 더 큰 자신감을 배우고, 루이스는 놓아 주는 법을 배운다. 그들의 동등하고도 상반된 반응은 스스로 완전해

지기 위해 자신 안에서 마침내 균형을 이룰 때까지 서로를 보완한다(같은 패턴이 햄릿과 다른 작품에도 적용되었다. 부록 2를 보라).

3차원적인 영화를 하나 선택하여 인물이 각각의 막에서 변화해 가는 길을 그려 보면(어떻게 결함을 인식하고 마침내 수용하는지를 보면) 똑같은 밑그림을 발견할 것이다. 이것은 사실상 변화의 로드맵이라고 할 수 있는 패턴이다. 이 패턴은 자신의 결함을 점점 더 잘 알게 되고, 차츰 그것을 수용하고, 망설이다가 마침내 완전히 새로 태어나는 과정을 보여준다. 본질적으로는 이렇게 보인다.

변화의 로드맵

1막

지식 없음

지식 증가

자각

2막

의심

저항 극복

수용

3막

지식으로 실험함

중간 지점 — 핵심 지식

나중에 얻은 지식으로 실험함

4막

의심

저항 증가

퇴행

5막

재자각

재수용

완전한 장악

〈사인필드〉는 "포옹도 없고, 배움도 없다."를 모토로 시나리오 작법의 대단한 클리셰를 멋지게 풍자했다. 〈사인필드〉의 작가들은 대본 편집자가 용기를 내 "이 인물은 무엇을 배우나요?"라고 물으면 아마도 눈을 부라렸을 것이다. 그러나 변화의 패러다임이 보여주듯이 배움은 모든 3차원적 이야기의 중심이다. 그것은 인물이 변화하는 방식이다. 그는 자신의 결함을 극복하는 법을 배운다. 더 중요한 것은 패턴에 따라 배운다는 것이다. 그가 의식하지 못하던 결함은 표면에 떠오르며 새로운 세계 앞에 노출되고 작동을 계속한다. 그는 의심하고 망설이며, 결함을 극복한 결과에 대해 탐구하다가 결국 그것을 정복하고 새로운 자아를 받아들이겠다고 결심

변화의 3차원적 로드맵

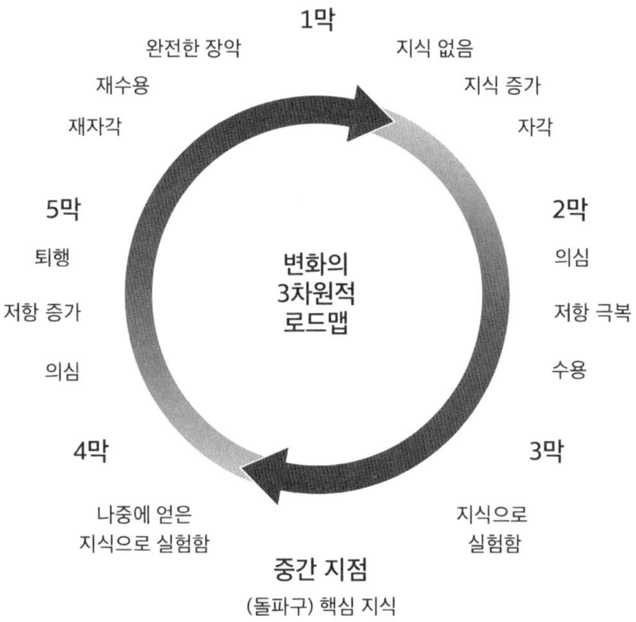

한다.

〈댄싱 히어로Strictly Ballroom〉와 〈어택 더 블록Attack the Block〉, 〈타인의 삶〉에서도 같은 밑그림을 볼 수 있다. 〈나의 아연 침대〉뿐만 아니라 데이비드 헤어의 모든 작품에서도 어느 정도는 볼 수 있다. 영화들이 서로 다른 것은 결함이 서로 다르기 때문이다. 〈댄싱 히어로〉에서 스콧은 용기를 배워야 한다. 〈어택 더 블록〉에서 모세스는 자신의 비겁함과 싸우고, 〈타인의 삶〉에서 비슬러는 공감하는 법을 배운다. 〈이티〉에서 마이클은 엄마를 화나게 했다는 이유로

동생 엘리엇을 나무란다. "야, 넌 왜 자라질 않니? 다른 사람들이 어떻게 달라지는지 생각해 봐." 이것이 엘리엇의 결함이다. 그는 공감하는 법을 배워야 하며, 가장 가까운 친구를 떠나보내는 여행에 나서야 한다. 각각의 막은 이런 싸움이 일어나는 각기 다른 단계이다. 그는 이 결함을 델마와 루이스와 똑같은 패턴으로 조금씩 계속해서 극복해 나간다.[3]

이 패턴을 뒤집으면 〈맥베스〉와 〈대부〉가 된다. 그들의 선량함은 아주 똑같은 밑그림에 맞추어 타락한다. 원형에서는 모든 인물에게 결함이 있다. '로드맵'은 그들이 자신의 결함을 어떻게 극복하는지를 잘 보여준다(이에 대한 설명은 부록 5를 보라). 너무 황당한가? 너무 단순하고 쉬워서 사실이 아닌 듯 보이지만, 〈카사블랑카〉에서 〈아이언맨Iron Man〉, 〈주노Juno〉에서 〈아이 양육Bringing Up Baby〉, 〈아프리카의 여왕The African Queen〉에서 〈007 카지노 로얄〉에 이르기까지 어떤 영화든 한번 검토해 보라. 이것은 셰익스피어에도 있고, 헤어의 〈나의 아연 침대〉와 코프먼의 〈존 말코비치 되기〉, 그리고 델 토로의 작품에도 있다.

그런데 왜? 어떻게 이렇게 똑같은 구조가 있을 수 있을까?

크리스토퍼 보글러와 영웅의 여행[4]

1973년, 〈청춘 낙서American Graffiti〉는 제작비를 고려한다면 역사상 가장 성공한 영화가 되었다. 이 영화를 만든 조지 루커스

George Lucas는 이야기의 본성에 대해 숙고하기 시작했다. 그는 궁금했다. 거대한 신화적 이야기는 어디에 있을까? 오늘날의 서부는 어디일까?[5] 문화 사이를 오가는 통행권 같은 이야기를 연구한 인류학자 조지프 캠벨의 작품을 발견하면서 그는 융에 기댄 캠벨의 신화 해석과 자신의 초기 작품들 중 한 편이 유사하다는 것을 깨닫는다. 그는 양자를 결합해 비범한 결과물을 만들어 낸다.[6] 〈스타워즈〉가 탄생한 것이다. 그러나 이것은 영화 산업 전반을 집어삼키겠다고 위협하는 괴물이기도 했다.

1970년대 초기는 미국 영화가 엄청나게 활기찬 시기였다. 어떤 시기라 할지라도 〈잃어버린 전주곡Five Easy Pieces〉이나 〈택시 드라이버〉, 〈차이나타운Chinatown〉을 만들 수 있는 시기는 건강한 시기다. 그러나 몇몇(기념비적인) 예외가 있기는 하지만, 이 영화들은 할리우드가 가장 잘하는 일, 막대한 현금을 벌어들이는 일에 집중한 작품들은 아니었다. 굶주렸던 영화 산업이 엄청난 인기를 끌었던 〈스타워즈〉가 어떤 틀로 찍어서 만든 것이며, 그러므로 복제할 수도 있다는 것을 알고 나자 모든 지옥문이 열려 버렸다. 골드러시였다. 갑자기 '지도'가 만들어졌다. 지도를 따르지 않으면 작품을 완성하기가 훨씬 더 어려웠다. 그러나 그것은 읽기 쉬운 지도가 아니었다. 금맥을 찾던 많은 이들이 그랬던 것처럼, 지름길을 찾기는 좀처럼 힘들었다.

이 대목에서 등장한 사람이 디즈니에서 일하던 젊은 대본 분석가 크리스토퍼 보글러Christopher Vogler였다. 그는 신화에 관한 캠벨의 방대한 연구서 『천의 얼굴을 가진 영웅*The Hero with a Thou-*

sand Faces』을 7장짜리 메모[7]로 요약한 다음, 나중에 이것을 『신화, 영웅 그리고 시나리오 쓰기*The Writer's Journey*』라는 책으로 탄생시켰고, 이로써 한 세대의 영화 제작자와 경영진에게 많은 영향을 끼친 틀을 하나 만들어 냈다. 순수파의 분노를 자아냈던 것이 바로 이 대목이었고, 많은 작가들은 급속하게 현자의 돌이 되어 가는 이것을 따르지 않으면 자기 작품을 만들어내지 못할 것이라고 느끼기 시작했다. 그들이 보기에, 보글러는 뮤즈를 제품 조립 설명서로 바꾸어 놓은 셈이었다. 이것은 사실이 아니었지만, 〈스타워즈〉에서 〈라이온 킹Lion King〉에 이르는 영화들의 여행 구조가 싸구려 금속을 귀금속으로 바꿀 수 있는 듯이 보이자, 많은 사람들은 그것이 사실이라고 느꼈다.

보글러가 정리한 것은 무엇이었을까? 잔인하게 말하자면 '바보들을 위한 캠벨'이라고 할 수 있다. 보글러의 원리들은 지나치게 간단하고 너무 단순화시킨 것이지만, 지극히 중요하고 핵심적인 것, 심지어 작가 자신조차 모르고 있는 듯한 것을 담고 있다. 보글러는 1949년에 정식화한 '영웅의 여행'[8]에 관한 캠벨의 생각에 바탕을 두고 구조의 모델을 창조했다.

캠벨은 고대 문화(일반적으로 인간 행동의 양상이나 자연 현상의 기원에 관련된 초자연적인 문화)의 모든 전통적 이야기의 바탕에서는 하나의 동일한 패턴을 발견할 수 있다고 주장했다. 영웅의 여행은 아주 단순했다. "영웅은 일상적인 나날의 세계를 떠나 초자연적인 경이의 영역을 향해 모험을 떠난다. 그곳에서 엄청난 힘과 대적해 결정적인 승리를 거둔다. 영웅은 이 신비한 모험에서 사람들에게 선물을 줄 수 있는 힘을 갖고 돌아온다." 모든 신화에서 캠벨이 발견한 것은 마법의 영약을 찾기 위한 탐색 여행이었으며, 그것을 고향으로 가지고 돌아가기 위해 이어지는 전투였다.

나는 젊은 대본 편집자였던 시절 보글러의(그래서 캠벨의) 작품을 처음 만났다가 꽤 성급하게 손에서 놓아 버렸다. 나는 〈이스트엔더스〉 작업을 하고 있었는데, 빨래방에 있던 폴린 파울러(〈이스트엔더스〉에 나오는 인물 가운데 한 사람 - 옮긴이)에게 영웅의 여행을 어떻게 적용할 수 있을지 알 수 없었다. 구조 이론을 조금 더 진지하게 탐구하기 시작했을 때 나는 다시 그 책으로 돌아갔다. 그 책은 결함이 있는 데다 지나치게 단순했다.[9] 그러나 구조를 구성하는 몇 가지 핵심 요소들이 무엇인지 아는 데에는 유용했다. 보글러의 모델은 열두 가지 핵심 단계로 이루어져 있다.

1. 일상 세계에서 사는 영웅이 소개된다. 그곳에서……
2. 그는 모험을 요청받는다.
3. 처음에 그는 저항하거나 요청을 거부한다. 그러나……
4. 스승의 격려를 받아……
5. 경계를 넘어 특별한 세계로 들어간다. 그곳에서……
6. 그는 시험에 마주치고, 동료와 적들을 만난다.
7. 그는 깊은 동굴에 접근하고, 두 번째 경계를 넘는데……
8. 그곳에서 그는 최악의 시련을 견뎌 낸다.
9. 그는 보상을 받는다. 그리고……
10. 일상 세계로 돌아가는 길에 추적을 당한다. 정신적인 죽음

을 겪는다. 그 후에……

11. 그는 세 번째 경계를 넘고, 부활을 경험하며 경험을 통해 변신한다.
12. 그는 일상 세계에 도움이 될 영약, 선물 또는 보물을 가지고 돌아온다.

내가 그 책을 일찍 놓아 버린 이유 가운데 하나는 프라이타크처럼 드라마의 가장 큰 지점, 최악의 시련이 영화의 중간에 있어야 한다고 제안하기 때문이었다. 그 말은 돌아오는 여행 중에는 적대 세력이 형성되지 않는다는 뜻이었다. 또, 나는 시나리오 쓰기에 어떻게 각기 다른 두 가지의 패러다임이 있는지 이해할 수 없었다. 분명히 하나만 있든지 아예 없어야 하지 않을까?

간단한 두 가지 행동으로 이 어려운 문제를 해결할 수 있었다. 첫 번째는 두 패러다임을 함께 적용해 보려고 시도한 것이다. 바로 보글러의 작업에 막 구조를 덧씌운 것이다. 보글러 자신은 3막 형태가 적합하다고 생각했지만, 5막 패턴이 다시 한번 더욱 많은 것을 알려 주었다.

1막

1. 일상 세계에서 사는 영웅이 소개된다. 그곳에서……
2. 그는 모험을 요청받는다.

2막

3. 처음에 그는 저항하거나 요청을 거부한다. 그러나……
4. 스승의 격려를 받아……
5. 경계를 넘어 특별한 세계로 들어간다. 그곳에서……

3막

6. 그는 시험에 마주치고, 동료와 적들을 만난다.
7. 그는 깊은 동굴에 접근하고, 두 번째 경계를 넘는데……
8. 그곳에서 그는 최악의 시련을 견뎌 낸다.
9. 그는 보상을 받는다. 그리고……

4막

10. 일상 세계로 돌아가는 길에서 추적을 당한다. 정신적인 죽음을 겪는다. 그 후에……

5막

11. 그는 세 번째 경계를 넘고, 부활을 경험하며 경험을 통해 변신한다.
12. 그는 일상 세계에 도움이 될 영약, 선물 또는 보물을 가지고 돌아온다.

두 번째는 기존 작품에 그것을 적용해 보는 것이었다. 사실상 인물에게 결함을 부여하는 것이었다.[10]

배즈 루어먼Baz Luhrmann의 〈댄싱 히어로〉에서 스콧 헤이스팅스는 훌륭한 댄서이지만, 정신적으로 장애가 있다. 자아도취가 심한 데다가 알코올 중독에 외톨이다. 그는 환태평양 볼룸 댄스 대회에서 우승하기를 간절히 바라지만 자신이 더 간절하게 바라는 것은 친밀감임을 모른다. 이것이 그의 결함이다. 그리고 '영약'이란 단어를 '친밀감'과 바꾸어 보면, 재미있는 일이 발생한다.

1막

- 우리는 야망에 불타고 고집스러우며, 정서적으로 성숙하지 못한, 자기만의 좁은 세계에 갇혀 사는 스콧을 만난다. 자기 나름의 승리에 집착하는 남자다.
- 그는 아마추어 댄서인 프랜을 만난다. 그녀는 대담하게 그와 춤을 추자고 청한다. 그는 용감해져야 한다는 요청을 받는다.

2막

- 그는 처음에는 저항하면서 요청을 거부한다. 하지만 그녀의 강한 성격에 용기를 얻는다…… 그는 경계를 넘어 대회에서 그녀와 함께 춤을 추기로 한다.

3막

- 그녀와 함께 계속 춤을 추고/장난을 치다가 그는 친구들의 조롱을 받는다. 시험을 겪고 동료를 얻고 적을 도발한다…… 그는 두 번째 경계를 넘고 그곳에서 마침내 스콧 커플을 비난하

는 대회 주최 측에 맞설 만큼 용감해진다. 그는 최악의 시련을 견디고 그들에게서 벗어난다.

- 그는 보상으로 프랜을 얻고, 그녀에게 상처받기 쉬운 자신의 모습을 내보인다. 그는 마음으로 춤을 추는 법을 배우고, 세계를 보는 새로운 방식을 실험한다. 그러나……

4막

- 그는 새롭게 얻은 용감함만으로 친구들의 압력과 실패에 대한 압박감에 맞서는 것이 생각보다 힘들다는 것을 깨닫고, 일상 세계로 돌아가는 길에 의심과 불안전함, 그리고 불확실함에 쫓기게 된다. 프랜과 함께해서는 대회에서 우승하지 못할 것이라는 걱정에 사로잡힌 그는 그녀를 거부하면서 정신적인 죽음을 맞는다.

5막

- 스콧은 우승하는 것과 진정한 사랑이 주는 친밀감을 경험하는 것 중에서 한 가지를 선택해야 한다. 그는 세 번째 경계를 넘어 부활을 경험한다. 그는 마지막이자 결정적으로 그를 괴롭히던 사람들에게 맞서 대회 결승에서 규칙을 어기고 자기 심장의 리듬에 맞추어서 프랜과 춤을 춘다.
- 경험을 통해 변화한 그는 영약, 일상 세계에 도움을 줄 선물 또는 보물을 가지고 돌아온다.

분명하고 동등한 막 구분을 통해 우리가 본 것은, 주인공이나 조국이 필요로 하는 찾기 어려운 보물인 영약이 주인공이 자기 결함을 치유하는 데에 필요한 요소와 정확히 일치한다는 것이다. 그래서 이 이야기는 스콧의 독특한 문제를 극복하기 위한 열쇠를 찾는 사냥 이야기가 된다.

이것은 통제력을 배우는 델마와 놓아 주는 법을 배우는 루이스의 경우와 똑같다. 이야기는 그들이 살아가면서 얻기 어려웠던 자질을 어떻게 발견하고 되찾고 마침내는 장악하는지를 둘러싸고 구조화된다. 그들이 결함을 갖고 출발해서 영약을 발견하고 그것을 사용하는 법을 배우고 완전해지면서 이야기는 끝난다.

현대 영화에서 처음으로 캠벨의 원리들을 찾아내고 공통된 구조에 대한 생각을 발굴한 것은 보글러의 업적이다. 그렇지만 보글러의 작업은 실망스럽다. 부분적으로는 보글러 자신이 영화 속 주인공의 여행과 신화 속 영웅의 여행이 비슷하다는 것을 발견한 것 이상으로 더 심오한 시도를 하지 않았기 때문이고, 부분적으로는 그의 설명이 자주 혼란스럽기 때문이며, 부분적으로는 '왜?'라는 것을 이해하려는 실제적인 시도가(거의 신비주의적인 헛소리 빼고는) 없었기 때문이다.[11]

보글러의 패러다임을 환영하는 목소리가 높았지만, 이것은 본질적으로 3막 구조를 주인공의 관점에서 바라본 것에 불과하다. 3막 구조보다 더 복잡하지도 않고 더 독창적이지도 않다. 보글러의 패러다임은 정말 중요한 질문인 '왜?'에 대한 답을 할 수 있게 도와주는 수단으로서 가장 많이 기여했다. '전통적인' 구조와 공유하는 한 가지 주요한 특징, '중간 지점' 또는 '최악의 시련'을 더 깊이 바라봄으로써 우리는 이 질문의 해답에 더 가까이 다가갈 수 있다.

중간 지점의 중요성

우리는 〈대부〉의 중간 지점이 마이클이 경찰을 총으로 쏘고 그의 삶이 영원히 달라졌을 때라는 것을 알고 있다. 〈타이타닉〉이 빙산을 들이받는 순간이라는 것을 알고 있다. 그런데 중간 지점이 정확히 무엇일까? 이것이 어떻게 전통적인 할리우드의 3막 원형과 보글러의 작업, 셰익스피어의 5막 구조를 하나로 묶을까? 도대체 중간 지점은 왜 존재하는 것일까?

변화의 패러다임에서 중간 지점은 보글러의 '최악의 시련'의 순간에 해당한다. '영웅의 여행'에서는 주인공이 '적의 동굴'로 들어가서 '영약'을 훔치는 지점이다. 이것은 변화의 패러다임에서는 '큰 변화'의 순간이다.[12] 이것이 반드시 가장 극적인 순간은 아니라 해도 매우 중요한 지점이다. 〈맥베스〉가 잘 보여주듯이 이것은 돌아갈 데가 없는 지점이다. 우리의 영웅이 처음으로 새로운 '진실'을 깨닫기 시작한다. 주인공은 보물을 얻거나 자신의 결함을 치유할 '영약'을 발견한다. 그러나 중요한 주의 사항이 있다…… 이야기의 이 단계에서는 그가 그것을 어떻게 다루어야 할지를 정확히 모른다. 그러므로 '돌아가는 여행'은 영웅이 '영약'을 얻은 것에 대해 어떻게 반응하는지, 현명하고 유용한 방식으로 그것을 장악하는 법을 배우는지를 바탕으로 이루어진다.

〈아프리카의 여왕〉에서 험프리 보가트와 캐서린 헵번은 나치의 학살로 아프리카 한가운데에 던져진 배의 선장과 선교사를 연기했다. 두 사람은 서로 반감을 갖고 있음에도 독일의 전함을 폭파하기 위해 함께 위험한 강을 따라 내려가기로 결심한다. 정확히 영화 중간 지점에서 그들은 중무장을 한 요새를 지나게 되고, 목숨이 위험해진다. 그러나 어려움을 헤치고 그들은 성공을 거둔다. 그리고 자신들의 행운에 들떠 그들은 처음으로 서로 껴안고 입을 맞춘다.

〈델마와 루이스〉처럼 두 주인공은 성격이 정반대다. 그는 투박하고 세속적이며, 그녀는 세련되고 조신하다. 정서적으로 이 장면은 그들이 자신의 결점을 처음으로 완전히 극복하는 지점을 선명하게 보여 준다. 그는 부드러움을 보이고 그녀는 성적 감정을 표현한다. 그들은 당장에는 당황하면서 아무 일도 없었다는 듯한 반응을 보인다. 그들은 과거의 자신으로 돌아가고 싶어 하지만 그럴 수 없다. 주사위는 던져졌고 두 사람은 그들이 키스한 결과를 안고 살아가야 한다. 게다가 영화는 위험을 하나 더 보탠다. 독일군이 두 사람의 존재를 알게 된 것이다. 우리의 두 주인공은 화가 난, 무자비한 적으로부터 강 아래쪽으로 쫓김과 동시에 새로 발견한 친밀감을 수용하는 법을 배워야 한다.

중간 지점은 주인공에게 매우 강력한 '영약'이 주어지지만, 그것을 제대로 사용하는 데 필요한 지식은 주어지지 않는 순간이다. 그가 그 지식을 어떻게 개발해 가는지가 영화 후반부의 숨은 주제가 된다. 잘 고안된 중간 지점은 위험과 보상이 균형을 이룬다. 인물은 필수적인 무언가를 얻지만 그럼으로써 그를 둘러싼 위험은 더 커진다. 그는 더 많은 것을 걸어야 하고 위험을 극복하기 위해 변화할 것을 요구받는다. 그 변화는 주인공에게는 돌아갈 곳이 없어진 지점에서 일어난다. 그것은 그의 '해결책'을 찾기 위해 떠나는 여행의 끝이고 돌아오는 여행의 시작이다.

멜 깁슨Mel Gibson의 〈아포칼립토Apocalypto〉에 딱 들어맞는 사례가 있다. 이 영화는 전체 이야기가 떠나는 여행과 돌아오는 여행을 중심으로 이루어져 있다. 주인공 젊은 전사 재규어 발은 인신 공양에 제물로 바치기 위해 사냥을 하는 다른 부족에게 붙잡혀 수백 킬로미터를 끌려 간다. 임신한 그의 아내는 뒤에 남겨져 죽음만을 기다린다. 정확히 영화 중간에 제물로 바쳐질 뻔한 순간, 그는 상처를 입은 채(처음으로 자신의 용기를 온전히 발휘하여) 도망친다. 모욕감과 복수심에 불타는 부족 전사들이 아내와 아이들을 구하기 위해 집으로 달려가는 그의 뒤를 쫓는다. 이야기가 시작될 때 그는 용기가 부족한 소년이었지만 이야기가 끝날 때 그는 남자가 되어 있다. 이것은 변화의 패러다임에 대한 적절한 드라마적 설명이며, 의미심장하게도 가장 큰 변화는 이야기의 한가운데에 놓여 있다.

텔레비전 드라마도 영화와 마찬가지다. 〈프라임 서스펙트Prime Suspect〉(형사 제인 테니슨의 범죄 수사를 그린 영국 드라마 - 옮긴이)의 처음 세 시즌은 모두 2부로 구성되어 있다. 그리고 1부 끝에서(사실상 각 이야기의 중간 지점에서) 제인 테니슨은 매번 전체 수사의 방향을 바꾸는 새로운 장애물을 만나고, 시청자는 그녀를 향해 조심하라고 소리를 지르게 된다. 중간 지점에 배치되는 사건은 너무나 자주 일어나기 때문에 우연일 수가 없다. 물론 우연이 아니다. 중간 지점의 진정한 의미를 이해하고 나면 문이 열린다. 그 문 뒤에는 이야기가 왜 그런 형태를 띨 수밖에 없는지 그 이유가 숨어 있다.

5장

우리가 이야기를 하는 방법

“『톰 존스*Tom Jones*』(영국의 작가 헨리 필딩의 소설 - 옮긴이)는 총 198개의 장으로 되어 있고, 18권의 책으로 나누어져 있다. 첫 여섯 권은 시골, 두 번째 여섯 권은 여행 도중, 마지막 여섯 권은 런던이 배경이다.…… 정확히 소설의 한가운데서 주요 등장인물 대부분이 같은 여관을 거쳐 가지만, 서로 만나는 일은 없다. 이것이 이야기를 성급한 결론으로 이끈다.…… 대칭이란 독자가 의식적으로 인식하는 것보다 소설가에게 더 중요하다.” 작가이자 비평가인 데이비드 로지David Lodge의 말이다.[1]

포스터E. M. Forster의 『인도로 가는 길*A Passage to India*』은 마라바 동굴 안에서 인도 의사와 영국 여인 사이에서 일어난 이상한 ‘사건’을 중심으로 이야기가 펼쳐진다. 소설 속의 모든 것은 책의 한가운데서 일어나는 어두운 동굴에서의 신비로운 만남의 순간으로부터 나선형으로 퍼져 나간다. 동등한 수준의 사건이 소설 속 도처에서 일어난다는 것은 구조적으로 중요한 무언가가 계속된다는 것을 말해 준다. 24장으로 나누어져 있는 호메로스Homeros의 『오디세이아*Odysseia*』는 왜 앞의 12장은 오디세우스가 트로이에서 이타카로 돌아오는 이야기를 하고, 뒤의 12장은 그의 왕국을 되찾는 데 할애하고 있을까? 베르길리우스Vergilius의 『아이네이스*Aeneis*』도 왜 이와 비슷하게 배열되어 있을까? 몬드리안Mondrian은 말했다. "예술가는 자연스럽게 평형 상태에서 관계를 만들어 낸다. 완전한 조화가 예술의 목표다."[2] 다시 한번 우리는 지나친 단순화에 주의해야 한다. 그러나 '중간 지점'과 같은 것이 존재한다는 것은 이야기가 균형을 이루려는 성질이 있으며, 모든 이야기의 중심에는 독특하고 특별한 중요성이 있음을 말해 준다.

직관적으로는 맞지 않는 듯이 보이지만, 다른 이야기 형식(2차원적 이야기와 주인공이 여럿인 이야기)에서는 중간 지점이 어떻게 작동하는지를 살펴봄으로써 우연 이상의 어떤 것이 발생하고 있다는 중요한 단서를 찾을 수 있다.

2차원에서의 '중간 지점'

우리는 모든 드라마의 뿌리에는 변화가 있다고 정리했다. 동시에 2차원적인 이야기에서는 주인공이 변화하지 않는다는 것도 목격했다. 그러나 드라마는 변화 없이는 존재할 수 없다. 이것은 분명하다. 그렇다면 탐정이 항상 똑같은 상태로 머무르는 세계에서 드라마의 엔진을 움직이는 연료는 무엇일까?

〈형사 콜롬보Columbo〉나 〈모스 경감Inspector Morse〉의 고전적 에피소드에서 주인공은 자신이 수사하는 범죄 뒤에 숨어 있는 '진실'을 찾는다. 내면의 주인공이 자신이 실제로 누구인지 발견하기 위한 여행을 떠나고 스스로를 치유하는 동안, 순수하게 외적인 주인공은 그가 수사하는 범죄의 본질을 깨닫고 범인을 잡음으로써 세상을 치유한다. 그의 내부는 변하지 않을지도 모른다. 대신 상황에 대한 그의 지식은 변화한다.

이 인물들은 결함이 있다기보다 지식이 부족한 것이며, 이는 이야기가 진행됨에 따라 개선된다. 여행 초기에 모스는 살인범에 대해 아무것도 모른다. 그러나 끝에 가서는 모든 것을 알게 된다. 이러한 변화에도 역시 패턴이 있다. 벤 리처즈Ben Richards가 각본을 쓴 〈스푹스〉 시즌 3의 마지막 회[3]에서 주인공 애덤은 그의 아내 피오나와 동료 요원 대니가 납치되었다는 것을 알게 된다. 이 이야기 또한 전통적인 5막 형태로 나눌 수 있다.

1막

애덤은 피오나에게 "세상을 다 주어도 당신과는 바꾸지 않겠어."라고 말한다. 피오나는 대니와 함께 일상적인 임무를 수행하다가 북아프리카의 테러리스트에게 납치당한다. (도발적인 사건)

2막

납치범들은 영국 정부에 이라크의 모든 병력을 철수하라고 요구한다. 수상은 그날 저녁의 정상 회담에서 이런 성명을 발표해야 한다. 피오나와 대니는 동료들에게 구조 신호를 보내려 애쓴다. 결국 애덤은 두 사람이 붙잡혀 있다는 것을 알게 되지만, 그 대가로 또 다른 납치범인 카테라에게 붙들린다.

3막

MI5(영국의 국내 정보국 - 옮긴이)는 뭔가 수상쩍다는 것을 느끼고 없어진 동료들을 본격적으로 찾기 시작한다. 정확히 에피소드 중간에 그들은 애덤에게 연락 장치를 전달하는 데 간신히 성공한다. MI5는 그제야 테러리스트의 정체를 알게 된다. (중간 지점) 대니와 피오나는 탈출을 시도하지만 다시 붙잡히고 만다. 대니는 피오나를 구하기 위해 스스로 죽음을 선택하고, 애덤은 겁에 질린 채 그 상황을 전화로 듣도록 강요당한다.

4막

카테라는 애덤에게 수상의 발표를 볼 수 있게 회담 장소에 자기를 데려다달라고 요구한다. 애덤은 그녀의 마음을 '돌리려고' 시도하지만 성공하지 못한다. 시간이 흐르고 그는 더 나쁜 일을 알게 된다. 테러리스트들은 애초에 정부의 발표에 관심이 없었고, 카테라는 몸속에 폭탄을 지닌 채 애덤을 속여 수상에게 가까이 가려 한 것이다. (위기)

5막

애덤은 카테라의 진짜 목적을 알게 되고, 그녀를 설득해 피오나가 어디에 있는지를 털어놓게 한다. 마지막 순간 그는 사태를 해결하고 아내와 나라를 구한다.

이 이야기는 고전적인 구조를 따를 뿐만 아니라, 집단의 '무엇에 대한 지식'은 3차원에서와 아주 똑같은 방식으로 변화한다는 것을 알 수 있다. 이야기의 처음에 애덤은 아무것도 모른다. 2막의 끝에 가서야 그는 적들이 누구인지 어렴풋이 눈치챈다. 중간 지점에서는 납치범들의 정체가 드러난다. 4막의 끝에서 그는 자신과 수상 모두 인간 폭탄 옆에 서 있다는 것을 알게 된다. (그림으로 그려보면 다음과 같다.)

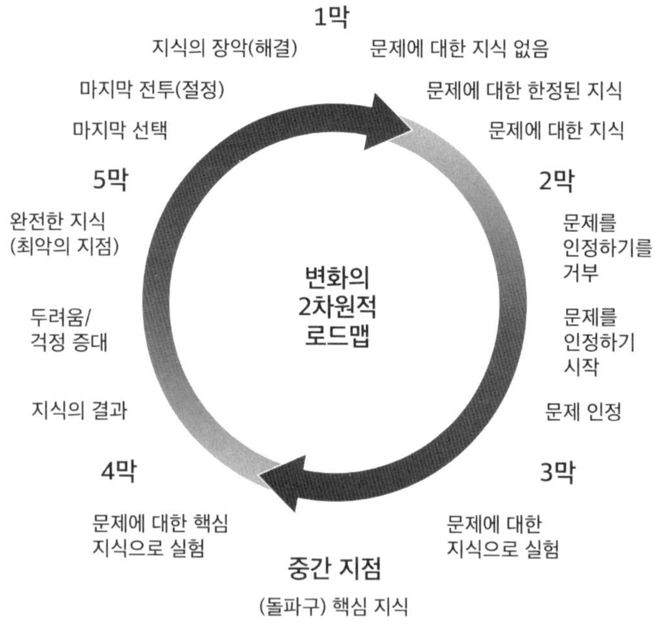

2차원에서 중간 지점은 주인공이 자신에게 맞서는 세력의 본질을 제대로 이해하는 순간, MI5가 애덤과 피오나, 대니가 납치되었다는 것을 알고 납치범의 정체를 파악하는 순간이다.

이 순간은 제임스 본드가(붙잡혀 있는 자신의 다리 사이로 레이저 광선이 올라오는 것을 보고) 골드핑거의 진짜 본성을 발견할 때,[4] 또는 톰 크루즈가 그의 법률 회사(《야망의 함정The Firm》)가 실은 마피아의 방패막이라는 것을 깨달았을 때와 같은 지점이다. 중간 지점은 흔히 주인공이 임무 완수를 위한 해결책을 손에 넣었을 때이다. 그 해결책은 주인공이 추격하는 대상(《007 위기일발》에서는 암호 해독기 렉터)일 수도 있고, 추격하는 주체(《007 스카이폴Skyfall》에서는 하비에르 바르뎀Javier Bardem이 연기한 실바)일 수도 있다.[5] 탐정 이야기에서 해결책은 이야기를 완전히 바꾸고 진범을 잡을 수 있는 첫 번째 단서를 제공하는 정보 한 토막이다. 애거사 크리스티Agatha Christie 소설에서는 흔히 살인 그 자체이다. 살인은 도발적인 사건이라고 추측할 수도 있겠지만, 사실은 푸아로가 살인 행위를 의심하게 되는 순간을 위해 준비된 명예로운 사건이다.

이것이 스릴러의 중간 단계, 목표를 달성하기 위해 떠나는 여행의 끝이며 돌아오는 여행의 시작이다. 이 순간부터 주인공의 모험은 결코 같을 수 없다. 이것이 3차원의 중간 지점과 공통점을 지니고 있다는 것은 아주 의미심장하다. 그것은 둘 다 진실의 순간이라는 점이다.

그럼 다른 종류의 이야기는 어떨까? 주인공이 여러 명 나오는 로버트 올트먼Robert Altman의 영화나 형식 파괴적인 타란티노

Quentin Tarantino의 〈펄프 픽션Pulp Fiction〉도 실제로 이 모델을 따랐다고 할 수 있을까?

주인공이 여럿인 경우

조지 루커스의 〈청춘 낙서〉는 1962년 어느 날 밤에 있었던 네 명의 십 대 커트, 스티브, 테리, 존의 이야기를 들려준다. 이날은 케네디J. F. Kennedy 대통령이 암살되기 직전으로, 이 영화는 미국이 사건과는 무관하다고 은근히 이야기하는 듯하다. 영화의 배경은 루커스 자신이 자란 캘리포니아의 작은 도시 머데스토다. 커트가 절친한 친구 스티브와 함께 대학에 가기 위해 동부로 떠나기로 해 놓고, 갑자기 떠나지 않기로 결심하면서 이야기가 펼쳐진다. 당대 유행하던 로큰롤을 배경으로 영화는 과거에 대한 향수를 불러일으킴과 동시에 앞으로 다가올 비극에 대해서도 알려 준다. 테리는 베트남에서 실종될 것이고(강렬한 에필로그를 통해 우리는 알게 된다), 존은 술에 취한 운전자의 손에 운명이 맡겨질 것이다.

각 인물은 자기 나름의 행동을 취하도록 요청받는다. 모두가 비유적으로(무지 쿨한 존은 열두 살짜리 소녀를 돌보아야 하고, 엄청 신중한 커트는 시답잖은 범죄를 저지른다) 그리고 문자 그대로(테리와 스티브는 정확히 영화 중반에 숲에 버려진다) 숲속으로 던져진다. 각자의 대립자를 만나며, 자기만의 방식으로 배우고 변화한다. 미국의 작은 도시에 머무를 계획을 짜던 커트는 대학을 가기 위해 떠나기로 결심한다.

떠나려고 계획했던 스티브는 머물기로 결심한다.

인물들은 세상 속에서 그리고 같은 시간대에서 서로 얽혀 있지만, 자신만의 이야기가 있다. 각자의 도발적인 사건, 전환점, 위기, 절정, 그리고 해결책이 있다. 각각의 인물은 자신만의 1막을 펼치고 공동의 2막으로 옮겨 간다. 이런 방식이 영화의 마지막까지 진행된다. 그럼 중간 지점은? 존은 도시의 폐차장에서 열두 살 캐롤에게 말을 건넨다. 폐차장은 단지 죽음의 상징일 뿐만 아니라, 존은 여기에서 인물들 가운데 처음으로 가짜 인물을 흉내 내거나 내비치지 않는 말 한마디를 한다. 진실을 말한 것이다. 한 인물의 중간 지점은 다른 인물들의 중간 지점까지 모두 효과적으로 구현해 낸다. 이 지점에서부터 네 명의 십 대는 자신의 진실을 자기만의 방식으로 인정해야 한다. 이 장면은 이 영화의 중심을 탄탄하게 잡아 주는 감동적인 장면이다. 이것은 우리의 모델에 대해 무엇을 이야기해 주는 것일까?

주인공이 여러 명이면 개별적인 이야기들이 여러 가지 방식으로, 즉 소재(《페어런트후드Parenthood》), 영역(《청춘의 양지Diner》), 인물 간의 상호작용(《숏 컷》), 주제(《바벨Babel》) 또는 사실상 이 모든 것의 다양한 조합으로 연결되기 때문에 복잡해 보인다. 형식이 아주 복잡해지면(인물이 우르르 나오는 텔레비전 시리즈 〈웨스트 윙〉이나 〈ER〉의 첫 회가 좋은 예일 것이다) 작품은 조각나고, 연결이 안 되며, 재치 있는 대사들로만 꾸며진 것처럼 보인다. 그러나 좀 더 찬찬히 바라보면 같은 구조적 규칙이 적용되고 있다는 것을 알 수 있다. 도발적인 사건부터 해결까지 이야기 구성 요소가 모두 그 안에 들어 있지만 각각 다른 인물에 의해서 전달된다. 개별적인 에피소드가 펼쳐지면서 스토리텔링의 바통은 한 사람에게서 다른 사람에게로 넘어간다. 도발적인 사건은 그린 박사에게 영향을 주고, 중간 지점은 해서웨이 간호사가, 그리고 절정은 벤턴 박사가 맡는다. 서로 다른 한 조각씩을 맡은 인물들은 서로 합쳐져서 우리가 인식할 수 있는 이야기 형태를 만들어 낸다.

소련의 여러 지역의 경제 정책을 탐구하는 소설(프랜시스 스퍼포드Francis Spufford의 〈레드 플렌티Red Plenty〉)에서도 이 원리의 같은(아주 복잡한) 버전을 볼 수 있다. 자신의 이야기와 자신의 몫을 지닌 다양한 주인공들이 소련 경제, 나아가 공산주의 체제의 창조, 부흥 그리고 몰락의 그림을 그리기 위해 퍼즐 조각들처럼 모인다. 제멋대로인 것처럼 보이지만 실은 확고하고 확실하다. 고전적 이야기 형태에서 벗어나는 것은 불가능해 보인다. 그런데 면전에 대고 형식을 비웃는 것처럼 보이는 것은 작품의 어떤 요소 때문일까?

쿠엔틴 타란티노와 로저 에이버리Roger Avary의 〈펄프 픽션〉은 세 가지 분리된 이야기를 들려준다. 펌프킨과 허니 버니는 식당을 턴다. 빈센트는 보스의 여자 미아를 저녁 식사에 데리고 가야 한다. 부치는 복싱 경기에서 져 주는 데에 실패한다. 사건들을 시간순으로 배열하지 않음으로써 이 영화는 서사의 관습을 비웃는 듯이 보인다. 그러나 그 구조를 자세히 들여다보면 매우 친근한 것이 드러난다.

프롤로그 - 허니 버니와 펌프킨은 자기들이 앉아 있는 식당에서 강도짓을 하기로 작정한다.

1막

줄스와 빈센트는 보스 마르셀러스의 명령으로 살인을 한다. 빈센트는 내키지 않지만 마르셀러스의 아내 미아를 저녁 식사에 데리고 가라는 부탁을 받았다고 말한다. (도발적인 사건)

2막

부치는 시합에서 져 주겠다고 약속하고 돈을 받는다. 빈센트는 미아를 잭 래빗 슬림으로 데려간다. 그들은 춤을 추고 서로 친해진다.

3막

빈센트는 그녀를 집에 데려다준다. 미아는 마약을 과용한다. 긴장감은 점점 커져 폭발하기 직전에 이른다. 빈센트는 커다란 위험을 무릅쓰고 아드레날린이 가득 든 거대한 주사기를 그녀의 심장에 꽂아 넣는다. (중간 지점)
부치는 마르셀러스와의 약속을 어기고 싸움에 져 주지도 않고, 심지어는 상대를 너무 심하게 때려 죽이고 만다. 그는 도망치지만, 그에게 매우 큰 의미가 있는 시계를 집에 두고 왔음을 깨닫는다. 부치는 집으로 돌아갔다가 마르셀러스 대신 자기를 기다리고 있던 빈센트를 발견하고 그를 죽인다. 그러고는 차를 타고 도망가다가 마르셀러스를 차로 친다.

4막

마르셀러스와 부치는 '제드'에게 붙잡힌다. 제드는 마르셀러스를 성폭행하고 부치는 이것을 지켜본다. 부치는 마르셀러스를 구하고, 덕분에 자유롭게 풀려나 여자 친구에게 돌아간다. 여자 친구가 "제드가 누구야?" 하고 묻자, 부치는 "제드는 죽었어."라고 대답해 버린다. (위기)

5막

다시 프롤로그에 나왔던 식당. 펌프킨과 허니 버니가 총을 꺼내지만 때마침 그곳에서 식사를 하던 줄스와 빈센트에게 제압당한다. 둘은 기적적으로 목숨을 건지고 다른 날을 기약한다.

〈펄프 픽션〉은 특히 '영웅의 여행'을 창조하기 위해서 서사의 시간순을 재배열한다. 영화는 주인공들(대개는 부치와 빈센트) 사이에서 바통을 주고받으며 빈센트가 죽는 시점을 그의 마지막 대결과 식당에서의 승리 이전으로 옮긴다. 그렇게 함으로써 타란티노와 에이버리는 고전적인 행동에 대한 요청, 모험, 죽음과 재탄생의 구조를 만들어 낸다. 작가들은 각 주인공들의 명백한 3막 이야기를 중간에 끊고 재배열함으로써 전체적으로 5막짜리의 '능숙한 형태(다른 모든 이야기와 같은 형태)'를 만들어 낸다. 영화의 한가운데에는 상징적인 장면이 있다. 빈센트가 미아의 심장에 아드레날린을 꽂아 넣는 장면이다. 영화가 품고 있는 진실을 반영하는 장면이고, 죽음에 맞서 생명이 승리하는 장면이다. 이것은 물론 생명을 빼앗는 암살자의 세계와는 아주 상반된 장면이다. 더불어 관객을 최고조의 상태로 올려놓으며 가슴 설렐 만큼 영리한 해피엔드를 적절히 암시하는 중간 지점이다.

중간 지점이란 패러다임은 2차원적 유형과 3차원적 유형, 주인공이 여럿인 유형, 장르물과 예술물에 상관없이 영화의 골격을 제공한다. 각각의 이야기에서 주인공은 모두 중간에서 '진실'과 마주친다.

이야기의 형태

셰익스피어의 어떤 희곡이든, 우리가 이야기한 어떤 영화든, 1막과 5막, 2막과 4막, 그리고 3막의 전반과 후반을 비교해 보라. 모두 서로 비슷한 거울 이미지를 형성한다. 중간 지점의 양쪽 면은 정반대의 정신적 상태를 반영한다. 떠나는 여행의 각 지점은 돌아오는 여행의 각 지점을 반영한다. 변화의 패러다임을 바탕으로 1막과 5막도 서로 거울처럼 반영하고 있음을 확인해 보라. 서로 대칭을 이루려고 한다는 것을 알 수 있다.

2차원적이든 3차원적이든, 우리가 살펴보았거나 언급한 모든 이야기 속에는 공통된 요소가 매우 많이 들어 있다.

- '집'이 위협받는다.
- 주인공은 모종의 결함 또는 문제 때문에 고통을 받는다.

- 주인공은 치유책 또는 문제의 해결책을 찾아 여행을 떠난다.
- 정확히 중간에서 주인공은 치유책이나 해결책을 찾는다.
- 돌아오는 여행에서 주인공은 그것을 가져온 결과에 직면해야 한다.
- 그는 문자 그대로 또는 비유적으로 일종의 죽음과 마주한다.
- 그는 치유책을 완전히 자기 것으로 만들면서 새로운 사람으로 거듭난다. 그 과정에서 '집'을 구원한다.

이것이 의미하는 것은 하나의 숨은 구조다. 이것은 분명하고도 매우 단순하다.

떠나는 여행, 돌아오는 여행

이런 형태는 보통 문자 그대로의 모습이며 알아보기도 쉽다. 〈오르페오와 에우리디체Orfeo ed Euridice〉에서처럼 극히 소중한 존재를 찾아 지하세계로 내려갔다가 그것을 다시 산 자들의 세계로 데려오는 여행이다. 이것은 페르세포네Persephone에서부터 이아손Iason에 이르기까지, 신화에 많이 나오는 형태다. 이것은 또한 자신의 기관차를 다시 훔쳐오기 위해 연방주의자들의 요새를 습격하는 버스터 키튼의 이야기(《제너럴The General》)이기도 하다. 그리고 우리가 어린 시절부터 알고 있는 이야기들과도 친숙하다.

잭은 가난하다. 그는 콩 줄기를 타고 올라가 거인과 황금알을 낳는 거위를 발견한다. 알을 가지고 내려와 거인을 물리친다. 그리고 부자가 된다.

용이 공주를 잡아간다. 한 남자가 용감하게 길을 떠나 괴물을 죽이고 공주와 함께 돌아온다. 그런데 용이 죽지 않았음을 알게 된다.……

본질적인 것만 추려 보면 그 형태는 다음과 같다.

- 문제가 있다.
- 주인공이 여행을 떠난다.
- 그는 해결책을 발견한다.
- 그가 돌아온다.
- 문제가 해결된다.

신데렐라는 왕자와 함께 사랑을 찾고, 그것을 가지고 집으로 돌아온다. 헨젤과 그레텔은 마녀를 속임으로써 용기를 찾고, 그것을 가지고 역시 집으로 돌아온다. 테세우스는 미노타우로스를 죽인다. 페르세우스는 고르곤을 죽인다. 공동체는 불을 필요로 한다.…… 한 남자는 한 여자를 필요로 한다.…… 한 여자는 사랑을 찾는다.…… 필요로 하는 무언가가 결여되어 있는 패턴은 이야기의 중간에서 끊임없이 발견된다. 주인공이 실제로 용을 죽였다거나 신들로부터 불을 훔치지 않았다 하더라도 그는 늘 문제를 해결하기 위해 집을 떠나야 하며 해결책을 발견한 다음, 그것을 집으로 가지고 돌아온다. 여행을 떠났다가 여행에서 돌아온다.

이 형태에 들어맞지 않는 듯한 이야기도 있다. 〈라이언 일병 구하기〉, 〈지옥의 묵시록〉, 〈이티〉와 〈대부〉의 구조에서는 주인공이 영화의 중간이 아니라 영화의 마지막에 원하는 것을 얻는다. 이들과 다른 많은 영화들은 왜 떠나는 여행의 끝에서 결론에 이르는 것일까?

답은 단순히 '떠나는 여행, 돌아오는 여행'이라는 원형적인 구조가 그보다 더 분명한 '떠나는 여행' 속에 묻혀 있기 때문이다. 〈라이언 일병 구하기〉의 중간에서 작전을 맡은 팀은 라이언의 위치를 알아내지만 작전을 계속하는 것이 자살 행위라는 것도 알게 된다. 하지만 그들은 희망과 용기를 가지고 계속하기로 결심한다. 〈지옥의 묵시록〉의 중간에서는 중사가 일상 업무를 계속하기를 고집하며 나룻배들을 검문한다. 윌러드는 무고한 승객을 사살해서 중사를 제압한다. 〈이티〉의 중간 지점에서 이티는 집으로 전화를 한다. 〈대부〉에서는 우리가 살펴본 바와 같이 정확히 영화 중반에 마이클이 잔혹한 살인을 저지른다.

이 모든 사건에서 공통적인 것은 이제 명백해진다. 우리는 각 영화의 중간 지점은 주인공이 처음으로 완전해지고 자기 이야기를 끝내기 위해 필요한 자질을 받아들이는 순간이라는 것을 알고 있다. 그것은 그가 자신에 대한 진실을 발견할 때다. 원형적인 이야기에서 진실이란 과거의 인간과는 정반대인 모든 것을 구현하는 진실이다. 주인공은 이야기 후반부에서 진실을 수용하고 이해하려고 노력하게 된다.

이처럼 중간 지점은 3차원적 드라마에서는 인물이 자기가 무엇을 할 수 있는지 알게 되는 곳이고, 2차원적 드라마에서는 적(무엇이든 인물을 궁지로 모는 것)에 대한 진실이 드러나는 곳이다. 우리는 자주 두 가지를 동시에 보게 된다. 〈대부 2〉에서 마이클은 중간 지점에서 프레도가 배신했음을 알게 되고, 그를 죽이기로(우리는 한참 뒤에야 이것을 알게 되지만) 결심한다.

모든 이야기는 어느 정도 이야기가 탐구하고 있는 주제의 진실 찾기에 관한 것이다. 인식하는 행위가 인식되는 것의 '진실' 찾기를 포함하고 있듯이 스토리텔링은 그 과정을 흉내 낸다. 그러므로 이야기의 '진실'은 중간 지점에 놓인다. 이 지점에서 주인공은 장애를 극복하고, 진실을 수용하며, 돌아오는 여행을 시작하게 된다. 이 여행은 '진실'이 뜻하는 함축적인 의미를 이해하기 위한 여행이다.

'떠나는 여행, 돌아오는 여행'의 구조는 모든 원형적인 이야기에 존재한다. 이것은 문자 그대로 제시되거나(〈잭과 콩나무〉), 내적 변화의 일부로서 문자 그대로 이야기 속에 숨어 있거나(〈이티〉, 〈대부〉), 또는 찾아야 할 지식으로서 구현되거나, 되찾아서 무언가를 한다(〈스푹스〉).

이 모든 것에서 다음과 같은 친숙한 형태의 몇 가지 비슷한 점을 발견할 수 있다.

- 주인공에게 문제가 있다.
- 그는 익숙한 자기 세계를 떠난다.
- 그는 여행을 떠난다.

- 그는 자신이 찾고 있던 것을 찾는다.
- 그는 그것을 가지고 돌아온다.
- 그것을 가지고 온 결과가 그의 뒤를 쫓는다.
- 그는 그 결과를 극복하고 자신의 문제를 해결한다.[6]

그들이 믿고 따르던 모든 것의 정반대를 상징하는 세계 속으로 던져지는 인물들을 이야기가 어떻게 끌어들이는지(도발적인 사건이 주인공에게 없는 모든 성격을 어떻게 구현하는지에 대해) 우리는 이미 탐구했다. 우리가 살펴본 모든 사례에서 중간 지점은 결여된 자질의 본질(그들의 처음과는 정반대인 상태)을 포함하고 있는 듯이 보인다. 이것이 그들이 찾고 있는 것의 '진실'이다. 조지프 캠벨은 이렇게 말할 것이다. 적의 동굴에 숨겨져 있는 영약이라고.

이야기의 형태는 개인들로 하여금 자기 안에 없는 것을 발견하고 소유하고 수용하게 한다. 2차원에서 그것은 범인을 잡고 환자를 치료하는 길을 알려 주는 매우 중요한 단서이다. 그것은 두 가지 차원에서 모두 주인공이 배워야 할 진실을 구현한 것이다. 소설가 힐러리 맨틀은 '숲속으로 가는' 원형적인 여행에 대해 글을 쓰면서 특히 동화에 대해 이렇게 이야기했다.

> 숲속으로 가는 여행은 영혼이 탄생에서 죽음을 거쳐 재생에 이르는 여행의 일부이다. 나무꾼의 아이들인 헨젤과 그레텔은 숲의 주변에는 익숙하지만 숲속 깊은 곳은 익숙하지 않다. 백설공주는 숲속에 버려진다. 깊은 숲속에서는 우리에게 어떤 일이 일어날까? 문명과 문명이 지

닌 불만스러운 것들은 비합리적인 것과 불확실한 것에게 자리를 내준다. 망가진 관계를 맺고 있는 우리는 마을에서는 신경질적이 되지만, 숲은 우리의 광기를 완전히 해방시킨다. 새들과 짐승들이 우리에게 말을 걸고, 죽은 영혼들이 이야기를 한다. 오두막집의 작은 등잔불은 희미해져 가는 기억일 뿐이다. 칠흑 같은 어둠 속에서 길을 잃은 우리는 바로 눈앞에 있는 손조차도 볼 수 없다. 우리는 우리 몸의 경계가 어디인지도 느낄 수 없다. 우리는 나무껍질과 수액 속으로, 나무 속으로 녹아 들어간다. 이 초록색 피에서 우리는 새로운 생명을 끌어내고 치유받는다.[7]

맨틀의 말은 그녀가 의도했던 의미를 훨씬 넘어 모든 이야기 형태를 아우른다. 누군가 길을 잃음으로써 거꾸로 발견된다는 항구적인 패턴에 대한 이야기다. 모든 동화는 어느 정도 우리의 잃어버린 일부를 찾아 그것을 발견하고 우리 자신을 완전한 존재로 만들기 위해 숲속으로 떠나는 여행이다. 스토리텔링이란 그만큼 단순하다(그리고 그만큼 복잡하다). 이것이 패턴이다. 이것이 우리가 이야기하는 방법이다.

우리는 미세 구조 속으로, 스토리텔링의 더 작은 요소와 겉보기에는 서로 관계가 없어 보이는 양상에 이르기까지 더 깊이 파고들어야 한다. 이곳에서 우리는 구조가 눈의 결정처럼 복잡하게 이루어진, 영리하고 적용 가능하며 반복 가능한 패턴일 뿐만 아니라 인물, 대사, 주제, 장르 등 그 모든 것의 뿌리라는 것을 발견하게 될 것이다. "영화 각본은 구조다."라고 〈내일을 향해 쏴라Butch Cassidy and the Sundance Kid〉의 작가 윌리엄 골드먼William Goldman은 말했다.[8] 영화 각본만 그런 것이 아니다. 모든 서사가 그렇다. 이것이 어떻게, 그리고 왜 그런지 발견함으로써 우리는 아마도 우리가 왜 이야기를 하는지에 대해서도 답할 수 있게 될 것이다.

제2막

숲속 나라, 낮

6장

프랙털

예술은 질서와 혼돈 사이의 끊임없는 싸움이라고 요약할 수 있을 뿐만 아니라 그 싸움을 통해 태어난다. 예술은 무정부 상태를 묘사할 때에도 질서나 형식을 찾는다. 예술은 고대 그리스의 조각상[1]과, 로스코Rothko와 뉴먼Newman의 색면 회화(추상표현주의의 한 흐름으로 넓은 색면에 강렬하고 단순한 색채로 표현한다 - 옮긴이)에서도, 이 둘 사이에 있을 수 있는 모든 예술운동에서도 볼 수 있는 긴장이다. 대립적인 것들을 서로 화해시키고자 하는 우리의 자연스러운 충동에서 일어나는 긴장이다.

프리드리히 니체Friedrich Nietzsche가 『비극의 탄생*Die Geburt der Tragödie aus dem Geiste der Musik*』에서 "예술은 아폴론적이면서 동시에 디오니소스적이란 이중성 덕분에 지속적으로 발전할 수 있었다."라고 선언했을 때 그는 형식과 내용, 머리와 가슴, 자제와 욕망 사이의 긴장이 드라마의 구조를 형성하는 두 축이라는 믿음을 넌지시 선언한 것이다.

영국 시나리오 창작의 대부인 지미 맥거번Jimmy McGovern이 한 번은 이런 말을 했다. "당신은 각본을 두 번 쓴다. 처음에는 당신의 열정, 분노, 에너지 그리고 좌절을 모두 쏟아 붓는다. 그다음에는 뒤로 물러나 머리로 쓴다."[2] 가슴을 잃으면 당신은 결국 사용 설명서 이상의 책은 못 얻을 것이고, 의식적으로 지적 능력을 다듬지 않으면 『길 위에서*On the Road*』(미국의 작가 잭 케루악의 장편소설 - 옮긴이)를 얻을 것이다. 어떤 사람들은 둘 다 일종의 예술이라고 주장할 것이다. 하지만 트루먼 커포티Truman Capote(『티파니에서 아침을』을 쓴 미국의 소설가 - 옮긴이)는 케루악의 이 작품을 유명한 말 한마디로 무시해 버렸다. "이것은 글쓰기가 아니라 타이핑이다." 이 말도 케루악의 작품만큼이나 극단적이다. 위대한 예술은 둘 모두를 필요로 한다.

그렇다면 잭슨 폴록과 '액션 페인팅'은 어디에 해당할까? 처음 보면 폴록의 추상 표현주의는 혼란스러워 보인다. 그러나 좀 더 자세히 들여다보면 숨은 구조를 찾아낼 수 있다. 폴록의 그림은 '프랙털'이다. 작품의 작은 부분들이 전체 구조를 모방하고 있다. 단순한 기하학적 패턴이 다른 배율로 반복되고 있다. 가지가 여러 갈래로 뻗은 나무 사진을 보고 있다고 상상해 보라. 크기나 맥락을 무시하면 보고 있는 것이 잔가지인지 큰 가지인지, 둥치인지 알 수 없을 것이다. 나뭇가지 하나하나는 더 작은 나뭇가지와 더 큰 나뭇가지를 복제한 것이기 때문이다.

드라마도 이와 마찬가지다. 이야기는 막들로 이루어지고, 막은 장면들로 이루어지며, 장면은 비트라는 더 작은 단위들로 이루어

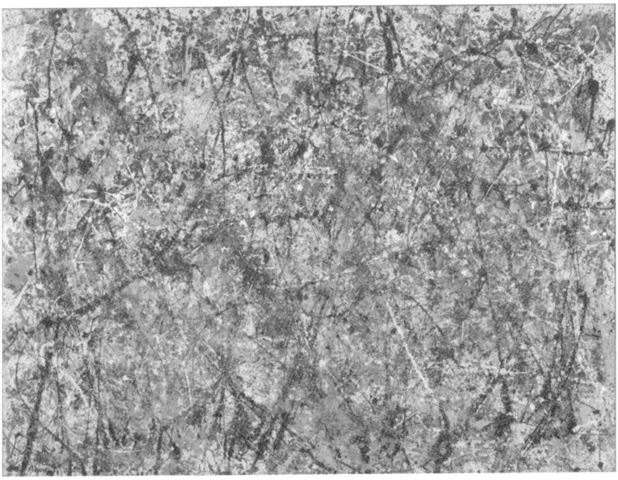

진다. 각 단위들은 세 부분으로 구성된다. 전체 3막의 프랙털 버전이다.[3] 이야기에 설정, 도발적인 사건, 위기, 절정과 대단원이 있듯이 막과 장면에도 그것들이 똑같이 존재한다.

가장 분명한 3부 형식은 '처음, 중간, 끝', '설정, 대결, 해결'이다. '소년이 소녀를 만난다, 소년이 소녀를 잃는다, 소년이 다시 소녀를 얻는다'와 같이 수천 번이나 이야기된 형식으로, 〈네 번의 결혼식과 한 번의 장례식〉, 〈해리가 샐리를 만났을 때When Harry Met Sally〉, 〈노팅 힐〉이 좋은 예이다. 매혹적인 것은 아주 똑같은 구조의 미시적 버전이 세포 수준에서 정확히 똑같은 기능을 한다는 것이다. 이야기는 이 '비밀 부서'에서 만들어진다. 서사 구조가 막 속에서, 그리고 장면 속에서 복제를 무한히 반복하는 것이다.

먼저 막들을 살펴본 다음 막의 순서가 목적에 어떻게 영향을 미치는지 분석해 보자. 이어서 미시적인 장면들을 더 깊이 연구해 보면 이 프랙털 구조가 어떻게 작동하는지, 이 구조가 자유와 혼돈의 겉모습 아래에, 진짜 예술적 분위기 바로 아래에 놓여 있는 매우 질서 있는 세계를 어떻게 드러내는지 훨씬 더 분명하게 이해할 수 있을 것이다.

7장

막

고전적 이야기 구조를 갖춘 〈레이더스〉는 명확히 구분되는 7단계로 구성되어 있다. 1막에서는 인디애나 존스와 나치 고고학자 벨로크의 대결 구도를 선보인다. 2막에서 인디는 계약의 궤(모세의 십계명을 새긴 석판 두 짝을 넣은 궤 - 옮긴이)를 찾는 임무를 부여받는다. 3막에서 그는 예전 여자 친구인 매리언을 만나 함께 성궤를 찾기로 합의한다. 4막에서 그는 성궤를 찾지만 적에게 빼앗긴다. 5막에서 그는 성궤를 되찾지만 6막에서 잃고 만다. 설상가상으로 매리언이 납치당한다. 7막에서 그는 성궤와 그녀, 둘 다를 구한다. 인디는 벨로크를 물리치고 여자 친구의 사랑을 보상으로 받는다(구조에 대한 더 자세한 분석은 부록 1을 보라).

'숲속으로'의 형태가 매우 분명히 눈에 띈다. 중간 지점은 분명하고 원형에 가깝다. 성궤의 발견도(아마도 우연이겠지만) 아주 어두운 동굴 안에서 이루어진다. 정확히 4막 중간에 놓여 있는 중간 지점은 도발적인 사건(벨로크와의 대결 구도 설정)과 위기 지점(인디의 코

앞에서 성궤와 매리언을 훔치는 벨로크)이 서로를 반영함으로써 확인할 수 있는 고전적 대칭 구조를 보여 준다. 분명하고 절제된 행위 단위가 각각의 막을 연결하고 있고, 각각의 막은 대부분 서로 다른 장소에서 성서의 보물을 얻거나 잃고 다시 얻는 것으로 이루어져 있다.

인터넷을 조금만 뒤져 봐도 스필버그Spielberg의 이 대서사시가 5막으로 이루어져 있다는 주장을 쉽게 찾을 수 있다. 각각의 주장은 내용이 전혀 다르다. 나는 각본을 쓴 로렌스 캐스던Lawrence Kasdan이 이 이야기를 원래 7막으로 계획했는지에 대해서는 알지 못한다. 내가 본 어떤 각본에도 그런 표시는 분명 없었다. 그럼 우리는 어떤 것이 막이라는 것을 어떻게 알 수 있을까? 이에 대한 해답은 전적으로 중요한 구조상의 질문에 달려 있다. 도대체 막을 어떻게 정의해야 할까?

막은 전체 이야기 형태를 모방하는 3부 구조 때문에 식별이 가능하다. 우리는 이미 드라마적 욕망이 막들을 연결하며, 막에는 새로운 목표를 추구하는 인물을 만들어 내는 전환점이 있다는 것을 보아 왔다. 프랙털 이론은 각각의 막에는 이야기의 필수적인 구성요소, 즉 주인공, 적대자, 도발적인 사건, 여행, 위기, 절정 그리고(경우에 따라서) 해결이 모두 들어 있음을 알려 준다. 성공하든 실패하든, 단 한 가지 욕망이 야기하는 일련의 행동들은 완수될 것이다. 캐스던의 각본에서 1막을 살펴보자.

1936년, 고고학자 인디애나 존스가 페루의 정글에서 부비트랩이 잔뜩 설치된 사원에 숨겨진 황금 두상을 찾고 있다. 그는 두상을 손에 넣어 사원을 탈출하지만 경쟁 관계의 고고학자 르네 벨로크를 만난다. 벨로크는 인디에게서 두상을 빼앗고는 인디를 죽도록 내버려 둔다. 인디는 탈출해서 기다리던 수상 비행기에 오른다.

이야기를 이루는 아주 중요한 요소들 전부가 여기에 등장한다.

주인공 - 인디애나 존스
적대자 - 벨로크
도발적인 사건 - 사원을 발견한다.
욕망/여행 - 황금 두상 찾기
위기 - 벨로크가 그를 덮친다.
절정 - 벨로크가 황금 두상을 훔친다.
해결 - 인디가 탈출해서 목숨을 건진다.

여기에 '내부가 요새처럼 꾸며진 사원에서 황금 두상을 빼내 온다'라는 중간 지점을 추가할 수도 있다. 다시 한번 '숲속으로'를 보는 듯하다. 전체를 아우르는 이야기 형태를 완전히 모방하고 있는 것은 매우 단순한 세 단위다. 이것이 프랙털이다. 잭슨 폴록의 그림처럼, 실제로 분자와 원자처럼 더 작은 단위가 더 큰 전체를 이루는 구조 안에서 계속 반복된다.

〈킹스 스피치The King's Speech〉의 1막도 놀랍도록 닮아 있다. 여기에도 분명히 구분되는 3단계가 있다. 웸블리 스타디움에서 버티

1부	2부	3부
전환점 1	전환점 2	

는 연설을 망친다. 아내는 그를 치유하려 한다. 차기 왕과 로그 사이에 첫 번째 만남이 이루어진다. 이것은 전체 영화의 축소판이다. 여기에는 도발적인 사건(연설), 위기(갈까 말까 망설이는 버티), 절정(로그와의 싸움) 그리고 아주 분명한 중간 지점이 있다. 엘리자베스가 어두운 지하 방에서 오스트레일리아 출신 치료사를 찾아내는 순간이다.

마지막 막도 마찬가지다. 왕은 로그에게 다시 돌아와 달라고 부탁하기 위해 그의 집을 찾는다. 그들은 웨스트민스터사원에서 리허설을 한다. 그런 다음, 왕은 가슴 졸이는 마지막 연설을 한다. 다시 적절한 자리에 중간 지점이 추가로 놓인다. "나에게도 목소리가 있으니까!"

그러므로 막이란 전체를 구성하는 프랙털 블록이다. 일단 이것이 명백해지면 똑같이 3부 형식으로 이루어진, 수많은 다른 구조적 요소들이 초점을 향해 빨려 들어온다. 이 요소들은 무엇이며, 왜 이렇게 되는 것일까?

질문과 대답

3막 드라마에서 첫 번째와 두 번째 전환점은 대개 도발적인 사건 및 위기 지점과 일치한다. 1막은 이야기의 설정이며, 3막은 이야기의 절정이다. 그러므로 도발적인 사건과 위기 지점은 서로 직접적인 관련이 있다. 그런데 어떻게? 위기 지점은 항상 가장 나쁜 결과[1]를 구현한다. 그 결과는 드라마적 폭발이 처음 일어났을 때 내린 결정이 가져온 결과다.

잘 구조화된 이야기에서 이 결정은 인물을 가차 없이 최악의 공포와 맞닥뜨리게 한다. 공포라는 장애물은 인물에게 자신의 숨은 결함을 인정하라고 강요한다. 만일 인물이 인정하지 않으면 이번에는 사랑하는 사람을 잃을 위기가 닥친다(《카사블랑카》). 인물이 이기적인 사람이라면 이기적으로 굴면 무엇을 잃게 될지 알게 된다(《토이 스토리Toy Story》). 인물이 소심한 사람이라면 소심함이 어떤 대가를 치르게 될지 알게 된다(《노팅 힐》).

이것이 원형이 작동하는 방식이다. 장면과 막, 그리고 이야기의 각 수준에서 구조는 주인공을 가장 어두운 공포 또는 가장 약한 고리와 마주치도록 음모를 꾸민다. 위기 지점에서는 그것과 대적하도록 강요한다. 〈토이 스토리〉 초반에 우디는 이기적이며 늘 버림받을까 봐 두려워하는 인물이다. 이타적인 지도자 흉내를 낼 때도 마찬가지다. 버즈가 등장하고 나서 우디는, 약간은 우발적인 사건이었으나 버즈를 창밖으로 밀어 버린다. 이 일로 우디는(숲속으로) 쫓겨나게 되고 위기 지점에서 다른 친구들의 협력을 요청할지 말지 선택해야만 한다. 만일 그가 변화하여(이타적인 척하는 것이 아니라) 실제로 이타적인 지도자가 되지 않으면 위기가 '그렇게 하도록 시킬 것이며' 그는 친구들을 영원히 잃을 것이다.

때로는 구조에 대해 질문과 대답의 형식으로 생각해 보는 것이 더 쉽다. 질문: 스코틀랜드 왕을 죽이기로 한 맥베스의 결정이 가져올 최악의 결과는 무엇일까? 대답: 왕의 동맹 세력과 보호 세력이 복수를 하기 위해 떼를 지어 그에게 행진해 올 것이다. 좋은 구조는 위기 지점에서 주인공에게 과거의 자신과 새로운 자신 중 하나를 선택하도록 강요한다. 맥베스의 결함은 사실 겸손이었다(이야기에서는 어두운 방향으로 역전된다). 마지막 막에서는 그가 오만함, 즉 "여자에게서 태어난 자는 그를 해할 수 없다."라는 신념을 온전히 받아들임으로써 결함을 극복한다. 겸손한 전쟁 영웅에서 전능한 전제 군주로 맥베스는 자신의 여행을 마치고, 이 이야기는 비극이기 때문에 그는 죽는다.

질문과 대답의 구조는 이야기를 함께 묶어 줄 뿐만 아니라, 모든 막 안에서도 제 모습을 드러낸다. 〈델마와 루이스〉에서는 두 여자가 남자의 동행 없이 길가 술집에 들른다(작은 도발적인 사건). 이에 따르는 최악의 결과는 한 여자는 강간을 당할 뻔하고 다른 한 여자는 강간 미수범을 총으로 쏜다는 것이다(작은 위기). 영화의 마지막 막에서, 누군가의 유조차를 폭파시켜 버린 데 따르는 최악의 결과는 더 이상 도망칠 곳이 없을 때까지 경찰에게 쫓긴다는 것이다. 두 개의 막에서 두 번째 전환점은 주인공이 고전적인 선택을 해야 하는 전형적인 위기 지점으로 작동한다. 그들은 항복해야 할까, 아니면 계속 도망쳐야 할까? 어느 쪽이든 주인공의 마지막 선택은 법으로부터 자유로워지는 것이다.

이러한 3막 구조를 이해했다면 두 가지가 더 명백해진다. 모든 막에는 똑같은 형태가 숨어 있으나 그 목적은 서로 다르다는 것이다. 이 목적은 어떤 이야기에서든 막의 순서에 따라 달라진다. 삼분된 형태가 이야기의 초반에 오면 도발적인 사건이 된다. 중간에 오면 중간 지점의 기초를 이루고, 마지막에 오면 절정을 이룬다. 단순하게 구조화된 세포들이 유기적으로 서로 합쳐져 매력적이고 복잡한 단위를 만든다는 것, 이것이 바로 드라마 형식의 아름다움이다.

8장

도발적인 사건

루카스: 자네의 임무는 해군 순찰선을 타고 넝강을 따라 내려가는 거야. 누멍바에서 커츠 대령의 루트를 찾아 이동하게. 가면서 무엇이든 알아보게. 대령을 찾아낸 다음, 무슨 수단을 써서든 그의 부대에 침투하게. 그리고 대령의 지휘권을 제거하게.

윌러드: 제거하라고요? 대령을?……

민간인: 제거하세요. 극단적인 편견도 함께.

- 존 밀리어스John Milius와 프랜시스 포드 코폴라Francis Ford Coppola, 〈지옥의 묵시록〉

〈지옥의 묵시록〉에서 베트남 전쟁으로 정신이 쇠약해진 윌러드 대위는 본부로 불려가 임무를 부여받는다. 강을 따라 내려가 범죄자 대령을 암살하라는 것이다. 모든 이야기가 하나의 탐색 여행이라면 도발적인 사건이란 이런 것이다. 여행을 떠나라고 권유받는 것. 그들은 주인공에게 이렇게 말한다. "이것이 자네의 목표라네."

이야기가 '옛날 옛적에 어떤 일이 일어났다.'라면, 이야기에 시동을 거는 이 '어떤 일'이 바로 도발적인 사건이다. 그런데 이것이 항상 이렇게 단순할까?

피터 위어Peter Weir 감독의 1985년도 영화 〈위트니스〉에서 한 아미시(현대 문명과 단절한 채 자신들만의 전통을 유지하며 생활하는 기독교의 일파 - 옮긴이) 소년이 기차역 화장실에서 살인을 목격한다. 존 북 형사(해리슨 포드)가 이 사건에 투입되고, 놀랍게도 자기 상사인 맥피가 살인자임을 알게 된다. 맥피는 자신의 살인 행위가 드러났음을 알자 존을 죽이려 한다. 존은 어쩔 수 없이 도시를 떠나 소년과 소년의 엄마와 함께 아미시 마을로 몸을 숨긴다.

시나리오 작법 매뉴얼에서는 도발적인 사건이 단순히 인물의 세계를 산산이 날려 버리는 폭발이라고 설명하는 경향이 있다. 만일 그렇다면, 〈위트니스〉의 어떤 부분이 그 전설적인 '행동에 대한 요청'일까?

우리가 살펴본 바와 같이, 1막은 3부 형식으로 존재하며 더 큰 전체 구조를 모방한다.

1. 설정(작은 도발적인 사건 포함)
2. 대결(위기 지점에서 갈등이 끝남)
3. (절정과) 해결

〈스타워즈〉에서 레아 공주는 구원 요청과 함께 3PO와 R2D2를 보내고 다스 베이더의 포스로부터 도망친다. 그 사이 타투인 행성의 루크 스카이워커는 삶에 절망하고 있다. 아무도 그를 진지하게 받아들이지 않는다. 루크는 구원 요청을 알고도 아무것도 하지 않는다. 그의 양부모가 잔인하게 살해되고 나서야 그는 자기 행성을 떠나 복수를 결심한다.

〈뜨거운 것이 좋아Some Like It Hot〉에서 두 음악가 제리와 조가 일하는 불법 주점에 경찰이 들이닥친다. 돈에 쪼들리는 둘은 다른 일자리를 알아보기 위해 차를 빌리려다 우연히 갱단의 싸움을 목격한다. 목숨이 위험하다는 사실을 깨달은 그들은 여자로 변장해서 여성 밴드에 합류하는 것이 유일한 희망이라고 생각하고 마이애미로 도망치기로 결심한다.

이 두 영화 모두에서 분명한 세 단계를 발견할 수 있다. 1막에서 주인공은 모두 다음과 같은 일을 겪는다.

- 자기 외부의 세계를 의식하게 된다.
- 이에 대해 어떻게 반응할지 결정하고 위기를 불러올 일련의 행동을 취한다.
- 어쩔 수 없이 전혀 새로운 우주로 자신을 빠뜨리는 결정을 한다.

프랙털 이야기 구조가 곧바로 눈에 띈다. 〈위트니스〉에서 아주 분명하게 작동하는 패턴이다. 1막의 첫 번째 단계는 북 형사가 살인을 목격한 아미시 소년 사건을 맡을 때 끝난다. 두 번째 단계는 맥피가 살인자임이 드러날 때 끝난다. 다음 단계는 고전적인 용어로 말하자면(1막의 한 특정 순간을 도발적인 사건이라고 못을 박고 싶다면), 간단히 말해 1막의 위기 지점(두 번째 전환점)이다.[1] 훌륭한 위기 지점이 모두 그렇듯이 이 지점은 기대에 대한 반전이고, 손에 땀을 쥐게 하는 순간이며, 앞에 있었던 일에 대한 반정립이다. 이 지점은 북에게 자신의 제한된 세계에서 벗어나 새로운 경험의 숲속으로 큰 발걸음을 떼어야 할지 말아야 할지 선택을 요구하는 순간이다. 프랙털 구조가 다시 한번 그 신비를 드러낸다.

이것은 4장에서 탐구한 '변화의 로드맵'을 얼마나 근접하게 따르는지 관찰해 볼 가치가 있게 만든다. 변화의 패러다임에서 1막이 '전혀 모름'에서 '점점 많이 알게 됨'을 거쳐 '앎'(완전히 새로운 세계)으로 이동한다면(주인공을 낯선 세계로 밀어 넣는) 도발적인 사건의 구조적 기능은 더욱 명백해진다.

〈델마와 루이스〉에서도 다르지 않다. 영화가 시작되면 두 여자가 캠핑 여행을 떠난다. 길가 술집에 들른 것은 그들 자신의 세계와는 다른 세계로 들어가는 아주 분명한 걸음이다. 둘 다 자제력을 잃기 시작하면서 그들은 과거의 자신을 더 많이 버리기 시작한다. 그러나 이것은 드라마다. 모든 행동에는 결과가 따른다. 델마는 한 시골뜨기의 주의를 끌었다가 잔인하게 폭행당한다. 위기가 야기된다. 그를 죽이느냐 경고만 하고 그냥 쫓아 버리느냐, 선택이 주어진다. 루이스는(도발되어) 그의 머리를 쏘고 둘은 현장에서 도망친다. 둘은 완전히 낯선 세계로(역시 숲속으로) 던져진다.

도발적인 사건이 항상 금세 분명해지는 것은 아니다. 인물의 여행이 무엇이 될지 관객이 항상 처음부터 알고 있는 것은 아니기 때문이다. 로버트 레드퍼드Robert Redford의 영화 〈보통 사람들〉은 형의 죽음 때문에 트라우마를 갖게 된 십 대 콘래드 재럿이 정신과 전문의의 도움을 받는 이야기를 들려준다. 숲속으로 떠나는 여행은(그래서 여행에 시동을 거는 순간은) 그 여행이 치유를 향한 여행이라는 것을 깨달을 때가 되어서야 분명해진다. 그 여행의 기폭제는 무엇일까? 1막의 첫 번째 단계는 콘래드가 보는 앞에서 그의 아침 식사를 버려버리는 어머니 때문에 그가 새로운 트라우마 속으로 던져질 때 끝난다. 이것은 이어서 자기 성찰의 여행을 촉발하고, 이 여행은 형의 죽음을 회상하는 장면에서 끝난다. 콘래드에게는 이것이 선택의 순간이다. 계속 고통을 받느냐 아니면 도움을 청하느냐 하는 선택.[2] 만일 도발적인 사건이 '무엇'이라면, 명백히 회상 장면이 콘래드가 도움을 청하게 된 동기이다. '어떻게'라면 이렇게 해서 결과적으로 콘래드가 평화를 찾을 수 있게 되었다는 것이다. 사실 이 세 부분은 서로 연관되어 있다(그럴 수밖에 없다). 그러나 모든 구조의 뿌리인 질문과 대답은 원래부터 그 막의 위기와 절정에 숨어 있다.

이 공식에서 도발적인 사건은 우리에게 두 가지 요소를 제공한다. 1막의 위기 지점은 한 가지 의문을 제기한다. 주인공은 과거의 자신과 결별할까? 우리가 이미 보았듯이 이야기가 실제로 시작되려면 주인공은 이제 어떻게 반응해야 할지 결정해야 한다. '폭발'과 그것이 만들어 내는 욕망은 흔히 1막에서 발생하며 위기와 절정으로 구현된다. 이 지점들을 '무엇'과 '어떻게'로 보는 것은 유용하다. 위기는 '무엇'이 된다. '무엇이 문제인가?' 절정은 '어떻게'가 된다. '이것이 내가 그것을 어떻게 다루는지를 보여 준다.'

흔히 결정은 간단하고 빠르게 내려진다. 〈지옥의 묵시록〉에서는 윌러드가 행동에 대한 요청에(내미는 담배를 받음으로써) 응하는 것이 매우 명백하게 드러난다. 세 단계 중 이 결정은 세 번째 단계, 곧 1막의 절정이다. 그러나 이것이 이야기를 하는 유일한 방식은 아니다. 막 구조의 아름다움은, 우리가 보았듯이 마치 음악처럼 한없이 각색될 수 있다는 점이다. 가장 흔한 각색은(나라면 가장 오해받은 각색이라고 주장하겠지만) 조지프 캠벨이 '요청에 대한 거절'이라고 부른 것이다. 다시 한번 5막 형식이라는 프리즘을 통해 보면 그 참된 본성이 뚜렷해질 것이다.

유예된 판단

〈레이더스〉에서 벨로크에 대한 존스의 반감은 1막에서 불이 붙지만 2막 끝에서 임무를 부여받기 전까지는 방향이 없었다. 우리는 1막 끝에서 그가 벨로크를 엄청 싫어한다는 것을 알게 된다. 그러나 이 지점에서는 그러한 사실이 이야기를 이끌어내지는 않는다. 그들은 존스가 태양신 라의 지팡이 장식을 탐색하기 시작할 때가 되어서야 서로 경쟁자가 된다. 그때가 되어서야 그들이 둘 다 영화의 주요 행동에 참여하기 때문이다. 사실상 존스의 행동은 유예된 반응이다. 반감은 1막에서 일어났지만 2막 끝까지는 방향이 주어지지 않는다. 〈에린 브로코비치〉에도 비슷한 패턴이 있다. 1막은 필사적으로 일자리를 찾아다니는 에린을 중심으로 돌아간다. 그러나 영화의 참된 이야기, 곧 중금속 유출에 관한 조사에는 2막의 끝까지 초점이 맞추어지지 않는다. 이것은 매우 인기 있는 기법이다. 실제로 BBC 드라마 〈라이프 온 마스〉에서는 이것이 포맷의 일부이다. 1막에서 범죄가 발생한다. 샘과 진 모두 2막의 끝에 있는 두 번째 전환점에서 동기 부여가 되기 전까지는 수사에 참여하지 않는다.

왜 이렇게 지연되는 걸까? '변화의 로드맵'이 근본적인 패턴을 자세히 보여 준다. 2막에서 주인공의 태도는 '변화에 대한 거부'에서 '수용'으로 바뀐다.[3] 〈델마와 루이스〉에서 델마는 처음에는 친구와 함께 멕시코에 가기를 거부한다. 영화가 시작된 지 40분이 지났을 때 자신을 우습게 아는 여성 혐오적인 남편의 전화를 받고 나서야 그녀는 여행을 떠난다.

3차원적 드라마에서는 주인공이 1막의 끝에서 여행을 시작하는 것이 보통이다. 그러나 2막의 전환점까지는 근본적인 변화 과정이 시작되지 않는다. 숨어 있는 '판단에 대한 거절'이라고 불러도 좋을 것이다. 〈위트니스〉에서 존 북은 1막 끝에서 아미시 마을로 도망치지만, 이기심에서 이타심으로 가는 근본적인 여행은 20분 뒤, 그가 자신의 총을 레이첼에게 건넨 다음에야 시작된다. 이것은 특히 셰익스피어에서 흔하게 나오는 장치이다. 맥베스는 왕을 죽이겠다는 생각을 1막 끝에서 하지만, 2막 끝까지 망설인다. 햄릿의 아버지 유령은 1막 끝에서 복수해 달라고 요구하지만 아들은 2막 끝에서야 클라우디우스를 함정에 빠뜨릴 계획을 짠다('연극이 바로 그거야!'). 〈리어 왕〉에서는 리어가 거너릴을 떠나면서 1막이 끝나지만 그가 두 딸로부터 거부당했다는 것을 알고 황무지의 몰아치는 폭풍우 속으로 진정한 여행을 떠나는 것은 2막 끝에서이다.[4]

도발적인 사건은 시나리오 작법에서 떠드는 단순한 '폭발'이 아니다. 그것은 구조의 발로이며, 우리가 세계에 질서를 부여하는 방식의 산물이다. 모든 막이 그렇듯이 그것은 '정립, 반정립, 종합'으로 이루어지며, 그 안에 완전한 구조를 지닌 3부 형식이다. 이야기 구조가 이런 것인지 아직 확신이 안 선다면 옛이야기를 통해 확인해 보는 방법이 유용하다. 옛이야기는 우리가 다루는 이야기의 DNA를 거의 전부 가지고 있다. 『잭과 콩나무』를 예로 들어 보자.

1. 아버지의 죽음과 함께 빈털터리가 된 잭의 어머니는 암소 데이지를 팔아 오라고 잭을 시장으로 보낸다.
2. 시장으로 가는 길에 잭은 이상한 노인을 만난다. 잭은 노인이 건네주는 마법의 콩과 암소를 바꾼다. 잭의 어머니는 화가 잔뜩 나서 콩을 창밖으로 던져 버린다.
3. 밤사이에 거대한 콩 줄기가 하늘 끝까지 자라난다.

어느 부분이 도발적인 사건일까? 한 가지 측면만 고려해야 한다면, 도발적인 사건이란 집을 떠나 숲속으로 모험을 떠나라고 권유하는 것이다. 새로운 세계라는 종합의 단계를 위해 첫 번째 단계인

정립을 부정하는 것이다. 이곳이 숲속(또는 콩 줄기 위)으로 떠나는 여행이 시작되는 곳이다. 사건이 항상 '폭발'일 필요는 없다. 〈폴티 타워Fawlty Towers〉(1975년~1979년에 영국 BBC에서 방영된 시트콤 시리즈. 바질 폴티가 운영하는 '폴티 타워'라는 호텔을 중심으로 이야기가 펼쳐진다 - 옮긴이)에서는 그 어떤 폭발도 일어나지 않는다. 단지 문제들만 더 복잡해질 뿐이다. 할리우드는 극단으로 가는 경향이 있다. 바질을 싫어하는 손님의 등장으로 이야기가 시작되는 것도 전적으로 가능하다. 이야기가 전부 커다란 폭발로 시작할 필요는 없다. 햇빛이 들어올 만큼 살짝 금이 가는 것만으로도 충분하다.[5] 이런 생각의 흐름을 따른다면 도발적인 사건이란 단지 어떤 이야기에서든 주인공이 하는 첫 번째 중요한 선택이라고 주장하는 것도 가능하다.

도발적인 사건을 연구해 보면 프랙털 이야기 구조가 도처에 있다는 것을 알 수 있다. 모든 막에는 전환점이 두 번 있으며, 두 번째 전환점이 주인공을 낯선 세계로 이끄는 폭발 역할을 한다. 그리고 1막의 두 번째 전환점을 도발적인 사건이라고 한다. 끝에서 두 번째 막이라면 위기 지점이라고 한다. 구조적으로 보아 두 전환점은 같은 것이다. 주인공에게 선택이 요구되는 지점이다. 이 둘의 이름과 기능은 이야기 안에서의 위치에 따라 달라질 뿐이다. 이야기의 전반부에서는 숲속으로 이끌어 가고, 후반부에서는 되돌아가라고 알려 준다.

모든 선택과 마찬가지로 모든 위기 지점은 다른 세계로 모험을 떠나라는 권유다. 도발적인 사건은 단지 첫 번째 권유일 뿐이다. 이 권유는 이야기 전체에 걸쳐 이루어질 뿐만 아니라 막 안에서도 이루어진다. 프랙털 패턴은 드라마의 기본적인 구성 요소 안에서 (장면의 미세 구조 안에서) 유지되며 자기 복제를 계속한다.

9장

장면

"드라마란 삶에서 지루한 부분을 잘라내 버린 것이다."

- 앨프리드 히치콕Alfred Hitchcock

잭 크랩은 121살이다. 영화는 139분 동안 출생에서부터 죽음에 이르기까지 그의 이야기를 들려준다. 상영 시간이 평균보다 더 길기는 하지만 〈작은 거인Little Big Man〉의 작가들이 그의 인생을 이루는 한 해 한 해를 모두 이야기하려면 1년당 60초 조금 넘게 시간을 쓸 수 있을 뿐이다.[1]

물론 그들은 그렇게 하지 않았다. 작가들이 하는 일은 그런 것이 아니기 때문이다. (영화의 엔딩크레디트에는 출연자 더스틴 호프먼과 페이 더너웨이를 포함해 시나리오 작가 5명의 이름이 올라 있다. 이 때문에 영화가 더 길어졌을지도 모른다.) 작가의 임무는 가장 중요하거나 의미 있는 순간들에 초점을 맞추기 위해서 그 순간들을 가려냄으로써 자기가 하려는 이야기를 편안한 상영 시간, 보통은 한 시간에서 90분

정도로 정제해 내는 것이다. 작가는 이런 순간들을 찾으려 노력한다. 작가는 정수만을 뽑아 그에 집중한다. 깎아 내고 연마한다. 일부에서 전체를 포착하려고 하고, 하고자 하는 이야기와 장르의 유형에 걸맞은 방식으로(보통은 원인과 결과의 연결 고리로 엮어) 그것을 표현한다.

모든 드라마의 구조는 변화라는 토대 위에 세워진다. 우리가 보았듯이 완결된 변화는 흔히 '드라마의 아치'라고 불린다. 이야기가 막들로 이루어지는 것과 마찬가지로 막은 장면들로 이루어진다. 이들 단위 하나하나는 서로 다른 종류의 변화에 해당한다. 이야기 전체는 완결된 변화를 그린다. 막은 큰 변화를 보여주고, 장면은 작고 개인적인 변화의 순간들을 보여 준다. 작가가 노력을 집중하는 것은 후자(생물의 세포 하나하나)다. 각각의 장면이 변화의 단위이기 때문이다. 이 단위들을 제대로 골라서 쌓아나가면 인생의 작은 단편을 묘사함으로써 인생 전체의 본질을 포착하는, 그럴듯하고 신나고 감동적인 작품을 창조할 수 있다.

장면들은 어떻게 작동할까? 장면의 심층을 파고 들면 우리는 미세한 수준에서 변화가 어떻게 작동하는지에 대해, 나아가 더 폭넓은 드라마 형식에 대해 무엇을 알아낼 수 있을까?

완결된 이야기나 막과 같이 장면 또한 내적 구조를 지니고 있다. 장면은 갈등을 위한 설정에서 위기로, 그다음에는 다시 절정과 해결로 움직인다. 막과 이야기처럼 장면도 자신만의 3부 구조가 있고, 정확히 원형적 이야기 구조를 모방한다.

모든 이야기에서 주인공이 목표를 추구하면서 적대자와 싸움을 벌이듯이, 장면 또한 이 구조를 복제한다. 〈이스트엔더스〉에서 로렌 브래닝이 술을 한잔 하고 싶어 한다거나 〈웨스트 윙〉에서 바틀렛 대통령이 침대에서 일어나고 싶어 한다거나 하는 것으로는 충분하지 않다. 드라마는 장면 수준에서도 갈등을 필요로 한다. 만일 로렌이 술을 한잔 마시고 싶다고 하면 캣이 이를 말려야 한다. 바틀렛 대통령이 침대에서 일어나고 싶어 하면 그의 아내가 이를 금지해야 한다. 드라마가 되려면 주인공은, 힘은 동등하지만 방향은 반대인 욕망과 대결해야 한다. 주인공과 적대자는 모든 장면에서 직접 갈등해야 한다. 이번에도 역시 대립자가 있어야 하는 것이다.

주인공과 적대자는 각자 자신의 목표가 있다. 그리고 완결된 이야기에서처럼 오직 한쪽만 승리할 수 있다. 만일 로렌이나 바틀렛 부인이 승리하고 싶다면 그들에게는 전환점이 있어야 한다. 전환점을 얼마나 잘 다루느냐 하는 것이 설명을 아주 잘하는 능력처럼 작가의 능력이 드러나는 감출 수 없는 표시다. 전환점은 매우 중요한 구조적 장치이다. 장면 안에서 그것이 어떻게 작동하는지를 알면 모든 드라마에서, 사실 모든 이야기에서 그것이 어떻게 작동하는지를 이해할 수 있다.

전환점

모든 장면에는 전환점이 있다. 이유는 한 가지다. 장면이 존재할 수 있는 것은 전환점이 있기 때문이다. 작가가 자신의 이야기를 하기 위해서 전환점을 선택하는 것도 바로 이 때문이다. 전환점은 변화의 단위이고, 인물의 삶에서 중요한 순간이다.

다음 장면은 〈이스트엔더스〉에서 토니 조던Tony Jordan(영국의 드라마 작가이자 제작자 - 옮긴이)이 쓴 장면이다. 자매인 캣과 조이 사이에 다툼이 벌어진다. 조이는 에스파냐로 가고 싶어 한다. 캣은 그녀를 보내고 싶지 않다. 조이가 식구들에게 자신은 해리 삼촌과 이민을 갈 생각이라고 말한 뒤 한 인도 식당에서 두 사람의 말다툼이 벌어진다. 캣은 심하게 화를 내며 조이에게 가지 말라고 말한다. 술기운이 오른 두 사람은 앨버트 광장으로 뛰쳐나온다.

장면 33/60. 브리지 스트리트. 실외.

밤 23:30

(조이가 식당 밖으로 뛰쳐나오자 캣이 뒤따라 나온다.)

캣: 조이, 이리 와!

조이: 싫어! 맨날 잔소리만 하고, 언니한테 이제 질렸어!

캣: 내가 언제 잔소리를 했다고 그래?

조이: 다들 보는 데서 나를 곤란하게 만들었잖아.

(캣이 브리지 스트리트에서 조이를 따라잡는다. 퀸 빅(〈이스트엔더스〉에 나오는 술집 이름 - 옮긴이)에서 소란스러운 소리가 흘러나온다.)

캣: 내 말 좀 들어 봐, 응?

조이: 나는 갈 거야. 언니는 나를 못 막아.

캣: 내기할래? 함께 아빠에게 가서 물어보자, 누구 말이 맞다고 하나.

조이: 언니는 왜 나를 그냥 내버려 두지 않아?

캣: 에스파냐에 가지 말라니까!

조이: 갈 거야.

(조이가 가려고 하자 캣이 조이의 팔을 붙잡는다. 조이가 몸을 돌려 캣을 떼어 놓는다.)

조이: 저리 가!

캣: 안 돼!

조이: 내 인생을 언니 마음대로 하지 마!

캣: 너는 에스파냐에 못 가. 더 이상 아무 말도 하지 마!

조이: 왜 못 가?

캣: 내가 가지 말라고 했으니까. 알겠니?

조이: 그럼 언니가 하는 말이면 다 들어야 해? 그래?

캣: 아니…… 하지만…….

조이: (캣의 말을 자르며) 나에게 이래라저래라 하지 마. 언니는 엄마가 아니잖아!

(조이가 돌아선다. 이번에는 성큼성큼 저쪽으로 걸어가 버린다.)

캣: (조이의 등에 대고 소리 지른다.) 내가 네 엄마야!

(조이가 걸음을 멈추고 캣을 돌아본다.)

페이드아웃.

어떤 시나리오에서든 장면은 주요 구성 블록이지만, 보통 '비트'라고 알려진 더 작은 단위로 쪼개질 수도 있다. 토니 조던의 장면(사실 모든 장면)은 일련의 행동과 반응으로 이루어져 있고 각각은 개별적인 비트를 이루고 있다.

캣: 내 말 좀 들어 봐, 응? [행동]
조이: 나는 갈 거야. 언니는 나를 못 막아. [반응]
캣: 내기할래? 함께 아빠에게 가서 물어보자, 누구 말이 맞다고 하나. [행동]
조이: 언니는 왜 나를 그냥 내버려 두지 않아? [반응]

두 인물은 동등하지만 정반대의 욕망을 추구하고 있다. 한 인물이 어떤 일을 하고(또는 말하고) 다른 인물은 그에 대해 반응한다. 이것은 결정적인 순간까지 한 장면 내내 계속된다.

캣: 너는 에스파냐에 못 가. 더 이상 아무 말도 하지 마! [행동]
조이: 왜 못 가? [반응]
캣: 내가 가지 말라고 했으니까. 알겠니? [행동]
조이: 그럼 언니가 하는 말이면 다 들어야 해? 그래? [반응]

캣: 아니…… 하지만……. [행동]

조이: (캣의 말을 자르며) 나에게 이래라저래라 하지 마. 언니는 엄마가 아니잖아! [반응]

(조이가 돌아선다. 이번에는 성큼성큼 저쪽으로 걸어가 버린다.)

캣: (조이의 등에 대고 소리 지른다.) 내가 네 엄마야!
[예상치 못한 반응]

모든 장면은 예상치 못한 반응에 갑자기 부딪히는 순간까지 행동/반응, 행동/반응의 토대 위에서 진행된다. 이 순간은 한 인물은 목표를 획득하고 다른 인물은 목표를 잃는 순간이다. 이것이 바로 전환점이다.

장면이 드라마 구조의 축소판이라면 장면의 전환점은 막과 이야기에서 위기의 순간에 해당한다. 모든 위기 지점이 그렇듯이 전환점은 주인공에게 선택을 요구한다. 이 선택에 의해 질문에 대한 대답이 드러난다. "그는 어떻게 할까?" 이것이 다음 장면을 위한 설정을 이룬다. 다시 3막 구조가 세포 수준에서 재생산된다.

왜 이것이 변화를 강요할까? 인물이 변화하지 않음으로써 생기는 결과에 직면하게 만드는 것이 전환점이기 때문이다. 〈어 퓨 굿 맨〉의 거시 구조에서 대니얼 캐피는 성장하지 않으면 제섭 대령을 끌어내릴 수 없다. 마찬가지로 여기에서도 조이에게 진실을 이야기하지 않으면 캣은 조이를 잃을 위험에 처한다. 마지막 막에서 캐피가 처한 위기는 소년으로 머물면서 의뢰인의 판결을 놓고 사법 거래를 하거나, 아니면 성인 남성으로서 제섭과 함께 법정으로 가서 대결을 벌이거나 하는 것이다. 이 장면에서 캣이 처한 위기는 정직해지거나 아니면 계속해서 자기 딸의 분노를 야기하는 것이다. 거시 수준이든 미시 수준이든, 캐피든 캣이든, 과거의 자기를 죽일 것인가 아니면 새롭게 태어날 것인가 하는 선택이 주어진다. 올바른 선택을 함으로써 인물들이 걸어야 하는 길은 험한 것임에 틀림없다. 둘 다 모든 것을 잃을지 모르는 엄청난 위험 앞에 서 있는 것이다. 캐피는 기소할 가능성을 잃을지도 모르고, 캣은 그녀가 조이의 엄마일 뿐만 아니라(시청자조차도 이것을 모를 수 있지만) 성인군자 같은 해리 삼촌이 소아성애자이고, 오래 전 캣을 강간한 조이의 아빠라는 어두운 비밀을 털어놓아야 할지도 모른다. 더 어려운 길을 선택함으로써 그녀는 가장 크고 가장 끔찍한 비밀을 드러내도록 강요받을 수도 있다.

늦게 들어가고 일찍 나와라

윌리엄 골드먼이 이런 말을 했다. "나는 가능한 한 마지막 순간까지 장면으로 들어가지 않는다.…… 그러다 이제 됐다고 생각하는 순간 바로 거기서 빠져나온다."[2] 대부분의 시나리오 작가는 "늦게 들어가고 일찍 나와라."라는 격언을 아주 잘 알고 있다. 이 말은 글쓰기의 한 장치로서 서사에 굉장한 탄력을 주기도 하지만 흥미로운 부수 효과도 있다. 장면 구조를 발견하기 더 어렵게 만든다는 것이다. 사실상 어떤 요소들은 생략되어 버리기 때문이다.

구조적으로 올바르다면 모든 장면에는 세 가지가 흔히 생략될 수 있다. 앞 장면에 이미 암시되었다면 설정이 빠질 수도 있고, 이어서 나타나는 행동들에서 드러날 수도 있기 때문에 절정과 해결도 생략될 수 있다. 사실 각 장면을 대결하는 시간만으로 구성할 수도 있다. 잘 구성하면 드라마는 마치 프랑스어에서 불필요한 철자는 묵음이 되듯이, 결코 움직임이 멈추지 않는 상황 속에서 대결/위기를 둘러싸고 이루어진다. 이것은 영국의 TV 시리즈 〈더 스트리트The street〉의 기획자 지미 맥거번이 끊임없이 사용하고 있고, 애런 소킨의 〈웨스트 윙〉에서는 눈부신 효과를 발휘하고 있다. 그 중에서도 특히 좋은 예는 '두 총잡이의 그림자 속에서In the Shadow of Two Gunmen'(〈웨스트 윙〉 시즌 2의 에피소드 - 옮긴이) 2부 1막에서 볼 수 있다. 첫 번째 장면은 대통령이 총에 맞았다는 사실이 드러나면서 끝난다. 이때부터 점점 더 극적이 되어 간다.

어떤 사람들은 이것을 테크닉이라고 부르고, 어떤 사람들은 '톱스핀Top-spin'이라고 부른다. 이것이 이야기에 지극히 강력한 추진력을 주기 때문이다. 모든 장면은 질문을 하나 던지면서 끝난다. 부분적으로는 "어떻게 하다 그렇게 됐지?"이지만 더 중요한 질문은 "어떻게 해야 그곳에서 빠져나올 수 있지?"이다. 작가는 위기 지점을 잘라내 버림으로써 질문에 답이 뒤따르고, 그 답에는 다시 질문이 뒤따르는 상황을 창조한다.

이것이 왜 작동하는 것일까?

포스터가 말했다. “이야기가 가질 수 있는 단 한가지 장점은 다음에 무슨 일이 일어날지 독자를 궁금하게 만드는 것이다. 반대로 가질 수 있는 단 한 가지 단점은 다음에 무슨 일이 일어날지 궁금하지 않게 만드는 것이다.”[3] 위기 지점을 잘라내 버림으로써 각 장면의 마무리는 설명을 필요로 한다. 그렇게 함으로써 작가는 호기심을 불러일으키고, 몰입도를 높이며, 만족감을 늦추어 사람들을 계속해서 지켜보게 만든다. 스릴러 작가 리 차일드Lee Child(『잭 리처*Jack Reacher*』 시리즈를 쓴 영국의 소설가 - 옮긴이)는 이야기를 몰아가는 기술에 대해 간단히 언급했다. “책의 초반에 질문 하나를 던지거나 암시해라. 그에 대한 답은 철저히 의식적으로 숨겨라. 조잡하고 천박한 것처럼 느껴지겠지만 이것은 언제나 잘 먹힌다.”[4] 다시 말하지만 이것이 바로 탐정 이야기와 의학 스릴러의 골자다.

이전에 우리는 도발적인 사건을 위기 지점에서 답이 제공되는 질문이라고 정의한 적이 있다. 실은 모든 이야기가 질문과 대답의 반복에 의지한다. 차일드는 절대로 천박하지 않다. 그는 단지 서사가 무엇인지 아주 잘 이해하고 있을 뿐이다. ‘늦게 들어가고 일찍 나오는’ 기술은 해당 장면에서 ‘최악의 지점’을 잘라 버리라고 모든 장면에 강요함으로써 이 과정에 속도를 더해 줄 뿐이다.

〈라이프 온 마스〉의 공동 기획자이자 영국 텔레비전의 가장 성공적인 작가 가운데 한 사람인 애슐리 파로아Ashley Pharoah는 드라마 쓰는 기술을 〈이스트엔더스〉에서 배웠다. 그는 기술을 어떻게 익혔는지 이렇게 설명하고 있다. “내가 모든 장면의 마무리에 들리는 드럼 소리를 상상하기 전까지, 나는 〈이스트엔더스〉를 쓰는 방법을 몰랐다."[5] 의식적으로 표현하지는 않았지만 파로아는 무심코 주된 구조적 진실을 이야기한 것이다. 그는 모든 장면에서 땀을 쥐게 하는 순간들을 표시하는 상징적인 드럼 소리가 본질적으로 '예상치 못한 반응', 전환점, 또는 각각의 장면, 그리고 모든 장면에 내재하는 위기 지점과 같다는 것을 발견했다. 손에 땀을 쥐게 하는 순간은 위기 지점이고, 위기 지점은 손에 땀을 쥐게 하는 순간이다.

캣이 자기가 엄마라고 말했을 때 조이의 '예상치 못한 반응'은 예상에 대한 고전적 반전이다. 인물의 삶에서 여행을 시작하게 만드는 폭발이다. 이것은 〈닥터 후Doctor Who〉나 텔레비전의 〈배트맨〉 시리즈, 토요일 오전에 틀어 주던 영화나 만화를 보고 자란 세대들에게는 매우 친숙한 기술이다. 모든 장면은 본질적으로 작은 도발적인 사건들로 이루어진다. 이 사건들은 서로 연결되어 이야기를 형성한다. 모든 장면의 위기 지점은 인물의 삶을 뒤집어 놓는 작은 폭발이며, 인물의 마음속에 그것을 해결하고자 하는 새로운 계획이나 희망을 만들어 내는 폭발이다.

도발적인 사건은 드라마의 초반을 이루는 막에만 있는 것은 아니다. 프랙털 형식에서 그것은 모든 막의 끝에서만 일어나는 것이 아니라 모든 장면 안에서 일어난다. 예상을 뒤집는 반전은 모든 원형적 드라마에서 필수적인 장치이다. 우리는 어떤 것을 기대하면서 길을 따라 내려가다가 코너를 돌자마자 정반대의 어떤 것과 부딪힌다. 그것은 살아 움직이는 정립과 반정립이다.

10장

모든 구성 요소의 결합

이야기란, 도대체 인기라고는 없는 사람이 어떻게 특별한 세계로 초대받는지 그리고 초대받은 뒤 그 행성에 어떻게 멋진 동호회 하나를 만드는지를 들려주는 것이다. 그 과정에서 그는 유일한 친구를 잃고, 엄청난 보상을 받고도 여전히 여자를 얻지 못한다. 〈소셜 네트워크The Social Network〉는 애런 소킨과 데이비드 핀처David Fincher가 마크 저커버그가 여자 친구에게 버림받은 데 대한 반응으로 친구 에두아르도의 도움을 받아 어떻게 페이스북을 만들어냈는지를 보여주는 픽션이다. 이것은 '숲속으로'의 구조를 지닌 현대의 비극이다. 마크를 미국 상류 사회의 세계로 초대한 윙클보스 쌍둥이 형제는 마크에게는 없는 모든 자질을 하나하나 표현하고 있다. 그러나 구조의 가장 충격적인 특징 가운데 하나는 1막과 마지막 막 사이에 존재하는 매우 분명하고 직접적인 관계다.

1막

1. 마크가 에리카에게 차인다.
2. 페이스매시를 개발한다. 에두아르도에게 도움을 청한다.
3. 윙클보스 쌍둥이 형제가 마크에게 자기들과 같이하자고 초대한다.

5막

1. 윙클보스 쌍둥이 형제가 마크를 고소한다.
2. 페이스북을 개발한다. 에두아르도를 해고한다.
3. 에리카와 '친구'가 되려고 시도한다.

이들은 서로 거울 이미지다.

모든 막은 똑같은 기본적 요소들로 구성된 개별적 프랙털 단위다. 이 프랙털 단위들을 나란히 늘어놓으면 흥미로운 일이 일어난다. 마치 살아있는 유기체처럼 각각은 더 큰 전체 구조를 지지하는 독특한 성격을 띤다. 이런 현상은 막들이 서로 결합하면서 나타나며 전체적으로 대칭 형태를 띠고 더 큰 구조를 지원하기 위한 자신만의 특정한 기능을 발전시킨다. 완벽한 상태에 도달하는 작품은 거의 없지만, 한 작품을 쓰고 다시 고쳐 쓰기를 반복하는 동안 점점 더 명확하게 고전적 형태가 재생산되는 경향이 있다. 각각의 막이 자신만의 핵심적인 역할을 맡게 되는 것이다. 그런데 각각의 막에서 구현되는 독특한 요소는 무엇일까?

1막

모든 1막에서 3부 구조는 보통 분명하고 정해진 목적이 있다. 작은 위기 지점은 다음 막과 전체 이야기를 위한 기폭제 구실을 한다. 우리가 보았듯이 작은 위기 지점은 전체 이야기의 위기 지점과 직접적이고 분명한 관계를 맺고 있다. 〈대부〉에서 마이클 콜레오네는 아무 생각 없이 여동생 결혼식에 참석한다. 그는 아버지가 총에 맞기 전까지는 가족 사업에 발을 들일 의도가 없었다. 이 사건은 '마이클이 어떻게 반응할까?'라는 질문을 제기함으로써 그를 2막으로 몰아갈 뿐만 아니라, 전체 이야기의 골격을 형성한다. 마이클은 누가 자기 아버지를 배신했는지 알아내야 한다. 1막의 끝에서 인물은 숲의 가장자리, 여행을 막 시작하는 자리에 서게 된다.

2막

2막이 시작되면 인물은 처음에 갖고 있던 결함을 바탕으로 자신의 문제에 대한 단기적인 해결책을 찾는다. 마이클은 새로운 세계에 대해 이미 알고 있을지도 모르지만 아버지를 보호하기 위한 욕구만을 지니고 그 세계로 들어간다. 아버지를 암살하기 위한 두 번째 시도가 있었음을 알게 된 것이 두 번째 '도발적인 사건'이고 이것이 그를 진정으로 변화시킨다. 구조적으로는 주인공이 이제

더는 똑같은 상태로 머물 수 없다는 것을 깨닫게 되는 지점이다. 델마는 어린 소녀처럼 행동할 수 없게 된다. 대니얼 캐피는 어린 소년처럼 행동할 수 없게 된다. 라이트닝 매퀸(영화 〈카〉 시리즈의 주인공 – 옮긴이)은 더는 버릇없는 아이처럼 행동할 수 없게 된다. 2막에는 행동에 대한 고유한 요청이 있고 우리의 영웅이 과거의 자신과 새로운 자신 사이에서 선택을 강요당하는 위기가 있다. 〈대부〉에서 마이클은 아버지의 암살범일지도 모르는 녀석들을 속인 다음 겁이 나는 것이 아니라 기분이 좋아졌음을 깨닫는다. 그는 숲속으로 들어간다.

3막과 중간 지점

이야기의 중간 지점은, 기대에 어긋남 없이 3막의 중간 지점이기도 하다. 막 하나는 다시 이야기 전체와 똑같은 형태를 띤다. 양쪽 모두에서 우리는 같은 패턴을 볼 수 있다. 인물이 전반에는 두려워하던 것을 이제는 열렬히 받아들인다. 우리가 보았듯이 중간 지점은 이야기의 '진실'이며,[1] 주인공이 받아들여야 할 진실이다.

"그것은 영웅의 영혼에서 분출되어 나오는 행위이거나 영혼 속으로 밀려 들어가는 불길한 인상들이다. 숭고한 투쟁의 첫 번째 위대한 결과이거나 치명적인 내적 갈등의 시작이다."[2] 구스타프 프라이타크가 『드라마의 기법』에서 중간 지점(또는 그의 표현으로는 '절정')을 묘사한 이 말은 현대적인 기준에서 보면 조금 과장으로 들릴지 모르지만 틀린 말은 아니다. 이곳, 숲속 한가운데에서 인물은 새로운 자신을 받아들인다. 결코 잃지 않을 지식을 얻는다. 그는 '찾던' 것을 바로 여기에서 '발견'한다. 그는 결코 되돌아갈 수 없다. 마이클 콜레오네는 용기를 내 형사를 쏘고, 그런 다음 변화가 가져다준 보상을 얻고 실험을 한다. 목가적인 시칠리아의 아름다운 여성과 결혼을 하는 것이다. 그러나 그만큼 단순한 것은 절대 아니다. 변화는 반드시 다시 온다. 마이클의 새로운 신부가 살해당하고(3막의 위기 지점), 훌륭한 위기 지점이 모두 그렇듯이 마이클로 하여금 그가 이전에 했던 행동들과 직면하게 한다. 다시 한번 그는 선택해야 한다. 여기에서 멈추고 과거의 자신으로 돌아갈 것인가, 아니면 그가 발견한 어두운 '영약'을 마시고 그것이 지닌 마법의 힘을 갖추고 집으로 돌아갈 것인가.

4막

4막의 위기 지점은 물론 이야기 전체의 위기 지점이다. 주인공으로서는 변화와 승리를 받아들일 것인가 아니면 그것을 거부하고 실패할 것인가 하는 결정과 직면하는 순간이다. 이것은 '최악의 지점'이며, 모든 것이 끝나고 실패가 승리하는 순간이다. 실제적이거나 비유적인 죽음의 악취가 공중을 뒤덮는 순간이다. 〈맥베스〉에서 〈토이 스토리 3〉을 거쳐 〈킥애스Kick-Ass〉, 〈롱 굿 프라이데이〉 그리고 〈쇼생크 탈출The Shawshank Redemption〉에 이르기까지 죽음이 모든 것을 뒤덮는다.[3] 역시 이유는 구조에 있다.

구조는 최악의 위기에 맞닥뜨린 주인공에게 한 가지 간단한 질문을 한다. 되돌아가서 죽을 것이냐 아니면 변화해서 살 것이냐? 이것은 과거의 자신(또는 마이클 콜레오네의 경우에는 아버지)의 죽음이다. 그러므로 새로운 인간은 살 수 있다. 이것은 주인공에게 닥친 가장 큰 시험이다. 마이클은 아버지의 역할을 떠맡고 아버지의 무자비함을 자기 것으로 흡수하여 아버지의 죽음에 복수할 준비가 되어 있을까? 숲속 한가운데에서 얻은 교훈을 가지고 집으로 돌아갈 만큼 충분히 강할까?

4막의 흥미로운 부산물은 〈팀 아메리카: 세계 경찰Team America〉에서 '독백하기'라고 불렀던 요소의 우세함이다. 블로펠드나 골드핑거가 우리에게 자신의 계획에 대해 '어떻게'와 '왜'를 이야기하고, 영웅이 자기 동기를 설명해 주는 순간이다. 만일 드라마가 어둠에서 밝음을 향해 떠나는 여행이라면 이런 독백은 퍼즐의 마지막 조각, 최후의 '전투'가 있기 전에(필리프 클로델Philippe Claudel의 〈당신을 오랫동안 사랑했어요I've Loved You So Long〉에서처럼) 우리가 마침내 인물의 동기를 진정으로 이해하는 순간이라고 간주할 수도 있다. 어떤 시나리오 작가들은 독백을 매우 불신하기도 한다. 이유는 14장에서 알아보기로 하자.

이제 돈 콜레오네는 죽어서 한 과수원에 누워 있고 초대장은 마이클에게 전달되었다. 그는 초대를 받아들일까? 만일 그런다면 그는 어떤 대부가 될까?

5막

주인공은 보통 한 가지 구체적인 목표를 갖고 마지막 막에 등장한다. 적대자를 물리치고 자신의 악을 극복하고 보상을 받고 집으로 돌아가거나 또는 여자를 얻는 것이다. 다른 말로 하면 5막의 '하위 목표'는 이야기의 주요(원래의) 목표와 같다. 그는 자신의 부족에게 가져다줄 진실을 가지고 떠났던 곳으로 돌아온다. 그의 부족이 언제나 진실을 원하는 것은 아니다. 만일 그가 마주쳐야 할 적대자가 진정으로 원형적이라면, 외적이고 내적인 싸움을 유발하는 바로 그 주인공의 결함을 구현한 존재일 것이다. 중간 지점에서 얻고 4막에서 시험에 통과한 그 지식을 사용하여 그는 모든 역경에 맞서 적들을 물리치고 결함을 극복하며 그리하여 완전해질 수 있다. 마이클 콜레오네는 적들의 모든 악을 자기 것으로 흡수해 적들보다 더 악마적이 된다. 그래서 그의 조카가 세례를 받을 때 그 또한 피의 세례를 받는다. 그는 영혼에 남아 있던 마지막 선량함의 흔적까지 극복하고 어두운 완전함을 얻는다.

프랙털 구조와 변화

이야기 구조에서 대칭과 균형을 찾았다면 어떤 드라마에서든 첫 번째 막과 마지막 막 사이의 분명한 관계를 발견해 낼 수 있을 것이다. 변화의 패러다임이 진실이라면 여기에서 그 진실성이 드러날 것이다.

모든 완결된 이야기에는 주요 전환점 두 군데가 있다. 하나는 주인공에게 행동하기를 요청하는 지점이고, 두 번째는 그 요청에 응했을 때 결과가 어떤지를 보여주는 지점이다. 그렇다면 그 결과는 그를 마지막 선택으로 이끄는 장애물임이 드러나야 한다. 우리가 프랙털 이론을 받아들인다면 같은 구조가(도발적인 사건을 분석할 때 보았듯이) 첫 번째 막에서뿐만 아니라 마지막 막에서도 미세한 형태로 드러난다. 우리가 옳다면 마지막 막에서도 똑같은 3부 구조를 보여 줄 것이다. 그 구조는 이러하다.

1. 최악의 지점에 맞닥뜨린 뒤 어떻게 해야 할지 모르는 주인공은 새로운 '행동에 대한 요청'이 있을 때까지 망설인다. 그에게 다시 변화하기를 요구하는 기회가 찾아온다.
2. 그는 선택을 한다. 요청을 받아들이고 논리적 결론을 끌어내기 위해 추구해야 할 일련의 행동을 수행한다. 이것은 그를 다시 다음으로 이끈다.
3. 마지막 선택을 한다. 자신의 결함을 극복하기 위해 성취해야 할 가장 위험하고 가장 심오한 임무다.

〈대부〉에서 일어나는 일들이 정확히 이것이다. 죽기 직전에 돈 콜레오네는 자기 아들에게 내부에 배신자가 있으며, 그 배신자가 협상을 중개하기 위해 마이클에게 접근할 것이라고 말해 준다. 변화의 로드맵에서 사용한 용어를 빌려 말하자면 이것은 다음 세 가지 매우 분명한 단계를 따른다.

재자각 – 아버지의 장례식에서 패밀리에게 충성을 다했던 테시오가 마이클에게 접근한다. 그는 협상을 중개한다. 그는 내부 배신자다. 마이클은 행동하기로 결심한다.

재수용 – 마이클은 테시오를 죽인다. 그런 다음, 조카의 세례식이 진행되는 동안 자신에게 도전한 모두를 죽인다.

완전한 장악 – 아내 케이는 그에게 여동생의 남편을 죽였느냐고 묻는다. 마이클은 그녀의 눈을 똑바로 쳐다보면서 죽이지 않았다고 말한다. 그의 아내에게 거짓말을 한 것은 모든 죄 중에 가장 큰 죄이다. 마이클은 악의 지배자가 된다.

5막에서의 첫 번째 전환점은 변화할 기회가 나타나는 곳(작은 '도발적인 사건')이며/이거나 그렇게 하려고 의식적으로 결심하는 곳이다.

〈델마와 루이스〉에서 5막은 도망칠 가능성이 없다는 것을 두 사람이 알면서 시작된다. 그들은 항복할 수도 있었지만, 그때 유조차 운전수를 발견한다……

〈이티〉에서 엘리엇은 조용히 이티의 죽음을 슬퍼한다. 그때 이티의 가슴이 빛나기 시작한다……

〈댄싱 히어로〉에서 스콧은 아버지가 자신만의 스텝으로 춤을 추지 못한 것을 늘 후회하며 살아왔다는 것을 알게 된다. 그는 용감해지기를 바랄까 아니면 두려움 속에서 살기를 바랄까? 그는 티나와 춤을 출까, 진정한 사랑인 프랜과 춤을 출까?

두 번째 전환점은 모든 선택 가운데서 가장 어려운 선택이 포함된 작은 최악의 지점이다.

〈델마와 루이스〉에서 두 여자는 경찰에게 그랜드캐니언의 벼랑 끝으로 몰린다. 그들은 항복할 수도 있고 다른 종류의 도피를 받아들일 수도 있다.

〈이티〉에서 엘리엇은 가장 친한 친구와 작별을 해야만 한다.

〈댄싱 히어로〉에서 스콧은 모든 사람이 말리는데도 불구하고 프랜과 춤추기를 선택한다. 그러나 플러그가 뽑히고 음악이 멈추며 대회는 중단된다. 스콧의 아버지가 박수를 치기 시작하자, 프랜의 아버지, 할머니, 그리고 전 관중이 박수를 친다. 스콧은 마침내(음악 없이도) 자신의 심장의 리듬에 맞추어 춤추는 법을 알게 된다.

영화에서 3부 형식을 띤 마지막 막이 얼마나 자주, 거의 동일하게, 첫 번째 막의 구조를 거울처럼 반영하는지를 살펴보자.

〈대부〉에서

1막

1. 결혼식 - 마이클은 케이에게 솔직하다.
2. 즐거운 삶
3. 아버지가 총을 맞는다.

5막

1. 배신자가 드러난다.
2. 죽음의 향연
3. 장례식 - 마이클이 케이를 속인다(또 다른 예를 보려면 부록 6을 보라).

〈델마와 루이스〉에서

1막

1. 가부장제와 사회 관습에 순종적이다.
2. 남성에게 지배와 폭력을 당한다.
3. 그들은 범죄 현장에서 도망친다.

5막

1. 경찰이 둘의 위치를 알아낸다.
2. 그들이 남성을 지배하고 폭력을 행사한다.

3. 가부장제와 사회 관습을 거부한다.

〈이티〉에서

1막

1. 이티가 지구에서 낙오된다.
2. 당국을 피해 도망간다.
3. 엘리엇과 이티가 친구가 된다.

5막

1. 엘리엇이 슬퍼한다.
2. 당국을 피해 도망간다.
3. 이티가 집으로 돌아간다.

〈댄싱 히어로〉에서

1막

1. 스콧이 자기 스텝에 맞추어 멋대로 춤을 춘다.
2. 그가 프랜과 함께 춤추기를 거절한다.
3. 그가 프랜과 함께 춤추기를 선택한다.

5막

1. 그가 프랜과 함께 춤추기를 선택한다.

2. 그가 프랜과 함께 춤춘다.

3. 그가 자신의 스텝에 맞추어 프랜과 함께 춤춘다.

각각의 막에 들어 있는 이 작은 이야기 구조가 보여주는 것은 좀 더 폭넓은 의미가 있다. 원형적인 이야기 하나를 선택해서 중간 지점을 중심으로 이야기를 반으로 접어 겹친다고 상상해 보자. 그럼 이야기가 대칭을 얼마나 열망하는지 아주 분명하게 볼 수 있을 것이다. 1막의 첫 부분과 5막의 마지막 부분이 서로 거울 이미지를 이룰 뿐만 아니라 4막은 2막의 거울 이미지가 되고, 3막은 중간 지점이 딱 이등분되어 전반은 후반의 거울 이미지가 된다.

2막에서 주인공이 앞으로 움직이며 활동을 해 나간다면 4막에서는 반대 방향으로 움직인다. 힘에 부치는 장애물에 맞서 싸우면서 주인공의 행동은 시험받고, 최악의 지점에 가까워지면 사람들은 주인공이 포기할 것이라고 짐작하게 된다.

다시 한번 로드맵을 살펴보자.

각 부분이 3부 구조로 이루어졌을 뿐만 아니라, 도표를 이등분해 보면(한가운데를 수직으로 나누어 보면) 한쪽 절반은 다른 쪽 절반과 매우 밀접한 관련이 있음을 알 수 있다. 시작과 끝뿐만 아니라(지식 없음/완전한 장악) 3막의 전반과 후반도 그렇고 2막과 4막도 같은 여행의 정반대 버전이다.

1막과 5막, 2막과 4막 그리고 3막의 전반과 후반, 모두 중간 지점을 중심으로 서로가 서로의 메아리이고 서로의 거울 이미지다. 나아가 완전히 원형적인 작품에서는 2막의 위기는 거울 이미지인

4막의 위기 지점과 직접적으로 관련을 맺으면서 마치 도발적인 사건처럼 작동한다. 이야기의 구조 속에서 그렇듯이 이야기를 구성하는 요소 안에서도 마찬가지다. 대릴이 〈델마와 루이스〉의 2막 끝에서 델마에게 모욕을 당하는 사람이라면, 4막의 끝에서는 델마와 루이스를 찾아내는 데에 중요한 역할을 하게 될 것이다. 로젠크란츠와 길덴스턴은 〈햄릿〉의 2막에 등장하고, 4막에서 햄릿은 둘을 죽인다. 모든 수준에서 똑같은 구조적 관계를 발견할 수 있다. 모든 각본의 전반부에서 이런 질문을 할 수 있다. "이 결정이 가져올 최악의 결과가 무엇일까?" 그러면 후반부에 "바로 이것이다." 하고 답이 나온다.

프랜시스 포드 코폴라와 마리오 푸조Mario Puzo(소설에서도 매우 비슷한 구조를 채택했다)가 〈대부〉의 각본을 쓸 때 그들도 이것을 알고 있었을까? 분명 대부분의 작가들이 모를 것이다. 그렇다면 이런 대칭, 이런 질서가 왜 필요할까?

영화나 텔레비전을 볼 때 무언가 제대로 돌아간다고 느껴질 때가 있다. 만약 그렇지 않다면 좋게는 불만족스러울 것이고, 나쁘게는 지루해 죽을 것이다. 그렇게 되는 이유는 흔히 작품의 질서가 잘못되어 있기 때문이다. 우리가 무언가 잘못됐다고 느끼는 것은 단순히 무언가가 바람직한 구조에 잘 들어맞지 않기 때문이다. 경우에 따라서는 의식적으로 이런 선택을 할 수도 있다. 코엔 형제의 작품(〈밀러스 크로싱Miller's Crossing〉, 〈노인을 위한 나라는 없다〉)에서 이런 무질서는 일종의 트레이드마크 같은 것이다. 하지만 지루함(〈나쁜 녀석들 2Bad Boys II〉, 〈괴물들이 사는 나라Where the Wild Things Are〉)은

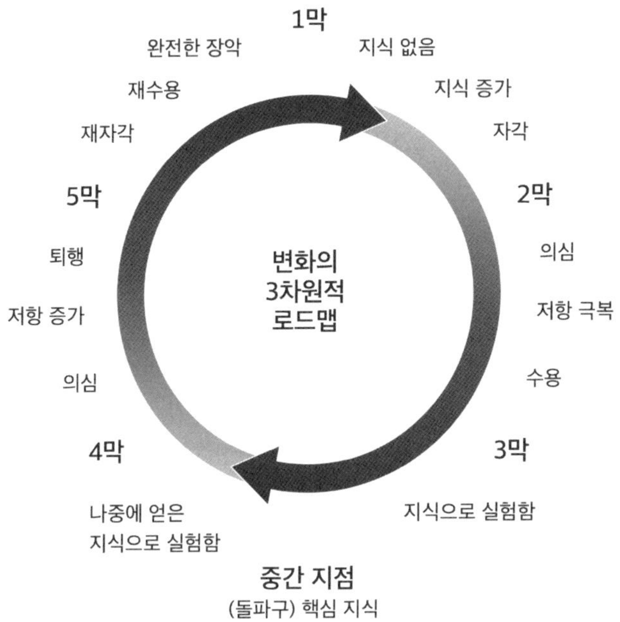

대개 형식의 실패 때문이다. 고전적인 셰익스피어에서는 3부 형태가 다섯 번 나타난다. 각각의 막이 자체로 정립과 반정립, 종합을 담고 있는 것이다. 셰익스피어가 옳다고 느껴진다. 그가 막간을 두는 것을 금지하지 않았다면 그의 편집자가 그렇게 할 능력이 있었다는 뜻이다. 막간은 모든 3부 단위의 끝에, 자연스러운 형태와 리듬의 일부로서 나타난다.

그러나(그리고 이것은 치명적인 경고 사항이다) 위대한 작품이 이와 일치하지 않는 일도 완전히 가능하다. 우리가 논의했던 프랙털 패턴은 이상적인 패턴이지만 예외를 발견하는 것도 어렵지 않다. 어떤 영화들(〈안드레이 루블료프Andrei Rublyov〉, 〈주말〉, 〈하얀 리본Das weiße

Band – Eine deutsche Kindergeschichte》)은 고의로 이 패턴을 뒤집는다(이 주제에 대해서는 나중에 더 깊이 다룰 것이다). 구조적으로 불완전한 작품도 많다. 어떤 작품은 3막 후반이 없거나 4막이 없고(《라이온 킹》), 심지어 5막이 없다. 어떤 작품은 7막으로 되어 있는데 역사상 네 번째로 성공한 작품이 되었다. 무엇보다 각본에는 작가가 원하는 만큼 몇 막이든 있을 수 있다. 이야기가 구조에 의존하는 것처럼 구조는 이야기의 요구에 의존한다. 완전히 들어맞는 작품은 거의 없다. 결함이 없는 예술 작품이 얼마나 될까? 예술 작품이 갖는 힘의 일부는 불완전함에 있다.

대부분의 작가들이 이처럼 의식적으로, 매우 민감하게 생각하지는 않는다는 것 또한 중요하다. 그들이 설명서를 갖고 일하는 것은 아니다. 놀라운 것은 원형적인 구조가 무의식적으로 발생하는 일이 매우 흔하다는 것이다. 우리의 뇌는 좌뇌와 우뇌로 나누어져 있다. 좌뇌는 질서와 구조, 논리를 관장하고, 우뇌는 상상력과 창의력을 관장한다. 우리가 두 영역을 조화롭게 활용해야만 최고의 기능을 발휘하듯이 이야기 또한 이와 비슷한 균형을 향해 끌려간다. 스토리텔링이란 대립물들을 합치는 것이고 질서와 그 속에 있는 혼돈 사이의 갈등을 잠재우는 것이다.

이것은 이야기 전체에서 그리고 프랙털 축소판에서만 일어나는 일은 아니다. 대립물 사이의 관계는 우리가 실제로 드라마를 이해하는 데에 필수적이다. 우리가 이다음에 살펴볼 것이 바로 그것이다. 그것이 모든 곳으로 가는 열쇠이기 때문이다.

제3막

숲

11장

보여주기와 말하기

그녀가 나와 있기 싫어한다는 것을 화면에서 어떻게 표현할까?

나는 "그녀는 나와 있기 싫어한다."라고 말하지 않을 것이다.

나는 "그녀는 발로 리듬을 맞추었다."라고 할 것이다.[1]

- 마이크 스키너Mike skinner, 더 스트리츠The Streets(마이크 스키너는 영국의 음악가로 '더 스트리츠'라는 이름으로 알려졌다 - 옮긴이)

폴크스바겐의 한 장짜리 광고 '레몬'('레몬'에는 '불량품'이라는 뜻이 있다 - 옮긴이)은 광고의 역사에서 아주 정당하게 한 자리를 차지하고 있다. 간단히 말해 독일에서 만들어진 작은 차를 크기와 가치를 동일시하는 미국에(그것도 2차 세계 대전이 끝난 지 겨우 15년 만에) 판매하기 시작한 것이다. 도일 데인 번바흐 광고사는 마케팅 분야에서 '창조적 혁명'이라고 알려지게 될 일을 앞당겨 실현했다. 이 회사는 광고의 얼굴을 바꾸었고, 말하기가 아니라 보여주기로 이 일을 해냈다.

광고를 보고 스스로에게 물어보자. "마음속에 곧장 드는 생각이 무엇인가?" 아마 이미지와 소제목 사이에 어떤 관계가 있는지 찾으려 들면서 이렇게 물을 것이다. "왜 이 차를 레몬이라고 했을까?" 그러고는 바로 다음 질문이 떠오를 것이다. "왜 그들은 제품에 대해 이렇게 말하는 것일까?" 이것은 겉보기에 이상한 병치에 대해 설명해 줄 것이라는 기대를 갖고 아래에 있는 카피를 읽도록 강요하는 기본적인 서사 기법이다. 광고는 우리를 빨아들인다. 광고는 뭔가를 하게 만든다. 그만큼 그 구조는(광고는 갈등과 그것을 해결하기 위한 욕망을 만들어 내기 때문에) 기본적으로 드라마적이다.

픽사의 시나리오 작가이자 감독인 앤드루 스탠턴Andrew Stanton은 〈라이언의 딸Ryan's Daughter〉만 빼고는 데이비드 린David Lean 감독의 영화를 모조리 다 본 린 감독의 팬이었다. 때는 1992년, 레이저 디스크가 대유행이었고 그는 마침내 자기 우상의 작품을 보게 되었다. 그가 말했다. "마치 구름이 걷히는 것 같았다."[2] 특히 한 시퀀스(두 장면 사이의 한 컷)가 그에게 드라마 구조의 신비를 풀어 주었다. 첫 번째 장면에서 불행하게 결혼한 로지 라이언은 마을 신부에게 자신의 성적 불만에 대해 털어놓으려 한다. 인생에는 그 이상의 것이 있을 것이었다. 이곳은 전쟁 전의 가톨릭 아일랜드다. 신부는 가혹한 말로 경고한다. "로지, 너의 바람을 품고 살지는 말아라. 바람이 생기는 건 어쩔 수 없지만 그것을 품고 살아서는 안 된다. 안 그러면 맹세컨대 큰 대가를 치르게 될 거야." 곧바로 영화는 장면이 바뀌고 큰 키에 잘생긴 낯선 남자가 바다를 배경으로 멋진 실루엣을 보이며 버스에서 내린다. 스탠턴은 린이 의도한 메시지를 정확히 파악했다. '이 남자는 정확히 로지가 바라는 남자다. 그리고 이 남자는 문제를 일으킬 것이다.'

영화는 그런 맥락을 말하지 않는다. 스탠턴은 관객이라면 누구나 그렇듯이 스스로 알아냈다. 영화는 보여준다. 이 순간은 그가 드라마 구조의 가장 기본적이지만 아주 중요한 원리 하나를 이해한 순간이었다. 시나리오 창작은 말하기가 아니라 보여주기다. 구조는 관객이 이미지 사이의 관계를 스스로 알아내도록 유도하는 방식으로 이미지들을 보여준다. 스탠턴은 영화 이론가들 사이에서

'쿨레쇼프 효과'라고 알려진 것을 우연히 만난 것이다.

쿨레쇼프 효과

20세기 초에 러시아의 감독 레프 쿨레쇼프Lev Kuleshov는 수프 한 그릇과 관, 한 소녀를 차례로 바라보는 러시아의 한 인기 배우를 필름에 담았다. 관객은 별 노력 없이 굶주림, 슬픔, 욕망을 표현하는 배우의 능력에 갈채를 보냈다. 관객이 몰랐던 것은 그가 사용한 배우의 컷이 모두 똑같은 컷이었고, 이 컷을 각각 다른 피사체들 사이에 끼워 넣었을 뿐이라는 것이었다.[3]

쿨레쇼프는 영화라는 특별하고 새로운 매체가 세계에 질서를 부여하고 싶어 하는 인간의 욕구를 아주 잘 이용할 수 있음을 발견했다. 관객에게 이질적인 이미지들을 보여주면, 관객은 그 이미지들을 스스로 조합하여 의미 있는 질서로 만들어 낸다. 이것이 모든 영화 '문법'의 바탕을 이루는 진실이다.

스탠턴은 〈니모를 찾아서〉의 공동 작가 밥 피터슨Bob Peterson과 함께 이런 병치의 근본적이고 구조적인 중요성을 보여주는 '2 더하기 2의 통일 이론'이라는 말을 만들어 냈다. 그는 이렇게 말했다.

> 좋은 스토리텔링은 절대 4를 주지 않는다. 좋은 스토리텔링은 2 더하기 2를 준다.⋯⋯ 관객에게 해답을 주지 말라. 관객에게 퍼즐 조각을 주고 관객이 해답을 찾게 하라. 관객은 자신의 즐거움을 위해 사고하고

자 하는 무의식적인 욕망을 지니고 있다. 관객은 스스로 해답을 발견했을 때 긴장감과 즐거움으로 보상을 받는다.[4]

이것은 매우 중요한 말이지만, 움직이는 이미지에 대한 말치고는 그리 특별한 말도 아니다.

개리 데이비스Gary Davies(영국 BBC 라디오의 DJ - 옮긴이)가 나와 우리에게 신나게 즐길 준비가 되었는지 물었다. 그러고는 웸블리 스타디움에 모인 엄청난 관중에게 킴 와일드Kim Wilde를 향해 환영의 박수를 보내 달라고 독려했다…… [그러자] 빨간 스카프를 흔들며 그녀가 나타났다. 그녀는 가슴골이 카메라에 잘 잡히도록 몸을 앞으로 많이 숙여 주었다. "여기에 오니 정말 좋군요." 그녀가 말했다. 노래가 한두 곡 끝난 뒤 우리 줄에서는 음식 담당 직원들에 대한 토론이 벌어졌다. 직원들은 라거 맥주와 차가운 핫도그를 우리에게 나누어 주었는데 마더웰 축구팀(스코틀랜드 축구팀으로 로고의 색깔은 진노랑 색과 벽돌색이다 - 옮긴이)의 유니폼과 비슷한 색 옷을 입고 있었다. 토론은 흐지부지 끝나고 말았다.[5]

DJ이자 기자인 존 필John Peel은 1988년 웸블리 스타디움에서 공연을 한(마이클 잭슨 쇼에 찬조 출연한) 킴 와일드에 대한 리뷰를 쓰면서, 보여주기와 말하기의 차이를 잘 설명해 주었다. 대놓고 "킴 와일드의 공연은 지루했다."라고 쓰는 것이 훨씬 더 쉬웠을 것이다. 사실 저널리즘에서는(특히 타블로이드판 연예 신문에서는) 이런 방법이 더 선호될 것이다. 그러나 이것은 깊이도 없고 별로 끌리지도 않는다. 필은 이렇게 하는 대신 이미지들을 병치시킴으로써 지루함을 드라마화했다. 그리고 독자를 더 끌리게 만들었다. 그는 독자가 킴 와일드와 음식 담당 스태프 사이의 간격을 잇게 만들고 그렇게 해서 그 사건의 생생한 모습을 그리는 방식으로 글을 썼다. 필은 영화 언어를 사용한 것이다.

초기의 텔레비전은 조금 더 무대적인 접근을 선호하여 이런 영화 언어에 등을 돌렸다. 카메라는 관객의 일부였다. 무대 위에서 벌어지는 행동은 멀리 떨어져서 관찰되었다. 텔레비전은 쿨레쇼프와 에이젠시테인Eisenstein(편집의 아버지로 쿨레쇼프 효과를 효과적으로 사용했다)의 작업을 무시했다. 부분적으로는 이런 이론이 아직 상대적으로 이해되지 못하고 있었기 때문이며, 빠른 분할의 병치적 영화 언어를 경제적으로 포착할 수 있는 기술이 존재하지 않기도 했기 때문이다.

기술이 변화했음에도 불구하고 얼마나 많은 사람들이 TV 드라마는 실제를 그대로 찍는 것이라고 믿는지를 보면 정말 놀라운 일이다. 미국의 케이블 드라마는 상당 부분(조금 더 나은 예산과 기술의 도움으로) 이런 독단적인 시각에서 벗어난 반면, 아직도 이야기는 대화를 통해 전달되어야 한다고 주장하는 시나리오 작법 매뉴얼을 발견하는 것은 그리 어렵지 않다. 텔레비전에는 연극이 자연스럽게 어울리는데 연극이 부족하다고 한탄하는 평론가들의 애처로운 외침 아래에도 똑같은 믿음이 깔려 있다.[6] 그러나 이들은 틀렸다. 단순한 한 가지 이유에서 연극은 텔레비전에 어울리지 않는다.

작동하지 않기 때문이다. 연극은 텔레비전을 위해 쓰인 것이 아니기 때문에 지루하고 과장되며 보기에 고통스럽다. 영화와 마찬가지로 텔레비전 드라마 또한 마음의 상태를 전달하기 위해서 이미지의 병치에 의존한다. 실제와 가까운 매체인 연극은 그렇지 않다. 연극이 작동하는 바로 그 방식이 이것을 명백하게 보여 준다. 연극에는 클로즈업이 없다. 시간이나 공간의 분할도 거의 없거나 아예 없다. 예를 들어 위대한 영화 제작자가 화면 조작을 통해 창조할 수 있는 감정을 전달하기 위해 연극에서는 독백에 의지한다. 연극은 텔레비전에 비해 나쁘거나 열등하지 않다. 연극의 힘은 라이브 공연에 있다.[7]

영화, 그리고 텔레비전은 더 이상 인생을 모방하지 않는다. 스스로가 지닌 가능성을 유감없이 발휘한다. 그렇게 함으로써 영화와 텔레비전은 세계가 세계 자신에 대한 이야기를 듣는 방식을 완전히 바꾸어 놓았다. 움직이는 이미지의 발전은 분자과학의 발견과 유사하다. 그것은 예술의 원자 시대를 알렸다. 추상 표현주의의 선구자 중 하나인 빌럼 데 쿠닝Willem de Kooning의 다음 그림을 살펴보자.

다시 우리 두뇌가 그것을 어떻게 받아들이는지 관찰해 보자. 형태에서 질서를 찾고 그 속에 담긴 의미를 파악해 보자. 이 형태들은 얼굴인가? 벌거벗은 몸인가? 여자들인가? 그리고 이 그림의 제목이 〈발굴Excavation〉이라는 것을 확인한 다음에, 이치에 맞게 우리의 생각을 재평가하고 질서를 부여하자. (분리되어 있는 것들을 함께 결합함으로써)해석하는 행위가 머릿속에서 그림을 창조한다.

마르셀 뒤샹Marcel Duchamp이 의심쩍은 천재성으로[8] 미술관에 소변기를 설치한 다음 그것을 〈샘Fontaine〉이라고 불렀을 때 그는 그저 미술관 자체를 작품의 틀로 만드는 과정을 상상하고 있었다. 〈샘〉의 위력은 그것이 놓인 환경에서, 그것이 그곳에 어울리지 않는다는 단순한 사실에서 더욱 커진다. 두 가지 상반되는 물건이 나란히 놓인다. 예술은 병치를 통해 만들어진다. 그것을 해석하는 것이 예술이다.

이것은 남용과 혼란으로 가는 길을 열어 주는 과정이다. 최악의 현대 예술이 증명했듯이 우리는 물론 무엇이든 병치할 수 있다. 상반된 것을 결합하고자 하는 인간의 욕망을 이용하는 것은 수지맞는 사업일 수도 있다. 솜씨 좋고 통찰력 있게 이루어지면 의미 있는 것이 될 수도 있다. 형태가 합쳐지고 그것이 일으키는 연상에서 진실을 불러낸다면 그것을 관찰하는 이는 압도적이고 강력한 경험을 보상으로 받는다.

좋은 드라마 작가는 이것을 알고 있다. 작가가 그런 욕망을 최대한 이용하는 이유가 이것이다. 움직이는 이미지는 바로 그 정의 때문에 우리가 볼 수 없는 것을 다룰 수는 없다. 이것을 둘러싸고 작가에게는 두 가지 방법이 있다. 작품이 우리에게 이야기를 하게 하거나 복잡한 정서적 경험을 화면 속에 담는 방법이다.

물론 작가는 후자를 택한다. 포스터가 말했듯이, "드라마에서는, 인간의 모든 행복과 불행이 행동의 형태를 띠어야 한다. 그렇지 않으면 그 존재는 알려지지 않은 채 남게 된다."[9] 순수한 영화와 텔레비전에서는 감정과 반성, 그리고 동기(사실 모든 내적 삶)가 행동으로 표현된다. 그러므로 맥락에 비추어 관객이 추측한다. 시나리오 작가는 간단히 "데이비드는 노동당에 투표할까 보수당에 투표할까, 고민하면서 불길 속을 응시한다."라고는 쓸 수 없다. 데이비드가 무슨 생각을 하고 있는지 관객이 추측할 수 있는 방법이 없기 때문이다. 물론 작가가 데이비드에게 말을 시킬 수는 있다. "나는 어느 당을 찍을까 생각 중이야." 그러나 작가가 "데이비드는 불길 속을 응시한다."라고 쓰고, 데이비드는 늘 두 정당 가운데 하나가 확실하다고 생각했는데 뭔가 부족하다는 것을 깨닫는 장면이 이 장면 앞에 온다면 관객은 그 맥락을 통해서 이해할 것이다. 관객은 이야기를 들을 필요가 없다. 관객은 스스로 그것을 알아내기 때문에 이야기는 더욱 힘을 갖는다. '더 스트리츠'의 마이크 스키너가 말했듯이, 그녀가 발로 박자를 맞추고 있는 것을 보여 줄 수 있는데 왜 그녀가 화가 났다고 말하겠는가? 우리는 그녀의 얼굴을 보고 그녀의 발을 본다. 그리고 우리는 알게 된다.

잘 만들어진 영화나 텔레비전 작품은 구조를 통해서, 즉 이미지가 나타나는 순서를 통해서 자기 이야기를 한다. 성격은 행동을 통해 드러나며 동기는 설명되지 않는다. 인물은 뭔가를 하고 우리는 그것을 통해서 인물을 이해한다. 인물에게 명확한 목표가 있는 한 목표를 달성하기 위한 행동을 선택하는 방식에서 그의 성격이 드러난다. 이상하게도 주인공은 영화 그 자체를 닮는다. 그는 자신의 욕망을 추구하면서 자신의 생각과 목적, 성격을 관객에게 투사한다. 그가 움직이기를 멈추면 무언가 드러나는 것도 멈춘다. 관객은 능동적이기를 멈추고 따라서 관심도 멈춘다.

관객은 생각하기를 좋아한다. 관객을 서사에 끌리게 하는 것은 바로 이 생각하기다. 탐정 이야기에서 뭔가 이해하고 싶도록 관객을 몰아가는 것은 서사의 추진을 위해 절대적으로 중요하다. 이것은 모든 영화와 텔레비전의 진실이다. 〈더 와이어〉의 기획자 데이비드 사이먼David Simon은 말했다.

> 관객은 한 번도 못 본 새롭고, 혼란스럽고, 가능하면 위험한 세계에 빠지는 것을 사랑한다. 관객은 드라마에서 사용하는 방언이나 관용어 하나하나를 알고자 하지는 않는다. 자신의 생각대로 정보를 익히고, 자신을 이끄는 것은 자신의 지성뿐이라고 믿고 싶어한다. 똑똑한 사람들은 대개 TV 시청을 하지 못한다. TV는 대체로 모든 것을 즉각 설명하고 애매한 것은 하나도 보여주지 않으며 다른 세계의 사람들이 실제로 의사소통하는 특유의 방식에 반해 온순한 대화를 사용하는, 잘난 체하는 매체이기 때문이다. 결과적으로 TV는 다른 곳에서 온 인물들이

자신의 관객과 같은 방식으로 이야기하기를 요구한다. 물론 이것은 정말 별로다.[10]

나쁜 시나리오는 설명하고, 좋은 시나리오는 보여준다.[11]

앤드루 스탠턴은 2+2=?(말하지 말고 보여주라)라는 자기 이론이 이미지에만 적용되는 것이 아니라는 데에 주목했다.

나는 낙태를 원하지만, 내 남자 친구와 나는 임신하는 데에 문제가 있어요.

미국의 코미디언 세라 실버맨Sarah Silverman의 농담은 고전적인 기대에 대한 반전 위에 성립한다. 어떤 농담이든, 또는 어느 드라마의 어떤 장면이든 한번 살펴보라. 언어적이든 시각적이든 혹은 둘 다든, 대립물의 병치는 말하기가 아닌 보여주기에서뿐만 아니라 모든 유머, 모든 서사의 중심 토대이다. 대립물과 마주치는 어떤 것은 우리로 하여금 그 '어떤 것'에 대한 우리의 생각을 고쳐먹게 만든다. 우리가 이 책의 2막에서 보았듯이, 장면 구조는 정립/반정립/종합을 적용할 수 있는 가장 작은 버전이다. 모든 장면의 위기 지점은 도발적인 사건의 축소판이다. 대립물과 마주치는 어떤 것의 단위가 스토리텔링에서 중심적인 중요성을 지닌다는 것은 분명하다.

최고조 상태에서 기대에 대한 반전은 인물에게뿐만 아니라 관객에게도 일어난다. 앙리 조르주 클루조Henri Georges Clouzot의

1955년도 걸작 〈디아볼릭Les Diaboliques〉에서 시골 학교 교장의 아내와 정부는 서로 짜고 교장을 죽이기로 한다. 그들은 성공을 거두지만 시체가 사라지더니 나중에는 유령이 되어 그들 앞에 나타난다. 심장이 약한 아내는 충격으로 죽고, 우리는 정부와 (실제로는 죽지 않은) 교장이 처음부터 모든 것을 계획했다는 것을 알게 된다.

〈식스 센스〉와 〈디 아더스The Others〉에서도 정확히 똑같은 트릭이 사용된다. 관객은 그들에게 주어지는 사건들의 버전을 믿도록 강요받는다. 그러고는 나중에 겉보기와는 정반대가 치명적인 진실이라는 것을 알게 된다. 두 영화 모두에서 주인공이 이미 죽었으나 관객은 마지막 장면에서 진실이 드러날 때까지 정반대 사실을 믿도록 조작된다.

이것이 쿨레쇼프 효과다. 두 이야기 모두에서 관객에게는 몇 가지 실마리가 주어지고 그다음에는 맥락을 추측해 보도록 권유받는다. 이것은 충격을 극대화하기 위해서 정립/반정립을 강화한 것이다. 이것이 세라 실버맨의 농담이 지닌 메커니즘이다. 이것은 또한 고대 그리스 비극의 계보를 잇는 현대 드라마 구조의 심장에 놓여 있는 기법이다. 〈오이디푸스 왕Oedipus Rex〉에서 오이디푸스는 테베에 도는 전염병의 원인이 무엇인지 알아보려 하지만 자기가 원인이라는 것만 알게 된다. 〈본 얼티메이텀〉과 〈혹성 탈출Planet Of The Apes〉의 핵심에도 같은 DNA가 들어 있다. 초서Chaucer의 『면죄부 판매자의 이야기*The Pardoner's Tale*』에서 세 남자는 죽음을 발견하려고 계획을 세우지만 돈더미만 발견한다. 각자는 다른 사람을 배신하고 완전히 아이러니하게 모두 죽음으로써 끝이 난다. 『애크로이드 살인 사건*The Murder of Roger Ackroyd*』에서 살인범은 바로 이 이야기의 화자로 밝혀지고, 나중에 알고 보니 이 소설은 자살 수기였다.

아리스토텔레스는 『시학』에서 '가능성 또는 필요성에 따라 행동이 정반대로 바뀌는' 이 효과에 대해 이야기하면서, 자신의 주장을 강조하기 위해 린케우스의 이야기를 인용하고 있다. 린케우스를 죽이려고 계획한 다나오스에 의해 린케우스는 죽임을 당할 운명이었다. "그러나 앞선 사건의 결과로 다나오스가 죽고 린케우스는 목숨을 건진다."[12] 이것도 역시 페리페테이아, 즉 운명의 역전이다. 갑자기 세계가 겉보기와는 전혀 다른 상반된 모습으로 드러난다. 고대 그리스 사람들에게 이것은 항상 아나그노리시스anagnorisis 또는 '발견'과 함께 등장했으며, 그 속에서 인물의 무지는 인물의 지식으로 대치된다. 아리스토텔레스는 이것이 드라마 구성의 본질적인 단위라고 주장했는데, 내 생각에도 그가 옳다. 무언가가 상반된 것과 마주치면 다른 무언가로 드러난다.

갑작스러운 폭로나 마지막 순간의 반전을 사용하는 것은 에릭 로메르Eric Rohmer나 잉마르 베리만Ingmar Bergman의 영화들과는 먼 세계의 이야기인 듯하다. 이것은 대중적인 기법이라고 무시되는 경우가 많다. 아마 통속극에서 되풀이되는 모티브이기 때문일 것이다("당신은 우리 엄마가 아니야. - 아니, 내가 네 엄마야."). 〈이스트엔더스〉가 이 기법을 아주 잘 활용하는 데에는 이유가 있다. 이 드라마는 고대 그리스 비극의 직접적인 후예일뿐더러, 페리페테이아가 가장 잘 작동하는 드라마이기 때문이다. 아니, 이 드라마는 그 이상이다.

장면의 시작에서 인물은 스스로를 꽤 튼튼한 토대 위에 세운다. 그러고는 자기 세계에 다시 질서를 가져올 것이라고 믿는 목표를 추구한다. 인물이 더 나아질 것이라고 기대하는 바로 그 순간, 그의 세계를 다시 한번 혼란에 빠뜨리는 일이 발생한다. 미지의 세계 한가운데에 있는 스스로를 발견한 인물은 다시 질문하기 시작한다. "도대체 여기에서 어떻게 빠져 나가지?" 장면과 이야기 형태는 직접적으로 서로의 메아리가 된다. 기대에 대한 반전은 실제로 '숲속으로' 가는 작은 여행이다. 인물은 사실상 모든 장면에서 '숲속으로' 떠난다.

'숲'은 대립의 폭발이다. 도발적인 사건이든 막의 전환점이든 중간 지점이든 위기 지점이든 장면의 전환점이든, 어떤 것으로 나타나든 이것들은 원래부터 모든 드라마의 구성 요소들이다. 이 요소들은 무언가와 그 대립물의 대결을 만들어낸다. 쿨레쇼프는 영리한 편집 기술보다 훨씬 더 많은 것을 알게 되었다. 비록 그 진가를 완전히 알아보지는 못했지만 이 간단하고 기본적인 구성 요소를 발견했다. 앞으로 다루게 될 모든 것(인물, 대사, 다수의 주인공, 주제의 발전, 텔레비전 구조)이 여기에서 비롯된다. 두 대립물이 제대로 병치되면 폭발이 일어나고 이야기가 살아난다는 것이다.

제4막

돌아가는 길, 밤

12장

인물과 인물 묘사

실외. 1979년, 런던. 캠브리지 서커스가 내려다보이는 건물.

차들이 건물 주변을 천천히 지나간다.

실내. 지나가는 차들이 내려다보이는 방.

관청처럼 보이는 장식. 실용적이고 칙칙함. 포마이카 탁자와 의자 네 개. 탁자 한가운데에는 재떨이가 놓여 있다.

잘 차려입은 토비 에스터헤이스가 단정하고 꼿꼿한 자세로 들어온다. 자리에 앉으면서 손에 들고 있던 파일을 조심스럽게 내려놓는다. 그는 파일을 다시 정리한다. 회중시계를 보면서 참을성 없이 위를 올려다본다.

로이 블랜드는 단정치 못한 옷차림과 무례한 태도다. 입에는 담배를 문 채로, 등으로 문을 열고 방 안으로 들어온다. 기침을 반복적으로 하지만 에스터헤이스에게는 전혀 신경 쓰지 않는다. 그도 역시 탁자 앞에 앉는다.

퍼시 엘르라인이 무뚝뚝한 표정으로 가볍게 들어온다. 상석에 앉는다. 아무에게도 알은체 하지 않는다.

빌 헤이든이 받침을 얹은 찻잔을 조심스럽게 들고 천천히 들어온다. 불안하고 기운 빠진 모습이다. 신발 뒤축으로 문을 닫으려 하지만 안 된다. 무관심한 얼굴로 자리에 앉는다.

에스터헤이스가 일어나 문을 닫고, 다시 자리에 앉는다. 아무도 말을 하지 않는다.

엘르라인이 담배 파이프에 불을 붙인다. 단번에 성공한 뒤 위를 올려다본다.

엘르라인: 좋습니다. 시작합시다.

- 존 러카레이John le Carré, 『팅커 테일러 솔저 스파이』, 아서 홉크래프트Arthur Hopcraft가 BBC1 드라마로 각색(1979)

모든 위대한 드라마는 인물을 바탕으로 한다. 모든 오래가는 드라마는 인물을 바탕으로 한다. 모든 인기 있는 드라마는 인물을 바탕으로 한다. 모든 그럴듯한 드라마는 인물을 바탕으로 한다. 믿

움직하고, 생생하고, 흥미롭고, 살아 있고, 숨 쉬고, 공감이 가는 인물 없이 드라마는 작동하지 않는다. 무엇이 위대한 인물을 만들까? 그 성공을 보증하는 데 구조는 어떤 숨은 역할을 할까?

기본 원리

우리는 모두 같다. 그리고 우리는 모두 다르다. 모든 사람은 많건 적건 같은 기본적인 심리적 기질을 지니고 있다. 우리 모두는 사랑하고 질투하고 자식을 낳고, 방어적이고 개방적이며 복수심이 있으며 친절할 수 있는 능력이 있다. 우리는 모두 아버지, 어머니, 자녀, 사랑에 대한 경험이나 지식이 있으며, 우리가 누구이고 어떤 사람인지에 따라 이들에 대한 비중과 영향이 서로 다른 비율로 드러난다. 모든 인간이 똑같아 보이지만 실제로는 완전히 다른 것처럼 우리의 심리적 구성도 마찬가지다.

의식적이든 아니든 사람들은 모두 자기가 하는 모든 일을 자기 방식대로 한다. 옷이든 자동차든 집이든 전화기든 사람들은 모두 어느 정도는 각자 다른 방식으로 자기 자신을 표현하는 행동을 보인다. 우리는 모두 비슷한 행동을 하지만, 모두가 모든 것을 자신만의 독특한 방식으로 행한다. 만일 누군가 천만 파운드를 우리에게 준다면 우리는 모두 다른 방식으로 그것을 쓸 것이다. 이것이 바로 인물에 대한 표준적인 정의다. 그러나 좋은 정의다. 모든 사람은 같은 장애물을 각자 독특한 방식으로 극복하며 그렇게 함으로써 자신의 지문을 뒤에 남긴다.

이것은 어떤 장애물에도 적용할 수 있다. 우리는 모두 다른 방식으로 커피를 끓이거나 음식을 먹거나 운전을 한다. 〈팅커 테일러 솔저 스파이〉에 나오는 인물들은 모두 다른 방식으로 방에 들어온다. 장애물에 부딪혔을 때 우리가 하는 모든 결정과 행동은(행동을 통해) 우리의 개성을 드러내는 선택이다.

기억하자. 주인공은 모든 장면에서 작은 위기를 맞는다. 그리고 그것을 극복하기 위한 방법을 선택해야 한다. 기대에 대한 반전을 만나면(미리 세워 둔 계획에 엄청난 차질이 생기면) 인물은 새로운 행동 방향을 선택해야 한다. 그렇게 함으로써 인물은 자기 자신이 누구인지 조금 더 드러낸다. 우리의 남자 주인공은 주말 계획을 의논하기 위해 여자 친구에게 전화를 건다. 그런데 여자 친구는 그에게 헤어지자고 말한다. 그는 그녀의 차를 부숴버릴 수도 있고, 그녀의 행복을 빌어줄 수도 있다. 우리의 여주인공은 백만 파운드를 상속받는다. 그녀는 약물 중독에 빠질 수도 있고 천만 파운드를 더 벌 수도 있다. 그들이 하는 선택은 그들이 어떤 캐릭터인지 보여 준다. BBC의 드라마 시리즈 〈하우스 오브 사담House of Saddam〉의 시작 장면에서 사담 후세인은 제일 친한 친구를 부른다. 그를 껴안더니 총을 꺼내 그의 머리에 쏜다. 이번에는 관객의 기대에 대한 반전이 일어나지만 결과는 마찬가지다. 강력하고 직접적인 행동 하나는 말 한마디 없이도 그가 어떤 종류의 사람인지 우리에게 말해 준다. 그는 이라크 사람들에게 자신이 엄청나게 무자비한 사람임을 보여주고 싶어 한다. 자기가 사랑하는 사람을 총으로 쏘는 것보다 더 좋은 방법이 무엇이겠는가? 그의 논리로는 그가 한 가지 행동을 할 수 있다면 그는 무엇이든 할 수 있다. 그는 또한 자기 가족을 아주 사랑할 수도 있다. 이런 모순 속에 인물 묘사에 대한 진실이 놓여 있다.

인물 묘사

카우보이 두 사람이 어느 협곡의 벼랑 위로 쫓긴다. 뒤에는 추격대가 다가오고, 앞에는 수백 피트 아래에 거센 물결이 치는 강이 놓여 있다. 그들의 선택은 냉혹하다.

부　치: 제기랄! 보아하니 싸우거나 항복해야겠는 걸. 항복하면 감옥에 가겠지.

선댄스: 거기는 가 봤어.

부　치: 하지만 우리가 대항하면 저놈들은 저 자리를 지키면서 우리를 굶겨 죽일 거야. 아니면 위치를 잡고 총을 쏘겠지. 바위로 깔아뭉개든지. 또 뭐가 있을까?

선댄스: 우리한테 항복하는 수도 있지. 그럴 리는 없겠지만……. (그가 추격대의 움직임을 관찰한다.) 저놈들이 총을 쏘려나 본데. 좋아. 준비하자.(총을 장전한다.)

부　치: 이봐. 다음에 내가 "볼리비아 같은 데로 가자."라고 하면 그 때는 정말로 가자고.

선댄스: 그래, 다음에. 준비됐어?

부 치: (절벽 아래를 내려다보더니 더 멀리 강을 바라본다.) 아니, 뛰어 내리자.

선댄스: (아래를 내려다본 다음에) 웃기지 마.

부 치: 아니, 괜찮을 거야. 물이 깊으면 찌그러질 일도 없을 테고. 놈들도 쫓아오지 않을 거야.

선댄스: 어떻게 알아?

부 치: 다급하지 않다면 뛰어내릴 수 있겠어?

선댄스: 난 다급해도 안 뛰어내릴래.

부 치: 뛰어내려야 해. 안 그럼 죽어. 저놈들은 오던 길로 되돌아가겠지. 뛰자.

선댄스: 한 방만 명중시키면 돼. 내가 원하는 건 그게 다야.

부 치: 뛰자니까.

선댄스: 아니.

부 치: 뛰어야 해.

선댄스: 싫어. 이거 놔.

부 치: 왜?

선댄스: 난 싸울래.

부 치: 우릴 죽일 거야.

선댄스: 그러겠지.

부 치: 죽고 싶어?

선댄스: (아래쪽 강을 향해 총을 흔들면서) 너는?

부 치: 좋아. 내가 먼저 뛰어내리지.

선댄스: 안 돼.

부　치: 그럼 네가 먼저 뛰어.

선댄스: 싫다고 했잖아!

부　치: 대체 왜 그래?

선댄스: (몹시 쑥스러워하면서) 나는 수영을 못한단 말이야!

부　치: (선댄스를 보고 크게 웃으면서) 이런, 미친! 어차피 뛰다 죽겠구만!

선댄스는 추격대를 벗어나기 위해서는 진짜로 뛰어내려야 한다는 미친 생각을 곰곰이 하면서 머리를 흔든다. 그는 부치가 내미는 벨트를 손에 쥐고 그와 함께 뛰어내린다. 그리고 소리지른다.

선댄스: 오오...제엔장!

- 윌리엄 골드먼, 〈내일을 향해 쏴라〉

당신의 남편이 바람을 피운다. 그는 미국의 대통령이다. 탐욕스러운 언론이 인터뷰를 하자고 달려든다.

당신과 당신의 남동생은 노동당의 당수 자리를 놓고 경쟁을 벌이는 중이다. 당신은 남동생보다 훨씬 더 경험이 많아서 모두들 당신이 이길 것이라 예측하고 있다. 만일 당신이 진다면 당신은 기분이 어떨까? 남동생에게 뭐라고 말해야 할까?

우리가 보이고 싶은 모습과 실제로 보이는 모습 사이의 갈등은 모든 인물의 뿌리에 있다. 선댄스 키드와 부치 캐시디는 “우리 성격의 양면이다. 그들은 한 사람의 주인공이다." 시나리오 작법 전문가 로버트 맥키의 말이다. 그가 또한 암시하는 것은(완전히 탐구가 끝난 것은 아니지만) 인물을 창조할 때에는 내적 갈등이 매우 중요하다는 것이다.

인물의 이미지와 행동 사이의 충돌을 관찰하려면 지난 100년 동안 가장 두드러졌던 인물 몇 사람만 살펴보면 된다. 스탈린은 자기 인민을 사랑한다고 천명해 놓고 대략 2천만 명의 인민을 죽였다. 토니 블레어는 스스로 사회주의자임을 자처해 놓고 자유 시장 경제의 대규모적인 확산을 주도했다. 존 F. 케네디의 민주주의적 이상론은 그의 여성 문제나 베트남 전쟁의 확산을 막지는 못했다. 이들을 비난하려는 것이 아니다. 우리 모두는(그러므로 모든 위대한 허구적 인물들 또한) 가슴속에 갈등을 안고 산다. 스티브 잡스의 전기 작가에 따르면, 스티브 잡스는 "물질주의에 반대하는 히피지만, 무료로 공개하려 했던 친구의 발명품들을 팔아먹었다. 그리고 그는 참선의 추종자였으나 인도로 순례 여행을 다녀오고 나서는 사업을 하는 것이 자신의 소명이라고 결심했다."[1]

실제 인물이든 상상 속 인물이든 위대한 인물은 의식적으로나 무의식적으로나 자기 자신과 전쟁을 벌인다. 프랑스의 철학자 몽테뉴가 웅변적으로 말했다. "우리는, 얼마나 그런지는 모르겠지만 어느 정도는 이중적이다. 우리는 우리가 믿는 것을 믿지 못하며, 우리가 비난하는 것을 우리 자신에게서 없애지 못한다." 로널드 레이건도 이와 똑같았다. 그는 '미국의 친구'라고 불렸지만 안 보이는 곳에서는 거의 혼자서 지냈다. 소설에서도 이와 똑같은 모순을 발견할 수 있다. 허클베리 핀에서 제이 개츠비까지, 돈 드레이퍼(미국 드라마 〈매드맨Mad Men〉의 주인공 – 옮긴이)에서 토니 소프라노(미국 드라마 〈소프라노스The Sopranos〉의 주인공 – 옮긴이)까지 갈등은 그들의 생명을 유지하는 피 같은 것이다.

우리는 모두 내부에 모순이 있다. 우리는 모두 동물이지만 이성을 발휘할 줄 안다. 우리는 모두 개인적으로 생존해야 하지만 사회 속에서 살아가야 한다. 이러한 동물적 본능과 이성적 본능이 서로를 수용할 수 있도록 우리는 사회에서 받아들이지 않는다고 느끼거나 받아들이지 않을 것이라고 생각하는 많은 것들에 제약을 받는다. 이러한 제약에서 벗어났을 때 어떤 일들이 벌어지는지 알려면 인터넷 댓글을 읽거나 익명의 블로그를 보는 것만으로도 충분하다. 자신이 누군지 밝힐 필요가 없어지면 우리 안에 있던 동물이 재갈을 벗는다. 흔히 자유주의적 웹사이트들이 가장 공격적이고 조건 반사적인 글들을 주고받는 사람들의 본거지라는 사실은 우연이 아니다. 그런데 『가디언』(영국에서 구독자가 가장 많은 일간지. 대표적인 진보주의 성향 언론이다 – 옮긴이)의 홈페이지를 잠깐만 방문해 보아도 자유주의적 휴머니즘의 보루가 서로 '멍청이'라고 소리 지르는 곳과 머리카락 한 올 차이밖에 안 난다는 것을 금세 알 수 있다. 개인들이 자기가 누구인지를 밝힐 필요가 없어지면 조건 반사적인 글들이 올라오는 정글 비슷한 것이 드러난다. 관용과 이해에 대한 필요성을 제거하고 나면 뒤에 도사리고 있는 무능과 짜증, 분노라는 진정한 감정이 드러난다.

면역성이 있는 사람은 아무도 없다. 우리는 공개적으로는 시민적인 미덕의 화신처럼 보이려고 하는 경향이 있다. 프랑스에서는 아무도 비시 정부(제2차 세계 대전 중에 나치 독일이 점령한 남부 프랑스를 1940년부터 1944년까지 통치한 허수아비 정권 - 옮긴이)를 지지하지 않았다. 남아프리카에서는 아무도 국민당(1948년부터 1991년까지 인종차별 정책을 펼친 남아공의 제1 정당 - 옮긴이)을 찍지 않았다. 2011년 9월 『가디언』에 실린 베스 드루스라는 독자의 글 중에서 "나는 빅토리아 베컴이 지난주에 선보인 두 번째 패션 라인이 마음에 들었다. 그러나 그렇다고 말하기는 조금 꺼려졌다. 내가 정상인가?"라는 부분은, 단지 다른 사람들에게 잘 보이기 위해 우리 모두가 얼마나 노력하는지를 보여 준다. 우리의 조금 더 어두운 감정(우리 웹사이트들을 채우는 분노나 수치심)은 공개적으로는 거의 보이지 않는다. 대부분의 공동체에서는 그것을 허용할 수 없는 것으로 여기기 때문이다. 물론 우리 대부분은 그런 감정을 받아들일 능력이 있다. "나는 더 나은 길을 찾고 받아들이지만 더 나쁜 길을 간다."라는 라틴 속담이 있다. 성 바울도 로마서 7장 19절에 간단히 말했다. "내가 원하는 바 선은 행하지 아니하고 도리어 원하지 아니하는 바 악을 행하는도다."

우리는 우리의 어두운 충동을 숨긴다. 우리는 우리가 어떻게 받아들여질까 불안해하느라 에너지를 다 써 버린다. 이런 불안이 패션과 음악, 예술에 연료를 댄다. 자본주의는 새롭게 보이고 싶고, 앞서고 싶은 우리의 욕망을 이용할 뿐만 아니라 반대로(더 멋지게도) 우리의 욕망에 이용당함으로써 먹고 산다. 최근에 유행하는 '길티 플레저guilty pleasures' 현상은 사람들이 이제 쿨한 체는 그만

두고 대신 아바ABBA에 맞추어 춤출 자유를 열심히 실현하고 있다는 분명하고 명백한 증거다. 쿨함은 새로운 시즌의 유행처럼 주된 흐름이 되고 있다. 우리 스스로가 뛰어나다고 스스로를 확신시키려는 노력은 놀랄 만하다. 패션에 마음을 뺏기지 않고 자신의 취향을 밝히지 않는 비평가는 드물다. 그런 소비자 또한 드물다.[2]

군데군데 아주 뛰어난 데가 있는 올리버 스톤Oliver Stone의 영화 〈닉슨Nixon〉에서 제목과 같은 이름의 대통령은 케네디의 사진을 보고 중얼거린다. "사람들이 당신을 보면 자기가 되고 싶은 사람을 봐. 그런데 나를 보면 자기 모습을 보지." 자기 모습과 자기가 되고 싶은 사람 사이의 이 갈등이, 실제 생활이 드라마에 주는 선물이다. 작가들은 자신이 싫다고 공언한 방식으로 인물이 행동하고, 거짓말을 하고, 자기 파괴를 일삼고, 의식적으로 밝힌 것과 믿는 것에 상반되는 일을 할 때 인물이 훨씬 흥미롭고 글로 쓰고 싶을 만큼 자극적이며 훨씬 더 현실에 가깝게 느껴진다는 것을 늘 알고 있었다.

최근에 가장 잘 나가는 텔레비전 드라마 두 편은 이런 모순을 둘러싸고 만들어졌다. 〈글리〉는 또래 집단의 압력으로부터 벗어나 스스로를 표현하는 이야기다. 〈매드맨〉은 이것과 아주 상반된 이야기다. 인간의 모든 감정은 겉보기라는 성배에 억눌린다. 이들 드라마는 서로의 거울 이미지다. 두 드라마는 같은 사회, 같은 시대의 산물이라는 것을 흥미진진하게 보여 준다. 두 드라마는 뒤집어진, 같은 드라마다.

그럼 3차원적인 인물의 내적 갈등은 왜 필수적일까? 드라마의 구조가 인간 정신의 본질을 표현하는 것이라면 내적 갈등이 모든 위대한 드라마의 모순, 인물 묘사의 모순을 설명해 주는 심리학적 근거임을 의미할 것이다.

인물 묘사의 심리학적 토대

우리는 동물이다. 우리의 원초적인 본능은 우리의 핏줄 속에 계속 살아 있다. 우리는 모두 어느 정도는 본능이란 특별하고 강력한 동기에 의해 움직인다. 이 동기는 매우 강력해서 우리의 의식적인 행동을 지배하고 제어한다. 우리가 항상 의식하지는 못하지만 충동은 어느 정도는 늘 우리 안에 존재한다.

1943년에 에이브러햄 매슬로Abraham Maslow는 『인간 동기 이론 *A Theory of Human Motivation*』을 펴냈는데, 이 책에서 그는 인간의 기본적이고 원초적인 충동을 분석하고 이를 '욕구의 위계'라고 불렀다.

매슬로에게 반대하는 사람이 없는 것은 아니다. 그러나 이러한 욕구들이 어느 정도는 동기를 부여하는 힘으로 작동할 수 있고 실제로 작동한다는 점은 부인하기 어렵다. 인간은 늘 '안전'을 추구한다.[3] 음식, 물, 섹스, 안정, 안전, 자존감, 자아실현에 대한 원초적인 충동은 생존을 향한 최우선적인 욕망이 기본적이고 이기적으로 드러나는 것이다.

역설적이게도 안전을 추구하다 보면 다른 욕구를 의식적으로나

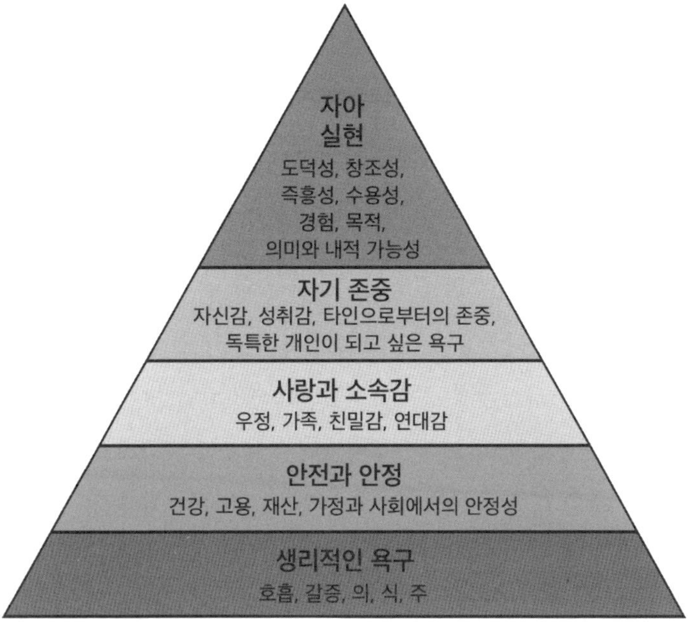

무의식적으로 억누를 수밖에 없다. 사람은 무리를 지어야 살 수 있다. 억제하지 못하는 성적 욕구나 복수를 향한 열망은, 만일 그것이 우리가 추구하는 안전을 위태롭게 한다면 사회가 의존하는 합의와는 양립할 수 없다. 우리가 보이고 싶은 방식과 타인과 스스로에게조차 인정하기를 꺼리는 더 깊은 감정들 사이에서 갈등을 야기하는 욕구는 억눌러야 한다.

우리의 개인적 생존에 대한 충동과 다른 사람들과 함께 살아야 한다는 문제 사이의 이런 갈등은 모든 서구 사회의 심리학적 이론의 중심에 있다. 이것은 지그문트 프로이트가 처음 표현했고, 그의 정신적 후예들이 뒤 이어 논의하고 무시하고 설명하고 확장한 것이다. 프로이트는 그 갈등을 본질적으로 초자아(부모)와 이드(아이) 사이에서 일어나는 본질적인 전투라고 보았다. 이성적이고 지적이고 질서가 잡힌 측면과 비이성적이고 동물적이고 본능적인 측면 사이의 싸움이다.

카를 융Carl G. Jung(그는 원래 프로이트의 학생이었다)도 비슷한 이중성에 기초해서 자기 자신만의 철학을 세웠다. 같은 갈등이 그의 작업의 초석이었다. 융은 모든 심리학적인 힘에는 음과 양이든, 아니마와 아니무스든, 가장 적절하게는 페르소나(그 사람이 세상을 향해 보여주는 전면)와 페르소나의 그림자(그 밑에 도사리고 있는 무의식적인 충동)와 같은 상반된 힘이 있다고 믿었다. 프로이트와 융의 계승자는 규범적 갈등(이것이 우리에게 정체성의 위기를 가져다준다) 이론을 펼친 에릭 에릭슨Erik Erikson, 개인 심리학(이것은 우리에게 열등감을 가져다준다) 학파의 창시자인 알프레드 아들러Alfred Adler와 롤로 메이Rollo May(실존적 정신분석의 아버지)일 것이다. 이들은 관찰을 통해 마음의 이중성에 관한 이론을 세웠다.

이런 이론들에서 충격적인 것은(차이점이 많기는 하지만) 차이점이 많다는 것이 아니라 공통점이 많다는 것이다. 이 이론들은 모두 인간은 원초적인 욕구와 사회적으로 수용할 수 있는 행동 사이의 전쟁으로 갈등을 겪는 신경증적인 상태에 살고 있다고 이야기한다. 뿐만 아니라 은연중에 '행복'을 성취하기 위해서는 이러한 신경증을 수용하고 극복해야 할 필요성이 있음을 받아들인다는 것이다. 프로이트에게 이것은 성적 충동을 사회적으로 적절하고 개인적으로 보람 있는 작업으로 승화시키는 것을 의미했다. 융에게는 페르소나가 그림자와 맞닥뜨리고 그 그림자를 수용해야 함을 의미했다.

모든 원형적인 이야기는 완전함을 향한 여행이고, 어둠에서 빛으로 향하는 여행이며, 대립자와의 화해를 담고 있다는 것을 생각해 보면 심리학 이론과 이야기 이론 사이의 관계를 발견하기는 어렵지 않다. 우리 자신의 패러다임 속에서는 결함을 가지고 있고 갈등을 겪고 있는 영웅이 완전해지기 위해서 여행을 떠나며, 그 과정에서 다른 사람들에게 배우고 익힌 교훈들을 수용한다. 소설과 심리학의 성공적인 해피 엔딩에는 개인적인 갈등을 해결하고 대립 세력을 통합하고 균형을 잡는 법을 배우는 것이 포함되어 있다. 모든 이야기가 혼돈으로부터 질서를 회복하기 위해 노력하는 것처럼 인간은 자기 내부에 있는 맹렬한 갈등을 잠재우기 위해 노력한다. 또는 스콧 피츠제럴드가 언급했듯이 "최고의 지성이란 정신 속에 두 가지 상반된 생각을 동시에 유지하는 능력이면서도 여전히 그 능력이 작동하게 하는 것이다." 그는 그냥 쉽게 '최고의 인간'이라고 말할 수도 있었다. "그들은 은총을 받았노라." 햄릿이 친구 호레이쇼에게 한 말이다.

> 피와 판단력이 그렇게 잘 어울리는
>
> 그들은 운명의 손가락을 위한 피리가 아닐세.
>
> 그녀가 좋아하는 것을 멈추게 하는 소리를 내는.

역설의 중요성

그것은 미소가 아니다. 비명 소리 위에 덮어 놓은 뚜껑이다.

- 줄리 굿이어Julie Goodyear(영국의 여배우 – 옮긴이)

마이클 콜레오네는 다른 사람뿐만 아니라 자기 자신과도 끊임없이 전쟁을 하는 인물이다. 자기 자신이 아주 다른 내적 자아와 싸우는 존재라고 믿는 인간, 그러한 인간의 중간 지점의 이미지는 3차원적 드라마에서 보편적이고 중심적인 이미지다. 〈소셜 네트워크〉의 사운드트랙을 작곡할 때 트렌트 레즈너Trent Reznor는 허구 속의 마크 저커버그를 붙들었던 주제를 찾고 있었다. 그는 애조 띤 피아노곡을 선택했는데 우울한 느낌이 섞여 있지만 지속적인 강렬한 전자음을 강조한 곡이다.[4] 외로움과 억눌려 있던 분노의 조합이 정확하게 그를 붙들었다.

하우스(미국 드라마 〈하우스〉의 주인공 닥터 그레고리 하우스 – 옮긴이)는 인간의 생명을 구하기 위해 무슨 짓이든 다할 인간 혐오자다. 데이비드 브렌트(영국 드라마 〈더 오피스〉의 주인공 – 옮긴이)는 자기 마음속의 지독한 외로움을 숨기기 위해 〈더 오피스〉의 모두가 자기를 사랑한다고 믿는다. 더 많이 살펴보면 살펴볼수록 성공적인 드라마의 인물 묘사에서는 내적 자아와 외적 자아 사이의 갈등이 압도적으로 중심적이라는 것을 확실히 깨닫게 된다.[5] 〈폴티 타워〉에서 바질 폴티는 삶의 멋진 것들에 정통한 물질적인 사람이다. 서비스에 소질이 있는 자신을 자랑스러워하며 노동자 계급을 싫어한다. 그는 또한 지독한 속물이며 공처가이고 토르케이에 있는 싸구려 호텔의 경영자다. 〈아빠 부대Dad's Army〉의 메인워링 대위는 군인이며, 성공적인 공인이자 존경할 만한 사람의 대명사다. 그는 또한 재미있는 사람이고 지방 은행의 관리자이며 희망 없는 결혼 생활에 묶여 있다. 〈매드맨〉의 도널드 드레이퍼는 부자이고 지적인 바람둥이이며 눈에 보이는 모든 것의 주인이며 모든 것을 소유한 남자다. 그는 또한 무지하게 가난한 '백인 쓰레기'이고 영혼이 없는, 아무것도 없는 남자다. 사실 그는 실제로 도널드 드레이퍼가 전혀 아니다.

〈리썰 웨폰Lethal Weapon〉이나 〈48시간48 Hrs〉, 그리고 모든 '버디' 경찰 영화에서 역설은 〈내일을 향해 쏴라〉에서처럼 두 인물 내부에 만들어져 있다.[6] 가장 극단적인 형태에서는, 자신이 보이고 싶어 하는 모습과 실제 모습 사이의 간극으로 한 인물이 두 정체성으로 쪼개짐으로써 드라마가 된다. 여기에서 우리는 슈퍼히어로[〈슈퍼맨〉, 〈스파이더맨Spider-Man〉, 〈캡틴 아메리카Captain America〉 그리고 〈배트맨〉(어두운 버전으로는 〈인크레더블 헐크The Incredible Hulk〉도 있다)]의 영역으로 들어가게 된다. 이 영화들은 모두 하나의 인격이 다른 인격 속에 숨어 있다는 생각을 바탕으로 만들어져 있다. 물론 이것이 이들 영화가 성공한 근본 원인이다. 아이의 공감을 불러일으키기에 이보다 더 준비된 영화들이 있었던가? 잠자리에 들 시간을 엄격하게 지켜야 한다고 고집하는 부모 앞에서 아이들은 흔히 무능과 무력감을 느낀다. 아이들은 매우 친숙하게 보이지만 속으로는 전능한 신을 비밀스럽게 품고 있는 사람을 자신과 동일시하고 싶어 한다.

롤링J. K. Rowling은 공식을 정련하고 다듬었다. 그리고 '해리 포터'로 세계를 정복했다. 마찬가지로 기억해 둘 만큼 흥미로운 것은 현대의 가장 역설적인 슈퍼히어로가 〈덱스터Dexter〉(미국 드라마의 제목이자 주인공의 이름. 덱스터는 연쇄 살인범을 쫓는 연쇄 살인범이다 - 옮긴이)라는 것이다. 〈덱스터〉는 〈배트맨〉의 가장 어두운 버전과 놀랍도록 유사한 인물이자 드라마다. 이것은 아마도 연쇄 살인범이 우리 시대의 슈퍼히어로일 수밖에 없다는 것을 말하는 것이리라.

실제의 우리와 되고 싶은 우리 사이의 간극을 〈더 오피스〉보다 더 잔인하게 이용한 드라마는 없다. 이 드라마를 만든 지 10년 후, 리키 저바이스Ricky Gervais(〈더 오피스〉의 기획자이자 출연자 - 옮긴이)는 이렇게 회고했다. "가짜 다큐멘터리여야 하는 것이 매우 중요했다. 그렇지 않으면 그저 별로 하는 일 없는 사람들 무리에 지나지 않기 때문이다. 그러나 카메라를 켜자마자…… 카메라가 모든 것을 설명해 준다."[7] 카메라는 인물의 실제 자아와 그의 겉모습을 둘 다 보여 준다. 주제는 곧바로 신경증적이고 불행한 사람들이 어떻게 보이고 싶어 하느냐가 된다.[8] 저바이스는 스티븐 머천트Stephen Merchant(〈더 오피스〉의 공동 기획자 - 옮긴이)와 함께 지난 10년 사이 가장 성공적인 드라마의 DNA 속에 역설을 만들어 집어넣었다. 데이비드 브렌트는 지난 밀레니엄을 대표하는 메인워링 대위가 되었고, 그의 절망적인 외로움은 그의 절망적인 연기에 연료를 제공했다.

허구 안에서나 실제 우리 안에서나(우리가 정직하다면) 우리가 나누어져 있다는 단순한 사실에 바탕을 두었다는 점에서 브렌트는 자기 자신에게 진실했다. 역설이 기본적인 심리학 이론과 인물 묘사에만 공통으로 존재하는 것은 아니다. 이것은 구조를 설계할 때에도 필수적인 부분이다.

13장

인물과 구조 설계

"관계를 맺기는 쉽지만 유지하기는 힘들다. 왜 그리 유지하기가 힘들까? 계속해서 거짓말을 하기가 힘들기 때문이다! 우리와 비슷한 사람을 구할 수 없기 때문이다. 누군가를 구하려면 거짓말을 해야 한다. 당신이 보는 것처럼 보는 사람을 구할 수가 없다. 당신이 행동하는 것처럼 행동하는 사람을 구할 수가 없다. 당신이 소리 내는 것처럼 소리 내는 사람을 구할 수가 없다. 당신이 처음으로 누군가를 만나면 당신은 실은 그를 만나고 있는 것이 아니다. 당신은 그가 표현하는 사람을 만나고 있는 것이다!"

- 크리스 락Chris Rock, 〈크리스 락: 비거 앤 블랙커Chris Rock: Bigger & Blacker〉(HBO, 1999)

〈더 와이어〉 시즌 2에서 지기 소보트카는 존경받는 조합 활동가의 아들이지만 부족하고 무능하다. 자기 아버지의 명성에 걸맞게 살지 못하는 그는 스스로와 다른 사람들에게 자기가 일류 범죄자라는 것을 보여줌으로써 자신의 자존심을 세우려 한다. 그러나 그는 인생에서만큼이나 범죄에도 서툰 존재다. 그의 범죄 계획이 어그러지면 어그러질수록 그는 더욱 놀림감이 된다. 다른 사람들의 조롱이 심해질수록 자기 자신을 증명해 보이려는 그의 욕망은 더욱 커져만 간다. 자기가 보고 싶은 방식으로 바라보는 자신과 실제의 자신 사이의 간극은 고전적인 신경증을 만들어낸다. 그는 이 둘 사이의 조화를 이룰 능력이 없기 때문에 그의 최후는 비극적일 수밖에 없다. 이것은 원형적인 이야기다. 더 만족스러운 '욕구'를 충족하기 위해 이기적인 목표를 포기해야만 하는 인물은 자기 자신에게는 그럴 능력이 없다는 것을 깨닫고 결국 벌을 받는다. 이 이야기는 인물 묘사에 대해서 우리에게 무언가를 알려 주기도 한다.

우리가 남들에게 어떻게 보이고 싶은지를 알리는 광고를 빼고 나면 페이스북과 마이스페이스에는 무엇이 남겠는가? 우리가 진정으로 되고 싶은 사람이 누구인지 비웃으며 상기시키는 것을 빼고 나면 스카이플러스에서 당신이 시청하지 않은 프로그램들은 무엇이겠는가? 한 인물의 바람이란 자기 자신을 세상에 보여주기 위해 필요하다고 생각되는 어떤 것을 갖고자 하는 피상적이고 의식적인 욕망이며, 자기 자신을 의식적으로 어떻게 보이고 싶은지를 반영하는 것이다. 시민 케인에게는 이 욕망이 권력이었고, 개츠비에게는 부였으며, 토니 소프라노에게는 '존경'이었다.

록키는 세계 챔피언이 되고 싶어 했고 라이트닝 맥퀸은 피스톤 컵을 갖고 싶어 했다. 이것들이 그들의 의식적인 공적 이미지, 그들의 겉모습, 그들의 얼굴, 그들의 초자아, 즉 다른 사람이 자신의 모습이라 보아 주기를 바라는 '캐릭터'를 강화해 주기 때문이다. 그들은 지고 싶어 하지 않는다. 그러면 자신의 약점, 허약한 아랫배, 원시적 본능이 드러날까 봐 두렵기 때문이다. 아이러니하게도 그들이 두려워하는 것은 그들을 완전하게 만들어 줄 수도 있는 부분이다. 그러므로 그들이 두려워하는 적대자(그들이 물리쳐야 하는 '괴물')는 그들 자신에게 결핍된 바로 그것의 구현이다.

완전히 실현된 인물은 일정한 겉모습을 지니고 있다. 그 겉모습은 인물이 자기에게 이득이 될 것이라고 믿는 요소들로 구성되어 있지만 우리가 살펴보았듯이, 이 요소들은 사실 인물을 파괴한다. 라이트닝 맥퀸은 오만하고 무심하게(이것이 그의 성격이다) 여겨지는 것에 행복해하지만 이 성격은 그를 곤궁에 빠뜨리는 요소다. 〈노팅 힐〉의 윌리엄 태커는 〈카〉의 주인공과는 정반대의 인물일지도 모르지만 자신 없어 하고 수줍어하는 그의 내성적인 성격(그는 이 겉모습 뒤에 숨어 있다)은 애나 스콧을 얻는 데에 위력을 발휘했다. 문제를 일으키는 것은 겉모습이다. 마이클 콜레오네를 아버지에 대한 복수로 이끈 것이 그의 연민이었던 것처럼 이 겉모습은 〈사랑의 행로The Fabulous Baker Boys〉에서 잭 베이커가 수지 다이아몬드를 잃어버리는 원인이 된다.

거꾸로 인물이 약점이라고 믿는 특성은, 인물이 그 특성을 정말로 자각하고 있다면 인물을 구원해 주는 요소가 된다. 라이트닝 맥퀸의 영혼을 구원한 것은 이타심과 동정심이었다. 마이클 콜레오네가 아버지를 계승할 수 있었던 것은(원형의 어두운 버전이기 때문

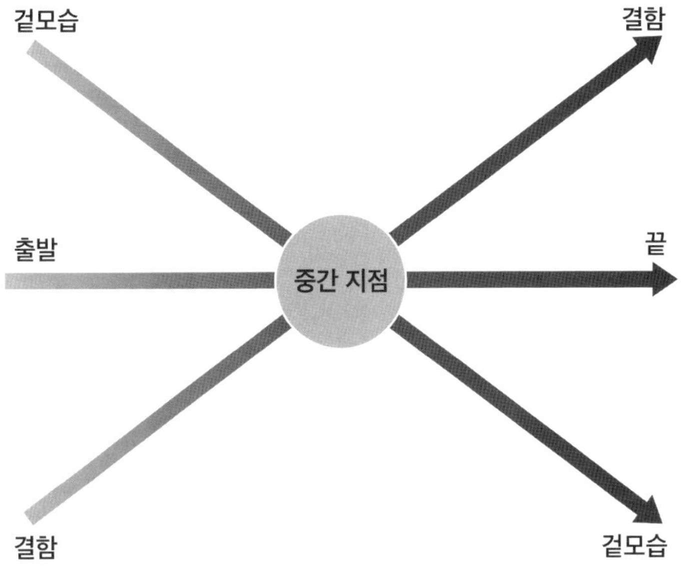

에) 자신의 무자비함 때문이었다.[1] 인물이 원하는 모습과 겉모습 사이의 관계, 인물에게 필요한 것과 내적인 취약함 사이의 관계(다른 말로 하면 인물의 완전한 성격)는 그러므로 불가피하게 드라마의 구조와 연결된다.

이것이 어떻게 이루어질까? 〈사랑의 행로〉에서 잭 베이커(제프 브리지스)는 이기적이고 자기중심적인 실수투성이 남자이며, 친밀함에 익숙지 않아 어떤 종류의 관계도 맺지 못한다. 그러나 우리는 그가 결함이 매우 많다는 것을 알고 있음에도 사랑을 보여 줄 가능성도 분명히 있다는 것을 안다. 그는 위층에 사는 어린 소녀를 돌보아 주고, 아픈 개를 치료하기 위해 열심히 노력한다. 영화 시작 부분에서 그와 잠자리를 하던 여자는 그에게, 그가 완전히

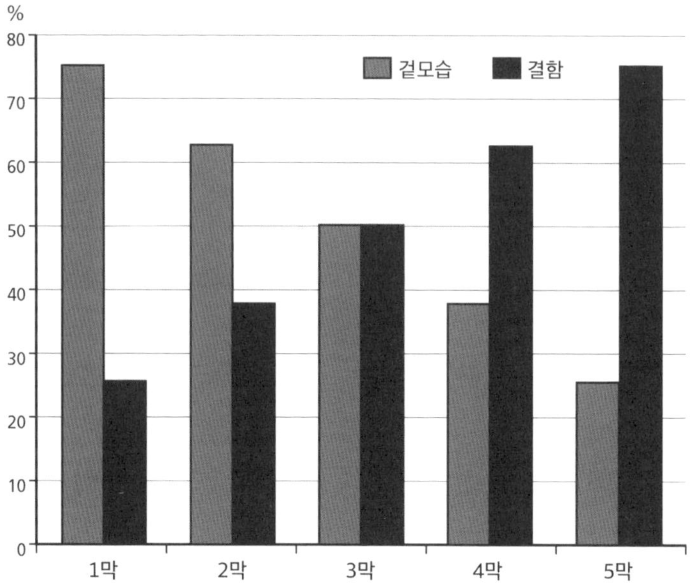

이기적이지는 않음을 일깨워 준다. 그가 아주 넓은 마음씨를 지니고 있다는 것이다. 마이클 콜레오네는 자기 가문이 지키는 폭력에 대한 신조를 거부할지도 모른다. 그러나 그들이 어떤 사람들인지 케이(다이언 키튼)에게 설명하는 그의 굳은 표정은 그의 미래가 어떤 모습일지 알 수 있는 단서를 제공해 준다. 내적 갈등은 불꽃을 일으킬 준비가 된 불쏘시개처럼 이야기의 처음부터 존재한다. "극작가가 보여주는 모든 인물은 자기 내부에 앞으로 싹틀 씨앗을 품고 있어야 한다."라고 말한 사람은 헝가리의 비평가 러요시 에그리 Lajos Egri였다. 연극의 마지막에 범죄자가 되는 소년은 처음부터 악행의 가능성을 지니고 있어야 한다.

이야기가 발전하고 필요가 욕망으로 대체됨에 따라 인물의 겉모습을 유지하게 도와주던 특성은 내부에 있던 '더 나은' 천사에 의해 천천히 변형되어 간다. 필요는 도발적인 사건을 통해 의식적인 것이 되고, 제2막의 끝부분에서는 그 모습을 드러내며, 중간 지점에서는 처음으로 승리를 거둔다. 필요가 욕망을 처음으로 이겼을 때 성관계 후에 델마의 표정이 바뀌고, 더 어두운 여행에서는 마이클 콜레오네의 얼굴에 고통과 권력의 표정이 모두 드러난다. 잠재의식이 표면으로 떠오르는 것이다.

중간 지점 이후에 주인공은 이제 지배적이 된 새로운 자신과 옛 자신을 통합하는 방법을 배워야 한다. 완전히 새로운 개성을 갖는 것으로는 충분하지 않다. 주인공은 새로운 자신 속의 선과 옛 자신 속의 선을 합치는 법을 배워야 한다.[2] 여행이 마무리되어 감에 따라 둘은 균형을 이루게 된다. 이것이 변증법이며, 종합을 찾아가는 정립과 반정립이다. 이것이 명백히 구조적이라면 겉모습과 결함의 관계는 이와 같은 모습으로 보인다.

물론 인물들을 수학적으로 표현하는 것은 불합리하지만, 설명하기 쉽게 델마의 여행이 25%는 성인 여성, 75%는 어린 소녀였던 지점에서 시작됐다고 하자. 이야기가 발전함에 따라 이 비율은 조금씩 바뀌어 마침내 75%는 성인 여성, 25%는 어린아이인 곳에 도달한다. 사실 완전히 질서가 잡힌 대본에서는 인물이 변화해 가는 패턴을 명확히 볼 수 있다. 이것이 막 구조의 변증법적 성격이다. 중간 지점에서 인물에게 필요한 것이 원하는 것을 처음으로 능가한다는 점을 받아들인다면(이것은 또한 실제로 3차원적 중간 지점의 기능에 대한 매우 훌륭한 정의다) 인물이 어떻게 진화해 가는지를 그래

픽으로 그려 볼 수 있다.

맥베스를 생각해 보자. 막이 진행될 때마다 그의 내면에 있는 독이 어떻게 부풀어 올라 그를 집어삼키는지를 생각해 보자. 〈금발이 너무해〉에서 자기 내부에 잠자고 있던 번쩍이는 법률적 두뇌를 발견하는 멍청한 금발, 엘을 생각해 보자. 영화가 시작되었을 때 그녀는 핑크빛 옷으로 온몸을 감싸고 요란한 머리 모양을 하고 있었다. 96분 뒤, 그녀의 머리 모양은 깔끔하고 핑크 빛은 칼라에만 조금 남아 있다. 정립과 반정립이 만나고 서로 상호작용함에 따라 각각의 막에서 내적 갈등의 본질(그리고 그녀의 의상)이 변함으로써 한 가지 측면이 다른 측면을 어떻게 대체해 가는지를 지켜보라.

이것은 성격 변화를 살펴보는 극도로 단순하고 간단한 방식이다(인간의 육체는 사태를 훨씬 더 복잡하게 만든다). 이것은 보이지는 않지만 매우 심오한 진실을 담고 있다. 누구나 알고 있듯이 성격과 이야기는 같은 것이다(성격이란 인물의 행위이며, 결과적으로 인물이 원하는 것은 그가 어떤 사람인지를 드러낸다). 어떤 목표(의식적인 것이든 무의식적인 것이든)를 추구하면서 인물이 보여주는 특성은 우리가 알고 있듯이 구조와 직접적으로 연결된다. 이야기의 각각 다른 지점에서 특성은 각각 다른 비율로 나타난다. 우연한 듯이 나타나는 개인의 인물 묘사는 사실 대립자들 사이에서 벌어지는 전쟁으로 나타나며, 완벽한 대칭을 추구하는 패턴과 긴밀하게 연결된다.

원형에 가깝게 구조화된 이야기에서 인물이 목표를 추구하면서 보여주는 자질은 목표를 성취하는 능력을 방해하는 자질이기도 하다. 그런 특성은 초기에는 의식하지 못하는 대립물을 지니고 있으며, 구원을 받는 것이 결말이라면 이 대립물은 인물의 구원자가 된다. 비극에서는 정반대의 상황이 발생한다. 제이 개츠비는 데이지 뷰캐넌을 얻기 위해 완전히 허구적인 자신을 스스로 창조해 낸다. 그러나 그의 환상을 창조한 바로 그 충동이 오히려 그녀를 밀어낸다. 그러므로 인물과 구조는 불가분의 것이다. 하나는 다른 하나를 드러낸다. 그런데 만일 구조가 실제로 그렇게 도식적이고 단순하다면 곧바로 의문이 생긴다. 만약 모든 구조가 동일한 원형을 따른다면 인물의 무한한 다양성을 어떻게 설명해야 할까?

14장

인물의 개성화

성기가 작은 남자가 마천루를 짓는다. 섹스를 두려워하는 여자가 수녀가 된다. 자기혐오에 시달리는 남자가 코미디언이 된다. 이 모든 말들은 익숙한(멜로드라마는 다르지만) 드라마적 비유다. 각각 진실을 담고 있다. 사람들은 내부에서 일어나는 갈등을 다루기 위해 공적인 겉모습을 만들어 낸다. 드라마에서도 그러하다. 지미 맥거번의 〈프리스트Priest〉에서 그레그 신부는 현역 신부이면서 동성애자다. 〈보드워크 엠파이어Boardwalk Empire〉의 금욕적인 금주법 단속반원은 성도착자다. 인물은 속으로 두려워하는 것들을 감추기 위해 겉모습을 만들어 낸다. 우리 모두 그렇다.

인물의 겉모습은 내적 갈등이 겉으로 드러난 것이다. 그러나 단순히 이것이 약점을 숨기고 있는 모든 사람이 단단한 겉모습을 갖고 있다는 뜻이라면 아주 적은 수의 인물 유형만이 존재할 것이다. 이렇게 명백한 역설을 어떻게 설명해야 할까? 적절히 구상한다면, 인물은 이야기의 양식에 적합할 뿐 아니라 이야기를 설계하는

데 필수적인 부분이기도 하다. 〈위트니스〉, 〈수색자The Searchers〉, 그리고 〈노팅 힐〉의 중심에는 모두 친밀감을 두려워하는 주인공이 등장한다. 그러나 존 북, 이선 에드워즈와 윌리엄 태커 사이에는 전혀 다른 세계가 있다. 확실히 이야기 구조는 너무 도식적이기 때문에 그런 다양성을 만들어 낼 수 없는 것일까?

이에 대한 답은 꽤 즉각적으로 나온다. 작가들은 인물들에게 서로 다른 방식으로 옷을 입힌다. 그들의 기이한 버릇, 교묘한 말솜씨, 환경과 배경, 이 모든 것으로 각각을 차별화하기 위해 최선을 다한다. 그런데 근본적인 결함과 내적 갈등을 똑같이 지닌 네 인물이 구조라는 그물에 걸려 있다면 어떻게 그렇게 다를 수 있단 말인가? 다행히 갈등은 여러 가지 방식으로 드러난다.

사람들은 자기를 안전하게 만들어 줄 인물을 창조한다. 그리고 자신의 이미지를 강화해 줄 것이라고 믿는 사회적 지위와 성취를 얻기 위해 분투한다. 허구에서 사용하는 용어로 말하자면 그들이 원하는 것은 그들을 완성시키고 내적 갈등을 잠재워 줄 것이라고 잘못 믿고 있는 욕망이다. 이것은 잘 알려진 허구적 장치다. 시민 케인은 자기를 두렵게 만드는 세계를 통제하려고 애쓴다. 개츠비는 그가 두려워하는 빈곤을 숨겨줄 부를 바란다. 토니 소프라노는 자신의 약점을 가려줄 폭력을 사용하느라 식은땀을 흘린다. 도널드 드레이퍼는 전혀 다른 인물을 자기 속에 묻어버리려 엉뚱한 인물을 창조한다. 우리가 보아 온 대로 이 인물들이 꾸며내는 겉모습은 그들에게 행복을 가져다주지 않는다. 그렇다면 그들은 왜 그런 겉모습을 선택했으며, 이것이 우리에게 인물의 개성화에 대해 말해 주는 것은 무엇일까?

자아 방어 기제

"신경증이란 당신이 지니고 있다는 것을 모르는 비밀이다."

- 케네스 타이넌Kenneth Tynan

극도의 스트레스를 겪으면 어떤 인물은 웃을 것이고, 어떤 인물은 울 것이다. 어떤 인물은 지적으로 처리할 것이고, 어떤 인물은 다른 사람들에게 화풀이를 할지도 모른다. 이것이 인물 묘사에서는 기본이지만 심리학 이론에서는 핵심이기도 하다.

프로이트는 자아가 방어 기제를 가지고 있으며, 방어 기제는 내적 갈등을 처리하기 위해 고안되었다고 믿었다. 이 장치는 공적인 체면(초자아)과 본능 또는 내적 분노 사이에서 일어나는 끊임없는 싸움 때문에 발생하는 신경증의 배출구다. 그는 본능적인 충동(섹스를 하거나 복수를 하고자 하는 욕망)이 초자아(어떤 것은 허용할 수 없다고 말해 주는 충동)와 갈등을 일으키면 불만, 걱정 그리고 신경증이 발생한다고 주장했다. 이런 불쾌한 느낌을 처리하기 위해 자아는 방어 기제(이것은 행복으로 가는 영속적인 길이 아니라 개인들로 하여금 하루하루를 살아가게 해 주는 심리학적 '임시 대처 방법'이다)를 만들어 낸다.

케네스 타이넌(영국의 극작가이자 비평가 - 옮긴이)은 "신경증이란 당신이 지니고 있다는 것을 모르는 비밀이다."라고 말했다. 우리는 이 '비밀'이 던져놓은 문제들을 처리하기 위해 여러 종류의 방어 기제를 채용한다. 이 방어 기제들은 지그문트 프로이트와 그의 딸 안나의 개척적인 작품들로 알려져 있다.[1] 이 방어 기제들은 보통 네 가지 범주로 분류할 수 있다.[2]

i. 병적인 방어 기제(예: 망상적 투사)
ii. 미성숙한 방어 기제(예: 수동적 공격성)
iii. 신경증적 방어 기제(예: 건강 염려증)
iv. 성숙한 방어 기제(예: 유머/이타주의)

대부분의 특성이 익숙해서 친구나 동료 사이에서, 그리고 자기 자신을 잘 이해하는 사람들에게서 흔히 찾아볼 수 있을 것이다. 공적 생활을 하는 사람들에게서는 더 쉽게 찾아볼 수 있다. 명성이 이를 더 악화시키기 때문이기도 하고, 신경증 환자들이 명성과 인정을 더 열심히 추구하기 때문이기도 하다. 우리의 목적을 위해 중요한 것은 이런 증상들이 즉시 알아볼 수 있을 만큼 드라마에서도 나타난다는 것이다.

주지화

- 비감성적 측면에만 집중

〈맨해튼Manhattan〉

억압

- 즐거움을 주는 본능을 억누름

〈남아 있는 나날The Remains of the Day〉

퇴행

- 발달 단계 초기로 돌아가려 함

〈새로운 탄생The Big Chill〉

승화

- 부정적인 정서를 다른 형태로 옮기려 함

〈초콜릿Chocolat〉

합리화

- 정당치 못한 행동을 그럴듯한 이유를 붙여 정당화하려 함

〈라스베가스를 떠나며Leaving Las Vegas〉

고립

- 생각과 사건을 분리함

〈수색자〉

투사

- 자기의 잘못을 다른 사람의 것으로 돌림

〈소프라노스〉

부정

- 정서적 상처를 인정하기를 거부함

〈악마의 씨Rosemary's Baby〉

전위

- 내적인 공격성 따위를 다른 대상으로 옮겨 표현함

〈데드위시Death Wish〉

반동 형성

- 자신의 느낌과 반대되는 행동을 함

〈크래쉬Crash〉

간단히 말해 결함이 있는 인물이 만들어 낼 수 있는 겉모습에는 엄청나게 넓은 선택의 폭이 있다. 아무와도 친해질 수 없는 자신의 무능함에 대해 인물은 어떻게 반응할까? 그는 다음 중 무엇을 할까?

지적으로 처리한다.	자기 동료를 비난한다.
농담으로 받아넘긴다.	고립되어 살아간다.
모든 욕망을 묻어 버린다.	문제가 있음을 부정한다.
유치하게 행동한다.	창녀와 잔다.
마천루를 건설한다.	타인을 공격한다.

정신적 상처를(또는 드라마의 세계에서는 인물의 결함을) 숨기려는 시도는 수많은 방식으로 이루어진다. 친밀감에 대한 두려움 때문에 인물은 다양한 가면을 쓸 수 있다. 〈수색자〉, 〈위트니스〉 그리고 〈노팅 힐〉의 주인공들은 서로 매우 다르지만 여전히 같은 근본적인 결함의 산물인 까닭이 바로 이것이다.

이야기에서 쓰는 용어로 말하자면, 자아의 방어 기제는 인물이 자신의 내적 자아를 숨기기 위해 쓰는 가면이다. 그 가면은 우리가 이야기 속으로 처음 들어갈 때 만나게 되는 인물의 일부이며 만일 원형이 옳다면 벗어버리게 되는 일부이기도 하다.[3] 이런 점을 받아들인다면 이야기의 형성에 심리학적 뿌리가 얼마나 깊이 박혀 있는지 알아차릴 수 있다. (우리를 대신하는)인물에게 원형이란 신경증적 갈등을 해결하는 본보기로 작용한다.

신경증적 갈등을 야기하는 것은 무엇일까? 그 해답은 가장 일반적으로 쓰이는 드라마의 몇몇 기법에서 찾을 수 있으며, 또한 이 해답은 해설의 성질과 중요성, 그리고 전체적인 드라마 구조에 대해 매우 중요한 문제를 제기한다.

신경증적 갈등의 기원과 고무 오리

모든 3차원적 인물들은 처음에는 결함이 있다. 심리학적 용어로 말하자면 그들은 신경증적 상처의 희생자들이다. 그들의 바람과 필요는 서로 맞지 않는다. 그들은 기능 장애에 시달리며, 이런 기능 장애를 다루기 위해 잠깐 도움이 되는 방어 기제를 사용하지만 이것이 지속되면 심각한 손상을 입게 된다. 이런 상처는 흔히 영화나 연극 또는 TV 프로그램이 시작되기 이전에 겪었던 인물의 화면 밖 경험에서 비롯된다.

〈이스트엔더스〉에서는 그 경험이 캣이 해리 삼촌에게 당한 강간일 수 있다. 〈양들의 침묵The Silence of the Lambs〉에서는 클라리스가 불에 타는 양들을 본 경험이리라. 〈앙코르Walk The Line〉와 〈레이Ray!〉는 초기에 겪은 형제의 죽음이 영화를 끌고 가지만(한 번은 프롤로그에서, 또 한 번은 회상 장면에서 나타난다) 상처의 뿌리는 대부분의 영화에서 이야기의 끝 아니면 적어도 2/3 지점까지는 드러나지 않는다. 현재 주인공의 모습이 어떠하며 또 왜 그런지를 마법과 같이 단번에 설명해 주는 것은 퍼즐의 마지막 조각이다.

이것을 설명하는 용어를 개발한 사람 가운데 시드니 루멧Sidney Lumet 감독과 패디 차옙스키Paddy Chayefsky 작가보다 더 나은 사람은 지금까지 아무도 없었다. 두 사람은 현재의 인물이 어떤 사람인지 '설명'해 주는 과거 인생의 한 순간을 '고무 오리' 순간이라고 이름 붙였다.[4] 의도적으로 이렇게 냉소적인 표현을 한 것은 놀랄 일도 아니다. '인물들이 갓난아기였을 때 누군가 그들의 고무 오리를 빼앗았다'라는 것을 보여주면 이런 정신병적 경향이 쉽게 설명되기 때문이다. 이들의 냉소주의는 일반적인 드라마의 주제가 되었고[5] 사실상 솜씨 좋게 애용되기 시작하여 계보를 잇게 되었다. 〈델마와 루이스〉에서 이것은 루이스가 텍사스에서 강간당한 때였다. 〈시민 케인〉에서는 '로즈버드'와 떨어졌을 때였다. 〈카사블랑카〉에서는 파리에서 일자가 릭을 떠날 때였다. 〈레인맨Rain Man〉에서는 갓난아기였을 때 형제들이 이별한 때였다.

그것은 '주기적' 구조를 사용하는 모든 영화의 기본이기도 하다. 이런 영화들에서 우리는 처음에는 주인공에 대해 아무것도 모른다. 변화는 인물 내부에서가 아니라 인물이 실제로 어떤 사람인지 관객에게 조금씩 드러나면서 일어난다. 변화는 주인공 안에서가 아니라 우리 안에서 일어난다. 예술 영화에서건(〈내가 가는 곳은 어디인가!I Know Where I'm Going!〉, 〈붉은 거리Red Road〉), 상업 영화에서건(〈레이첼, 결혼하다Rachel Getting Married〉, 〈본 슈프리머시The Bourne Supremacy》), 모든 것은 주인공이 어떤 사람인지를 우리에게 알려주는 순간을 만들고 드러내기 위해 구조화된다. 물론 모든 것은 변화의 패러다임에 꼭 맞아야 한다.

대부분의 영화에서 이 순간은 적어도 4막의 끝부분까지는 드러나지 않는다. 부분적으로는 이야기 전반에 걸쳐 미스터리와 기대감을 조성하는 데 도움이 되기 때문이며, 부분적으로는 이야기란 이 순간을 향해 가는 인물의 여행이기 때문이다. 다시 말하지만 이야기는 심리학 이론과 맞아떨어진다. 인물들은 과거의 상처를 받아들이고 융화하기 위해 여행을 떠난다. 그들은 상처의 원인과 맞닥뜨리고 그것과 타협함으로써 앞으로 나아갈 수 있다.

그러므로 '고무 오리'의 순간이란 처음으로 인성 안에서 분열이 일어나는 순간이며, 태어날 때의 건강했던 개성과 나중에 상처받은 인간이 분리되는 때다. 이것은 심리학적 방어 기제의 탄생을 촉발하는 사건이다. 사실상 신경증을 유발하고, 결과적으로 인물의 겉모습을 만들어 내는 순간이다.

케인은 사랑을 빼앗긴다. - 그래서 그는 제국을 건설한다.

루이스는 냉정하고 남에게 무관심하며 남을 지배하려 든다. 텍사스에서 당한 일 때문이다.

릭 블레인은 무례하며 이기적이다. 일자가 파리에서 자기를 버렸기 때문이다.

고무 오리 순간은 잘만 이용하면 매우 강력한 드라마적 장치가 될 수 있다. 잘못 이용하면 그것은 과장되고 유치하고 상투적인 멜로드라마로 이끌 수도 있다(〈죠스〉에서 퀸트가 미 해군 전함 인디애나폴리스 선상에서 상어의 공격에 관해 연설하는 장면은 둘 사이의 차이를 아주 분명하게 보여 준다). 데이비드 마멧은 이것을 아주 통렬하게 '내 아기 고양이의 죽음' 연설이라고 불렀다. 연극으로 치면 대개 전체의 3/4 지점에서 작가가 아주 멋진 독백으로 배우들의 연기를 중단시키는 때다. 흔히 이렇게 시작한다. "내가 어렸을 때, 아기 고양이가 한 마리 있었거든든……."

극작가 사이먼 스티븐스Simon Stephens도 똑같은 경향을 지적했다. "초보 극작가들은 오래된 가문의 비밀에 대해 쓰곤 하는데, 대개 이런 비밀은 연극 전체의 4/5 지점에서 흔히 술에 취해 하는 독백 형태로 드러난다." 마멧처럼 그 또한 이것을 '연극적으로 무기력한 짓'이라고 비꼬았다.[6] 오손 웰즈 자신도 '로즈버드'에 대해 '싸구려 프로이트'라고 언급한 바 있다. 화면 밖에서 얻은 상처를 드러내는 것은 이야기 전개 상황을 알려 주거나 〈델마와 루이스〉에서처럼 능동적으로 목표를 만들어야 할 때 효과적으로 작동한다. 좀 더 현대적 견해로 〈소셜 네트워크〉는 고무 오리 순간이 실제로 무엇인지에 대한 인물들 간의 긴 논쟁으로 볼 수 있다. 이 순간이 배경 이야기일 때는 별로 효과가 없다. 그런데 꼭 이 순간이 필요할까?

마멧은 작가들이 그러지 말아야 한다고 주장한다. "영화가 드라마적이라기보다 서술적이 되면, 즉 관객의 상상력을 방해하면 관객은 흥미를 잃어버린다.…… 해설, 배경 이야기, 서술, 성격 묘사와 같은 쓰레기가 관객으로 하여금 지금 무슨 일이 일어나고 있는지에 대해 흥미를 잃게 만든다. 이것은 문자 그대로 드라마를 중단시켜 버린다."[7] 정당하게도 그는 형편없는 서사를 늘어놓고, 관객을 2 더하기 2만 보여주는 것이 충분할 정도의 지적 존재로 취급하기를 거부함으로써 관객을 밀어내는 과도한 설명 문화를 조롱하고 있다.

포스터가 그랬듯이[8] 마멧은 우리의 유일한 관심사가 다음에 무슨 일이 일어나느냐에 있어야 한다고 지적한다. 우리는 23편의 영화를 보고 나서도 제임스 본드의 배경에 대해서는 아는 바가 거의 없다.[9] 알 필요도 없다. 그는 순수한 캐릭터다. 우리는 그가 어떤 사람인지 잘 안다. 인물의 배경 이야기가 적을수록 관객은 더욱 쉽게 자신을 그와 동일시할 수 있다. 그가 다른 사람이 아닌 바로 우리와 비슷하다는 것을 더 잘 알 수 있다. 그에 대해 더 많은 것을 알고 싶어 할 수는 있지만 우리가 계속 보게 만드는 것은 그에 대해 모르는 부분이다. 그래야 우리는 여행을 완전히 경험할 수 있고, 인물이 목표를 추구하는 과정에 적극적으로 참여할 수 있다. 그의 결함은 그의 겉모습과 하나가 되고, 그의 필요는 그의 욕망과 하나가 된다. 그리고 모든 드라마의 목표는 성취된다. 풍부하고 복잡하며 3차원적인 인물이 우리 눈앞에 나타난다.

에르제Hergé(벨기에의 만화가 - 옮긴이)의 『땡땡』이 아주 풍부한 원형으로 둘러싸여 있는데도 그의 성격이 잘 드러나지 않는 데는 다 이유가 있다. 어린이들에게는 그가 입은 반바지를 입고 모험 속 영웅이 되는 것이 얼마나 쉬운 일인가. 이 인물이야말로 어린이 자신과 아주 비슷하기 때문이다. 데이비드 핀처는 〈택시 드라이버〉에서 로버트 드니로가 보여 준 상징적인 성격에 대해 이렇게 말했다. "나는 트래비스 비클이 어디 출신인지, 그가 그런 일을 하도록 만든 것이 무엇인지 전혀 모른다. 몰라도 전혀 상관없다. 그것이 그를 그토록 매력적으로 만드는 것이다."[10] 핀처가 지적한 점은 단순하지만 매우 중요하다. 만일 영화가 제대로 작동한다면 주인공은 바로 우리여야 한다. 우리가 주인공에 대해 모르면 모를수록(〈존 말코비치 되기〉의 인물들처럼) 우리는 그의 머릿속으로 더 깊이 들어갈 수 있고, 그의 경험을 우리 자신의 경험으로 만들 수 있다.

진정으로 원형적인 드라마는 평화로운 느낌을 자아낸다. 이야기는 일시적인 치유제 역할을 하면서 우리의 내적 스트레스를 몰아낸다.[11] 우리는 보는 동안 치유를 받는다. 그 작품이 갈등 해결에 필요한 것을 보여주기 때문이 아니라 우리 스스로 그 과정을 겪게 하기 때문이다. 잘못 배치된 배경 이야기는 이 과정을 방해하며, 우리의 공감 능력에 지장을 준다. 이것이 바로 구조적으로 완전한 영화가 우리에게 깊은 감동을 주는 이유다. 만일 인물과 구조가 한 몸을 이룬다면 따로 무언가를 설명할 필요가 조금도 없다. 원형 스스로가 풀어나가는 심오한 효과는 무의식의 수준에서 그 어떤 말이 할 수 있는 것보다 우리에게 더한 감동을 준다. 물론 우리가 어긋난 구조를 바라볼 때 스트레스를 받는 것도 같은 이유에서다. 평화로운 느낌을 주는 것이 언제나 모든 예술가의 목표가 아니라는 것도 맞는 말이다.

15장

대사와 인물 묘사

본　　드: 내가 말하기를 바랐나?

골드핑거: (돌아본다. 웃으며) 아니, 본드. 나는 네가 죽기를 바랐지.

- 리처드 메이범Richard Maibaum과 폴 덴Paul Dehn, 〈007 골드핑거〉

막연한 이야기이긴 하지만 모든 발언은 어느 정도는 의도의 표현이다. 앞으로 보게 되겠지만, 대사의 세 가지 중요한 기능(인물 묘사, 해설, 서브텍스트)은 모두 인물의 욕망이 낳은 것이다. 대사란 구조에서 태어난 것이며, 구조의 필수 구성 요소다.

"말하지 말고 보여주라."는 오랫동안 시나리오 창작의 격언이었다. 데이비드는 역설적으로 '보여주기가 아니라 말하기'(즉, 영화는 시각 매체임과 동시에 언어 매체이기도 하다는 것이다)가 더 올바른 방식이라고 주장했다.[1] 그의 말이 맞다. 그러나 그가 옳다고 생각하는 그 이유에서는 아니다. 적절한 언어 표현은 매우 중요하며 아주 멋질 수도 있다(대사가 작품을 흥하게도 할 수 있고 망하게도 할 수 있다). 그렇다고 해서 영화가 언어 예술이라는 뜻은 아니다.

〈재즈 싱어The Jazz Singer〉는 최초의 장편 유성 영화다. 1927년에 이 영화가 선을 보이자 모든 것이 바뀌고 말았다. 이 영화가 상영되기 전에 관객은 이미지의 병치에 따른 인과 관계를 적용함으로써 의미를 추측해 냈다. 그런데 소리의 등장과 함께 한층 더 특별한 사건이 일어났다. 관객이 이미지와 대사 사이에서도 비슷한 관계가 생겨남을 발견한 것이다. 레프 쿨레쇼프의 연구는 영화 역사의 초기에(영화가 순전히 시각 매체였을 때)[2] 이루어졌다. 그러나 소리의 발전이 가져온 주요 자산 가운데 하나는(이렇게 표현된 적은 한 번도 없지만) 쿨레쇼프 효과가 대사에서도 똑같이 적용된다는 사실을 밝힌 것이다.

인물의 겉모습을 창조할 때에 대사는 필수적인 역할을 한다. 보호막이 걷히지 않는 한, 사람들은 자기가 보이고 싶은 방식에 맞추어 말을 한다. 그러나 가면은 자주 벗겨지는 경향이 있다. 말 뒤의 진정한 의도가 언뜻 비칠 수도 있다. 이런 일은 쿨레쇼프 효과가 발생할 때 즉 말과 행동이 병치될 때 일어난다. 우리가 이미 살펴보았듯이 인물의 말과 행동이 서로 모순될 때 드라마는 즉각적으로 생명력을 얻는다. 관객이 능동적으로 개입할 수 있는 틈이 생기기 때문이다. 말과 행동이 분리되고 효과적으로 병치되면, 관객은 한층 더 참여적이 된다. 만일 대사가 단순히 말하는 것일 뿐이라면 이런 일은 절대 일어나지 않는다.

그러므로 좋은 대사란 행동을 해설하는 것이 아니라 행동을 드러내는 것이다. 위대한 대사는 우리에게 인물들이 어떤 사람들인지를 보여준다. 말하기가 보여주기다. 그것이 인물을 드러낸다.

대사를 통한 인물 묘사

TV에서 정치가가 인터뷰하는 것을 받아 적어보라. 정치가가 조금 전에 했던 생각을 새로운 생각으로 고치고, 그를 위한 적절한 단어와 문장을 찾는 동안 그 텍스트는 하다 만 말과 수정한 말들로 가득 차 있을 것이다. 사실 제대로 된 논쟁에서도 이렇다. 말하는 그대로를 옮겨 적어 보면 당연히 엉망으로 보일 것이다.

좋은 대사는 대화와는 다르다. 대사는 이상적인 대화를 표현하며, 인물 묘사와 구조의 요구에 따라 만들어진다. 대사는 또한 서사와도 다르다. 대사는 이야기를 전달하기 위해 있는 것이 아니다. 대사는 서사에 대한 인물의 반응이다. 인물이 가는 길에 놓여 있는 장애물에 대한 반응이다. 그러므로 말하기는 '행동하기'의 또 다른 형태이다. 그것은 장애물을 피해 가기 위해 타협할 때 쓰는 도구이며 각각의 말은 우리가 인물을 따라가기 위한 자취이다. 〈루크페리의 뱀파이어 해결사Buffy The Vampire Slayer〉의 기획자이자 〈어벤져스The Avengers〉의 감독인 조스 웨던Joss Whedon은 이렇게 말했다.

> 악당을 때리는 갱들을 비롯하여 영화 장면에 등장하는 모든 사람에게는 이유가 있다. 그들에게는 자신의 목소리가 있고 자신의 정체성이

> 있으며 자신의 역사가 있다. 그들이 다음 사람의 대사를 설정해 주는 방식으로 말을 한다면 대사는 생기지 않는다. 그저 짧은 문구만이 있을 뿐이다.…… 그들이 어떤 사람들인지, 왜 그들이 거기에 있는지, 왜 그들은 그렇게 느끼는지, 왜 그들은 그렇게 행동하는지 모른다면 문제가 있는 것이다.[3]

대사는 모든 인물을 개성 있게 만들어 주어야 한다. 그러려면 대사 안에 인물 묘사의 모든 원리가 담겨 있어야 한다. 좋은 대사는 인물이 어떻게 보이기를 원하는지 알려 주어야 하며, 반면에 인물이 숨기고 싶어 하는 결점이 무엇인지도 슬쩍 말해 주어야 한다. 코미디는 데이비드 브렌트와 알리 G(사차 바론 코헨이 이끄는 코미디 쇼의 주인공 - 옮긴이)가 입증한 것처럼, 이것을 극단으로까지 밀어간다. 전자는 더 친숙하게 느껴지고, 후자(성공회 주교의 아들)는 랩 DJ 팀 웨스트우드가 음반 '빅독'에서 거의 비슷하게 모델로 삼았듯이 실제 선조가 누구인지는 분명하다.

인물이 하는 모든 선택이 인물에 대해서 우리에게 무언가를 말해 준다면 자기도 모르게 무의식적으로 하는 선택 또한 그러해야 한다. 각 인물의 목소리는 그러한 다양한 선택의 결과일 것이고, 아마도 그 일부는 이야기가 시작되기 훨씬 이전에 만들어졌을 것이다. 문법과 어휘와 문장, 리듬과 문장의 길이, 전문 용어와 은어, 이것들을 특정한 방식으로 결합하면 그 인물이 어떤 사람인지 이해할 수 있다. 이 중에 하나를 바꾸면 인물 또한 바뀐다. 대사란 누군가의 말 그 이상이다. 어떤 말을 할 것이냐를 선택하는 방식

또한 중요하다. 모든 말은 욕망, 문화, 배경, 세계관, 지위, 도덕, 성, 잠재의식 속의 공포, 교육 등이 모두 녹아 있는 용광로, 즉 그들이 태어난 도가니 속의 그 무언가를 드러낸다.

이런 선택은 잠재의식 속에서 이루어질 수도 있다. 하지만 이 선택은 여전히 살아 움직인다. 어떤 작품이 회상이 되어 가면, 배경 이야기에 집중하고, 과도하게 해설적인 나머지 "생각나니?" 또는 "그 말을 들으니 그때가 생각나네……."와 같은 말이 들린다면, 우리는 이 작품이 문제가 많다는 것을 알게 된다. 대사도 마찬가지다. 목표를 추구할 때 부딪히는 장애물에 대한 인물 고유의 정확하고 특징적인 반응을 표현하는 데에 실패한다면 그 대사는 실패한 것이다. 대사는 행동하는 인물이어야 한다.

16장

해설

"행복한 결혼식 날이오, 자매여."[1]

실외. 계단. 웨스트민스터사원

남자 A: 저 사람은 빅토리아 여왕의 독자이자 왕위 계승자인 섭정 왕자가 아닌가? 내가 듣기로 저편에 서 있는 매춘부들이랑 어울렸다는 남자 말이야.

남자 B: 맞다네.

기원전 5세기, 남자 A가 한 대사는 프롤로그로 쓰였다. 프롤로그 방식은 에우리피데스가 처음 사용한 것으로 알려졌는데 흔히 신이 말하는 형식이었다. 인간이 말하는 프롤로그는 이야기를 따라가기 위해 관객에게 필요한 설정, 이력, 인물, 구성 그리고 동기

등을 알려주기 위해 마련되었다. 현대식으로 말하자면 프롤로그는 해설자의 몫이다.

남자 A가 해설자라고 치면 이것이 텔레비전 대사라 하더라도 조금도 문제 될 것이 없다. 그러나 처음에는 연극, 그다음에는 영화와 텔레비전에서 리얼리즘이 점점 더 강조되자 관객에게 보이지 않는 인물이 대사를 한다는 것이 이상하다고 여겨지기 시작했다. 셰익스피어가 인물의 행동에 대해 지나가는 여러 신사들이 한마디씩 던지게 한 반면(《헨리 8세King Henry Ⅷ》에 나오는 첫 번째, 두 번째, 세 번째 신사), 빅토리아 시대에는 자기 주인의 흠담을 하는 두 하녀에게 프롤로그를 하는 역할이 맡겨졌다. 그럴듯하게도 이 기법은 '식탁 먼지 털기'라고 알려졌다.[2] 이런 장치는 능숙하고 사려 깊은 솜씨로 관객들이 요구하는 모든 정보를 드라마적으로(다시 말해 슬그머니), 관객들은 그것이 제시되는지도 모르는 채 전달할 수 있음이 증명되자 유행이 지나버렸다.

테렌스 래티건은 현대적이고 사실적인 해설을 하는 데에 최초이자 최고의 명인이라고 할 수 있다. 〈윈슬로우 보이The Winslow Boy〉는 비길 데 없이 좋은 예다. 여기에서는 도둑질과 재판, 국가적인 스캔들이 모두 배우들의 행동을 통해 거실을 한 번도 나가는 일 없이 아주 매끄럽게 전달된다. 이런 기술은 매우 드문 것이며 이를 습득했다는 것은 위대한 '말하기' 재능을 갖추었다는 뜻이다. 나쁜 해설이야말로 작가를 배신하는 첫 번째 결함이다.

이것이 왜 그렇게 어려울까? 해설이란 참 어색한 것이다. 실제 생활에서는 그런 일이 좀처럼 일어나지 않기 때문이다. 무엇보다 해설이란 말하기인 데 반해 드라마는 보여주기다. 형식과 기능이 기본적으로 조화를 이루지 못한다. 형편없게 쓰기는 쉽지만 잘 쓰기는 어렵다. 이것이 풍자가들의 주요 타깃이 되는 까닭이다.

실내. 홀비실, 낮.

개인실 문이 거칠게 열린다. 미키가 자신의 환자 줄리아를 보다가 돌아본다. 그러고는 눈살을 찌푸린다. 지시를 받은 윌과 멉스가 들어온다.

미키: 코니가 올 거라고 생각했는데요.

윌: 음, 예. 이번에는 아니에요. 당신은 잠깐 뒤로 물러나 있어야 할 것 같네요.

(그들 뒤로 밥이 허둥대며 들어온다. 초조해하고 조바심을 내며 침대에 누워 있는 아내 줄리아를 바라본다.)

밥: 줄리아, 무슨 일이야? (윌에게) 이런 일이 생길 수 있다고 당신이 말했죠. 아내의 심장을 포기해야 합니까?

줄리아: 아무도 포기하지 않아요. 그냥 기절했을 뿐이에요.

밥: 판막이 문제지요, 그렇지 않나요? 아이를 가진 것이 그녀의 심장에 너무 무리를 준 거예요. 당신 말대로.

윌: 심장 소리를 들어 보면, 당신이 저번에 방문한 이후로 조금 더 악화되었어요. 줄리아가 쓰러진 것은 그녀의 심장이 뇌까지 충분한 혈액을 공급하지 못하기 때문이에요.

줄리아: 아이는 괜찮죠, 그렇죠?

멉스: 확실히 알아보기 위해 초음파 검사를 할 겁니다. (미키에게)줄리아에게 수액 좀 투여해 주시겠어요?

줄리아: (냉소적으로, 윌을 향해) 당신은 아직도 내가 아기를 지워야 한다고 생각하나 봐요?

윌: 당신은 아기를 낳은 다음에 판막을 치료할 수도 있어요. 하지만 이 증상이 끝까지 지속될 경우의 위험성도 생각해야 합니다.

줄리아: 50%의 기회는 있지 않나요? (말을 잠깐 멈추었다가) 나는 그 기회를 살려 볼래요.

멉스: 약물 치료 상황은 어떻습니까?

윌: (기록을 체크하면서) 아주 잘 듣고 있는 거 같아요. 당신의 상태로 보아 혈압이 높아질 것을 기대했습니다. 당신은 혈압이 너무 낮아요.

밥: 하지만 그게 더 낫지요, 그렇지요? 혈압이 높으면 심장마비가 올 수도 있다고 그러셨잖아요?

(윌이 고개를 끄덕거리고 헛기침을 한다.)

윌: 음, 하지만…… 이건 너무 낮아요. 줄리아의 심정지 위험에 대비하세요. (갑자기 떠오르는 생각이 있는 듯) 우리가 이야기한 대로 칼슘 차단제로 바꾸었나요?

줄리아: 예. 에이스 억제제는 아기에게 안 좋을 수 있다면서요?

윌: 용량을 꼭 초과해서 먹어야 했나요?

줄리아: 난 바보가 아니에요!

미키: 커티스 씨가 그런 뜻으로 한 말은 아니잖아요.

아마도 빅토리아 우드Victoria Wood(영국의 배우이자 작가 - 옮긴이)의 풍자적인 〈에이콘 앤티크Acorn Antiques〉(빅토리아 우드가 처음으로 쓴 뮤지컬 - 옮긴이)가 아닌가 생각하겠지만 이것은 2005년에 나온 〈홀비시티Holby City〉(영국 BBC1에서 방영했던 홀비 종합병원의 이야기를 다룬 메디컬 드라마 - 옮긴이)의 한 장면이다. 영국의 초기 연속극은(나는 전 세계가 그랬을 것이라고 믿지만) 시청자가 그리 똑똑하지 못하다고 믿는 경향이 있었다. 작가들은 모든 것을 설명해야 한다고 강요받았다. 구성의 요점, 동기 그리고 외과 수술의 기법 등을 정확히 알아야 시청자가 계속 드라마를 볼 것이라고 생각했다. 물론 그 결과는 아주 따분한 것이 되었다.[3]

대개의 드라마적 허구는 그럴듯함을 요구한다. 인물들이 실제 생활에서 하지 않을 만한 이야기는 하지 않는 것이다. 인물들은 관객을 위해 필수적인 정보를 전달할 필요도 있다. 작가가 구조상의 요구 조건과 '사실' 사이의 갈등을 해결해야 하듯이, 그들은 대사에서 같은 딜레마에 빠진다. 원을 어떻게 사각형처럼 그릴까? 어떻게 하면 〈홀비시티〉의 철 지난 에피소드처럼 보이지 않게 할 수 있을까? 다시 해답은 드라마적 구조의 원리들을 수용하는 데에 있다.

해설에는 기본적으로 두 가지 유형이 있다.

1. 관객과 인물 모두 모르는 정보 전달하기
2. 관객은 모르지만 인물들은 모두 알고 있는 정보 전달하기

다른 인물들은 모르는 정보 전달하기

수많은 드라마에서 자주 나오는 사람들이 의사와 경찰이다. 우리가 삶과 죽음에 관한 문제에 관심이 많기 때문만은 아니다. 그들의 가치는 구성에 관한 중요한 정보를 끌어내는 능력에 있다. 1985년 〈이스트엔더스〉는 레그 콕스의 죽음이라는 타당한 드라마적 이유에서 출발했다. 이런 사건은 시청자를 확 끌어당길 뿐만 아니라 경찰 조사를 통해 광장에 접근할 수 있게 해 준다. 이것이 바로 〈ER〉의 카터, 〈프렌즈〉의 레이첼, 〈라이프 온 마스〉의 샘 또는 〈캐주얼티〉의 1학년생들과 같은 순진한 친구들이 대부분의 새로운 시리즈에 나오는 이유이기도 하다. 이들이 묻는 질문들은 시청자에게 필요한 해답을 제공한다. 관광객이나 학생, 이방인이나 권력자, 이들은 모두 같은 기능을 수행한다. 이들은 사실을 설명하기 위해서 드라마에서 꼭 필요한 것들을 제공한다. 다시 말하자면 이들은 바로 우리 자신이다.

다른 인물들이 모두 알고 있는 정보 전달하기

인물들은 모두 알고 있지만 관객은 모르는 정보를 전달할 필요가 있다면 사태는 더욱 복잡해진다. 예를 들어 남편이 어쩌면 죽을지도 모르는 병을 앓고 있고 이 사실을 남편과 아내 둘 다 이미 알고 있다면 아내는 이것을 남편에게 왜 말하려 할까? 경험이 적은 작가라면 이렇게 시작할 수도 있겠다. "들어 봐요. 당신, 당신에게 병이……." 또는 "의사가 말하는 것 들었지요? 그 병이……." 좀 더 나은 작가라면 요점을 다시 반복하기 전에 이렇게 툭 내던질 것이다. "당신 정말 바보예요?"

이것이 왜 작동할까? 필사적이라는 것을 알림으로써, 무언가가 아주 중요해서 반복해서 말할 필요가 있음을 보여줌으로써, 이유가 생겨난다. ("하느님 맙소사! 의사를 만나 봐요. 암이라니까요.") 그리고 이유가 있는 곳에 인물의 욕망이 있다.

모든 대사와 마찬가지로 모든 해설은 이런 욕망에 의해 만들어진다. 사실 나쁜 해설은 찾아내기가 더욱 쉽다. 모든 드라마의 연료가 되는 간절함이 없기 때문이다.

인물들이 모르는 정보를 전달할 때는 이유가 분명해진다. 그러나 모든 인물이 아는 정보는 감추어야 한다. 다른 말로 하자면 그것이 보여주기다. 그러나 이유만으로 늘 충분한 것은 아니다.

좋은 해설은 모두 드라마적으로 만들어져, 즉 갈등이 주입되어 숨겨진다. 이야기 구조에서 욕망은 항상 정반대의 욕망과 부딪친다. 그런 다음 이것은 드라마가 필요로 하는 갈등을 만들어 낸다. 이 장의 처음에 나와 있는 웨스트민스터사원의 계단 장면은 갈등이 없는 해설을 보여 준다. 여기에 서로 모순되는 목표를 주입하면 이 장면은 자동적으로 생명력을 갖게 된다.

실외. 계단. 웨스트민스터사원

섭정 왕자가 사원에서 나온다.

남자 A: 아주 멋진 남자야.

남자 B: 그럴 리가. 자기 어머니 얼굴에 먹칠을 하는 놈일세.

남자 A: 감히 여왕의 명성을 더럽힐 셈인가?

남자 B: 빅토리아 여왕이 자기의 섭정 왕자가 수시로 창녀들과 어울린다는 것을 안다면 왕자에 대해 나보다 좋은 소리는 못할 걸세.

인물이 자신의 욕망을 성취하기 위해 해설을 도구로 사용할 때 해설은 효과를 발휘한다. 이 욕망이 정반대의 욕망과 부딪치면 갈등이 생겨나고 해설은 보이지 않게 된다. 갈등이 크면 클수록 해설은 더욱 안 보인다. 수사하는 경찰이 범인에게 말을 하고 있거나 의사가 나쁜 소식을 전하기를 싫어하면, 정보 전달 상황에서 충돌이 일어나면 해설은 저절로 더 흥미진진해진다.

〈심정지Cardiac Arrest〉(영국 BBC1에서 방영한 메디컬 드라마 - 옮긴이)의 첫 번째 에피소드에서 제드 머큐리오Jed Mercurio(필명은 존 맥큐어John MacUre)는 고통스럽고 불편한 상황에서 겁먹은 수련의로 하여금 죽은 환자의 친척들에게 환자의 죽음을 알리게 한다.

콜린 박사가 친척들이 모여 있는 방으로 들어온다. 그레이 부인과 친구들이 창가에 앉아 좋은 소식이 오기를 목이 빠져라 기다리고 있다.

콜　린 박사: 그레이 부인.

그레이 부인: 피곤해 보이시네요, 박사님……. 여기 앉으세요.

콜　린 박사: 아, 아니에요……. 저, 괜찮습니다. 감사합니다……. 저, 아시겠지만…… 앨버트는 건강한 사람이 아니었어요. 그는 2차 중피종이 있었고…… 이런 종류의…… 이 폐암은…… 이것은 그가 석면에 노출되었기 때문에 온 것인데…… 실은 그가 석면에 노출되었기 때문에…… 그러니까, 확실한 것은 모르시겠지요……. 어제는 100퍼센트…… 건강한 사람은 아니었어요……. 저, 우리가 그에게 주사를…… 산소…… 분무기로…… 내가…… 우리가 그를 위해 할 수 있는 것은 전부 했습니다……. 마지막에는 우리가 할 수 있는 게 아무것도 없었습니다……. 실은, 제게 묻고 싶은 것이 있으시다면…… 음…….

그레이 부인: 저, 앨버트는 지금 어떤가요? 아주 안 좋은가요? 하고 싶으신 말씀이 뭔가요?

정서적인 충격은 해설을 안 보이게 만든다.[4] 머큐리오 자신이 말했듯이, '정서적 가림막'으로 해설을 숨기면 해설은 찾기 어려워진다.[5] 만일 남자 A가 앨버트 왕자의 친한 친구이거나 숨겨진 연인이라면 앨버트 왕자에 대한 정보는 더욱 큰 힘을 얻을 것이다. 다시 말하지만 좋은 대사는 정반대라는 용광로를 통해 단단해지는 법이다.

〈지옥의 묵시록〉에는 이런 기법들이 총망라되어 있다. 1막에서 윌러드 대위는 지휘관들 앞으로 불려간다. 곧 드러나게 되듯, 이들은 다른 사람들에게도 써먹었던 똑같이 더러운 속임수를 쓰려 하고 있다. 영리하고 능수능란한 한 장면을 보면 드라마에서 주된 역할을 하는 모든 인물에 대해 필요한 모든 것, 그들에 관한 중요한 사실들뿐만 아니라 그들이 행동하는 방식, 개인적인 기준, 그들이 어떤 사람인지 배울 수 있다. 존 밀리어스와 프랜시스 포드 코폴라가 영화를 이해하기 위해 필요한 거의 모든 요소를 전달하기 위해 서브텍스트, 욕망, 갈등, 그리고 몹시 개인적인 것들을 어떻게 구축해 놓았는지 한번 살펴보자.

실내. 상황실.

루카스 대령: 들어오게…… 편히 쉬어. 담배 줄까?
월러드: 아닙니다. 감사합니다.
루카스: 대위, 전에 이분을 뵌 적 있나? 장군님이나 나는?
월러드: 없습니다. 개인적으론.
루카스: 자네는 혼자서 일을 많이 했지. 그렇지 않나?
월러드: 예, 그렇습니다.
루카스: 보고서를 보니, 특히 콤섹 I 부대에서 정보부와 방첩대 일을 했군.
월러드: (불편해하며) 지금은 그 작전들에 대해 이야기하고 싶지 않습니다.
루카스: I 부대에서 CIA를 위해 일하지 않았나?
월러드: 하지 않았습니다.

루카스: 1968년 6월 19일, 자네가 쾅트리 지방 세무서장을 암살하지 않았나, 대위?

윌러드: (자기가 시험받고 있다는 것을 깨닫고) 그런 활동이나 작전에 대해서는 전혀 모릅니다. 그런 일이 있었다고 해도 그런 작전에 대해서는 말씀드릴 수 없습니다.

코먼 장군: (윌러드는 시험을 통과했다) 점심을 조금 들면서 이야기하는 것이 좋을 것 같군. 식욕이 있다면 다행이겠네. 손을 다쳤나?

윌러드: 대기 중에 낚시를 하다가 작은 사고가 있었습니다.

코 먼: 대기 중에 낚시라……. 그런데 임무를 맡을 준비는 됐나?

윌러드: 예, 장군님. 고대하고 있었습니다.

코 먼: 자, 뭐가 있나 한번 볼까? 구운 소고기하고…… 나쁘지 않군. 제리, 이것 좀 돌리게. 시간이 없으니까 양쪽으로 돌리게. 대위, 새우를 좋아하는지 모르겠네만, 이것을 먹으면 자네가 용기 있다는 것은 달리 증명 안 해도 될걸세. 나는 여기 이것을 먹지.

루카스: 대위, 월터 E. 커츠 대령이라고 들어 봤나?

윌러드: 예, 이름은 들어 봤습니다.

루카스: 제5 특전대 작전 장교지.

코 먼: 루크, 대위에게 테이프를 들려줘. 잘 들어 보게.

(테이프의 목소리): 10월 9일 04시 30분, PBK 지역.

루카스: 이것은 캄보디아에서 잡힌 목소리일세. 커츠 대령의 목소리라고 확인되었네.

커츠 대령: (테이프의 목소리) 나는 봤다. 달팽이가 면도날 위로 기어가는 것을. 이것은 내 꿈이다. 끔찍한 악몽이다. 기어간다, 미끄러지듯, 면도날 위로 똑바로, 그러고도 죽지 않는다.

(테이프의 목소리): 11번째 수신. 12월 30일 05시 00분. KZK 지역.

커 츠: (테이프의 목소리) 우리는 그들을 죽여야 한다. 다 태워 버려야 한다. 돼지들, 소들, 마을들, 군인들 모두 태워야 한다. 그들은 나를 살인마라고 부른다. 살인마가 살인마를 비난하면 그것을 무엇이라고 부를 텐가? 그들은 거짓말을 한다…… 그들은 거짓말을 하는데, 이 거짓말쟁이들에게 우리는 자비를 베풀어야 한다. 그 통치자 놈들. 나는 그들을 미워한다. 얼마나 미워하는지…….

코 먼: 커츠 대령은 이 나라가 낳은 가장 뛰어난 장교였다네. 그는 모든 면에서 뛰어났고 매우 우수했지. 인간성도 좋았어. 아주 인간적이었고 기지와 유머도 넘쳤지. 특전대에 들어갔는데 그 뒤로 그의 사상과 행동 방식이 불온해졌어……. 불온해졌지.

루카스: 지금은 자기 부대를 끌고 캄보디아로 건너갔는데, 부하들은 그를 공경해. 마치 신처럼 말이야. 그래서 어떤 명령이든, 아무리 터무니없는 명령이라도 무조건 복종해.

코　먼: 음, 또 하나 놀라운 소식을 말해 주겠네. 그때 커츠 대령은 살인죄로 체포되기 직전이었어.

윌러드: 무슨 말씀이신지……. 누구를 죽였습니까?

루카스: 커츠는 월남인 정보원들을 처형하라고 명령을 내렸어. 그들을 이중간첩이라고 믿은 거야. 그런 식으로 그는 일을 자기 멋대로 처리했어.

코　먼: 자, 알겠나, 윌러드……. 이 전쟁에서는 모든 게 엉망이 되고 있네. 권력, 이상, 오랜 도덕성, 군대의 필요성조차도. 그러다 원주민들과 함께 있으면 신이 되고자 하는 유혹을 받게 되네. 모든 인간이 마음속의 합리와 비합리, 선과 악 사이에서 갈등을 겪게 되기 때문이지. 선이 늘 승리하지만은 않는다네. 때로는 링컨이 말한 '우리 본성의 천사'를 악이 이기지. 모든 인간에게는 한계가 있어. 자네나 나나. 월터 커츠는 자기 한계에 도달했어. 그리고 분명하네. 그는 미친 거야.

윌러드: (애매한 표정을 지으며) 예, 분명합니다. 미쳤습니다.

루카스: (걱정스럽다는 듯) 자네의 임무는 해군 순찰선을 타고 넝강을 따라 내려가는 거야. 누멍바에서 커츠 대령의 루트를 찾아 이동하게. 가면서 무엇이든 알아보게. 대령을 찾아낸 다음, 무슨 수단을 써서든 그의 부대에 침투하

게. 그리고 대령의 지휘권을 제거하게.

윌러드: 제거하라고요? 대령을?

코 먼: 그는 아무 제재도 받지 않고 마음대로 일을 벌이고 있네. 사람으로서는 할 수 없는 행동까지도 말이야. 그렇게 무지막지한 자가 아직도 부대를 지휘하고 있다네.

민간인: 제거하세요. 극단적인 편견도 함께.

루카스: 자네도 알겠지만, 대위…… 이 임무는 없는 것일세. 존재한 적이 없는 거야.

대사 한 줄 한 줄이 각 인물의 의도를 분명하게 담고 있다. 그 의도는 감추어져 있을지 모른다. 그러나 이미지와 대사를 병치함으로써, 세무서장을 암살하지 않았다고 부정할 때의 윌러드 대위의 눈을 보여줌으로써, 그가 세무서장을 암살했고 상관들에게 그 사실을 부정함으로써 자기 자격을 증명했다는 것을 우리는 알 수 있다. 우리는 이것이 쿨레쇼프 효과가 작용한 결과라는 것을 알고 있다. 말과 이미지는 말을 뛰어넘는 의미를 전달하기 위해서, 즉 서브텍스트를 우리에게 전달하기 위해서 서로 결합된다.

지금이라면 앞에 나온 〈홀비시티〉의 장면을 어떻게 써야 할까? 작가들은 각자 서로 다른 방식으로 그에 접근하겠지만 물론 그 문을 여는 열쇠는 절대 대사에 있는 것이 아니다. 줄리아도 자기 상태에 대해 잘 모른다면 대부분의 정보는 미리 주어질 것이다. 결과는 대개 초음파 검사 이후에 전달될 것이다. 줄리아가 당장 초음파 검사를 받아야 한다는 것은 여기에서 실제로 필요한 유일한 정보다(그것이 실제로 이 장면에서의 핵심이다). 말로 한다 하더라도 몇 마디 말로 전달할 수 있는 정보다. 간호사 미키는 이상 징후를 발견할 수 있고 환자는 걱정스러워 보일 수 있으며 (예산에 따라) 드라마는 초음파 검사 장면을 생략할 수도 있다. 미키가 줄리아에게 걱정할 필요가 전혀 없다고 말하면 더 좋을 것이다.

〈심정지〉, 〈바디스Bodies〉, 〈라인 오브 듀티〉의 기획자 제드 머큐리오는 힘주어 말한다. "내 작품에서 대사는 가장 덜 중요한 요소다. 수많은 초보 작가들은 문제를 해결하기 위해 대사를 다듬는 데에 너무 많은 시간을 허비하지만 문제는 대부분 인물의 구조에 있다."[6] 밀리어스와 코폴라가 입증했듯이 위대한 대사는 예술이다. 그런데 그 바탕에는 구조가 깔려 있다.

17장

서브텍스트

1963년 11월 22일 금요일, 뉴스 진행자 월터 크롱카이트Walter Cronkite는 이어폰으로 들려오는 메시지를 전하기 위해 말을 멈추었다. 속보를 알리는 그의 목소리가 갈라졌다. "텍사스 댈러스에서, 확실한 공식적 속보입니다……. 케네디 대통령이 중부 시간으로 오후 1시에 서거했습니다……." 그는 안경을 벗은 다음 아주 힘겹게 다시 쓰고는 말을 계속했다. "존슨 부통령이 병원을 나섰습니다……."

이 장면을 본 사람이라면 이 소식이 주는 충격이 어떤 것이었는지 잘 알 것이다. 케네디의 죽음은 시간이 흐르면서 분명히 신화적인 더께가 쌓여 가고는 있지만 크롱카이트가 안경을 벗었다가 다시 쓰고, 그러면서 뉴스를 계속 진행하기 위해 애쓰는 그 순간이 지닌 특별한 위력을 부정할 수는 없을 것이다. 크롱카이트의 이 장면에서는 쿨레쇼프 효과가 작동하고 있다. 말(대통령이 죽었다)과 행동(안경을 벗음)이 함께 제시됨으로써 시청자는 참으로 서사적인 뉴스의 본성을 자유롭게 추측하게 된다. 절대 정신줄을 놓지 않았던 크롱카이트에게서 우리는 너무도 망연자실하여 잠깐 동안 평정심과 자신의 역할을 잊는 한 인간을 목도한다. 그러고 나서 그것이 자기 의무라는 것을 느꼈기 때문에 다시 정신을 가다듬고 프로로서 일을 계속한다.

〈양들의 침묵〉의 극본을 쓴 테드 탤리Ted Tally는 대사를 쓰는 기술에 대해 간단명료하게 이렇게 말했다. "중요한 것은 그들이 표현하는 감정이 아니라 그들이 숨기려고 하는 감정이다."[1] 이 말에 대해 지금까지 크롱카이트보다 더 좋은 사례는 없었다. 크롱카이트의 방송은 서브텍스트 안에 숨어 있는 감정으로부터, 2 더하기 2를 한 뒤 스스로 해답에 도달하는 시청자들로부터 그 힘을 끌어냈다.

스타니슬랍스키가 학생들에게 대사 한 줄 한 줄에 숨어 있는 의도나 목적을 찾으라고 요구했을 때 그는 말한 것과 실제로 의미하는 것이 다르다는 것을 알고 있었다. 대사의 실제 의미는 문자 그대로가 아니다. 실제 의미는 말 뒤에 숨어 있다. 실제 의미는 사회적 지위, 통제력, 권력을 차지하기 위한 싸움에 있을 수도 있고, 사랑이나 슬픔 또는 엄청난 상실감을 표현하고자 하는 욕망 속에 있을 수도 있다. 우리는 이미 훌륭한 대사의 한 줄 한 줄이 의도를 담고 있다는 것을 보아 왔다. 이유가 무엇이건 간에 인물은 자신의 의도를 드러내는 데에 어려움을 느낄 수도 있다. 드러내고 싶지 않을 수도 있다. 크롱카이트는 감정을 드러내는 것은 자기가 할 일이 아니라고 느꼈다. 그가 할 일은 자신의 의무를 다하는 것이었다. 그런데 그의 말과 행동이 모순을 보임으로써 거기에서 막강한 힘을 지닌 서브텍스트가 탄생했다.

때때로 인물의 욕구가 명백히 보일 때도 있다. 마이클 콜레오네는 솔로초를 죽이겠다고 결심하면서 조금도 망설이지 않았다. 그러나 몇 가지 이유에서 의도는 자주 가려진다. 이 때문에 서브텍스트가 태어난다.

트레버: 하고 싶은 말이라도 있어?

리틀 모: (잠깐 멈추었다가) 난, 당신을 사랑해.

리틀 모가 트레버에게 사랑한다고 말은 하지만(〈이스트엔더스〉, 2001), 이것이 사실이라서 이런 말을 하는 것은 아니다. 이 대화는 욕실 바닥에서 그가 그녀를 강간한 직후에 이루어졌다. 이런 맥락에서 그녀가 한 말은 자신의 안전을 바라는 적극적인 욕구를 나타낸다. 그녀의 말은 그녀의 남편이 드러낸 폭력의 위협을 누그러뜨리기 위해 사용된 것이다. 그녀는 그를 증오하지만 그렇게 말하기가 너무 두렵기 때문에 그 대신 그를 사랑한다고 말한 것이다.

서브텍스트는 인물의 겉모습과 실제 의도 또는 목표 사이에서 일어나는 상호작용으로부터 태어난다. 진실한 감정을 표현해야 한다는 압력을 받으면서도 인물들은 계속해서 가면을 쓰고 있으려고 애쓴다. 바라는 것과 필요한 것이 서로 부딪치면 더 큰 진실(인물의 말과 행동 사이에서 드러나는 간극)이 드러난다. 그 간극은 드라마의 재료가 된다.

모든 인물은 욕구를 지닌 채 등장한다. 인물이 욕구를 표현하는 방식은 그가 누구에게 이야기를 하고 있는지, 감정 상태가 어떠한지, 그가 실제로 어떤 사람인지에 따라 달라진다. 우리가 보아왔듯이 모든 인물은 안전을 추구한다. 자신의 의도를 드러내는 것이 안전할까? 자신의 목표를 성취하는 데 달리 더 안전한 방법은 없을까? 인물이 각각의 특정 환경 속에서 어떻게 인식되기를 원하느냐에 많은 것이 달려 있다. 자신의 실제 의도 가운데 얼마나 많은 의도를 드러낼 수 있을까?

우리가 살펴보았듯이 안전이란 주관적인 개념이다. 어떤 인물에게는 안전이 어느 공간에서든 가장 높은 사회적 위치를 뜻할 수도 있고, 다른 인물에게는 가장 낮은 사회적 위치를 뜻할 수도 있다. 또 다른 인물에게는 단순히 남편이나 아내가 있느냐 하는 것일 수도 있다. 어디에서 찾건 그러한 안전은 분명히 표현할 수 있다. 그러나 폭력적인 남편이나 새로운 여자 친구 같은 숙적과 함께 있음으로 인해 생기는 불안전은, 의도는 감춰지고 서브텍스트가 생겨날 것을 의미한다.

인물이 자신의 진실한 감정(표현하기 두려워하는 마음부터 다른 사람들을 마음대로 부리고자 하는 욕구에 이르기까지)을 솔직하게 표현하지 못하는 이유는 수천 수만 가지가 있다. 시나리오 작가의 일은 인물이 실제로 어떤 사람인지를 우리에게 이야기해 주는 방식으로 바탕에 숨어 있는 것을 보여주는 것이다. 예를 들어 모든 인물은 다양한 방식으로 다른 사람을 유혹하려고 시도한다.

어떤 술집에서 한 남자가 한 여성에게 다가간다.

1. 남자: 당신의 옷을 벗기려 하오.

2. 남자: 나는 정말 당신이 좋아요.

3. 남자: 이맘때치고는 조금 쌀쌀하네요, 그렇지요?

4. 남자: 당신은 참 특별하다고 생각해요, 그렇지 않나요?

숨겨진 의도(유혹)는 똑같지만, 아래쪽으로 내려올수록 의도는 점점 더 많이 가려진다. 관객은 실제 의도만을 추측하는 것은 아니다. 인물에 대해서 아주 많은 것을 추측할 수도 있다. 남자 4번의 거의 노골적인 공격성은 앞으로 말썽과 걱정거리가 생길 것을 암시한다.

숨겨진 욕구는 서브텍스트의 주요 원천이다. 때때로 이 겉모습은 다른 사람을 의식적으로 속이는 짓이기도 하다. 단순하게는 〈레이디킬러The Ladykillers〉에서 갱들이나 〈에이리언〉에서 수상한 애시 박사(이안 홈)가 저질렀던 짓이 그것이다. 겉모습은 그만큼 쉽게 무의식적으로 자기 자신을 속일 수도 있다. 더 큰 갈등과 그에 따른 자기 방어 메커니즘의 결과이다.

브라이언 필리스Brian Fillis가 각본을 쓴 〈스텝토의 저주The Curse of Steptoe〉는 1960년대에 큰 성공을 거둔 BBC 시트콤과 여기에 나왔던 두 스타의 영향력을 허구화한 작품이다. 여기에 중요한 장면이 하나 있는데, 이들 가운데 한 사람[해리 H. 코벳(제이슨 아이작스)]이 텔레비전에 나와 인터뷰를 하는 장면이다.

진행자: 〈스텝토와 아들〉 이야기로 돌아가 보지요. 가장 유명한 작

품인데요, 고물 장수가…….

해　리: 아니요! 고물 장수는 아무 의미가 없습니다. 내 말은 고물 장수에 관한 다큐멘터리를 만드는 데에는 관심이 없다는 뜻입니다. 그건 아니죠. 해롤드가…… 5분이나 10분 안에 집안일을 끝내지요. 모든 게 정치예요. 그것은…… 섹스에 관한 것입니다. 그것은 일반적인 경제에 관한 것이고…… 모든 것에 관한 것이기도 하고…… 교회에 관한 것이기도 하지요. 당신이 무슨 말을 하려 해도 그것은 확실히 아니에요……. 어…… 고물 장사 말입니다. 놀랍게도, 어……, 멍청한 체한다거나 엉덩방아를 찧는다거나 우스꽝스러운 표정을 짓는다거나, 그런 것들을 뭐라고 부를지는 모르겠지만, 이런 데에는 하나도 의존하지 않았어요. 의존하는 것은…… 말입니다. 그리고 타이밍이죠. 그리고…… 주된 문제에 대해 진실하고 성실해지는 것입니다.

자신이 진지하게 받아들여지지 않을 것을 두려워하는 허구 속의 코벳은 자신이 그저 사람들을 웃길 뿐이라는 것을 받아들이지 못한다. 그는 자신이 지적인 존재라는 것을 보여 줄 수밖에 없다.[2]

한 인물의 겉모습이 늘 의식적으로 만들어지는 것은 아니다. 자기가 숨기고자 하는 욕구를 자기가 꼭 알아야 할 필요는 없다. 인물이 다른 사람과 자기 자신에게 거짓말을 하는 방식은 극히 다양하다. 19세기의 사회학자 게오르크 지멜Georg Simmel은 웅변적으로 이렇게 말했다. “우리가 말이나 여러 방식으로 다른 개인과 소통하는 내용은 모두(가장 주관적이고 충동적이며 은밀한 문제라 할지라도) 심리적 현실 전체에서 선택한 것이다. 이 전체를 정확하게 알려야 한다면 사람들은 모두 정신병원에 입원해야 할지도 모른다."[3] 서브텍스트가 없다면 우리는 밋밋하고 단선적인 세계에 살게 될 것이다. 모든 것은 문자 그대로, 말 그대로의 의미가 된다. 서브텍스트가 있음으로 해서 작가는 언어와 사고의 간극에 접근할 수 있게 되고, 그 속에서 활동함으로써 일종의 진실을 파악하는 데에 조금 더 가까워질 수 있다.

BBC의 전 임원 한 사람이 〈캐주얼티〉를 보고 내게 말한 적이 있다. "세상에, 그렇게 친절하게는 만들지 마세요." 시청자는 별로 똑똑하지 못하며 '진짜' 드라마하고는 거리를 두려고 한다는 믿음 [특히 통속극에서(이것만 그런 것은 아니지만)]이 서브텍스트에 관해서는 특히 유독한 문제를 만들어 낸다. 무능한 제작자들은 서브텍스트를 두려워한다. 해석을 요하기 때문이다. 물론 이것이 바로 요점이다. 해석이란 관객이 드라마에 적극적으로 참가하게 되는 과정이다. 그것은 거리를 두는 것이 아니라 정반대다. 이것을 활용하는 순간이 작가로서는 관객을 낚아챌 수 있는 아주 좋은 기회다. 원고 편집자였던 젊은 시절, 나는 의미가 숨겨진 원고 한 줄 한 줄을 문자 그대로의 의미를 담은 원고로 대체하는 수많은 회의에 줄곧 앉아 있어야 했다. 살아 있는 흥미진진한 작품에서 천천히 피가 빠져나가는 것을 지켜보면서 말이다. 지능지수가 얼마이건 간에 간호사가 환자에게 "다 괜찮아요." 하고 말하면 그렇지 않다는 뜻임을 쉽게 파악할 수 있다. 사람들은 스릴러에서 범인이 누구인지 알아맞히는 게임에 참가하듯이 숨은 의미를 찾아낸다. 아니면 〈누가 백만장자가 되고 싶은가〉라는 쇼 프로그램에서처럼 텔레비전에 대고 소리를 지른다. 목소리만 들리는 해설이 거의 한결같이 통하지 않는 것도 같은 이유에서다. 미국의 TV 시리즈 〈푸싱 데이지 Pushing Daisies〉나 심지어 장 피에르 죄네Jean-Pierre Jeunet의 〈인게이지먼트Un Long Dimanche De Fiancailles〉는 시각적으로는 기가 막히게 아름다운데도 불구하고 오랫동안 보기는 거의 불가능하다. 양쪽 모두 해설자가 당신에게 모든 것을 설명해 준다. 여기에는 서브텍스트가 없다. 관객이 할 일이 없는 것이다. 프랜시스 포드 코폴라의 화려한 영화 〈마음의 저편One From The Heart〉도 마찬가지다. 톰 웨이츠Tom Waits와 크리스털 게일Crystal Gayle이 나와 열심히 손짓을 해 보지만 이들이 부르는 노래의 가사가 또 모든 것을 말해 준다. 이들은 당신을 쫓아낸다. 말하기가 보여주기를 대체하면 관객은 쓸모없는 존재가 된다.

엉터리 해설이 즐거움을 주는 것도 같은 이유에서다. 〈거짓의 F F For Fake〉에서 오손 웰즈는 기가 막히게 거짓말을 잘하는 해설자인데 지금껏 이 최초의 허구 속 거짓말쟁이에 버금가는 사람은 없었다. 〈걸리버 여행기〉는 동명의 주인공이 인간의 허영심을 탐구하는 여행을 하면서 자기 종족에 대한 경멸감이 커져 가는 것을 효과적으로 극화했다. 걸리버가 '합리성'을 점점 더 많이 발휘함에 따라, 결국 그는 인간은 매우 어리석어서 자기가 소통할 수 있는 유일한 생명체는 말뿐이라고 믿게 된다. 그가 묘사하는 현실과 현실을 해석하는 방식(그는 말과 행복하게 교감하면서 마구간에서 생을 마감

한다) 사이의 상호작용 속에서 그가 미쳤다는 사실이 드러난다. 이 간극은 그가 하는 행동과 그것을 묘사하는 방식 사이의 간극이다. 조너선 스위프트Jonathan Swift가 그 무시무시한 탄생을 극화하기 위해서 이용하는(다시 쿨레쇼프 효과의 발생) 둘 사이의 괴리는 자신의 상태를 전혀 인식하지 못하는 해설자의 무능력 때문에 더욱 무시무시해진다.

설명은 드라마를 죽인다. 모든 사람이 말하는 모든 것을 즉시 분명하게 하려는 충동도 마찬가지다. 어떤 인물이 자신의 동기를 설명하면 그 설명은 자동적으로 거짓처럼 들린다. 부분적으로는 병적인 인물을 제외하고는 자신의 겉모습을 통해 진실이 똑바로 비쳐질 가능성이 적기 때문이며, 또한 몽테뉴가 말했듯이 '자기 자신을 묘사하는 것만큼 어려운 묘사는 없기' 때문이다. 진정한 자기 인식은 극소수에게만 주어진다. 이야기의 끝에 조금 나온다 하더라도 그것이 작가의 설명을 돕는 도구는 아니다.

〈웨스트 윙〉이나 〈홀비시티〉, 〈ER〉의 어떤 에피소드를 보아도 아주 분명하게 알 수 있듯이, 대사의 단어 하나하나를 모두 이해할 필요가 있다는 말은 전혀 사실이 아니다. 추측할 필요가 있는 것은 물론 인물의 의도다. 시청자는 외과 수술을 하는 방법을 알 필요가 없다. 외과 의사가 사용하는 언어를 즐길 수는 있겠지만 외과 의사의 목표를 아는 것만으로 충분하다. 그 목표는 보통은 환자를 살리는 것이다. 중등학교 학생들은 일찍부터 주변에서 들리는 말의 개별적인 의미를 다루는 법을 배운다. 관객은 같은 일을 더 잘할 수 있고 기꺼이 그렇게 하려고도 한다. (아직도 의심스럽거든

데이비드 S. 워드David S. Ward의 걸작 〈스팅The Sting〉의 각본을 읽어 보라. 거기에서는 아무것도 설명해 주지 않는다.) 데이비드 사이먼이 말했듯이 텔레비전 시청자에게는 숟가락으로 떠서 먹여 줄 필요가 있다는 믿음은 단 하나의 결과만 낳을 뿐이다. 모든 인물이 같은 방식으로 말한다는 것이다. 나는 이것을 아주 오래 전, 〈이스트엔더스〉에서 직접 목격했다. 그때는 먼저 지방 억양을 모두 없앤 다음, 두 번째로는 런던식 말투도 모두 없애 버렸다. 텔레비전 제작자들이 마치 지난 10년간 가장 히트를 쳤던 두 작품(〈또 만나요Auf Wiederseh-en〉, 〈펫과 민더Pet and Minder〉)이 극히 일부의 시청자를 제외한 거의 모든 사람들에게 낯선 방언으로 떠들어 댔다는 사실을 완전히 잊은 것 같았다.

〈리어 왕〉은 코델리아가 느끼는 대로 말하는 것을 비난하면서, 말과 생각의 간극으로 치러야 할 대가에 대해 알게 되는 한 남자의 이야기를 들려준다. 주인공은 완전함을 향한 여행을 떠나 자기 본성 속에 있는 내부와 외부 세계, 원하는 것과 필요한 것, 겉모습과 결함 사이의 이중성을 치유하는 법을 배운다. 이제 우리는 이 목록에 말과 행동을 추가해야 하겠다. 에드거의 말처럼 '우리가 말해야 하는 것이 아니라 우리가 느끼는 것을 말하는' 법을 배웠을 때, 리어 왕은 겉모습의 무시무시한 진실을 깨닫고 겉모습과 진실을 화해시킬 필요성을 깨닫는다. 이를 통해서 우리는 대사가(그리고 가면을 벗기고 씌우는 대사의 능력이) 인물, 막 분할, 도발적인 사건, 이야기와 마찬가지로 구조의 일부로서 없어서는 안 될 요소임을 깨닫게 된다.

제5막

다시 집으로, 달라진 채

18장

텔레비전과 구조의 승리

1930년 7월 14일 오후 3시 30분이 되기 조금 전, 다우닝가 10번지에서 영국의 수상 램지 맥도널드Ramsay MacDonald는 코벤트 가든에 있는 베어드 회사 본부에서 라이브로 중계하는 영국 최초의 텔레비전 드라마[1]를 보기 위해 안락의자에 자리를 잡고 편히 앉았다. 갓 태어난 BBC[2] 방송이 주관하는 드라마였다. 아쉽게도 피란델로(루이지 피란델로Luigi Pirandello, 이탈리아의 극작가이자 소설가. 1934년에 노벨상을 수상했다 - 옮긴이)의 『입에 꽃을 문 남자*The Man with the Flower in his Mouth*』를 각색한 드라마에 대해 맥도널드가 어떻게 생각했는지는 전해지지 않는다. 다행히 『타임스』가 약간 신랄한 논조로 자사의 인상비평을 실었다. "이날 오후는…… 기억할 만한 날이 될 것이다."[3] 이 작품 자체는 오래가지 못했지만 이 방송은 우리가 이야기를 소비하는 방식을 완전히 뒤바꾸어 놓았다.

영국의 텔레비전 드라마는 영국의 풍부한 연극적 전통에서 유래했다. BBC가 1936년 정규 서비스를 시작했을 때, 최초의 드라마적 노력은 당시 웨스트엔드(영국 런던 서쪽의 극장이 모여 있는 곳으로 보통 런던 극장협회에 속해 있는 50여 개 극장들을 통칭한다. 뉴욕 브로드웨이와 함께 세계 뮤지컬의 양대 산맥으로 손꼽힌다. - 옮긴이)에서 히트를 치던 〈매리골드Marigold〉의 몇몇 장면을 알렉산드라 궁전에서 생중계하는 것이었다. "아마도 그것은 극장의 액자식 관습을 살리기 위해 카메라를 넉넉히 뒤로 밀어 놓고 찍은 것으로, 무대 공연을 사진으로 찍은 것보다 조금 더 나은 수준이었을 것이다."[4]라고 나중에 BBC 드라마국장이 된 숀 서튼Shaun Sutton은 회고했는데, 그 후로도 오랫동안 이 방식이 받아들여졌다. 원래 드라마란 이렇게 만드는 것이라는 이유에서였다. 그것은 카메라에 담은 연극이었다. 시간이 흐름에 따라 카메라가 이동하기 시작했고, 텔레비전의 기본적인 용어들(크로스페이드, 페이드아웃)이 도입되었으며, 가끔 야외 촬영 장면을 삽입하는 것도 용인되었다. 형식에 대한 실험도 시작되었다. 한 커플의 일생을 다섯 개의 에피소드로 다룬 〈앤과 해롤드Ann and Harold〉가 첫 번째 연속극으로 기록되었다. 〈텔레크라임Telecrime〉은 시청자가 매주 일어나는 범죄의 범인을 추측할 수 있게끔 충분한 단서를 제공하는 대담한 10분짜리 시리즈였다.[5] 그러나 텔레비전은 연극의 한 분야이고 시각적 이미지는 대사에 종속되며 움직임이 없는 정적인 매체라는 기본적인 생각은 그 후로도 오랫동안 지속되었으며, 어떤 경우에는 오늘날까지도 이어지고 있다.

현대 영국 TV 드라마를 발전시킨 중심인물은 시드니 뉴먼Sydney Newman이었다. 그는 캐나다 태생으로 영국에서 상업 텔레비전 방송이 시작된 직후 ITV의 북부와 중부 중계권의 소유주였던

ABC 텔레비전에 영입되었다. 본능적으로 대중의 기호를 잘 파악했던 그는 〈암체어 시어터Armchair Theatre〉와 〈어벤져스〉 두 시리즈의 책임자였는데 두 시리즈가 마련한 기준 덕분에 그 후 수년간 ITV는 엄청난 성공을 거두었다.

1962년에 BBC 드라마국장이 된 뉴먼은 새로운 각본, 새로운 형식, 새로운 아이디어를 장려하는 부서를 신설했다. 그중 가장 중요한 것은 대중에 영합하는 것을 두려워하지 않는 것이었다. 그가 내린 결정 중 가장 중요한 것은 드라마를 시리즈, 연속극, 단막극, 이 세 분야로 나눈 것이었다. 이 세 분야는 오늘날까지도 장르를 구분할 때 쓰이고 있다. 단막극은 얼마 안 있어 독립된 영화로 변형되었고 연속극은 나중에 더 큰 의미를 띠게 되었다. 그러나 이들(그리고 다른 변형들 모두)은 뉴먼이 만들어 놓은 분류에서 파생된 것이거나 혼합물에 불과하다.

이야기는 모닥불을 에워싸고 앉은 몇몇 사람으로부터 시작하여 아주 머나먼 길을 걸어왔다. 외로움을 달래고 지루함을 잠재우고 뭔가를 공유하고자 하는 마음, 이 모든 것이 만나서 처음에는 인쇄된 글을 통해, 다음에는 라디오를 거쳐, 현재는 텔레비전을 통해 발전해 왔다. 기술은 요정을 병 밖으로 끄집어내 주었으며, 이전에는 사적이고 제한적인 경험이었던 것을 보편적인 것으로 만들었다. 채 50년도 안 되어 TV는 별나고 값비싼 장식품에서 세계가 이야기를 집어삼키는 지배적인 방식이 되었다. 지금도 여전히 그러하다. 텔레비전 산업과 텔레비전 드라마는 램지 맥도널드가 상상했던 것 이상으로 성공했다. 그러나 제품에 대한 방대한 욕구를 어떻게 충족할 수 있었을까? 그것은 기본적인 드라마 구조를 조작함으로써 가능했다.

뉴먼의 세 가지 범주가 여전히 존재하고 있다는 것은 분명하지만 시리즈, 연속극과 단막극은 서로 섞이고 변질되거나, 또는(누군가 주장하겠지만) 관객들의 만족할 줄 모르는 요구 사항들을 만나 개선되었다. 어떤 사람들은 뭔가가 빠져버렸다고 주장하기도 할 것이다.

구조와 구조의 조작은 모든 텔레비전 드라마 장르의 뿌리에 있다. 이것을 이해하기 위해서는 뉴먼이 정리한 이야기의 세 가지 유형을 구성하는 요소가 무엇이냐에 대해 정확히 알아야 할 필요가 있다.

독립영화

뉴먼은 명백한 이유로 이 분야를 '단막극'이라고 불렀다. 단막극은 시작, 중간, 끝을 지닌 완전히 독립적인 이야기인 것으로 보아 문학적 선조가 매우 분명하다. 단막극은 대개 스튜디오를 기반으로 한 작품이며, 1960년대 후반까지는 대부분 생중계되었다. 매체가 발달함에 따라 영화 언어는 한층 더 분명해졌다(1965년에 나온 〈업 더 정션Up the Junction〉은 그 현대적 감각 때문에 여전히 충격적이다). 그럼에도 불구하고 스튜디오에서 비디오테이프에 녹화하는 방식은 영화 어휘가 완전히 정리된 1980년대 말에야 최종적으로 사라졌다.

연속극(미국의 '미니 시리즈')

연속극의 기본 형식은 찰스 디킨스의 소설과 한 장章씩 발행해서 나중에야 소설 전체를 완성하는 당대의 출판 방식으로까지 거슬러 올라간다. 사실 문학 작품을 각색하는 것은 연속극이 텔레비전에서 발판을 마련하는 아주 좋은 방법이 될 수 있다. 고전 소설 작품을 연속극 형태로 이야기하는 것은 텔레비전의 주요 상품이 되어 왔다. 1967년에 엄청난 성공을 거둔 BBC의 〈포사이트가의 이야기The Forsyte Saga〉(영국의 작가 골즈워디의 연작 소설을 드라마화한 작품 - 옮긴이)는 본보기를 만들어 냈고, 이로써 1981년에 〈브라이즈헤드 리비지티드〉(영국의 작가 에벌린 워의 소설을 드라마화한 작품 - 옮긴이)로 황금기를 열었다. 이 두 작품은 모두 야외 촬영을 했으며 영화 문법(그리고 영화 예산)을 사용했는데, 당시에 다른 텔레비전 드라마에서는 볼 수 없는 방식이었다.

시리즈

에드거 앨런 포Edgar Allan Poe는 세계 최초의 탐정 C. 오귀스트 뒤팽을 창조함으로써 뜻하지 않게 가장 성공적인 텔레비전 장르의 포맷을 만들어 냈다. 금주의 사건을 수사하기 위해 정기적으로 돌아오는 것은 원래 경찰들뿐이었다. 그런데 시리즈 장르가 코난 도일의 소설에서 시작하여 만화책을 거친 뒤 라디오에까지 퍼지자, 다른 유형들도 정기적으로 돌아오는 '문제들'의 형태를 띠게 되었다. '금주의 범죄'는 아주 쉽게 '금주의 응급 환자', '금주의 국가 안보에 대한 위협', 심지어는 '금주의 에일리언'이 될 수 있었다. 라디오를 베끼며 시작한 어설픈 초보 매체는 이러한 고전적 시리즈 포맷(결코 바뀌지 않는 인물이 정기적으로 출현하는 독립된 이야기)이 일종의 성배임을 매우 빨리 깨달았다. 영웅은 결코 죽지 않으며, 이야기 재료는 끊임없이 공급된다. 싸게 만들 수 있고 인기도 매우 좋다. 좋아하지 않을 수 있겠는가?

"신사 숙녀 여러분, 지금부터 여러분이 듣게 될 이야기는 사실입니다. 무고한 분들을 보호하기 위해 이름만 살짝 바꾸었을 뿐입니다."

〈드라그넷Dragnet〉(1949년부터 라디오에서, 1951년부터는 텔레비전에서 방송된 미국의 수사 드라마 - 옮긴이)의 오프닝 멘트는 이 드라마가 태어난 지 60년이 지난 후에도 여전히 울려 퍼지고 있다. 시리즈 자체와 마찬가지로 이 멘트 또한 대중의 의식 속에 남아 있으며, 우리는 대개 그 출처보다는 내용과 친숙하다. 전 세대가 이 시리즈를 알지는 못하겠지만 경찰이 매주 새로운 악당을 물리친다는 줄거리에는 더욱 친숙할 것이다. 이 시리즈가 창조한 본보기는 즉각 새로운 매체로 옮겨 갔다. 액션, 모험, 결코 변하지 않는 영웅, 그리고 해피 엔딩으로 마무리되는 마르지 않는 이야기 등의 똑같은 구조가 오늘날에도 여전히 우리가 보고 있는 대다수의 매체를 지배하고 있다. 1949년, 미국의 라디오에서 〈드라그넷〉이 처음 시작되었을 때는 아무도, 특히 기획자인 잭 웹Jack Webb은 그 영향력을 전혀 예측하지 못했을 것이다. 1951년에 텔레비전으로 옮겨 간 뒤 이 시리즈는 금세 세계적인 성공을 거두었다. 텔레비전 시청과 학습, 드라마 시리즈가 이후로는 하루 일정의 핵심이 되어 갔다. 상당 기간 시리즈는 가장 지배적이고 중요한 구조적 형식이 되었다.

〈건스모크Gunsmoke〉, 〈보난자Bonanza〉, 〈로하이드Rawhide〉 같은 서부극 시리즈와 〈독 그린의 딕슨Dixon of Dock Green〉에서 〈핀리 박사의 케이스 북Dr Finlay's Casebook〉에 이르는 의학 드라마와 경찰 드라마는 한번 성공한 영화들에서 한없이 뭔가를 뽑아 먹을 수 있다는[〈딕슨〉과 〈무방비 도시Naked City〉는 성공을 거둔 영화에서 가져온 것이다(사실 영화에서는 딕슨 순경이 살해당한다)]것뿐만 아니라, 더 중요하게는 결코 변하지 않으며 늙지도 않을 것 같은 인물과 장기적인 관계를 맺고 싶어 하는 관객에게 한없는 반복이 실제로 매력적이라는 것을 증명했다.

이 장르는 쓰레기 같다고는 할 수 없지만 부분적으로 싸구려 같은 느낌이 있고, 내 생각에는 너무 대중적이기 때문에 드라마 영역에서는 저급한 것으로 인식되고 있다. 내가 1990년대에 BBC 드라마에 합류했을 때는 이 대중적인 영역에서 일하고자 하는 사람을 찾기 어려웠다. 모두가 그저 자기만의 영화(흑백 영화를 선호했다)를 만들고 싶어 하는 것처럼 보였다. 〈월튼네 사람들The Waltons〉, 〈스타 트렉Star Trek〉, 〈닥터 후〉, 〈스위니The Sweeney〉, 〈쿵푸Kung Fu〉, 〈마인더Minder〉 그리고 〈크고 작은 모든 생명체들All Creatures Great and Small〉 같은 매우 유명하고 오래 방영된 시리즈들을 모두 아련한 기억 속에서, 하지만 무거운 마음으로 금세 떠올릴 것이다. 노엘 코워드Noël Coward는 〈사생활Private Lives〉(노엘 코워드가 쓴 희극 작품 - 옮긴이)에서 '싸구려 음악'의 효능에 대해 이렇게 말했다. "당신의 피부 밑을 파고들어 당신을 움직이는, 염치도 없이 상업적이고 대중적일 수 있는 능력."

드라마 시리즈도 그러하다. 사실 대부분의 시리즈는 그리 좋은 작품도 아니다. 모든 대중 예술이 그런 것처럼 시리즈 또한 시간에 쫓기고 작은 예산에 시달리며 조롱을 당하는 피해자일 수도 있다. 그럼에도 혹독하게 시리즈를 비판하기란 아주 쉽다. 히치콕이 당대에 발견했듯이 대중성만큼 비평가의 인정을 깎아 먹는 것은 없다. 영국에서 〈스푹스〉와 〈쉐임리스Shameless〉가 등장하고 미국에서 케이블 방송이 유행하자 이 장르는 일종의 르네상스를 맞이하고 있다. 새로운 세대가 태어나자 훌륭한 시리즈는 시청자와 강력한 유대를 맺을 뿐만 아니라, 솜씨 있는 손을 거쳐서 자신의 힘으로 훌륭한 정서적 깊이를 만들어 내고 예술의 형태를 띨 수 있게 되었다.

단막극과 시리즈, 연속극에서 2부작, 3부작, 연속극의 요소를 지닌 시리즈 등의 변형된 구조가 수없이 많이 출현했다. 연속극은 끊임없이 반복된다. 수년간 가장 흔하게 볼 수 있었던 것은 당연히 연속극이었다. 결말이 없는 연속극은 연속극의 주요 요소와 시리즈 구조를 효과적으로 결합시켜 무시무시한 상업적 괴물을 만들어 냈다. 새로운 이야기 형태에 대한 끊임없는 욕망에 힘을 얻어(처음에는 DVD, 그다음에는 인터넷이 완전히 새로운 생명력을 제공해 왔다) 시리즈와 연속극의 기본적이고 구조적인 형식은 여전히 현재진행 중인 혁명의 유전적인 재료가 되고 있다. 이 부분에 대해서는 좀 더 자세히 살펴볼 가치가 있다.

19장

시리즈와 연속극의 구조

연속극의 구조

피터 모팻Peter Moffat이 쓴 BBC의 텔레비전 드라마 〈크리미널 저스티스Criminal Justice〉는 다섯 개의 에피소드로 이루어진 드라마로 벤 쿨터라는 한 남학생에 관한 이야기다. 벤은 조금 전에 만난 한 여성과 자고 일어났는데, 깨어 보니 여성이 살해되었음을 발견한다. 벤은 깜짝 놀라 자신의 행적을 더듬어 보지만 엄청난 양의 법의학적 증거와 함께 그가 범인임이 더욱 분명해질 뿐이다. 첫 번째 에피소드의 끝에 가서 그는 사법 제도의 한가운데로 던져진다. 다음 이야기는 그의 끔찍한 감옥 생활과 누명을 벗기 위한 투쟁, 마지막으로 무죄 방면에 이르는 모습을 보여 준다. 첫 번째 에피소드에서는 매우 단순한 구조가 나타난다. 도발적인 사건은 잠에서 깨어난 벤이 자기 옆에 시체가 놓여 있음을 발견하는 것이다. 최악의 지점은 그가 체포당하는 부분이고, 마지막 막은 그가 투옥되는 것이다. 좀 더 넓게 보자면 무언가 다른 일도 진행된다.

만일 이 이야기가 누군가의 착오로 감옥에 갇히고 풀려나기 위해 노력하는 한 남자에 관한 것이라면 첫 번째 에피소드의 결말은 시리즈 전체의 도발적인 사건으로 작용할 것이다. 두 번째 에피소드에서 그는 낯설고 끔찍한 세계가 움직이는 방식을 알게 된다. 세 번째 에피소드에서는 가짜 이야기를 지어내자는 변호사의 제안을 거절하고 진실을 이야기해 달라고 요구한다(고전적인 중간 지점). 네 번째 에피소드의 끝부분에서는 그의 어머니 또한 그가 유죄라고 생각한다는 것을 알게 된다(최악의 지점 가운데서도 더 나쁜 종류). 다섯 번째 에피소드에서 드디어 진실이 드러난다. 전체 이야기의 틀은 개별 에피소드에 나타날 뿐만 아니라(각 에피소드에 자체적으로 도발적인 사건, 중간 지점과 위기가 있다), 더 큰 규모로 시리즈 전체를 관통하고 있다.

〈닥터 후〉 새 시즌의 첫 번째 시리즈 중간에 닥터는 달렉 한 명과 싸움을 벌이지만 마지막 에피소드에서는 달렉 부대 전체와 전투를 벌인다. 〈킬링〉 첫 번째 시리즈의 마지막 두 번째 에피소드에서 사라 룬트의 파트너는 잔인하게 살해된다. 〈워킹 데드〉의 첫 번째 시리즈에서는 에이미가, 뉴올리언스를 배경으로 한 데이비드 사이먼의 드라마 〈트레메Treme〉의 첫 번째 시리즈에서는 크레이튼이, 〈더 와이어〉의 첫 번째 시리즈에서는 월러스가 마찬가지로 목숨을 잃는다. 여기에서 다시 드라마의 프랙털적인 성격이 드러난다. 각각의 시리즈는 모든 에피소드, 모든 막 그리고 모든 장면과 마찬가지로 아주 똑같은 구조적 요소를 담고 있다. BBC가 세 에피소드로 각색한 〈위대한 유산Great Expectations〉(2011)은 집(매그위치와 습지), 여행(런던) 그리고 귀향(다시 습지)으로 나뉘어 있다. 에드거 라이츠Edgar Reitz의 〈하이마트Heimat〉의 첫 번째와 마지막 시리즈의 배경은 샤바흐라는 가상의 도시이지만 중간에는 모두 베를린이 배경이다. 〈워킹 데드〉의 두 번째 시리즈에서는 끔찍하고 잔인한 진실이 드러나는데(언어적으로나 구조적으로나) 정확히 시리즈의 중간 지점이다.

연속극에서 각각의 에피소드는 이야기 전체로 보아 하나의 효과적인 막으로 역할한다. 연속극의 구조는 표준적인 막의 형태를 흉내내며 이야기의 규모에 따라 스스로를 조율해 나간다. 6부작이라면 중간 지점은 세 번째 에피소드에 있을 것이다. 2부작이라면 중간 지점은 첫 번째 에피소드에서 손에 땀을 쥐게 하는 지점이 될 것이다. 닐 맥케이Neil McKay가 프레드 웨스트 살인 사건의 후유증을 소재로 만든 드라마(ITV의 〈어프로프리에이트 어덜트Appropriate Adult〉)의 1부는 무죄인 것으로 보였던 로즈 웨스트가 실은 남편만큼이나 죄가 크다는 사실이 드러나면서 끝난다. 〈홈랜드〉는 거의 우스울 정도로 프랙털 유형을 따르고 있다. 12개 에피소드 가운데 7개 에피소드에서 주인공(CIA 요원)과 적대자(적군의 암살자라고 의심받는 전쟁 영웅)는 서로에게 엄청난 진실을 털어놓으며 섹스를 한다. 그 이후에는 아무것도 다시 같아질 수가 없다. 장소는? 숲속의 한 오두막이었다.

이것을 의식적으로 고안했을까? 내가 보기엔 그렇지 않다. 이것은 다시 이야기 형태가 내리는 지상 명령이다. 똑같은 프랙털 유형을 〈해리 포터Harry Potter〉에서도 볼 수 있다. 일곱 권의 책 각각은 고유의 시작, 중간, 결말을 갖추고 있다. 각 권은 무언가를 찾아 나서는 고전적인 구조를 지니고 있으며, 볼드모트가 처음으로 패배를 하는 4권에 원형적인 중간 지점이 있다(〈해리 포터와 불의 잔The Goblet of Fire〉). 이 분명한 중간 지점에서부터 이야기는 단순한 위협에서 공공연한 전쟁으로 바뀌고, 곧바로 마지막에서 두 번째 책인 〈해리 포터와 혼혈 왕자The Half-Blood Prince〉에서 아버지 역할을 하는 덤블도어의 죽음으로 이어진다. 같은 형태의 것들이 가차 없이 우리에게 덤벼든다. 조작되거나 수정되었지만 어쨌든 여전히 같은 것들이다. 논리적인 작품이라면 작품의 길이와 무관하게 이러한 드라마의 프랙털 유형을 관찰할 수가 있다.

시리즈의 구조

어떤 시리즈가 성공적인 시리즈일까? 지난 50년간 텔레비전 분야에서 주된 영향력을 행사했던 대표적인 시리즈 드라마의 목록을 간단히 작성하고자 한다면 다음 시리즈들은 꼭 들어가야 할 것이다. 〈스타트렉〉, 〈크고 작은 모든 생명체들〉, 〈마인더〉, 〈스위니〉, 〈ER〉, 〈순찰차Z Cars〉, 〈캐주얼티〉, 〈힐 스트리트 블루스Hill Street Blues〉, 〈월튼네 사람들〉, 〈콜 더 미드와이프〉, 〈건스모크〉, 〈그레이 아나토미Grey's Anatomy〉, 〈드라그넷〉, 〈형사 콜롬보〉. 이것은 광범위한 분야에서 고른 어이없는 목록이긴 하지만 우리 목적을 위해서는 아주 유용하다. 이 시리즈들의 공통점은 무엇일까?

이 시리즈들은 모두 한 회마다 자기 완결적인 이야기를 반드시 가지고 있다. 무엇보다 이 점이 이들을 시리즈로 만든다. 각 시리즈는 분명하고 늘 새로워지는 이야기 동력을 지니고 있으며, 이것은 시간이 흘러도 생산량을 유지하는 데에 필수적이다. 분명한 구성 원칙 또한 갖추고 있다. 모든 에피소드에는 엄격히 적용되는 관점이 있다. 〈캐주얼티〉에서는 늘 고정 멤버와 초대 멤버가 함께 나온다. 〈월튼네 사람들〉과 〈힐 스트리트 블루스〉에서는 고정 멤버들의 시선을 통해서만 그들의 적대 세력을 만난다. 사회적 지위에 대한 의식이 보편적으로 받아들여지며 모두가 자기 자리를 알 수 있는 서열이 존재한다. 물론 공감은 절대적이고 필수적이다. 모든 시리즈에는 상징적이고 무척 사랑받는 인물들이 나온다. 성공적인 시리즈의 조건은 확실성, 예측 가능함, 그리고 시청자의 사랑이다. 시청자의 소망도 물론 필요하다. 그 외에도 더 많을 것이 분명하지만 그 이상의 것이 있다.

이 시리즈들은 모두 희망을 준다. 이들은 매주 행복하게 끝을 맺는다. 이들은 모두 시청자가 기분이 좋아지기를 바란다는 것, 즐거워지고 싶다는 것을 이해하고 있다. 이들은 무언가가 시청자를 우울하게 만들면 시청자들이 이 시리즈를 다시 찾을 가능성이 별로 없다는 것을 알고 있다. 원형적인 이야기가 '오래오래 행복하게 살았습니다.'로 완성을 이루며 끝나는 것이라면, 텔레비전 시리즈는 규모는 작지만 완벽한 이 형식의 산물이다. CBS의 〈굿 와이프 The Good Wife〉의 첫 번째 에피소드에서 알리샤 플로릭의 남편은 공적인 섹스 스캔들 때문에 감옥에 갇히고 알리샤는 무고한 희생자가 된다. 남은 것이라곤 입고 있는 옷밖에 없게 된 그녀는 하는 수 없이 소송 전문 변호사였던 옛 일자리를 다시 달라고 빌어야 한다. 그러고는 상상할 수 있는 온갖 장애물(45분짜리 에피소드 한 편에 모두 나온다)을 극복하고 불가능한 사건에서 승소한다. 이것은 TV 시리즈 중의 걸작이다. 이 드라마는 어떻게든 그럴듯해 보인다. 여주인공을 사랑하지 않을 수 없게 만들고 마지막에는 있는 힘껏 그녀를 응원하게 한다. 이야기의 동력, 사랑스러운 주인공, 자기완결적인 이야기, 엄격한 구성, 이 모든 것이 우리 앞에 분명히 그리고 설득력 있게 펼쳐진다.

이것을 영국의 텔레비전과 비교하면 도움이 될 것이다. 〈스푹스〉가 등장한 이래 영국 텔레비전은 상당한 발전을 거듭했으나 시리즈 형식과는 여전히 불편한 관계를 보여 준다. 영국 드라마는 중심적인 원칙, 주인공은 바로 우리라는 원칙을 종종 잊어버리곤 한다. 우리는 독립된 영화에서 불의를 보고(관객의 규모는 작을지언정) 분노할 수도 있겠지만 영화는 실패하는 누군가에게 오랜 시간을 들여 공감하는 아주 특별한 종류의 관객을 수용하려 한다. 〈벡Beck〉(1996)에서부터 〈베리드Buried〉(2003)와 〈패러독스Paradox〉(2009)를 거쳐 〈아웃캐스트Outcasts〉(2010)에 이르기까지 진지한 사람들은 대중적인 형식에 접근하는 데에 불편함을 느낀다는 전제 조건을 영국 텔레비전이 아주 오랫동안 붙들고 있다는 것이 내 생각이다. 이 시리즈들에는 공감 가지 않는 성격을 지녔거나 실패하는 인물들이 나온다. 이들은 모두 시리즈 도중에 실패하고,

대부분은 에피소드 하나가 끝난 뒤 죽어버린다. 이것은 황당하고 짜증나는 사실이다. 특히 규범을 뒤집는 작품을 보기를 원하는 사람들에게는 더욱 그렇다. 그런데도 상대적으로 적은 규모의, 스스로 선택한 집단만이 일주일 단위로 실패한 인생을 대신 살아 보려고 눈과 귀를 기울인다.

우리가 편안함을 느끼든 느끼지 못하든 텔레비전 시리즈는 부정할 수 없는 진실을 바탕으로 만들어진다. NBC의 〈프라이데이 나잇 라이츠Friday Night Lights〉가 항상 지기만 하다가 마침내 승리를 낚아채는 시골의 풋볼 팀 이야기를 매주 틀어 주는 동안, ITV의 대담한 드라마 〈2012 타이타닉2012 Titanic〉은 같은 이야기를 서로 다른 네 관점에서 네 번 이야기함으로써 네 번의 언해피 엔딩을 보여 준다. 야간 시청률까지 감안하면 다섯 번이다.

이런 말들은 조금 진부하지 않은가? 어쨌든 〈타이타닉〉은 침몰했다. 드라마는 인생을 그대로 반영해야 하는가? 아니면 행복을 줄 수 있는 아름다운 말로 포장해야 하는가? 영국의 TV는 과거의 집단이 갖지 못했던 진실성을 가지고 있지 않은가? 해피 엔딩 또는 그 반대는 중요한 탐구 영역이다(텔레비전의 힘이 뻗어가는 길에서 이보다 더 많은 마찰을 일으키는 것은 없다). 이에 대한 비밀 또한 구조 안에 놓여 있을 것이기 때문이다.

〈더 와이어〉를 쓰면서 데이비드 사이먼은 당당하게 밝혔다. "우리는 선과 악이라는 주제가 지겹다. 우리는 이 주제를 버리려 한다."[1] 그는 즉각 선한 사람 역할을 자임하고, '오래오래 행복하게'라고 끝나는 이야기를 지껄이는 간부들을 악당이라고 몰아붙였다.

사이먼은 그들의 이분법적 세계관을 비난했지만 그 스스로(이것은 기억해 두어야 한다) 같은 함정에 빠지고 말았다. 그가 옳은가? “지금껏 몇 세대 동안 텔레비전에 반영된 미국의 경험이…… 하늘로부터 우리에게로 내려왔다. 서부극과 경찰 드라마, 법정 드라마, 이 모든 것들은 관객들에게 지금의 현실보다 그들의 세상과 미래가 더 낫고 더 밝을 것이라고, 지금보다 자동차와 휴대 전화, 주방 세제, 일회용 기저귀를 사기에 더 좋은 때는 없다고 안심시키기 위해서 로스앤젤레스와 뉴욕의 업계 전문가들이 생각해 내고 거대 기업체들이 형상화한 것이다.”[2] 사이먼은 이렇게 말하려는 듯싶다. 해피 엔딩이란 매춘의 한 형태라고.

만일 시청자가 돌아온다면 경제적인 이득이 있다는 것은 절대로 부정할 수 없는 일이다. 시청자가 없다면 아무리 잘 만들었어도 너무나 많은 일이 헛수고가 되어버린다(아이러니하게도 어떤 작품들은 아주 예외적으로 잘 만들어졌다). 그러나 텔레비전은 성공을 요구한다. 이것이 더 심각한 냉소주의를 야기할 수도 있겠지만 그럼에도 불구하고 사이먼의 세계관은 자신이 하는 비난만큼이나 너무 단순하다. 헨젤과 그레텔이 침대에 묶여 있다가 성적으로 유린당하고 마지막에 엔딩 크레딧이 올라가는 동안 교외의 뒷마당에 묻힌다면 우리 기분은 어떨까? 분명히 이것이 더 ‘현실적’일 수는 있다. 그리고 이것이 동화 속에 내재하는 서브텍스트를 상세히 설명해 주는 것임은 부정할 수 없을 것이다. 그러나 두 아이를 안전하게 집으로 데려다주는 것이 시장 경제학의 산물인 것만은 아니며 ‘팔아 치운다’는 문제만도 아니다. 그것은 이야기의 본질적 기능 가운데 하나를 보여주는 것이다.

드라마가 위험한 상태로, 또는 극단적인 고통이나 환희 속에서 끝나서는 안 된다고 생각하는 사람은 아무도 없다. 수용할 수 있고 그래서 천천히 이해할 수 있기만 하다면 아이에게 공포란 〈닥터 후〉의 필수적인 부분이다. 헨젤과 그레텔을 소아성애자의 침대에 묶음으로써 이야기를 허무하게 끝내는 것도 절대적으로 정당하다. 그러나 이것이 전부는 아니다. 해피 엔딩 또한 매우 중요하다. 전설적인 인도 출신 배우 아미타브 밧찬Amitabh Bachchan이 그의 아버지에게 인도 영화가 왜 그리 재미있고 신나는지를 물었을 때 아버지의 답은 간단했다. "인도 영화를 보면 너는 세 시간 만에 시적 정의를 얻을 수 있다. 그러나 현실 속에서는 때로는 평생이 걸려도 시적 정의를 못 얻을 수도 있다."[3] 우리는 현실에 눈을 뜨기 위해서만 이야기를 듣는 것은 아니다. 현실을 견딜 만한 것으로 만들기 위해서도 이야기를 듣는다. 희망이 없는 진실은 진실이 없는 희망만큼이나 견딜 수 없는 것이다. 모든 건강한 방송인은 〈더 와이어〉와 〈월튼네 사람들〉을 볼 만한 여유를 가져야 한다. 모든 건강한 두뇌 또한 그래야 하듯이.[4]

성공적인 시리즈들은 그 밖에 또 어떤 공통된 특징들이 있을까? 1970년대 초반에는 〈쿵푸〉와 〈일명 스미스와 존스Alias Smith and Jones〉 같은 시리즈가 주를 이루었다. 주인공은 매 에피소드마다 새로운 마을에 가서 그곳에서 발견한 악당과 싸움을 벌인다. '모험을 찾아다니는 중세의 기사' 이야기에서 끌어온 이런 시리즈는 1970년대 말에 가서는 거의 사라지고 말았다. 이런 틀은 오늘날까지 소설 형태(리 차일드의 『잭 리처』가 현재 가장 성공적인 소설이다)로 살아남아 있지만 대부분의 방송사에서 더는 중심 상품이 아니다. 매주 다른 장소에서 촬영하는 것보다는 시리즈 내내 활용할 수 있는 주요 세트를 마련하는 것이 훨씬 더 싸게 먹히기 때문이다. '한 구역을 기반으로 하는' 드라마를 만들 때는 경제적 필요성이 가장 중요한 요소다. 여행을 다니는 주인공이 우리에게 선사하는 스케일을 잃는 것은 아쉬운 일이지만 제한을 두는 것이 흔히 그렇듯이, 주요 세트 하나를 두는 것은 작가에게 매우 중요한 것을 발견하게 해 준다. 인물의 '집'에 집중함으로써 시리즈라는 무기고에서 가장 강력한 무기를 발견하게 해 주는 것이다. 인물이 살고 있는 공간의 중요성을 낮게 평가할 수는 없다. 〈배틀스타 갤럭티카 Battlestar Galactica〉 또는 〈월튼네 사람들〉은 세트에 지나치게 집착하지만 그래도 이는 거의 모든 성공적인 드라마를 뒷받침한다. 〈ER〉의 맨 처음 에피소드를 살펴보자. 그린 박사가 황폐한 도심의 시카고 공립 병원 때문에 여섯 자릿수 연봉과 일 년에 네 번의 휴가, 그리고 부가적인 각종 혜택을 거절할 때 이 이야기는 우리에게 이 장소가 매우 중요하며 이 장소가 그린 박사의 '집'이라는 것을 말해 준다.

그러므로 시리즈가 반복적이며 저예산이라고 해서 성공하지 못하는 것은 아님을 알 수 있다. 캐릭터에 변화가 없다고 해서 꼭 더 나쁘다고 할 수만도 없다. 그 대신 성공적인 시리즈는 좀 더 심오한 그 무엇, 안전과 안정 그리고 사랑에 대한 우리의 갈구, 그리고 세상이 우리를 공격하거나 이해하지 못할 때 우리를 구해 줄 가족을 활용한다. 모든 성공적인 시리즈에 내재된 구성 방식은 매우 단순하다. 적이 없다는 것이다. 주인공들이 사는 구역은 매주 육체를 지닌, 우리와는 모든 면에서 전혀 '다른' 존재(아픈 환자, 사이코 킬러, 악당)에게 침입당한다. 고정 멤버들은 매주 사태를 해결하고 질서를 회복한다. 우리의 고정 멤버, 우리의 친구들, 우리의 가족은 매주 외부로부터 위협을 당하지만 이들은 차이를 극복하고 함께 협력함으로써 외부의 위협을 물리친다. 〈라이프 온 마스〉에서 샘과 진은 서로 협력할 때에만 공동의 적을 물리칠 수 있다. 스포크와 커크, 맥코이가 협력해야만 클링온의 위협을 격퇴할 수 있다. 시리즈는 우리 어린 시절의 첫 경험들을 매우 효과적으로 복제해 낸다. 우리가 위협을 받고 있을 때에도 안전하며 보호받고 있다고 느끼면 우리는 주변 사람들의 도움으로 외부 세계를 이해하고 통제할 수 있다. 거의 모든 성공적인 시리즈의 중심에 가족적인 구조가 있는 것은 우연이 아니다. 〈캐넌 목장The High Chaparral〉에서부터 〈뉴욕경찰 24시NYPD Blue〉에 이르기까지, 모든 시리즈에는 아버지 또는 어머니, 때로는 둘 다에 해당하는 인물, 연인, 아이들, 먼 사촌 등이 나온다. 그리고 어느 정도는 진정한 가정생활의 원초적인 느낌을 만들어 낸다.

마지막으로 시리즈는 또한 '도덕적'이다. 정의 실현, 또는 히치콕이 '응징 조항'이라고 불렀던 것의 중요성을 낮게 평가하기는 쉬운 일이다. 〈허슬Hustle〉은 한 무리의 사기꾼 이야기일 수도 있지만 이들은 실은 욕심 많은 자, 허영심 많은 자, 진짜 부패한 자에게 벌을 주는 복수의 천사들이다. 이들은 우리에게 되풀이해서 말한다.

"정직한 사람에게는 사기가 통하지 않는다." 〈쉐임리스〉는 비도덕적으로 보일지 모르지만 속을 뒤집어 보면 전체 틀을 잡아 주는 해설에 이르기까지 〈월튼네 사람들〉과 완전히 똑같은 프로그램이다. 두 가정 모두 사랑을 통해 하나가 되어 적을 몰아낸다. 사실 적의 외양은 매우 다를 수 있다. 챗스워스 주택 단지(〈쉐임리스〉의 배경 - 옮긴이)에서의 경찰의 위상과 블루리지 산맥(〈월튼네 사람들〉의 배경 - 옮긴이)에서의 경찰의 위상은 아주 다르다. 그러나 주인공과 적대 세력이 싸우는 양상은 똑같다. 안전하던 가족이 위협을 받아 숲속으로 여행을 떠난 다음 가정을 개혁한다. 다시 한번 가족의 가치가 승리를 거두고 안전을 되찾는다. 말로만 그럴듯하게 들릴지도 모르지만 이 형식을 잘 다룰 수 있게 되면 엄청나게 강력한 작품을 만들어 낼 수 있다. 〈월튼네 사람들〉과 〈마인더〉에서 〈배틀스타 갤럭티카〉 또는 〈콜 더 미드와이프〉에 이르기까지 완전한 원형의 힘에 대한 면역성을 유지하려면 때로는 결이 거친 셔츠를 입는 불편함을 견뎌야 한다.

성공적인 시리즈는 거의 전적으로 구조적 순수성에 기반을 두고 있지만, 표준에서 벗어나는 것이 한 가지 있다. 우리가 지금까지 드라마의 구조를 설명하기 위해서 사용했던 변증법 이론은 대개는 헤겔식 용어를 사용한다. 19세기 이래 철학자들은 새로운 단계는 두 대립의 종합으로 창조된다고 믿어 왔다. 주인공은 변화한다. 물론 시리즈의 주인공은 변화하지 않는다. 해피 엔딩을 추구하고 완전을 추구하는 데에서 시리즈는 절대적으로 원형적이기는 하지만, 시리즈는 그것을 조금 다른 방식으로 이루어 낸다. 시리즈에는 한층 더 고전적인 종류의 변증법이 담겨 있기 때문이다. 정립과 반정립이 만나 서로 대립하지만 종합은 부정될 뿐이다. 〈월튼네 사람들〉이나 〈스푹스〉에서 우리의 영웅들은 적대자를 수용하지 않는다. 적대자를 물리친 다음 다시 원상태로 돌아갈 뿐이다. 시리즈의 세계는 변화가 없는 세계이기 때문이다. 반론은 거절당하고 정립이 회복된다. 우리가 보았듯이 성공한 시리즈의 중심에는 반복이 놓여 있다. 그리고 이 반복을 통해서 포맷이 태어난다.

반복은 자체적인 문제를 낳기도 한다. 대부분의 텔레비전 시리즈의 수명이 얼마나 짧은지를 보면 충격적이다. 시리즈가 실패하는 원인이 예술적 상상력의 결핍에 있다고 추측하는 것은 쉬운 일이다. 그러나 사정은 이보다 더 복잡하다. 시리즈의 구조가 요구하는 것은 자신의 파멸을 가져올 씨앗도 함께 가져온다. 시리즈의 성공을 위해 수혈한 바로 그 피가 초래하는 문제들에서 파멸이 시작되는 것이다.

20장

드라마 시리즈 속의 변화

우리는 작가실에서 이렇게 말하면서 대부분의 시간을 보냈다. "우리 저렇게 했었잖아……." 우리는 꼭 막바지에 이르러서야 생각하기 시작했다. "남아 있는 자연재해가 있나? 화산 폭발과 홍수를 써먹을 기후는 절대 아닌데 말이야."

- 밥 데일리Bob Daily, 〈위기의 주부들Desperate Housewives〉 책임 제작자[1]

정기적으로 등장인물을 교체하지 않는 시리즈는 왜 수명이 대개 2년에서 3년밖에 되지 않을까? BBC1의 〈스푹스〉는 10년간 방송되었다. 이 드라마의 여유로운 세계가 중심인물들의 교체를 그럴듯한 것으로 만들어 주었기 때문이다. 그러나 하나둘 주목할 만한 예외를 빼놓고는 대개의 드라마에서는 전성기에 중심인물이 빠지거나(〈라이프 온 마스〉, 〈폴티 타워〉 또는 〈더 오피스〉) 효용이 떨어짐에 따라 중심인물이 고통스러운 죽음을 맞이한다(〈마인더〉, 〈바보와 말

들뿐Only Fools and Horses〉, 그리고 〈웨스트 윙〉도 분명히 그렇다). 왜 연속극 속 인물들은 시간이 지남에 따라 소멸하는 듯이 보이며 끊임없이 비슷하게 반복되는 이야기 흐름 속에서 예전 자신들의 창백한 그림자가 되어 가는 것일까?

답은 간단하다. 인물들에게는 오직 하나의 이야기밖에 없으며 그에 맞서려 하는 모든 시도는 거짓말이기 때문이다. 연속극과 시리즈는 거짓말이다. 거짓말이 아무리 거창하고 훌륭해도 거짓말은 여전히 거짓말이다.[2] 연속극과 시리즈는 부분적으로 시장 경제의 산물이며 관객을 끌어당기고 관객에게 팔고 싶은 욕망에서 태어났다. 마찬가지로 속편들이 보여주듯이 이들은 관객이 좋아하는 인물들의 생명을 연장하고자 하는 관객의 욕구에 다가간다. 우리가 실생활에서 사랑하는 친구들이 영원히 살기를 바라는 것처럼 우리는 허구 속의 친구들 또한 영원히 살기를 바란다. 작가와 텔레비전 제작자들은 이것을 잘 알고 있으며 이미 친숙한 인물들, 한번 써 보았거나 검증된 인물들로 사람들을 이끄는 것이 훨씬 더 쉽다는 것을 인정하고 있다. 그래서 다시 거짓말을 한다.

드라마 속 인물들은 변할 수밖에 없다. 그러나 대부분의 관객(솔직히 말해서 '우리')은 인물들이 변하지 않고 똑같이 있어 주기를 요구한다. 아주 초기부터 할리우드는 이 점을 깨달았고 이 모순을 해결하는 데 착수했다. 스튜디오 시스템의 '황금기'에 그들은 한 가지 캐릭터만을 지닌 스타들(보가트나 디트리히)을 창조했고 이 스타들은 다양한 모험을 하는 시리즈에 출연할 수 있었다. 그러다가 스튜디오 시스템이 맥을 잃자 속편이 더욱 중요한 역할을 하게 되었다.

속편의 95퍼센트는 실망스러운 것이었다. 몇 가지 주목할 만한 예외들(〈터미네이터 2〉, 〈에이리언〉, 〈토이 스토리〉, 〈대부 2〉)은 1편보다 낫지는 않지만 왜 1편만큼 괜찮은지를 설명해 주는 분명한 구조적 이유가 있다. 이들은 주인공의 결함이나 적대 세력의 본성과 규모를 바꾸었거나, 〈대부〉의 경우처럼 정신적인 죽음에 이르는 비극적인 여행을 줄기차게 계속했다. 하지만 속편들은 대개 도전을 회피한다. 제품을 생산해야 한다는 것과 위대한 예술 작품을 만들어야 한다는 것 사이의 갈등에서는 오직 하나의 승자만 있게 마련이다. 〈리썰 웨폰〉과 〈다이 하드Die Hard〉, 〈행오버The Hangover〉, 〈에어플레인Airplane!〉 시리즈를 보면 자기 혐오감에 괴로워하면서도 어쩔 수 없이 1편과 똑같은 모형을 셀룰로이드 필름 위에 다시 찍어 내는 것을 볼 수 있다.

영화 스튜디오는 인물의 유한성이라는 필연적인 법칙과 싸우는데 너무 많은 노력을 기울여 온 듯하다. 대다수의 작가들은 드라마에 생명력을 불어넣는 변화가 또한 드라마를 죽음으로 이끈다는 사실을 부정하려고만 하는 듯 보인다. 영화 필름 보관소는 이야기 구조가 요구하는 것들을 피해서 시장성 있고 관객이 보기 좋게 처리하려는 시도들로 꽉 차 있다. 상품이 살아 있도록 보존하기 위해서라면 무엇이든 허용된다. 속편(심지어는 이제 전편까지)은 시리즈로 이어지고, 이것도 시들해지면 어쩔 수 없이 그렇게 되지만, 이제 부팅을 다시 한다. 모든 세대(심지어 10년마다)는 이제 '자기 시대의' 〈배트맨〉을 볼 수 있을 뿐이다.

그럼 텔레비전은 어떤가? 우리는 마음속으로 시리즈 영화는 시들 것이라고 예상한다. 그러나 드라마 시리즈는 정의 자체로 보아도 반복되는 매체이다. 드라마 시리즈는 살아남기 위해 재생산되어야 한다. 시리즈의 인물들은 여행을 마칠 수가 없으며 이야기를 끝낼 수 없다. 그래서 시리즈 기획자들은 할리우드와 똑같은 딜레마에 빠진다. 그 딜레마는 한층 더 심각하다. 인물들이 늘 똑같이 유지되어야 할 세계에서 어떻게 변화를 만들어 낸단 말인가?

순수한 시리즈라면 이것이 불가능한 것만은 아니다. 〈드라그넷〉이나 〈스타스키와 허치Starsky and Hutch〉에서는 시간이 흐르지 않으며 인물들은 결코 늙지 않는다. 그들은 매주 예전과 똑같은 모습으로 새로 태어나며 다시 새로운 임무를 수행한다. 그들은 아주 고집스럽게 2차원적으로 쳇바퀴에 매여 시간과 공간의 외부에 존재한다. 이것은 매우 훌륭하게 작동한다. 그러나 작가들에게는 인물들을 성장시키는 시리즈적 요소를 새로 도입하고자 하는 유혹이 남아 있다.

스티븐 복코Steven Bochco는 1981년 NBC에서 방영된 시리즈 〈힐스트리트 블루스〉에 이런 성장이 일어나는 이야기를 도입함으로써 미국의 텔레비전 업계에 혁명을 일으켰다. 몇 년 뒤 BBC의 〈바보와 말 들뿐〉에서도 같은 길을 걸었다. 이 시리즈는 이미 성공한 시트콤이었는데, 기획자 존 설리번John Sullivan이 이 시리즈에 깊이를 더하기로 결심한 뒤 에피소드를 더 늘리고 출생과 결혼, 죽음을 도입하자(즉 육체를 부여하자) 이것은 방송가에서 하나의 현상이 되었다. 그는 드라마에 유한성을 부여해서 드라마를 사실적으로 만들었다. 그러나 경쟁자가 없으면 생명력 또한 있을 수 없으므로 닥쳐올 죽음이라는 씨를 뿌린 것이었다. 〈힐 스트리트〉도 마찬가지였다. 두 드라마 모두 인물들은 스스로를 소진시켰다. 이야기 작가들은 배우들이 결코 하지 않을 듯한 일들을 찾아 헤맸고 결국 품위 없는 중단 사태를 맞았다. 시리즈가 길어짐에 따라 〈위기의 주부들〉은 다른 드라마들처럼 계속해서 센세이션을 일으키려고 애썼다. 해마다 '재난'이 일어나는 에피소드가 등장하는 것은 일종의 의례 행위가 되어서 8개의 시즌 동안 토네이도, 화재, 비행기 추락, 그리고 폭동이 위스테리아 레인(〈위기의 주부들〉의 무대가 되는 가상의 거리 – 옮긴이)을 강타했다. 출연자 가운데 하나인 에바 롱고리아Eva Longoria는 이렇게 말했다. "얼마나 많은 불륜을 참고 봐야 하나요? 죽음은 얼마나 많이요?"[3]

우리 대다수는 자기 경험에서 아무것도 배우지 못하는 듯한 순진무구한 인물들이 등장하는 드라마가 오래 지속되면 불만을 느낀다. 인물들이 뭔가를 배워 우리가 처음 사랑에 빠졌던 그 인물이 더 이상 아닐 때에도 마찬가지로 짜증이 난다. 시간의 영향을 받지 않는 이야기나 세계를 제외하고는, 변화란 다루기가 몹시 까다로운 개념이다. 자칫 잘못 다루었다가는 즉각 터무니없고 개연성 없는 이야기가 된다. 여기에서부터 특히 연속극이 비난을 받는 온갖 끔찍한 진부함이 뒤따른다. 그러나 변화를 잘 다룰 수도 있다.

드라마 제작진의 무기고에 있는 기본적인 도구는 변화를 작고 2차원적인 것, 또는 일시적인 것으로 만드는 것이다. 그러나 상자 속에서 가장 강력한 무기는 선택적 기억 상실이다. 오래 계속되는 드라마에서 뛰어난 망각의 기술보다 더 유용한 것은 없다.

〈이스트엔더스〉의 초기에 미셸 파울러는 슈퍼마켓 앞에서 유모차에 앉아 있던 아이 비키를 잃어버린다. 아이를 잃은 지 한 달 뒤, 그녀는 전국으로 방송되는 TV에 나가 호소할 수밖에 없게 된다. 자기는 실패한 엄마이며 일부는 자기 책임이라고(정확하지는 않지만) 인정한다. 비키가 안전하고 건강한 모습으로 발견되자 모두는 안심하고 미셸은 천천히 자기 삶을 다시 추스르기 시작한다. 여기까지는 괜찮다. 그러나 실제 삶에서 심리적으로 완전히 회복한다는 것은 극히 드문 일일 것이고, 트라우마와 죄책감, 그리고 공공연한 비난의 수위는 평생 상처를 남길 것이다. 그런데 미셸은 이에 대해 완전히 잊고 6주 뒤에는 더는 이 일에 대해 언급하지 않게 된다.

경찰 드라마에서 고정 인물은 흔히 가치 있는 교훈을 얻는다. 그러나 다음 주면 이것을 다시 잊어버린다. 우리가 〈라이프 온 마스〉[4]를 만들 때 존 심John Simm(샘 타일러 역)은 자기가 맡은 인물은 도대체 무언가를 배우는 것 같지 않다고 투덜대곤 했다. 진 또한 자기에 대해 배우는 바가 전혀 없었다. 존은 거의 영화 작업만 했기 때문에 인물의 변화가 불가능하다는 생각에 익숙해질 수가 없었다. 매주 〈라이프 온 마스〉에서 샘은 조금 더 본능적이 되는 법을 배우고 진은 조금 더 이성적이 되는 법을 배운다. 그러나 그다음 주가 되면 이들은 다시 과거로 돌아가 같은 교훈을 다시 배워야 했다. 기억을 잃지 않는다면 인물의 여행은 끝나 버릴 것이고 시리즈의 역동성은 사라져 버릴 것이다. 샘과 진은 시리즈가 끝날 때까지 그 상태 그대로였다.

두 번째 시리즈 끝에 가서는 우리 모두 할 만큼 했다는 느낌을 받았다. 시리즈의 주된 흐름 가운데 많은 것들이 완전한 망각을 믿기 어렵게 만들었다. 재시작 버튼을 여러 번 누를수록 세계가 위협받고 있다는 것을 믿기가 더욱 힘들어졌다. 완전히 자족적인 세계(〈파더 브라운Father Brown〉, 〈코작Kojak〉)에서는 이것이 문제가 되지 않는다. 다른 곳에서는 이것이 문제가 된다. 그런데 왜 잊어야 할까? 인물들은 왜 조금 더 풍부한 유산을 만들어 가지 않을까? 채널4에서 장기 방영된 연속극 〈브룩사이드〉에서 새미와 남자 친구가 주고받는 대사 한 마디가 있다. 모든 드라마 제작자가 종이에 써서 벽에 붙여 둘 만한 대사이다. 그녀가 이미 잊힌 사건에 대한 그의 기억을 상기시킨다. "잘 기억해 둬. 네가 휠체어에 앉아 있고 나는 알코올 중독이었을 때야."

'상어 뛰어넘기Jumping the shark'란 어떤 드라마가 창조적인 기운이 바닥났을 때 쓰는 영예로운 비유가 되었다. 이 비유는 1970년대의 시트콤 〈해피 데이스Happy Days〉의 한 에피소드에서 영감을 얻어 만들어졌다. 이 드라마에서 '더 폰즈'는 상어를 뛰어넘는 워터 스키점프를 하러 플로리다로 여행을 떠난다. 너무나 터무니없는 착상인 데다 시리즈 본래의 DNA와는 너무 거리가 멀었던 덕분에, 이 에피소드는 순전히 센세이션을 불러일으키기 위해서 말도 안 되는 구성이 이루어지는 창조적 죽음의 순간을 기록하는 웹사이트(www.jumptheshark.com)에 이름을 남기게 되었다. 〈브룩사이드〉 또한 리버풀의 중산층이 거주하는 주택 단지에 살을 파먹는 킬러 바이러스가 숨어 있다는 것이 밝혀졌을 때 이 비유가 쓰일 수 있는 가장 좋은 영국적인 사례를 담게 되었을 것이다. 21년간 74건의 부자연스러운 죽음이 있었고, 얼마 안 있어 이 시리즈 스스로도 죽음을 맞이하고 말았다.

특히 미국의 시리즈는 7~8시즌까지 이어지기 때문에 이야기 소재를 찾으려는 절망적인 노력이 때로는 어떤 결과를 이끌어 내는지 볼 수 있다. 자연재해 이외에 드라마 제작자들은 구성을 조금 바꾸어 보거나 오랫동안 지속되던 성적(또는 다른) 긴장감을 해소함으로써 이야기를 찾는다. 그러나 〈블루문 특급Moonlighting〉과 〈프레이저Frasier〉가 증명했듯이 그런 임기응변은 잘 통하지 않는다. 매디와 데이비드, 닐스와 다프네가 커플이 되자, "그들이 사귈까, 말까?" 하는 질문은 "사귄다."로 바뀌었고, 시청자들에게는 더 이상 궁금증이 없어져 버렸다. 인물들의 목표가 성취되자 드라마를 움직이던 이야기의 동력은 꺼져 버리고, 질문들에는 답이 나왔으며 탐색 여행은 완료되었다.

드라마의 모든 인물들은 자연스럽게 완전해지기를 바란다. 뱅쿠오를 살해하려던 계획이 실패로 돌아간 뒤 맥베스가 말하는 그대로다.

> …… 나는 완벽할 수도 있었을 것을.
>
> 대리석처럼 탄탄하고 바위처럼 단단했을 것을.
>
> 만물을 둘러싼 대기처럼 자유롭고 활달했을 것을.

모든 위대한 드라마 속의 이야기는 주인공에게 필요와 결함에 맞서라고 강요한다. 이들을 극복하면 주인공은 완성되고 극복하지 못하면 죽는다. 시리즈의 황금률에 따르면 필요/결함은 금세 극복되거나 결코 극복되지 않으며, 확실히 마지막 에피소드에 이르기 전까지는 극복되지 않는다. 이것이 〈웨스트 윙〉의 도나와 조시, 〈프렌즈〉의 레이철과 로스 사이의 관계가 잘 되어 가는 이유다. 옛 친구를 만나는 것이 즐거운 것처럼 〈바보와 말 들뿐〉도 델 보이와 로드니가 백만장자가 되었을 때 끝났어야 했다.

최근에는 상어 뛰어넘기의 아성을 '냉장고를 핵무기로 공격하기 Nuke the fridge'가 위협하고 있다. 이 말은 인디아나 존스가 〈인디아나 존스: 크리스탈 해골의 왕국Kingdom of the Crystal Skull〉에서 핵 폭발을 피하는 놀랍고도 터무니없는 방식에서 유래한 것이다. 너무 오래가는 시리즈들은 모두 '상어 뛰어넘기'를 하는 경향이 있다. 이 시리즈들이 '냉장고를 핵무기로 공격하기'를 하는 이유는 구조적으로 다른 선택지가 없기 때문이다. 그럴듯한 이야기의 동력을 갖추고 지금까지와는 다른 새로운 인물을 정기적으로 배출하거나 아니면 고집스럽게 2차원적으로 남아 있지(그래서 시간의 참화에서 벗어나지) 않는 한, 이 시리즈들은 평균 세 시즌 이후에는 정신적으로나 육체적으로나 항상 죽게 되어 있다. 여기에는 눈에 띄는 패턴이 있다. 첫 해에는 열정적이고 두 번째 해에는 강화되며 세 번째 해에는 '도대체 이제 무얼 해야 하지?'가 된다.

21장

다시 집으로

다른 사람과의 싸움에서 우리는 미사여구를 만들어 낸다. 우리 자신과의 싸움에서 우리는 시를 만들어 낸다.

- W. B. 예이츠

30년 전 지미 맥거번이 〈브룩사이드〉의 작업을 시작했을 때 그는 화가 난 젊은 교사였다. 영국 텔레비전에서 가장 흥미로운 신진 작가이기도 했다. 그는 노동 계급의 생활에 대해 사람들을 당황하게 할 만큼 거칠고 강렬한 글을 썼다. 지금껏 아무도 그런 분노와 그런 유머를 가지고 글을 쓴 사람은 없었을 것이다. 자신이 믿는 사회주의적 이상을 그렇게 웅변적으로 외치는 사람도 없었다. 이 드라마는 주로 바비 그랜트라는 노동조합 위원과 그를 지원하는 아내 쉐일라를 통해 전달되는 오랜 노동 가치의 수호자였다. 이 드라마는 튼튼하고 강력하며 급진적이었는데 당시 대부분의 텔레비전에 견주어 매우 이례적이었기 때문에 더욱 그러했다. BBC1의

〈플레이 포 투데이Play For Today〉는 쓰러지기 직전이었고(1984년에 종방되었다), 앨런 블리스데일Alan Bleasdale의 1982년작 〈보이스 프롬 더 블랙스터프Boys from the Blackstuff〉는 급진적 단결을 위한 마지막 의식처럼 느껴질 때였다. 이들이 소멸한 뒤 그 그림자 속에서 "우리는 아직 죽지 않았다."라고 반항적으로 외치며 〈브룩사이드〉가 등장했다. 이 드라마가 뿜어내는 열정과 목소리는 매우 획기적이었다. 사실상 이 드라마는 연속극이라는 장르를 재정의했다. 그러나 이 또한 1차원적이었다. 아무도 바비에게 반대하지 않았다. 사회주의 이상의 선전물 같았다. 그러자 매우 특별한 일이 일어났다.

경찰관의 문제아 아들과 파업 파괴자들인 코크힐 가족을 등장시켰을 뿐만 아니라, 더 중요하게는 그들에게 '동등한 권리'를 부여했을 때 맥거번은 진정으로 위대한 작가가 되었다.[1] 그는 이들을 자기 좌익 동료들만큼이나 사랑했고 시청자들에게도 똑같이 이들을 사랑하라고 요구했다. 거의 하룻밤 사이에(바이러스가 나타나기 훨씬 전이다) 〈브룩사이드〉는 아주 좋은 연속극에서 가장 훌륭한 TV 드라마로 변모했다.

그래서 무슨 일이 일어났을까? 맥거번은 성가대에게 설교를 하는 것은 본질적으로 지루한 일이라고 생각했다. 그는 "소아성애자에게 호감이 가도록 만드는 것이 작가로서는 환상적인 도전 과제"[2]라는 것을 발견했다. 이것은 그에게 매우 유용한 교훈이었다. 1999년에 그는 리버풀 항만 파업에 관한 영화 제작을 감독하게 되었다. 노조원들로 꽉 찬 워크숍을 이끌면서 그는 노조원들에게 파업 불참자의 시각에서 연설문을 써 보라고 요구했다. 노조원들은 이런 생각도 있을 수 있다는 것을 받아들이지 못해 거절했다. 맥거번은 직접 연설문을 쓰기로 했다. 채널4의 다큐멘터리《라이팅 더 롱스Writing the Wrongs》[3]는 그가 이 연설문을 노조원들에게 읽어 주는 순간을 기록하고 있다. 파업 참가자들은 퇴직 장려금을 수용했기 때문에 자신의 원칙을 어긴 반면, 파업 불참자들은 자기 원칙을 굳건하게 지켰다는 결론으로 분노의 4분이 끝났다. 이것은 정말 놀라운 장면이었고 전체 프로젝트에서 가장 강력한 순간으로 남게 되었다. 그는 같은 일을 영화 〈프리스트〉에서도 해냈다. 이 영화에서는 한 인물이 섬뜩하게도 신의 일이라고 정당화하면서 근친상간을 변호한다.

맥거번은 양쪽 주장 가운데 어느 한쪽도 믿지 않는다. 그는 매우 중요한 원리 하나를 완전히 터득하고 있었다. 당신이 무엇을 믿든 믿음이 완전히 깨질 때까지 시험해 보라는 것이다. 적절하고 강력한 반대가 없는 이야기는 진부해질 수밖에 없다는 것을 깨달은 그는 선전과 선동의 단순한 공식을 거부한다. 모든 이야기는 하나의 주장이며, 그 주장이 바로 이야기의 심장부에 있기 때문이다.

주제의 중요성

토머스 볼드윈은 테렌티우스에 대해 이렇게 말한다. "유추를 하는 것은 불필요하다. 그러나 테렌티우스의 연극이 대체로 소송을 위한 연설의 절차를 따르고 있다는 것은 주목할 만하다.…… 키케로의 연설문과, 법정에 가장 적합한 현대 수사학자의 생각 사이에는 유사한 점이 매우 많다."[4] 이 주장에 대해 나는 반대하지 않을 수 없다. 우리는 반드시 유추를 해야 한다. 거기에는 이야기꾼의 기술에 관한 심오하고 중요한 그 무엇이 담겨 있기 때문이다.

이론이 상정되고 주장이 분석되며 결론에 도달한다. 간단히 말해 이것이 주제다. 주제는 흔히 중심 소재와 혼동되어 사용되지만 두 가지가 비슷할 수는 있어도 늘 같은 것은 아니다. 〈크래쉬〉(폴 해기스 감독의 작품, 2006년 미국 아카데미 작품상, 각본상, 편집상을 받았다 - 옮긴이)의 중심 소재는 인종이지만 주제는 '고립이 공감을 하는 데에 장애가 되는가?'이다.

중심 소재는 주어지며 고정된 것이다. 반면에 주제는 한 생각을 적극적으로 탐구하는 것이며 탐구되기를 기다리는 전제이자 질문이다. 〈다이 하드〉의 중심 소재는 고층 빌딩을 점거한 테러리스트이지만(경찰 존 맥클레인과 앨은 깊이 숨어 있는 자신들의 결함을 인정함으로써만 평화를 찾을 수 있기 때문에) 주제는 '우리는 약점을 마주함으로써만 강해질 수 있는가?'이다.

〈매드맨〉[5]에서는 첫 번째 에피소드가 시작된 지 15분이 지나서야 이 드라마가 무엇에 관한 것인지 밝혀진다. 정신의학 이론에 대응이라도 하듯, 자기가 게이라는 사실을(철저히) 숨기는 샐은 『플레이보이』 잡지를 뒤적거리며 의심스럽다는 듯이 말한다. "그래서 우리는 사람들이 한 가지 방식으로만 살아가고 있다는 것을 믿어야 한다는 거야? 속으로는 정반대로 생각하면서? 그것 참 바보 같군." 〈크래쉬〉에서 그레이엄 워터스 형사의 첫 대사는 다른 주제, '우리는 그저 무언가를 느끼기 위해서 서로 충돌한다.'라는 생각을 상정한다. 물론 둘 다 논지이며, 둘 다 2막에서 탐구되거나 심문 받을 것이고, 3막에서는 결론을 내릴 것이다. 다시 한번 우리는 여기에서 정립, 반정립, 그리고 종합이라는 숨어 있는 구조적 원리를 만나게 된다. 드라마는 주제를 위한 것이다. 모든 드라마는 세계의 본성에 관한 주장이다.

이야기는 정확히 에세이나 법률 소송, 그리고 실은 인식 그 자체처럼 작동한다. 이야기는 한 가지 생각을 설정하고 그것을 탐구하며 그러고 나서 드라마가 설득력이 있다면 그것이 참이라고 증명되었다는 결론에 도달한다. 〈해리가 샐리를 만났을 때〉는 한 가지 단순한 생각을 상정한다. '남자와 여자는 늘 섹스가 방해하기 때문에 친구가 될 수 없다.' 1막에서 문제가 제기된다. '남자와 여자가 그저 친구가 될 수 있을까?' 2막에서는 반정립(남자와 여자는 친구가 되기 위해 노력한다)을 통해 이 문제를 탐구한다. 그리고 3막에서는 종합(남자와 여자는 사랑에 빠지지 않는 한 친구가 될 수 없다)을 통해 결론에 도달한다. 시나리오에서 도발적인 사건과 상황이 가장 나빠지는 지점 사이의 관계를 살펴보자. 주제가 가진 힘을 모두 발휘하는 것이 바로 이곳이다. 해리와 샐리는 친구가 되려고 노력한다. 위기 지점에서 그들은 완전히 비참한 상황에 처한다. 맥베스는 왕을 죽이고 4막 끝에서(그것을 알아차릴 수도 없지만) 비슷한 처지에 놓인다. 우리가 이미 살펴보았듯이 도발적인 사건은 '이것의 결과는 무엇일까?'라는 질문을 던진다. 상황이 가장 안 좋은 지점에서 답이 나오기는 하지만, 이것은 작가의 답이 아니다. 〈맥베스〉에서 셰익스피어는 국왕 살해가 지옥으로 빠지는 길이라고 주장하지만 반란에 대해 좀 더 너그러운 다른 작가(베르톨트 브레히트나 에드워드 본드 같은 작가들)는 국왕 살해에 대해 전혀 다른 견해를 갖고 있을지도 모른다. 그러므로 도발적인 사건과 위기의 관계는 언제나 잘 작동하는 주제다. 주제는 인생에 대한 작가의 해석이다.

재판이 어떻게 진행되는지 지켜본 사람이라면 누구나 다 이렇게 말할 것이다. 양쪽의 주장이 강하면 강할수록 재판은 더 많은 관심을 끈다. 작가가 삶에 대해 어떤 주장을 하려면 작가는 실제로 자기 주장이 완전히 깨질 때까지 시험해 보아야 한다. 〈브룩사이드〉의 코크힐 가족은 고전적인 적대 세력이다. 히치콕이 말한 대로, 악당이 훌륭한 만큼 영화도 훌륭해진다. 실제로 드라마는 양쪽 모두의 정당성을 입증하기 위해 구조적인 의무를 다할 때만 작동할 수 있다. 이야기는 상대편의 주장이 훌륭한 만큼 훌륭해진다. 주인공이 숲속으로 여행을 떠날 때 숲은 집이 안락해 보이는 만큼 두렵고 어둡고 불길해야 한다. 작가는 주인공만큼이나 악당을 사랑해야 한다.

소설가 아널드 베넷Arnold Bennett은 양쪽 모두를 살펴야 할 중요성에 대해 이렇게 썼다. "진정으로 위대한 소설가의 본질적 특성은 마치 예수처럼 모든 것을 포용하는 동정심이다."[6] 셰익스피어의 작품이 지속적인 생명력을 갖는(그리고 그에 대한 해석이 한없이 다양한) 이유 가운데 하나는 그의 연극들이 바로 이런 점을 아우르고 있다는 것이다. 그의 주요 인물들은 아주 열정적인 것은 아닐지라도 모두 그 나름의 타당한 시각을 지니고 있다. 어떤 작품(예컨대 〈줄리어스 시저〉)에서는 주인공과 적대자가 거의 같은 비중으로 다루어진다.[7] 체호프의 경우에는 이보다 더하다. 그는 형에게 쓴 기억할 만한 편지에서 자기의 연극 〈이바노프Ivanov〉에 대해 이렇게 썼다. "나는 악당이나 천사 한쪽을 표현한 것이 아닙니다.…… 나는 누구를 비난하지도 않았고 누구의 편을 들지도 않았습니다."[8] 그가 쓴 위대한 연극들에서 주인공과 적대자를 구분해 내기란 거의 불가능하다. 모든 작품은 사실상 둘 다로 이루어져 있다.[9] 물론 둘 다 필요하다. 드라마는 대립물에 관한 이야기다. 한쪽 입장만 알리는 것은 변증법을 부정하는 일이다. 앤드루 스탠턴은 이렇게 말했다. "우리는 흔히 '이야기에는 무언가 말할 것이 있어야 한다.'라는 말을 듣지만, 그렇다고 그것이 늘 어떤 메시지를 뜻하는 것은 아니다. 그것은 진실, 이야기하는 사람으로서 당신 자신이 믿는 몇몇 가치, 이야기의 전개를 통해 그 진실에 대해 곰곰이 생각할 수 있는 몇몇 가치를 뜻한다. 그것이 틀렸음을 입증하려고 노력하라. 그 한계까지 그것을 시험하라."[10]

적절한 무게감이 없는 적대자는 드라마에 심각한 피해를 줄 수 있다. 〈더 와이어〉에서는 모두가 주인공이자 누군가의 적대자다. 모든 싸움은 우열을 가리기 힘들고 누가 이길지 알 수 없다. 작가들은 베넷이 말한 동정심을 엄청나게 많이 보여 준다. 그러나 〈트레메〉가 비난할 대상을 찾기 위해 비현실적인 영국 기자들과 철없는 관광객들을 만들어 냈을 때 드라마는 안전하지 못한 바닥 위에서 있다는 것을 알게 된다. 뉴올리언스 주민들의 사랑을 받고자 하는 욕망 때문에 치명적인 결함이 생긴 것이다. 드라마는 자신이 공격해야 할 바로 그 죄악을 자신이 범하게 될 때 자멸한다. 드라마 속 인물들이 올바르기를 원한다면 드라마는 인물들로 하여금 스스로와 싸우게 해야 한다. 주인공이 작가의 순진한 대변자인 작품들은 경계해야 한다. 리키 저베이스Ricky Gervais와 스티븐 머천트의 〈세머테리 정션Cemetery Junction〉은 〈청춘 낙서〉와 전제 조건은 비슷하지만 미묘한 감각이 없다. 이 영화의 모든 주인공들은 발견되기를 기다리는 천재들이고 적대자들은 모두 멍청이다. 인물들이 지방 소도시를 떠나 다른 곳으로 옮겨 간다는 것은 너무나 쉬운 전제 조건이다. 모데스토(〈청춘 낙서〉의 배경으로 볼 수 있는 북부 캘리포니아의 소도시 - 옮긴이)와 달리 이 지방 소도시에는 그들을 붙잡을 것이 아무것도 없다. 여기에는 드라마가 없다. 가치 있는 적대자가 없이는 타당한 주제가 있을 수 없고, 주제가 없으면 이야기도 없기 때문이다.

러요시 에그리는 모든 드라마에는 '잘 만들어진 전제 조건'이 있어야 한다고 주장했다.[11] 그가 본질적으로는 완전히 옳지만, 좀 더 중요한 것, 주제는 저절로 떠오른다는 점을 무시하는 말이다. 많은 작가들이 머릿속으로 한 가지 의식적인 주제를 갖고 책상에 앉지만 더 많은 작가들은 아직 주제를 억지로 만들어 내지는 않는다. 주제는 유기적으로 태어난다. 주제란 작가가 현실과 벌이는 논쟁의 산물이기 때문이다. 작가가 변증법적으로 글을 쓰면 주제는 저절로 떠오른다. 주제와 현실은 둘 다 '정립/반정립/종합'이라는 토대 위에 세워지기 때문이다. 이것은 매우 중요한 말이다. 이는 구조가 무의식의 산물이라는 것을 확인해 주기 때문이기도 하고, 또한 이것이 우리가 이야기를 하는 방법과 이유를 더 잘 이해하게 해 주기 때문이기도 하다.

이에 대해 더 살펴보기 전에 조금 뒤로 돌아가 보자. 이것에 대한 증거로 또 다른 것을 불러낼 필요가 있기 때문이다.

"모든 텔레비전은 스토리텔링이다."[12]

1997년 왕립 텔레비전 협회의 한 강연에서 전설적인 기자 앨리스테어 쿠크Alistair Cooke는 굉장한 진실 한 가지를 이야기했다(그리고 그가 진행했던 방송 〈미국에서 온 편지Letter from America〉를 들어 보면 이 방송이 성공을 거둔 비밀 또한 많이 드러난다). "방송이란 긴장감을 조절하는 것이다. 정원 가꾸기든, 경제든, 살인이든, 당신이 무슨 이야기를 하건 그건 상관이 없다. 어쨌든 당신은 이야기를 하는 것이다. 모든 문장은 다음 문장을 이끌어야 한다. 만일 당신이 따분한 문장을 이야기하면 사람들은 방송을 꺼 버릴 권리가 있다."[13]

뉴 밀레니엄 초기에 TV 임원들은 마침내 이 훌륭한 교훈을 얻었다. 모든 이야기는 드라마적인 흐름을 갖추어야 하고 특히 텔레비전은 이 형식에 매우 적합하다는 사실이었다. 그들은 드라마 구조의 규칙을 따르되 그것을 실제 사람들에게 적용함으로써 전통적인 TV 드라마가 그저 우발적으로 전달할 수 있었던 무시무시한 긴장감을 매주 제공할 수 있다는 것을 깨달았다. 예전에 비해(배우는 공짜였다!) 1/4 가격으로 드라마를 제작할 수 있으며 드라마의 절정이 시리즈 끝에 가서야 있는 것이 아니라 매주 있을 수 있다는 것을 알고, 그들은 새로운 성배를 발견한 듯했다.

〈수퍼내니Supernanny〉, 〈페이킹 잇Faking It〉, 〈와이프 스와프Wife Swap〉, 〈어프렌티스〉, 〈시크릿 밀리어네어Secret Millionaire〉, 〈그랜드 디자인Grand Designs〉, 이들은 모두 거대 리얼리티 쇼다. 모두 분명한 첫째 막과 마지막 막(행동에 대한 요청과 마지막 심판)을 갖추고 있고, 현실에서 소재를 끌어와야 한다는 제약은 있으나, 모두 셰익스피어와 테렌티우스, 그리고 호라티우스와 같은 구조를 지니고 있다. 모든 쇼에서 같은 패턴을 볼 수 있다. 초기에는 열정적이다가 목표를 성취한 다음 모든 것이 무너지고, 재난에 맞서다가 마침내 승리를 거머쥔다. 이 모든 쇼 가운데 최고라고 할 수 있는 〈더 엑스 팩터〉는 (느슨하긴 하지만) 매우 분명한 막 구조를 따름으로써 힘을 발휘한다. 사실 모든 리얼리티 텔레비전은 고전적인 셰익스피어 형식 위에 만들어진다. 그러므로 리얼리티 텔레비전이 (거의 전적으로 수동적인 주인공만 내세운 사이먼 코웰Simon Cowell의 〈레드 오어 블랙?Red or Black?〉처럼) 원형의 규칙을 깨면 같은 짓을 한 모든 드라마와 동일한 운명을 맞게 된다. 〈와이프 스와프〉 또한 유익한 이야기를 들려준다.

비교적 최근에 영국 텔레비전에서 있었던, 〈와이프 스와프〉의 궁극적인 실패 또한 텔레비전 시리즈처럼 똑같은 상어 뛰어넘기의 하나로 분류할 수 있다. 처음에는 시청자가 심각한 갈등을 즐기기 위해 이 방송을 보기 시작했다(때로는 호기심을 참기 힘들 때가 있는 법이다). 그러나 이 프로그램이 가장 효과적이고 가장 많은 보상을 받은 것은 주인공이 변화했을 때, 무기력하고 정서적으로 무능한 아빠가 아이들과 노는 법을 배웠을 때였다. 이것은 아마도 실제 생활에서 진짜 변화를 만들어 내기가 더 어렵기 때문일 것이고, 또 아마도 프로그램 제작자들이 성장과 성숙보다 논쟁과 선정성에 더 우위를 두었기 때문일 것이다. 결과적으로 시청자는 난장판을 보는 데 지쳤고 쇼는 막을 내렸다(오랫동안 호기심을 유지하는 것은 더 힘들다). 쇼가 인기를 끌자, 원형을 바꾸어 버렸다. 주인공이 딴전을 피우고 무엇이든 배우기를 거부하자 쇼를 시청하기가 불편해졌다.

쇼가 잊었던 것은 우리가 오랫동안 지켜온 중요한 요소였다. 드라마는 변화를 요구한다. 최근 몇 년 동안 채널4의 2004년작 〈페이킹 잇〉의 에피소드보다 더 강력하고 감동적인 이야기는 거의 없었다. 리즈의 노동자 계급 출신 펑크족 하나가 로열 필하모니 오케스트라를 지휘해야 할 도전 과제를 받는다. 그는 변화한다. 중산층의 가족이 그를 변화하도록 만들었다. 마지막 순간에 그의 여자 친구는 그를 떠난다. 모든 어려움에도 불구하고 그는 로시니의 〈알제리의 이탈리아 여인〉 공연을 해낸다. 앨버트 홀이 떠나갈 것 같았다. 구성이 아무리 형편없을지라도(이 경우에는 형편없게 보이지도 않았다) 특별한 드라마적 경험을 만들어 내는 변화와 정서적 성장은 원형에 완벽하게 잘 들어맞았다. 대부분의 텔레비전 드라마가 그저 꿈만 꿀 뿐인 힘과 에너지를 갖춘 이 쇼는 리처드 커티스(영화 〈러브 액츄얼리〉의 작가 – 옮긴이)가 쓴 작품 같았다.

리얼리티 TV는 이렇게 텔레비전 드라마의 옷을 훔쳐 입고 원형적 형식을 도용했다. 그런데 참다운 원형적 형식이라는 것이 정말 있을까? 이것은 우리가 이미 보아온 대로 몇몇 작가들을 분노케 하는 주장이다. 우연히 완벽한 구조물을 생산해 낸 토니 조던은 이에 대해 비난을 퍼붓는다.[14] 그러나 비난하는 이들(많이 있다)은 중요한 점을 놓치고 있다. 위대한 작품은 그 형식을 맹종하지 않는다. 우리는 한 가지 사이즈가 모두에게 들어맞는다는 주장을 경계해야 한다.

규범의 전복

창조성과 상업성, 전통과 파괴 사이의 긴장은 모든 예술 형식에 퍼져 있다. 알렉스 로스Alex Ross(미국의 음악 평론가 - 옮긴이)의 기념비적인 20세기 음악의 역사책 『나머지는 소음이다*The Rest is Noise*』는 제2차 세계 대전 이후에 고전 음악을 덮친 근본주의에 대해 유쾌하게 설명하고 있다. 근본주의의 세계에서는 어떤 조성이든 파시스트적이라고 딱지를 붙였으며, 존 케이지John Cage(음악에 우연적 요소를 도입한 미국의 작곡가 - 옮긴이)는 "베토벤은 틀렸다."라고 선언했다. 모든 예술 매체에는 늘 우상 파괴자가 있다. 그들은 작곡가 피에르 불레즈Pierre Boulez처럼 "〈모나리자〉를 훼손하는 것만으로는 충분하지 않다. 그렇게 해서는 〈모나리자〉를 죽일 수 없기 때문이다. 과거의 예술은 모두 파괴되어야 한다."라고 주장한다. 이런 충동에서 위대한 작품이 만들어질 수 있다. 이런 작품은 원형적이 아닐 수도 있고 어쩔 수 없이 이해하기도 더 어렵겠지만(〈더 와이어〉가 입증했듯이), 그래도 몇몇 작품은 그래야 한다.

그럼에도 불구하고 이런 작품이 이야기의 원형을 무로 만드는 것은 아니다. 비록 작품이 더 분명하게 전위적이 되어가며 이야기의 원형에 반발한다 해도, 모든 이야기들은 어느 정도 비슷한 특징을 공유한다. 이야기의 원형을 변형한 프랜시스 스퍼포드의 〈레드 플렌티〉에서, 인물들 가운데 하나가 마일즈 데이비스Miles Davis의 〈블루 인 그린Blue in Green〉의 솔로 연주를 보고 있다.

> "그는 트럼펫을 들고 악보에 따라 높고 정확하게 연주를 시작했다. 그런데 뒷부분으로 가니 전혀 악보대로 연주를 하지 않았다. 어쨌든 그들은 부드럽게 끝내거나 변화시키지 않으면서, 악보가 계속 요구하는 구조의 지침들을 받아들일 것이라는 기대를 조심스럽게 거절하고 있었다."

널리 알려진 대로, 마르셀 뒤샹은 〈모나리자〉 그림에 콧수염을 그려 넣었다. 자기 작품은 이 그림 없이는 존재할 수 없다는 것을 잘 알고 있었으므로 아무리 그러고 싶어도 그는 이 그림 자체를 파괴할 수는 없었다. 이야기에서도 마찬가지다. 관습적인 형식을 따르지 않는 쪽을 선택할 수는 있지만 따르지 않더라도 마치 재즈처럼, 이야기는 원형에 대한 비판이며 그에 대한 반발이 될 수밖에 없다. 전쟁 직전의 독일 시골 마을을 연구 대상으로 삼은 미하엘 하네케Michael Haneke 감독의 영화 〈하얀 리본〉은 의도적으로 드라마의 관습을 거부했다. 이 영화는 관객을 매우 불편하게 만드는 영화다. 이 영화가 가진 대부분의 힘은 관객이 요구하는 원형적 형태를 따르지 않음으로써 얻어진다. 의문에는 의도적으로 답하지 않고, 의미는 고의적으로 이해하기 힘들게 하며, 이야기의 종결을 바라는 우리의 욕망을 좌절시키기 위해 이 영화는 우리가 바라는 형태와 싸움을 벌인다.

〈리어 왕〉은 크게는 원형적인 구조를 갖추고 있지만 예외적으로 4막에서 셰익스피어는 엄격한 관습에서 벗어나려고 시도한다. 셰익스피어 글로브 극장의 예술 감독 도미닉 드롬굴Dominic Dromgoole은 이것을 "구조상의 재즈식 변주"라고 설명했다. 이것이 연극의 질을 깎아내렸을까? 전혀 아니다. 이것은 오히려 연극의 숨은 주제인 광기를 더 강조했다.

새뮤얼 존슨Samuel Johnson은 "폭력적으로 결합시킨 잡다한 생각들"이라며 존 던John Donne의 시를 공격했다. 그는 이미지 사이의 간극과 그것의 거친 병치가 던이 선택한 형식에 적합하지 않다고 느꼈다. 물론 추상적인 발상, 음보율에 대한 거부[이에 대해 벤 존슨은 던을 "교수형에 처해야 마땅하다"라고 했다]는 던의 강점이다. 이것은 던의 천재성의 초석이 된 형식과 내용의 상호 작용이었다. 존 콜트레인John Coltrane(미국의 작곡가이자 색소폰 연주가 - 옮긴이)의 〈내가 좋아하는 것들My Favourite Things〉은 매우 훌륭한 곡이지만, 원작인 〈사운드 오브 뮤직Sound of Music〉을 알고 있을 때 비로소 진정으로 위대한 곡이 된다. 영화 〈노인을 위한 나라는 없다〉는 구조상 일어나서는 안 되는 사건에서 그 힘을 끌어낸다. 덜 극단적인 예들(동작의 중지, 음악가들이라면 '루바토'라고 불렀을, 앞으로 또는 뒤로의 미묘한 중간 지점의 이동들)은 이야기에 매우 특별한 풍부함과 다양성을 더해 준다. 미켈란젤로 안토니오니Michelangelo Antonioni의 영화 〈태양은 외로워/일식L'eclisse〉의 끝부분에서 모니카 비티는 화면 오른쪽에서 왼쪽으로 이동하며 클로즈업에서 빠져나온다. 영화 '문법'으로 보자면 그녀는 다음 장면에서 오른쪽에서 등장해야 한다. 그런데 그 자리에 그녀는 보이지 않는다.[15] 이것이 그녀의 마지막 장면인데 그녀는 여주인공이 기대할 만한 전통적이고 문법적인 엔딩 장면을 빼앗기고 만다. 와이드 숏도 없고 크레인 업도 없다. 대신 6분 동안 그녀가 떠나고 없는 거리를 보여 준다. 이 장면의 놀랍고도 극적인 힘은 우리의 기대를 배신하는 데에서 나온다. 그녀의 부재가 갖는 의미는 이해하기 힘들지만 (〈일식〉이라는 제목이) 비유적으로는 매우 많은 것을 시사한다. 영화는 이탈리아의 네오리얼리즘부터 베리만, 타르콥스키Tarkovsky, 드레위에르Dreyer의 작품에 이르기까지 주기적으로 원형에 맞서 반발해 왔고, 그렇게 함으로써 매우 독특한 작품들을 만들어 냈다.[16] 그러나 이 작품들은 여전히 브라크Braque나 피카소Picasso의 입체파처럼 전통적 형식과의 관계에서 그 힘을 얻고 있다.

모든 이야기가 〈델마와 루이스〉 이야기와 똑같다고 말하는 것은 매우 불합리할 것이다. 이야기가 있는 작품들은 모두 대칭적이라고 말하는 것도 불합리할 것이다. 분명히 그렇지 않다. 그러나 우리가 '완벽한 구조'에 관해서 이야기할 때는 무의식적으로 이런 것을 뜻한다. 완벽한 균형, 완벽한 대립물, 모두 똑바르고 비례가 맞는 것. 물론 '완벽하다'는 단어에는 함축적인 의미가 담겨 있다. '완벽하다'는 것이 늘 좋은 것만도 아니다. 지독히 나쁜 것인데도 완벽한 것이 많으며, 매우 탁월한 것인데도 완벽하지 않은 것도 많다. 물이 한 덩어리를 이루기 위해 서로 끌어당기듯이 이야기 또한 구체적인 형태를 갖추려 한다. 그러나 뭔가 빠졌다는 것이 실패의 표식은 아니다.

리처드 포드Richard Ford의 소설 『캐나다*Canada*』(2012)가 유용한 사례가 될 것이다. 이 소설은 한 소년에 관한 이야기다. 소년의 지극히 평범한 부모는 은행을 털었다가 이것이 비범하게 잘못된다. 부모의 돌봄을 받지 못하게 된 어린 화자는(정신적으로나 문자 그대로나) 제목으로 쓰인 캐나다로 가게 된다. 소년은 한 낯선 남자와 같이 지내게 되는데, 그 남자도 반평생 전에 저지른 폭력적인 범죄 때문에 다른 두 사람에게 쫓기는 신세다. 3부로 나누어진 이 소설은 '완벽하게' 원형을 따르면서도 동시에 이 원형에서 아주 매끄럽게 벗어난다. 고전적인('완벽한') 영화 구조에서도 세 개의 막이 있을 수 있다. 1막과 2막은 강도질과 그의 부모가 한 일 때문에 고통받는 소년에 관한 이야기가 될 것이다. 3막에서는 아마도 원래 범죄의 희생자들이 적대자 역할을 맡으면서 복수를 꾀할 것이다. 그런데 이 소설에서는 그런 일이 일어나지 않는다. 그 대신, 소설 대부분을 차지하는 1부와 2부에서 이 이야기를 다 하고, 3부는 사실상 후기에 지나지 않는다. 개별 사건들은 무작위적이고 이질적으로 보이지만, 그럼에도 불구하고 그 속에 숨어 있는 원형적 구조를 못 보고 지나치기란 불가능하다. 매우 분명한 도발적인 사건(부모가 범죄를 저지르기로 결심한다)이 있고, 매우 분명한 중간 지점(부모가 붙잡히고 화자는 캐나다로 추방된다)이 있으며, 위기와 절정(마지막에 낯선 남자의 적들과 피비린내 나는 총격전을 벌인다)이 있다. 그럼 주인공은? 그는 얼핏 보아 수동적인 관찰자처럼 보이지만 물론 그렇지 않다(그는 책의 화자다). 그는 욕망을 추구한다. 새아버지 격이었던 인물이 은행 강도와 전혀 다른 범죄를 저지르는 모습은 어떤 의미에서는 완전히 다른 이야기이지만 사실 이 둘은 같은 이야기다. 주인공은 범죄의 결과를 마주하게 되지만 한 적대자가 쥐고 있던 바통은 이야기를 완성하기 위해(〈펄프 픽션〉과 〈사이코〉에서도 정확히 중간 지점에 주인공의 바통이 다른 이에게 넘겨지듯이) 다른 적대자의 손에 전달된다. 다른 모든 이야기처럼 『캐나다』 또한 똑같은 기초 위에 세워져 있다. 숲속에 던져진 주인공이 집으로 돌아갈 방법을 찾는다. 『캐나다』의 허구적 화자는 그의 삶을 되돌아보면서 소설 자체와 이야기의 구조 둘 다로 들어가는 열쇠를 발견한다.

> 그 시간들(그레이트폴스에서 학교에 갈 기대로 설렜던 때로부터 부모님의 강도 사건, 누나의 가출, 국경을 넘어 캐나다에 온 것, 미국인들의 죽음, 위니펙으로 갔다 지금 내가 있는 곳에 이른 것까지)을 생각하면 모두 악장을 가진 악보나 퍼즐의 조각 같다. 이 속에서 나는 내가 넘은 경계들과 상관없이 내 삶을 복원하고 괜찮은 상태로 유지하려고 애쓰고 있다. 이런 연결을 하는 사람은 오직 나뿐이라는 것을 알고 있다. 그러나 그렇게 노력하지 않는 것은 나를 절망이라는 바위에 내동댕이쳐서 파도에 부서지도록 두는 꼴이다. 체스 게임에서는 배울 것이 아주 많다. 체스

에서 벌어지는 싸움은 역경이나 갈등이나 패배나 심지어 승리도 아닌 그 모든 것의 기본인 조화의 상태를 찾는 장기적인 싸움의 일부다.[17]

포드의 화자는 미학 이론을 개괄하고자 노력했던 빅토리아 시대의 위대한 미술 평론가의 말을 인용한다.

> 러스킨은 글쓰기란 불균등한 것들을 배열하는 것이라고 했다. 무엇과 무엇이 균등한지, 무엇이 더 중요하며, 앞으로 내달리는 인생의 여정에서 무엇을 이야기할지 결정하는 것은 작가 자신이라는 뜻이다.

이야기 형태에는 끊임없는 변주가 있다. 원래의 선율을 때로는 미묘하게 때로는 거칠게 탐구하고 발굴한다. 그 선율을 발견하기 위해서는 아주 오랜 시간과 힘이 들지도 모른다. 하지만 그 선율은 (지금은 없을지라도) 분명히 존재한다. 음악과 시, 영화(분명히 모든 예술)에서 일탈이란 단지 원형의 중요성을 확인해 줄 뿐이다. 마이너 코드는 근음根音과 관계가 있다. 이 둘 사이의 관계가 이야기를 만들어 낸다. 역사상 가장 성공적인 인도 영화 〈화염Sholay〉의 공동 작가 자베드 악타르Javed Akhtar는 기민한 관찰을 했다.

> 노끈과 자갈을 가지고 노는 아이들을 본 적이 있을 것이다. 아이들은 노끈으로 자갈을 묶은 다음 그것을 머리 위에서 돌리기 시작한다. 천천히 노끈을 풀어 주면 자갈은 점점 더 큰 원을 그린다. 이 자갈은 전통에서 벗어나려는 반발이다. 자갈은 멀리 날아가고 싶어 한다.……

노끈은 전통이자 지속성이다. 노끈은 자갈을 붙들고 있다. 그러나 노끈을 끊어 버리면 자갈은 땅에 떨어질 것이다. 자갈을 빼 버리면 노끈은 그렇게 멀리까지 뻗을 수 없다. 전통과 전통에 대한 반발 사이의 이런 긴장이…… 어떤 면에서는 모순이지만 사실은 종합이다. 좋은 예술에서는 항상 전통과 전통에서 벗어나려는 반발의 종합을 발견할 수 있다.[18]

작품이 아무리 개혁적이라 하더라도, 그것은 어디까지나 기본 형태와의 관계 속에서 개혁적이다.[19] 그 형태는 거부할 수 없는 것처럼 보인다. 피터 모건Peter Morgan(영국의 극작가이자 시나리오 작가 - 옮긴이)이 데이비드 프로스트David Frost(영국의 언론인 - 옮긴이)와 닉슨 대통령의 인터뷰를 드라마로 만들었을 때 그는 몇 가지 중요한 변화를 주었다. 프로스트는 한물간 방송인으로 설정되었으며(실은 그렇지 않았다) 그는 마지막 순간에 몇 가지 결정적 증거를 발견한다(마지막 순간이 아니라 여덟 달 동안이나 갖고 있었다). '최악의 순간'(닉슨이 술에 취해 프로스트에게 전화를 건 사건)은 결코 없었다. 닉슨이 모든 것을 고백하는 마지막 절정을 이루는 인터뷰는 마지막 12일째 녹화일이 아니라 8일과 9일째에 있었다. 이런 변화는 모두 타당했으며 영화에 고전적 이야기 구조를 부여하기 위해 이루어졌다.[20]

〈프로스트 vs 닉슨Frost/Nixon〉은 실화를 바탕으로 한 모건의 다른 영화들, 〈더 딜The Deal〉, 〈더 퀸The Queen〉, 〈롱퍼드Longford〉, 그리고 〈댐드 유나이티드The Damned United〉와 거의 같은 구조를 가지고 있다. 실화를 소재로 다루는 다른 작가들을 살펴보면 어느 정도는 그들도 똑같은 일을 하고 있다는 것을 알게 될 것이다. 조지 버나드 쇼는 말했다. "사실을 유익하게, 나아가 이해할 수 있게 만드는 방법은 오직 허구를 통해서뿐이다. 예술가와 시인, 철학자들은 실제 사건들의 이해할 수 없는 혼돈 속에서 사실들을 찾아 예술 작품으로 정리해 낸다."[21] 현실의 무작위에서 찾을 수 있는 것보다 더 큰 진실을 포착하기를 바라며 사실들은 이야기 형태에 맞게 변화한다.

3차원, 2차원, 일시적인 결함, 속임수, 단일 주인공, 여러 주인공 모두 동일한 패턴을 공유하거나 열망한다. 형태를 갖추려는 우리의 갈망은 절대적이며 해소되지 않는다. 데이비드 헤어의 주장과는 반대로 〈트랜스포머 3〉과 〈파리의 충격Paris By Night〉(데이비드 헤어가 각본, 감독을 맡은 스릴러 영화 - 옮긴이)의 박스오피스 수익만 비교해 봐도 증명되듯이 관객은 실제로 장르물에 피로감을 느끼지 않는다. 그 패턴을 제공하는 것이 무엇이든 우리는 그것을 게걸스럽게 먹어치울 것이다. 우리 대다수에게 이야기란 사치스러운 것이 아니다. 이야기는 우리의 본능적인 욕구에 직접 호소한다. 변형된 형식이라 하더라도 우리는 숲속으로 여행을 떠나고 싶어 한다. 그러나 변형이 덜 되었을수록 우리는 더 열광적으로 그 여행을 받아들이는 듯하다.

데이비드 헤어는 자기 작품을 고전적인 3막 형태로 선보이지 않았다(〈프렌티〉는 12장면이고, 〈판셴Fanshen〉은 2막이다). 프랭크 코트렐 보이스 또한 의식적으로 고전적인 셰익스피어의 패턴은 모방하지 않는다. 그들은 당연히도 공식에 맞춘 글쓰기를 공격하면서 독특하고 도전적인 방식으로 글을 쓰려고 노력한다. 그러나 그들의 작품이 전통적인 3막 구조로 표현되지 않았다고 해서 그 속에 3막 구조가 들어 있지 않다는 뜻은 아니다. 막 구조를 추구하는 것은 집중을 방해하기 때문이다. 결국 문제는 3막 구조냐, 5막 구조냐 하는 것이 아니다. 둘 다 우리에게 이야기 형태를 보여주는 도구일 뿐이다. 〈대부〉는 5막으로 쓰이지 않았다. 〈델마와 루이스〉도 마찬가지다. 헤어와 코트렐 보이스는 패턴을 염두에 두고 글을 쓴다. 그들의 작품은 분명히 기본적이고 구조적인 형식을 따른다. 그들은 열심히 달라지려고(독특해지려고) 노력하지만, 숨어 있는 형태 자체를 따르지 않을 수는 없다.

왜일까? 왜 하필 그러한 형태일까? 이 두 질문은 상호 의존적이다. 한 가지 이야기를 꺼냄으로써 우리는 다른 질문에 대한 답을 얻을 것이며 동시에 왜 이야기가 우리 모두에게 그토록 중요한지를 발견하게 될 것이다.

22장

왜?

우상 파괴자들도 이미 정해진 형식에 맞추어 글을 쓴다. 이것은 무엇을 뜻하는 것일까? 모든 예술운동이 저항과 단순한 스타일의 차이를 어쩔 수 없이 혼동한다 하더라도 그들이 기만적이라는 뜻은 아니다. 오히려 그럴 만한 이유가 있음을 말해줄 뿐이다. 왜 이야기들은 비슷한 패턴을 보란 듯이 반복하는 것일까? 우리가 여기에 답을 할 수 있다면, 이야기를 하는 이유도 알 수 있을 것이다. 여기저기서 수집한 증거들로부터 얻은 몇 가지 이론은 우리가 고려할 만한 가치가 있다.

사회적인 이유

조지프 캠벨은 "신화 속 영웅은 현재를 지배하는 자가 아니라 미래를 지배하는 자다."라고 했다.[1] 이야기가 정말로 자신의 DNA

속에 생존을 위한 계획을 품고 있다면 변화의 로드맵은 한층 더 커다란 목적을 위한 본보기라고 볼 수도 있을 것이다. 사회는 통념을 거부하고 변화를 수용하는 등 적응하면서 살아남는다. 원형에 의해 반영되는 패턴과 아주 똑같다. 왜 이야기가 공감을 통해 개인들이 참여할 수 있는 이 과정의 집합체가 되어서는 안 된단 말인가? 캠벨의 말대로 신화 속 영웅은 '현재 상황을 꼭 붙들고 있는 과거의 수호자'인 용을 죽여야만 한다. 신화와 마찬가지로 모든 이야기 또한 그러하다.

이야기가 어느 정도는 학습에 관한 것이라는 점에는 의문의 여지가 없다. 주인공은 무엇인가를 발견하고 우리 또한 그렇게 한다. 이런 방식으로 보자면 이야기의 원형은 우리가 사회적이고 심리적인 억압을 제거하고, 그 과정에서 새로운 자신을 만들어 내고, 미지의 것을 수용하며 그로부터 무언가를 배워 성공할 수 있게끔 용기를 주는 지침이라고 손쉽게 해석할 수도 있다.

예행 연습

이야기는 우리로 하여금 낯설고 생경한 세계를 이해하고 항해할 수 있게 해 준다. 허구적인 형식 속에서 상황, 문제, 갈등 그리고 정서를 미리 겪어봄으로써 우리는 실생활에서도 이것들을 이해하고 이것들과 더불어 살며 이것들을 해결할 수 있을 만큼 능숙한 사람으로 더 잘 성장할 수 있다.

신경학자 수전 그린필드Susan Greenfield[2]는 두뇌가 근육이며(두뇌는 사용할수록 더욱 숙련된다) 이야기는 세포들 사이의 연결을 더 많이 발전시킨다고 주장했다. 그녀의 주장에 따르면 우리가 이야기를 더 많이 들을수록, 더 많이 할수록, 더 많이 쓸수록, 우리의 두뇌 세포는 가지를 더 많이 뻗어 우리로 하여금 실생활의 도전들을 처리하고 그에 대처해 나갈 수 있도록 해 준다.

치유

어떤 결함을 원형에 투입하면 이야기가 진행되는 동안 그 결함을 해결할 수도 있다. 분명히 어느 정도는 이야기가 결함을 극복하는 사례들도 있다. 원한다면 이것을 치유를 위한 패러다임이라고 불러도 좋다. 이야기의 동력으로서 치유는 믿을 수 없을 만큼 유용하다. 사실 수명이 긴 시리즈는 개인의 질투나 짜증 같은 순간적인 결함을 활용하여(〈이스트엔더스〉는 기억할 만한 한 에피소드에서 심지어는 헤어브러시를 잃어버리고 짜증내는 것까지 이용했다), 그것들의 해결을 위한 방안을 이야기 장치에 투입함으로써 수명을 늘려 간다.

이야기의 패러다임이 이런 것까지 염두에 두고 처음부터 '고려'하는지에 대해서는 논쟁의 여지가 있다. 이렇게까지 하는 것은(사회적인 이유처럼) 더 순수한 목적을 훼손하는 것처럼 보인다. 우리는 지금까지 이야기가 얼마나 신경증적인 갈등처럼 보이는지 설명해 왔다. 그러나 이야기가 조금 더 심오한 어떤 것의 부산물에 지나지 않는다 하더라도, 이론적으로 어떤 문제든 이야기 장치에 집어넣은 다음 그것을 해결할 수 있다는 사실은 유용하기도 하고 즐거운 일이기도 하다.

정보 검색

50살 어른은 머릿속에 얼마나 많은 정보를 담고 있을까? 교육을 전혀 못 받은 사람이라 하더라도 평생 동안 얻은 의견과 지식, 경험을 지니고 있을 것이다. 이 사람은 이것들을 어떻게 저장할까? 더 중요하게는 그 정보를 어떻게 다시 불러낼까? 『블랙 스완*The Black Swan: The Impact of the Highly Improbable*』에서 나심 니콜라스 탈레브Nassim Nicholas Taleb는 이렇게 쓰고 있다. "일련의 단어와 상징이 좀 더 질서 있고 더 규칙적이며 패턴이 있고 이야기로 되어 있으면 기억 속에 저장하기도 더 쉽고, 나중에 손주들이 읽을 수 있도록 공책에 적어 두기도 훨씬 더 쉽다." 우리는 무작위적이고 혼란스러운 정보를 일단 저장해 두었다가 나중에 이야기로 불러내는 경향이 있다. 엄청난 양의 코드를 처리하는 컴퓨터 폴더처럼 이야기는 우리의 지식을 훌륭한 운영 체계처럼 선명하고 분명하며 다루기 쉬운 설명과 연결해 준다.

만병통치약

홀로코스트의 생존자 한 사람이 〈쉰들러 리스트Schindler's List〉를 보러 갔다. 나중에 그에게 소감을 물었더니 이렇게 답했다. "괜찮았소. 그런데 뭐가 틀렸는지 아시오? 그들이 탈출한 거요." 통렬한 비판이긴 하지만, 이런 비판은 우리가 이야기를 하는 또 다른 이유를 설명하는 데에 도움이 된다. 왜 우리는 해피 엔딩을 택할까? 해피 엔딩이 희망을 주기 때문이다. 해피 엔딩은 혼돈에서 질서를 만들어 내고, 의미 없는 곳에서 의미를 끌어내는 극단적인 형식이다. 해피 엔딩은 현실을 맛있고 소화가 잘되는 것으로 만들어 준다. 해피 엔딩은 현실에 의미를 부여해 준다. 이런 희망이 없다면 실제 세계는 견딜 수 없을지도 모른다.

출산

성적 결합이나 그것의 상징적 발로인 결혼으로 끝나는 많은 이야기들은 이야기가 어느 정도는 건강한 출산을 위한 본보기를 제공한다는 것을 암시한다. 옛날 민담에서부터 현재의 로맨틱 코미디에 이르기까지 이야기는 똑같은 메시지를 확대 재생산해 왔다. 균형과 조화를 성취한 개인만이 성적 결합이라는 보상을 받는다는 것이다.

이것이 '오래오래 행복하게 살았습니다.'로 끝나는 거의 모든 이야기에만 있는 패턴은 아니다. 이 패턴은 〈오만과 편견Pride and Prejudice〉에서 다시가 따르는 패턴이고, 마찬가지로 〈노팅 힐〉에서 윌리엄 태커가 따르는 패턴이기도 하다. 이 패턴은 제임스 본드에서는 한 치의 오차도 없이 그대로 이어지지만, 〈스타워즈〉 같은 영화에서는 조금 변질된다. 여기에서는 우리가 살펴보았듯 원형에서 성적인 색채가 사라져서, 여성은 누이 같은 존재가 되고 대중의 칭찬이 보상이 된다. 그러나 여전히 이야기의 원천은 분명히 숨어 있다(이와 비슷한 작품이 예전에도 없지는 않았다. 이전 세대에서 내려온 원형에서 성적 요소를 제거한 또 하나의 액션물이자 당대에 엄청난 히트를 친 라이더 해거드의 『솔로몬 왕의 보물』과 〈스타워즈〉를 비교해 보는 것도 배울 점이 많을 것이다. 사실상, '10대 소년 전용'이다).

〈이티〉에서 시작하여 〈해리가 샐리를 만났을 때〉와 〈노팅 힐〉에 이르기까지, 〈스타워즈〉에서 〈알라딘〉과 〈어 퓨 굿 맨〉에 이르기까지, 소년이 어른이 되는 똑같은 이야기 골격은 금세 눈에 띈다. 남성에 국한되는 것만은 아니다. 〈말괄량이 길들이기The Taming of the Shrew〉에서 〈센스 앤 센서빌리티Sense and Sensibility〉와 〈제인 에어Jane Eyre〉에 이르기까지, 거의 모든 여성 소설에서도 소녀가 유치한 결함을 벗고 완전한 여성으로 성숙한다는 똑같은 과정을 볼 수 있다.

심리적인 이유

모든 이야기가 성적 성숙에 도달하는 이야기는 아니라는 것은 분명하다. 〈헨리 4세Henry Ⅳ〉에서 할은 완전해지지만 내부의 심리적인 갈등은 출산과는 아무 관련이 없다. 이 이야기는 전사가 되고 마지막에는 왕이 되는 이야기다.

말할 것도 없이 그렇게 많은 이야기 속에서 발견할 수 있는 출산 패턴은 더 크고 폭넓은 이유 내지는 그 이유의 일부 때문에 존재한다. 성적이든 다른 그 무엇이든 완전함에 도달하기 위해서는 우리가 심리적으로 균형을 이루어야 한다고 이야기는 말한다. 융처럼 말하자면, 심리적인 균형이란 적절하고 의미가 있을 듯한 본보기를 나타낸다. 모든 이야기는 이런 내부의 심리적인 전쟁이 드러난 것이라고 주장할 수도 있다. 확실히 자아가 이끄는 욕구와 결함에 시달리는 이드 또는 욕구 사이의 갈등은 원형의 심장부에 자리 잡고 있다. 우리가 이야기에 대해 가장 잘 설명할 수 있는 사람이 융이라고 생각하는 이유가 이것이다.[3]

융은 개성화를 믿었다. '행복'은 성숙하지 못한 개인의 경험과 견해, 모순 등을 더 커다란 전체로 통합함으로써 얻어진다. 융이 보기에 정신 건강은, 남성이건 여성이건(아니마/아니무스), 그가 말한 '4위 일체'라는 것을 통해서건, 스승으로부터는 지혜를, 연인으로부터는 여성성을, 적대자로부터는 부족한 부분을 얻어서, 이들을 통합함으로써 내부의 모순적인 요소들의 균형을 잡는 데에 달려 있었다.[4] 〈오즈의 마법사〉는 이러한 내부의 심리적인 패턴을 문자 그대로 속속들이 보여주었다. 문제가 많은 도로시는 자기 내부의 걱정거리들을 꿈의 세계로 투영시킨다. 이 세계에서 그녀는 잃어버린 자신의 일부를 발견하고 그녀의 걱정은 해소된다. 같은 논리에 따라 〈신데렐라〉의 못된 언니들은 실제로는 주인공 내부의 결여된 자존감이 외부로 드러난 상징적인 존재다. 이야기는 그녀의 적대자들을 제거하거나 수용하여 중성화시킴으로써 그녀의 열등감을 없애 주고 그녀를 완전한 전체로 만들어 준다. 반대로 어두운 버전에서 우리가 기대할 수 있듯이 마이클 콜레오네는 살인을 할 때마다 실제로는 자기 자신의 더 나은 부분을 파괴할 뿐이다. 물론 〈대부 2〉에서 프레도의 죽음은 마이클의 양심의 죽음이고, 자신의 이해심과 취약성을 냉혹하게 죽인 것이다.

질A.A. Gill(스코틀랜드의 작가이자 비평가 – 옮긴이)은 "탐정들은 초자아의 집합체이며, 그들이 해결하는 범죄 사건들은 우리 자신의 공포와 욕망이 투영된 것"[5]이라고 했다. 우리가 이 주장을 받아들인다면 논리적으로 모든 이야기는 내부의 심리적인 갈등이 표출된 것이며, 외부의 적대 세력은 실제로는 전부 마음속 여러 부분이 투영된 것임을 이해하게 된다. 3차원적 이야기의 구조를 보기만 해도 이 말이 사실이라는 것을 알 수 있을 것이다. 중간 지점에서 에고에 끌려다니는 의식적인 욕망은 욕구가 더 커져감에 따라 포기될 수밖에 없다. 따라서 이것은 내부에 잠들어 있던 의식을 일깨우는 갑작스러운 자극을 주인공이 어떻게 통제하느냐에 대한 이야기가 된다.

이것은 수많은 신화에서 볼 수 있는 패턴이다. 대런 애러놉스키Darren Aronofsky의 영화 〈블랙 스완Black Swan〉은 이 과정을 아주 훌륭하게 현대적으로 시각화했다. 니나와 그녀의 검은 그림자는 죽음과 완벽의 춤 속으로 얽혀 들어간다. 발레 전문가들이 이 영화를 보고 비현실적이라고 깎아내렸을 때,[6] 사람들은 그들이 가장 중요한 점을 놓치고 있다는 느낌밖에 받지 못했다. 이 영화는 발레에 관한 영화가 아니기 때문이다. 이 영화는 어둠의 중요성과 전래동화가 빈번히 잔인함의 언저리에서 맴도는 이유를 이해하는 영화이다. 이 영화는 '나쁜 놈들'이, 우리 모두의 내부 깊은 곳에 존재하는 악마와 어둠이 내적 갈등의 산물임을 이야기해 주는 영화이다. 디즈니의 전설적인 애니메이션 제작자 프랭크 토머스Frank Thomas와 올리 존스턴Ollie Johnston이 한번은 이런 말을 했다.[7] "우리 모두는 악당이 될 가능성이 있다. 만일 우리가 그 정도로 압력을 받는다면, 참을 수 없을 정도로 억눌린다면, 자기 보호 본능이 힘을 발휘해 우리는 엄청난 악당이 될 수 있다." 우리는 그런 감정을 부정하고 묻어 버릴 수 있다(이것이 자아의 방어 기제가 하는 일이다). 그러나 참다운 정신 건강은 그런 감정을 인정하고 수용하는 것이다. 야수는 가스통Gaston으로부터 무자비함과 가학성을 배워 미녀를 얻는다. 그는 가스통을 극복할 필요가 있었다. 마찬가지로 비슬러 대위는(《타인의 삶》에서) 자신의 영혼을 구원받기 위해 적대자로부터 동정심을 배워 자기 것으로 만든다. 니나 또한 블랙 스완을 죽이고 나서야 블랙 스완의 춤을 출 수 있게 된다. 모두 자신의 검은 그림자로부터 무언가를 배운다. 어린이들처럼 모두 진흙탕 속에서 놂으로써 더 안전하고 건강하게 성장한다.

어둠과 동화되는 것은 성장에 있어 매우 결정적이다. 융이 말하는 함의가 페르세포네 신화에서보다 더 분명하게 드러나는 곳은 없다. 처녀가 하데스에게 납치되어 온통 남성들만 있는 지하세계로 끌려갔다가(하데스의 '착한' 동생) 제우스에 의해 겨우 구조된다. 그녀는 집으로 돌아오지만 석류를 먹었기 때문에 일 년 중 얼마간은 지하세계로 돌아가야 한다. 상징은 풍부하다. 남성과 여성이 합쳐진다. 균형을 얻는다. 우리는 '다른 것'으로부터 면역되기 위해 '다른 것'과 합쳐진다. 신경증이 그 근본 원인을 이해함으로써 치유되는 것과 마찬가지다. 이야기는 우리에게는 더 큰 개성화와 그 결과로서의 정신 건강으로 가는 길을 안내하는 지도의 역할을 한다.

이것은 또한 정치적으로 올바른 드라마가 왜 선전 선동처럼 활기 없고 감동이 없는지, 이야기를 검열하려는 사람들이 왜 자신들이 두려워하는 그 작품들보다 더 많은 피해를 주는지를 설명해 준다. 검열은 심리적 진실을 제거하고 그 자리를 부정과 원망 충족, 선전으로 대체한다. 한 세대의 어린이들은 원래 〈이티〉에 총이 나왔었다는 사실을 결코 모를 것이다(스필버그는 20주년 기념 작품에서 총을 없애야 할 필요성을 느꼈지만, 30주년 기념 작품에서는 현명하게도 다시 넣었다). 그리고 〈개구쟁이 데니스Dennis the Menace〉가 허약한 월터를 쏘곤 했던 장난감 총을 갖고 있었다는 것도 모를 것이다. 사실 2009년판 만화(《데니스와 내셔Dennis & Gnasher》)에서 월터는 모습이 바뀌어 더 남성다워지기도 했다. 이것이 더 나은 드라마를 만드는 것도 아니고 심리적으로 더 나아지는 것도 아니다. 브루노 베텔하임Bruno Bettelheim(오스트리아 출신의 미국 아동 심리학자이자 교육자 – 옮긴이)이 『옛이야기의 매력*The uses of Enchantment: The meaning and Importance of Fairy Tales*』에서 주장한 것처럼, 세계가 그렇게 잔인하지 않은 척하는 것은 아이들에게 세계를 있는 그대로 보여주는 것보다 더 해가 될지도 모른다.

이와 같은 것들이 이야기를 하는 이유에 대한 가장 일반적인 주장들이다. 신화와 종교를 꼼꼼히 비교해 보면 다른 이유들도 있다.[8] 우리가 가장 성스럽게 여기는 텍스트에 숨어 있는 패턴을 찾는 것, 그리고 과거로 거슬러 올라가 그 패턴의 단일한 원천을 찾고자 하는 욕망은 19세기에 특히 인기 있던 소일거리이자 고전적인 계몽 스포츠였다. 그렇게 해서 많은 이론이 개발되었다. 신화는 언어에 의해 추상적인 사고가 변질된 것[9]이라는 이론에서부터 삶과 죽음, 그리고 부활을 거치는 자연의 리듬이 겉으로 드러난 것[10]이라는 주장에 이르기까지 신화는 그 모든 것이라고 여겨졌다.

이 이론들은 매우 흥미롭다. 이들 모두가 그럴듯하다. 어떤 이론이 맞을까? 이 가운데 고전적인 이야기 형태를 설명할 수 있는 이론이 있을까? 그 이론은 리트머스 시험지가 되어야 한다. 이야기 형태에 만족할 만한 근거가 없다면 그것을 지탱하는 주장은 전혀 타당성을 가질 수 없다.

확실히 융의 패러다임은 우리의 가장 중요한 구조적 패턴과 놀라우리만치 동일하다. 대립물에 기초를 둔다는 점에서도 완전하게 의미가 있다. 이것은 매우 설득력 있는 짝짓기지만 주의해야 한다. 범죄자의 90퍼센트가 차를 마신다고 해도 차가 모든 범죄의 90퍼센트에 책임이 있다고 결론지을 수는 없다. 관계가 있다고 해서 그것이 반드시 인과 관계를 뜻하는 것은 아니다. 무언가가 잘 들어맞는다고 해서 그것이 옳다고는 결론 내릴 수 없다.

페르세포네의 여행은 한 가지 교훈을 준다. 만일 석류가 남성의 생식력을 상징하는 것이라면 심리적인 서브텍스트는 쉽게 알아차릴 수 있다. 출산이라는 의미가 숨어 있다면, 치유, 예행 연습, 정보 검색, 사회적인 의미 또한 이야기 속에서 찾을 수 있다고 주장하는 것은 너무 심한 비약일까? 게다가 이 이야기는 널리 알려진 대로, 거의 문자 그대로 해석하면 계절이 창조된 이유를 설명해 주는 신화라는 것을 금세 알 수 있다. 이런 점은 우리를 조금 곤란하게 만든다. 그에 적합한 이유를 여러 가지 찾을 수 있다면, 한 가지 결정적인 답을 찾을 수도 있지 않을까?

우리는 왜 이야기를 할까?

이야기를 하는 구체적인 이유 한 가지를 아주 확실하게 주장하는 사람은 누구나 오명을 쓰게 된다. 예전에 우리가 하늘이 지구 주위를 돈다고 주장했던 것처럼 스토리텔링에 대한 융의 전제만이 유일한 진실이라고 천명하는 사람들은 비슷한 운명에 처한다. 한 가지 이론을 대담하게 밝히는 것은 『미들마치』의 커소번 같은 처지가 될 위험이 있다.

스토리텔링에 관한 각각의 이론은 나름의 가치를 지니고 있다. 그러나 가장 설득력 있는 설명은 다른 이론들을 모두 수용하는 이론이다. 그렇다고 이 이론이 옳다고는 할 수 없지만, 원인에 가능한 한 가까이 다가갈 수 있게 해 준다. 융의 이론이 가장 설득력이 있다면(그리고 조지프 캠벨과 그의 추종자들의 작품을 확실하게 뒷받침한다면) 우리는 융 자신이 옹호했던 정신 건강의 근거는, 스콧 피츠제럴드가 말한 것처럼 제 기능을 유지하며 이질적인 것들을 이해할 수 있는 능력이라는 것을 기억해야 한다. 결국 정신 건강이란 질서를 부여하는 능력이다.

질서의 역할

모든 결함 있는 존재에게 실존주의는 매우 본질적인 진실을 아주 정확히 지적해 주었다. 신이 없는 세상에서 비천하고 의미 없게 살아가야 한다는 두려움은 어떤 개인이라도 견디기 힘든 것이다. 지금은 여기에 있지만 곧 죽을 것이라는 생각, 모든 상황은 무작위로 주어지며 모든 성취는 헛된 것이라는 생각은 너무나 엄청나서 받아들이기도 힘이 든다. 심연을 응시하고 있자면 우리가 세계에 질서를 부여하지 않을 수 없다는 것을 우리는 알게 된다. 우리는 그저 무작위적인 것과 제멋대로인 것을 상상하지 못할 따름이다. 우리가 제정신을 유지하려면 일종의 패턴을 부여해야만 한다. 서구 문화의 초석이 된 성경의 역할은 이런 일을 한 것이었다. 어디에나 있으면서 막대한 영향을 미친 성경은 우리 내부에 있는 두려움을 잠재우기 위해 우리가 해 왔던 이야기가 신이라는 사실을 명시하고 있다.

로렌스 스턴Laurence Sterne(아일랜드의 소설가 - 옮긴이)의 작품명이기도 한 주인공 트리스트럼 섄디(로렌스 스턴의 소설 『신사, 트리스트럼

샌디의 생애와 의견*The Life and Opinions of Tristram Shandy, Gentleman*』의 주인공 - 옮긴이)는 자기의 인생 이야기를 글로 쓰려고 한다. 그런데 거의 600페이지가 넘어가는데도 자기가 태어난 날에서 벗어나지 못한다. 샌디는 세상이 무질서하며 혼돈 그 자체라는 것을 깨닫는다. 아이러니하게도 주인공은 몰랐지만, 글쓰기라는 행위 자체가 세계에 질서를 부여한다(샌디가 하는 일이 글에 고전적인 '탐색' 구조를 갖추게 한다). 샌디에게는 다른 방도가 없다. 우리 또한 마찬가지다. 우리는 스턴의 18세기 영웅이며, 질서를 찾는 것은 그에게뿐만 아니라 우리에게도 주어진 과제이기 때문이다. 어떤 사람들은 극단적인 기질을 지니고 있고, 다른 사람들은 덜 극단적인 기질을 지니고 있다. 이 스펙트럼의 한쪽 끝에는 아스퍼거 증후군과 자폐증이 놓여 있고, 다른 한쪽 끝에는(아주 사소한 것에도 집착하는 버릇에 따라) 알파벳 순으로 책을 정리하는 것에서부터 욕실의 수건을 가지런히 걸어 놓는 것에 이르기까지 모든 것을 분류하는 우리 자신이 있다. 우리는 모든 것에 형태를 부여할 필요가 있다는 강박 관념을 지니고 있다. 아이튠즈가 엄청나게 성공한 것은 음악에 대한 사랑 때문이 아니라 무작위로 고른 노래들에 질서를 부여하는 기능 때문이었다. 만일 우리가 무작위적인 숫자들의 목록을 만들어야 한다고 해도 시간이 지나면 거기에는 패턴이 나타날 것이다. 지독한 무정부주의자라 해도 체계적으로 정리하고 싶은 충동을 견뎌 내지는 못할 것이다.

잭슨 폴록이 계획적으로 프랙털을 그린 것은 아니었다. 에드거 앨런 포가 마음속의 두려움을 잠재우기 위해서 세계 최초의 허구

속 탐정을 창조했듯이, 폴록은 술에 취해서 혼돈을 다스릴 수 있는 방법을 발견했다. 아마도 C. 오귀스트 뒤팽이 어떤 종류의 혼돈 속에서도 의미를 찾아낼 능력이 있는 사람, 완벽한 이성의 공급자인 것은 우연이 아닐 것이다. "끔찍한 범죄의 늪 안에서 미친 사람처럼 허우적거리는 대신, 이 (새로운) 주인공은 끝까지 추적해서 범인을 잡아낸다."라고 현대의 비평가 조셉 우드 크루치Joseph Wood Krutch는 말했다. 포 자신은 매우 불안정한 사람으로 알려져 있었으나, 크루치는 포가 아마도 '미치지 않기 위해서 탐정을 발명'했을 것이라고 간단히 언급했다. 포는 자신의 악마를 제어할 방법을 찾다가 우리의 악마 또한 제어할 수 있는 방법을 발견했다. "인류는 현실을 전혀 견디지 못한다."라고 T. S. 엘리엇은 말했다. 난동치는 세계의 혼돈을 어떻게든 분류하지 않으면, 제정신으로 남아 있기는 불가능하다.[11]

모든 스토리텔링 이론에는 한 가지 공통점이 있다. 모두 한 가지 중심 생각을 축으로 회전한다. 불완전하던 것이 완전해지고 의미가 만들어진다는 것이다. 스토리텔링의 근본은 질서를 부여하는 것이라는 말은 간단하게 들린다. 그러나 질서를 부여한다는 말은 우리 자신의 내면과 외부 세계 사이에 존재하는 간극을 조종한다는 뜻이다. 사실 우리가 이 책 전체를 통해 이야기하는 '집'이란 우리 자신의 내면이며, 숲속으로 떠나는 우리의 여행은 모든 것을 넘어서는 여행이다. 사물에서 의미를 만들어 내려는 우리의 시도는 심리적인 과정을 담고 있다. 내면과 외부의 균형을 어떻게 잡을 것인가? 주체가 객체를 어떻게 만나게 하며, 우리의 바람과 필요를 어떻게 조화시킬까? 우리는 그것에 어떻게 맞추어 나갈 것인가?

심리적이든 성적이든 사회적이든 이야기에 대한 정의 하나하나는 같은 원리를 바탕으로 만들어진다. 질서는 혼돈에서 나오고, 압도적인 세계에 의미를 부여한다. 도발적인 사건은 겉보기에 질서 잡힌 현실을 산산이 부수어 버린다. 그러면 탐정이 도착해서 범인을 찾아내고 사태를 제자리로 돌려놓는다.

우리는 이미 3막 구조가 이러한 과정의 산물임을 보았다. 이것은 우리가 현실을 모아 놓는 울타리이며, 숨쉬기만큼이나 우리에게 쉽게 다가오는 구조다. 질서를 부여하는 것은 인식의 행위다. 우리에게 서사와 이야기, 드라마를 주는 것은 바로 이런 행위다. 인지 과학자 스티븐 핑커Steven Pinker가 말했듯이, "구성에 대한 표준적인 정의가 지능에 대한 정의와 같은 것은 우연이 아니다.…… 허구 세계의 인물들은 우리의 지능이 실제 세계에서 우리에게 하도록 하는 행동과 아주 똑같은 행동을 한다."[12] 우리의 지능은 탐정처럼 행동한다. 임무를 해결하기 위해 파견되고, 얻을 수 있는 증거를 해석하고, 숨어 있던 진실을 찾아내고, 사건을 해결한다. 모든 이야기는 어느 정도 탐정 소설과 같다. 이야기의 형태(드라마적 진행)는 이 과정을 밖으로 드러낸 것에 불과하다. 모든 이야기는 탐색일 뿐만 아니라 발견이기도 하다.

스토리텔링은 지식 습득의 과정을 드라마로 만든 것이다. 드라마의 주인공은 작가의 욕구와 독자의 욕구 모두를 모방한다. 작가와 독자는 진실을 추구하는 탐정이다. 모든 원형적 이야기에서 주인공은 우리와 똑같은 방식으로 배워 나간다. 우리와 주인공은 아직 배우지 않은 결과에 직면한다. 우리는 깨우치지 못한 채 머무른다.[13] 그러므로 우리가 계속해서 책을 읽거나 드라마를 본다면 우리는 배움을 선택하는 것이다. 지식의 습득은 드라마를 구성하는 세포다. 인물의 결함은 아직 배우지 못한 지식일 뿐이다. 이 결함을 바로잡으려고 노력하면서 이야기가 진행되고, 인물은 인식의 과정을 모방하면서 점진적으로 학습해 나간다.

드라마는 두뇌가 지식을 습득하는 방식을 모방한다. 이것이 법률적인 변론과 우리가 학교에서 배우는 초보적인 소논문의 구조가 동일한 이유다. 이것이 주제가 꼭 있어야 하는 이유이며, 어떤 작품에서든 주제가 저절로 생겨나는 이유다. 의식적이든 무의식적이든, 모든 드라마는 현실성 있는 주장이며, 이 주장 안에서 결론이 도출되고 현실이 길들여진다. 우리는 모두 우리의 사건을 종결시키고자 하는 탐정들이다.

이것은 드라마에만 해당하는 말은 아니다.

시라는 것이 이질적인 것들을 의미 있게 만드는 행위가 아니면 무엇일까?["그대를 여름날에 견줄 수 있을까요?"(셰익스피어 소네트 18번의 첫 구절 - 옮긴이)] 픽션이든 논픽션이든, 모든 이야기에서는 정확히 같은 과정(같은 구조)을 볼 수 있다. 물론 형식에는 차이가 있다. 드라마는 한 자리에 앉아 일정한 시간 동안 관람하도록 고안되었기 때문에 막을 단위로 이야기한다. 그러나 전기, 시, 소설에도 모두 똑같이 동일한 구조가 숨어 있다. [실은 음악도 그렇다. 미들 에이트(32마디로 이루어지는 팝송의 세 번째의 대비적인 8마디 - 옮긴이)가 있는 팝송과 주제 제시부, 전개부, 재현부가 있는 소나타 구조는 막 형식과 놀랄 만큼 유사하다.] 드라마에서는 막을 볼 수 있고 책에서는 장을 볼 수 있다. 책에서는 절을 볼 수 있고, 드라마에서는 장면을 볼 수 있다. 문장과 음표, 구절과 박자, 이들은 모두 각 형식에 특별한 단위들이며, 특별한 방식으로 함께 결합하면서 이야기에 사실성을 부여한다. 산문에서든 희곡에서든 마지막 지점이 그다음 지점을 만들면서 이어지지 않는다면 질서는 사라지고 독자 또한 길을 잃게 될 것이다. 다시 혼돈에 빠지는 것이다.

리얼리티 TV가 드라마의 옷을 도용해 입었다는 말은 엄밀히 말해 사실이 아니다. 단순히 경제적이고 기술적인 환경이 드라마를 선호했기 때문에 드라마가 리얼리티 TV보다 먼저 등장했을 수는 있다. 하지만 이 둘은 자기 나름대로 이야기하는 과정을 드러냈을 뿐이다. 드라마의 구조는 다른 스토리텔링 형식의 선조가 아니다. 내가 처음에 말한 대로 드라마의 구조를 연구하면 우리는 이야기를 이해할 수 있는 가장 좋은 열쇠를 얻게 될 것이다. 우리가 보는 거의 모든 것, 우리가 하는 거의 모든 행동 속에 이야기가 있기 때문이다. 우리는 모든 경험을 이야기로 재현하기 때문이다.

사실을 바탕으로 한 책이나 논문, 또는 잡지를 한번 보라. 그러면 놀랄 만큼 비슷한 패턴을 보게 될 것이다. 작가는 이 패턴 속에서 이론을 상정하고 그것을 탐구하며 결론에 도달하는 등 적극적으로 특정 목표, 그가 주장하려고 하는 요점을 추구한다. 작가는 주인공이 된다. 이렇게 다양한 이야기의 형식들은 현상들을 원인과 결과의 사슬로 묶으면서 모두 탐정처럼 행동한다. 이들의 구조는 드라마의 구조와 똑같다.

드라마는 현실이 담긴 우리의 주장이다. 생각은 순차적이며, 수전 그린필드가 말했듯이 생각이란 '이것 때문에 이것이 일어났다.'라는 생각들로 연결되는 일련의 사실들이다. 한 지점이 증명되면 이 지점을 다음 지점으로 연결해 의미를 찾는다. 이렇게 해서 이야기가 태어난다.

원인과 결과의 사슬

대니얼 카너먼Daniel Kahneman은 『생각에 관한 생각*Thinking, Fast and Slow*』에서 '바나나/구토'라는 두 단어를 병치시키면서 의식과 무의식이 벌이는 속임수에 관한 연구를 시작한다.

그는 우리의 정신이 어떻게 즉각적으로 "두 단어 사이에 시간 순서와 인과 관계를 부여하는지…… 그리고 바나나가 구토를 유발했다는 대략의 시나리오를 짜는지"[14]에 대해 적어 놓았다. 우리는 서로 차이가 나는 것을 볼 때 카너먼이 '연상 일관성의 법칙'이라고 부르는 것을 즉각 적용한다. 물론 이것은 우리가 이미 관찰해 온 과정이다. 바로 쿨레쇼프 효과다.

〈웨스트 윙〉의 두 번째 에피소드에서 바틀렛 대통령은 자기가 텍사스 사람들에 관한 농담을 하자마자 금세 텍사스에서의 여론이 나빠졌다는 것을 알게 된다. 그의 참모진은 그가 농담한 것에 대해 사과해야 한다고 확신하고 있지만 바틀렛은 이 에피소드의 라틴어 제목을 놓고 깊은 생각에 잠겨 있을 뿐이다. 'Post hoc ergo propter hoc(그러므로 이것 때문에).' 그에 대한 여론이 텍사스에서 나빠질 수도 있다. 하지만 그것이 농담 때문이라는 것을 뜻하지는 않는다고 그는 설명한다. 어떤 일 다음에 다른 일이 일어났다고 해서 전자가 후자의 원인이라고 믿는 것은 흔한 논리적 오류일 뿐만 아니라, 이야기의 원천이기도 하다. 이야기란 사슬로 이어진 원인과 결과이다. 'Post hoc ergo propter hoc'이 바로 스토리텔링이다.

카너먼은 『생각에 관한 생각』에서, 그리고 니콜라스 나심 탈레브는 『블랙 스완』에서 탈레브가 '서사의 오류'라고 부르는 '이것 뒤에'의 덫에 우리가 잘 빠지는 경향에 대해 자세히 써 놓았다. 이에 관련된 기사가 몇 년 전, BBC 지방 소식에 나온 적이 있다.

- 경찰은 오늘 한 집의 화재 사건에 대해 조사하고 있다.
- 한 여성과 세 아이가 병원에 입원해 있다.
- 그녀는 양육권 분쟁에 휘말려 있다고 알려졌다.

'무슨 일이 있었던 거지?' 우리는 당장에 묻고 싶어진다. 우리는 가능하면 가장 단순한 방식으로 세 가지 진술을 서로 연결함으로써 해답을 얻는다. 대부분은(바나나가 구토를 유발했다고 한 것처럼) 이 화재 뒤에는 남편이 있을 것이라고 결론 내린다. 물론 이 문장들 어디에도 그런 말은 전혀 없다.

원인과 결과를 연결시키려는 이 끝없는 충동은 영화 제작자들에게는 하나의 선물과 같다. J. 블레이크슨J. Blakeson의 2009년 영화 〈앨리스 크리드의 실종〉에서는 전직 사기꾼 두 명이 백만장자의 딸을 납치한 다음 몸값을 요구한다. 그런데 진짜 목표는 앨리스의 부모가 아니었다. 모든 것은 심지어 영화 제목마저도 보이는 것과는 달랐다. 블레이크슨은 시간 순서에 따라 원인과 결과를 결정하고자 하는 우리의 욕구를 철저히 이용한다. 그리고 매우 영리하게 사건을 배열함으로써 우리로 하여금 실제로 일어난 일과는 정반대의 일을 추측하도록 만든다. 애거사 크리스티가 그랬던 것처럼 그는 관객을 제대로 속이기 위해 필요한 것은 병치가 전부이며, 그것이 거짓임을 밝히기 위해서는 이 장르에서 그렇게나 사랑받는 뒤틀린 구성을 사용해야 한다는 것을 이해하고 있었다. 순차적으로 일어나는 사건들에 이야기를 부여하고자 하는 욕구, 작가들이 매우 솜씨 좋게 써먹는 이런 욕구는 우리가 이제 알 수 있게 되었듯이 사건들을 편집하는 것보다 훨씬 더 중요하다.

카너먼과 탈레브가 알려 주었듯이 우리는 모든 것에 이야기를 부여하지 않고는 못 배긴다. 이것이 1970년대에 영국 버밍엄을 출발한 기차를 타고 있던 6명의 아일랜드인이 이 도시에서 큰 폭발을 일으킨 IRA의 폭탄을 설치했다는 혐의로 유죄 판결을 받은 이유이며, 마거릿 대처가 탱크 위에 앉아 있는 사진이 찍힌 이유다. 연상의 일관성은 우리 모두에게 영향을 미친다. TV 프로그램에서 일해 본 사람들은 알겠지만 히트를 친 드라마에서 일했던 사람이면 누구든(출연자뿐만 아니라 제작사까지도) 당장에 다시 고용될 가능성이 커진다. 이 드라마가 당신의 이력서에 기재되어 있다면 당신은 급여를 두 배로 받을 수 있다. 고용주들이 시간순으로 이루어지는 서사의 오류에 빠지기 때문이다. 사실 어떤 프로그램에서 일했던 사람들의 90퍼센트는 교체 가능하다. 또는 그런 마법은 특정 원고와 특정 사람들이 결합되어야만 이루어질 수 있을 것이다. 그러나 우리는 이런 것들을 무시한다. 우리는 그들의 이름을 보고, 그들의 이력서를 본다. 그러고는 자동적으로 그 성공한 프로그램에서 그들이 한 역할을 추측한다. 〈쉐임리스〉에 대해 쏟아지는 너무 많은 칭찬에 흠뻑 취한 다음 내가 들은 가장 현명한 조언은 고통스러운 것이었지만 진실이기도 했다. "당신이 아니었더라도 그 드라마는 성공했을 것입니다."

무작위를 다루지 못하는 우리의 무능함과 통제할 수 없는 세계에 대한 우리의 두려움은 우리를 전적으로 서사(이것 때문에 이것이 일어났다)에 의존하게 만든다. 당신은 이것 때문에 반드시 이 사람에게 투표해야 한다. 이 차를 운전하면 그 여자를 얻을 수 있다. 이런 욕구를 물리치기란 거의 불가능하다. 애런 소킨의 〈머니볼Moneyball〉은 오클랜드 애슬레틱스 야구단의 단장 빌리 빈Billy Beane의 실화를 들려준다. 빌리는 단원 선발 과정에서 처음으로 비서사적인 접근을 시도한다. 그렇게 함으로써 연봉을 세 배나 더 받는 구단들을 물리칠 수 있는 역량을 지닌 구단을 만들어 낸다. 관습적이고 일반적인 주관적 평가 방식을 거부하고 그것을 통계에 대한 객관적인 분석 방식으로 대체함으로써, '스타들' 대신 좀 더 '역량 있는' 선수들이 선발되고, '데이비드 베컴'류의 서사(잘생긴 선수들이 어쩐지 더 잘할 것이라는 믿음)는 거절된다. 이 구단은 외부인들의 엄청난 조롱에도 불구하고 아메리칸 리그에서 20게임 연승을 올리는 기록을 세운다.

이 영화는 서사에 대한 거부를 우선하면서도 매우 아이러니하게도 브래드 피트Brad Pitt를 중심에 내세운다. 스스로 모순된 모습을 보이면서도 이 영화는 한 남자가 모든 역경을 헤쳐 가는 고전적인 미국식 선언문이 된다. 〈머니볼〉은 '우리는 어쨌든 현실에 이야기를 부여하지 않을 수 없다.'라는 사실을 증명하는 작품이다.

학교 다닐 때 나는 스콧 대장이(남극으로 가는 도중에 죽었기 때문에 더더욱) 영국의 위대한 영웅이라고 배웠던 세대였다. 1979년에 이 이야기에 대한 전혀 새로운 버전이 나타났는데 이 이야기에서는 스콧이 무능한 어릿광대로 묘사되었다. 2011년에는 세 번째 버전이 등장했는데 그가 실제로는 남극을 가려 했던 것이 전혀 아니며, 허영심보다는 과학에 더 관심이 많았다는 것이다.[15] 어느 것이 진실일까? 아마 이 모두가 진실일 것이다. 사실들은 관찰되고 서로 이어져 추측이 만들어지며, 여기에서 이야기가 나온다. 기억해야 하는 것은 적대자가 에워싸는 장애물과 마찬가지로 작가가 묘사하고자 하는 사람들만큼이나, 작가와 작가가 글을 쓰고 있는 시대에 대해 보여주는 것이 이야기라는 점이다.[16] 각 세대는 현실의 여러 버전 속에 객관적인 듯 보이는 정보를 집어넣는다. 우리는 스콧에 대한 진실을 도저히 알 수 없다. 우리는 그 자리에 있지 않았다. 설령 있었다 하더라도 스콧의 진실과 오츠 대원(탐험가. 1912년 스콧 일행과 함께 남극을 탐험하던 중 동상에 걸리자, 자신으로 인해 일행의 전진 속도가 느려지는 것을 보고 눈보라 속으로 혼자 들어가 실종되었다. - 옮긴이)의 진실, 그리고 아문센의 진실은 각각 다를 것이다. 기자이자 정치

평론가인 폴리 토인비Polly Toynbee는 자기가 하는 일에 대해 늘어놓은 오만한 불평들을 일축하면서, 자기가 하는 일은 지식을 찾는 것이라고 말했다. "우리는 혼란스러운 현실을, 옳고 그름을 가릴 수 있는 서사로 요약한다."[17] 이 말은 매우 훌륭한 관찰의 결과에서 나온 말이며 단지 저널리즘에서만이 아니라 인생에서도 진실이다.

만일 이야기가 세계를 굴복시킨다면 왜 많은 이론가들은 이야기의 기원이 신화에 있으며, 따라서 융의 이론으로 그것을 설명할 수 있다고 믿을까? 크리스토퍼 보글러에서 크리스토퍼 부커에 이르기까지 그들은 왜 이야기의 기초를 신화에서 찾는 것일까?

신화의 역할

마땅히 상속받았어야 할 영토에서 쫓겨난, 덕망 높은 아일랜드의 왕자 콘에다는 끔찍한 선택에 직면한다. 모험을 계속하여 요정의 요새로 들어가는 입구를 알아내기 위해 그는 자기 말을 죽이고 가죽을 벗겨야만 한다. 왕자는 망설이지만 오히려 말은 그 잔인한 행위를 해야만 한다고 왕자를 설득한다. 왕자는 몹시 괴로워하다가 충성스러운 말을 죽이고 왕국으로 들어갈 수 있게 된다. 죽은 말은 기적적으로 다시 살아나서 다른 잘생긴 왕자로 변하고 훌륭한 우화가 모두 그렇듯이 질서가 회복된다.

인도학자 하인리히 지머Heinrich Zimmer는 이 고대의 비기독교적인 신화[18]를 초기에 출판된 비교신화학 연구서인 『왕과 시체*The King and the Corpse*』(1948)[19]에서 다시 들려준다. 이 이야기는 한 남자에 관한 이야기이다.

…… 흠 잡을 데 하나 없고 젊음이란 미덕까지 갖춘 이 남자는 그럼에도 지금 자기 왕국과 세계에 널리 퍼져 있는 악의 가능성에 대해서는 전혀 모르고 있다…… 그는 사악한 다른 절반, 미덕과 맞먹는 무자비하고 파괴적인 힘인 야망과 공격의 이기적이고 분열적이고 악랄한 폭력에 대해서는 조금도 모른다. 그의 너그러운 지배 아래에서 이것들은 그의 왕국의 조화를 깨뜨리기 위해서 정체를 드러낼 것들이었다……

말하자면, 콘에다는 모든 것을 새로 배워야 한다. 생명력의 다양성에 대처하기 위해서 그는 공존하는 대립물들의 보편적인 법칙을 알아야 한다. 완전함이란 갈등을 통해 함께 작용하는 대립물들로 이루어진다는 것, 그리고 조화란 반드시 더는 줄어들 수 없는 긴장들을 해소함으로써 얻어진다는 것을 깨달아야 한다. 그는…… 자기 자신의 성격에 가장 모순되고 가장 적대적인 현실에 맞닥뜨리고 급기야 그것을 수용해야 한다. 그는 악의 힘과 맞붙어 싸워야 한다. 그러므로 험난한 모험에 숨은 여정이 뒤따르는 것은 어쩔 수 없는 일이다. 그의 신화, 그의 경이로운 이야기는 서로 갈등하는 대립물들을 지배하고 흡수함으로써 자기완성에 이르는 고통을 비유한 것이다. 이 과정은 만남, 위험, 업적, 시험이라는 전형적이고 상징적인 용어들로 묘사된다.

조지프 캠벨이 지머의 제자였다는 것은 놀랄 일도 아니다. 사실 그는 지머가 죽은 뒤 지머의 유고들을 편집했다. 캠벨은 자기 작품에서 대립물의 쌍을 관통하면서 끊임없이 다시 나타나는 영웅의 모티프에 주목하고는[그는 이아손(황금 양털을 찾으러 다닌 아르고호 영웅들의 지도자 - 옮긴이)을 인용했지만, 아마도 더 적합한 것은 호메로스의 '오디세우스'일 것이다] 이렇게 말했다.

> 남신이건 여신이건, 남자건 여자건, 신화 속 인물이건 꿈을 꾸는 자이건, 영웅은 대립물(자기 자신이 몰랐던 자아)을 발견하고 그것을 삼키거나 또는 삼켜짐으로써 대립물과 하나가 된다. 하나하나 차례로 저항하는 마음은 깨져 나간다. 그는 자기의 자존심, 자기의 미덕, 아름다움, 그리고 생명을 버리고 도저히 견딜 수 없는 것에 고개를 숙이며 복종해야 한다. 그리고 그는 대립물과 자신이 종은 다르지만 같은 육체임을 발견하게 된다.

이전에 지머가 그랬던 것처럼 캠벨은 모든 위대한 문명의 신화에 담겨 있는 일관된 패턴을 찾아냈다고 믿었다. 그러나 신화와 신화에 대한 융의 해석이 모든 이야기의 기초가 되었다는 그들의 믿음 속에서 아이러니하게 작가들 또한 서사의 오류에 빠지는 희생자가 되었다. 캠벨이 불을 훔치는 프로메테우스, 황금 양털을 찾는 이아손, 저승으로 내려가는 아이네이스의 이야기를 쓸 때, 그는 오직 한 가지 패턴만을 발견할 수 있었다. "신화 속 영웅의 모험 여정은 통과의례에서 나타나는 공식을 확대한 것이다. '분리 - 입문 - 귀환', 이것은 영웅의 모험 여정에서 나타나는 아주 작은 핵 단위의 이름이라고도 할 수 있을 것이다."

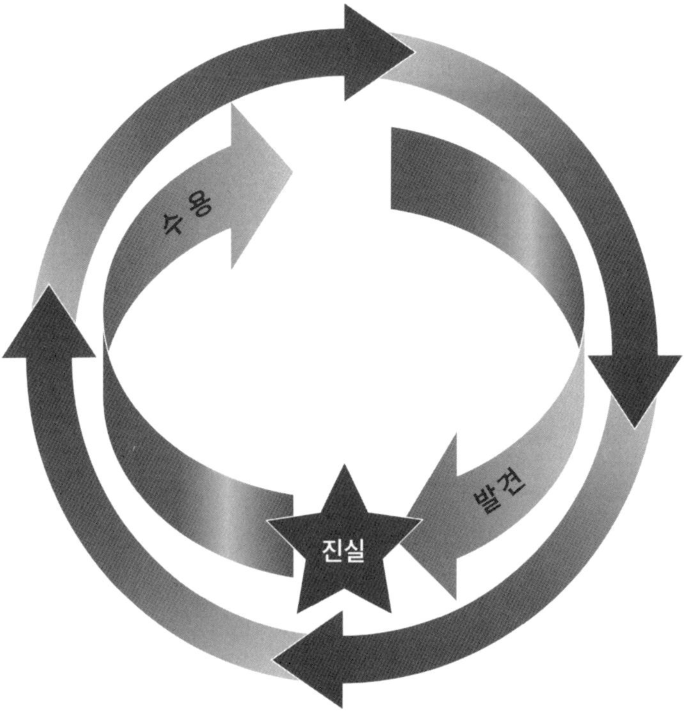

그가 신화에서 발견한 '떠나는 여행, 돌아오는 여행'의 구조는 우리가 보아 왔듯이 모든 이야기에 존재한다. 확실히 신화에서는 기본적인 이야기 구조가 원시적인 형태로 구현된다. 그런데 신화가 구조를 낳지 않고 구조가 신화를 낳았다. 왜일까?

뉴턴의 제3 운동 법칙은 이렇게 단언한다. "모든 작용에 대해 크기는 같고 방향은 반대인 반작용이 존재한다."[20] 장면의 구조도 마찬가지다. 이것이 어떤 적대자의 힘이라도 몹시 중요한 이유다. 이것은 드라마를 더 나아지게 만들 뿐 아니라 더욱 중요한 구조적 기능을 한다. 〈이스트엔더스〉에서 캣은 자기 딸이 에스파냐에 가는 것을 막고 싶어 한다. 소아성애자라고 알고 있는 해리 삼촌과 같이 간다고 하기 때문이다. 캣은 어렸을 때 해리 삼촌에게 강간당했기 때문에 이 사실을 알고 있다. 그 결과 조이가 태어났기 때문에 그녀는 자기가 조이의 엄마라는 것을 밝히지 않고서는 조이가 에스파냐에 가는 것을 막을 수 없다. 함께 인도 식당에 간 인물들은 진실 게임을 하면서 각자 한 가지씩 진실을 털어놓는다. 이 지점에서 조이가 자신의 여행 계획을 밝히고 캣의 거짓말과 조이의 정직함이 서로 병치된다. 그녀가 조이의 여행을 막기 위해서는 적대자의 자질을 빌려와서 수용해야만 한다. 그녀는 조이의 정직함을 수용해서 딸에게 진실을 고백한다.

> 조이: 언니는 엄마가 아니잖아!
>
> 캣: 내가 네 엄마야!

우리는 이 순간이 기대에 대한 반전임을 알고 있다(드럼 소리를 들을 수 있다). 우리는 이야기에서 주인공이 자신의 목표를 성취하기 위해서 자기 적들의 자질을 가지게 된다는 것도 알고 있다(콘에다 왕자 이야기의 끝부분에서 이것을 볼 수 있다). 세포만큼의 하위 수준에서도 정확히 같은 과정을 볼 수 있다.

캠벨이 '영웅의 모험 여정의 핵 단위'라고 불렀던 것도 실은 한 장면에 지나지 않는다. 이것은 서로 비교되는 두 구성 성분이다. 이것은 모든 이야기를 구성하는 블록이다. 한 인물이 여행을 떠나 적대자를 만난다. 정립이 반정립을 만나고, 둘은 다른 이의 자질을 수용하면서 그 과정이 다시 한번 시작된다.

햄릿은 여전히 가장 좋은 사례다. 이 이야기의 중심에는 고전적인 탐정 이야기가 자리 잡고 있다. 전반은 '클라우디우스가 왕을 죽였는가?' 하는 질문을 둘러싸고 이루어지고, 후반은 중간 지점에서 드러나는 진실, '그가 죽였다.'에 대한 반응을 둘러싸고 이루어진다. 모든 이야기, 실은 모든 장면은 이러한 형태의 산물이다. 한 인물이 여행을 떠나 대립자를 만난다. 그런 다음 그 대립자를 수용하여 하나가 된다. 대립자는 우리가 주의를 집중해야 할 대상이다.

대립자의 역할

기원전 4세기 초반, 그리스인들은 소크라테스식 대화법이라고 알려진 논증 방식을 개발했다. 두 인물이 드라마처럼 등장해서(흔히 한 사람은 소크라테스다) 진지한 질문과 대답을 통해서 진리를 찾아 나간다. 소포클레스Sophocles의 〈안티고네Antigone〉에서는 이 연극을 떠받치고 있는 과정을 아주 분명히 볼 수 있다. 그뿐만이 아니라 여기에서는 민주주의와 법 제도[21]의 탄생, 자유 언론과 로빈 데이 경Sir Robin Day에서 제레미 팩스먼Jeremy Paxman에 이르는, 모든 영국 TV 방송인들의 인터뷰 기법 또한 볼 수 있다.

게오르크 헤겔은 이 대화법을 채용하여 더욱 확장시켰다. 그는 진리란 끊임없는 반대의 여행을 겪어야만 발견될 수 있다고 주장했다. 한 가지 생각이 상정되면 도전을 받고, 새로운 생각이 태어난다.[22] 이 새로운 생각 또한 도전을 받고 이 과정은 프랙털로 이루어진 전체가 발견될 때까지 계속된다. 이야기도 이와 마찬가지다.

데이비드 사이먼은 〈더 와이어〉를 HBO에 홍보할 때 기이한 이중성에 주목했다. "갑자기 경찰 관료가 도덕을 무시하며 기능을 제대로 못하게 됐다. 그리고 범죄자들이 마약 문화라는 형식 속에서 갑자기 관료가 되었다."[23] 그의 걸작의 기초를 이룬 것이 바로 이러한 관찰의 결과였다. 앤드루 스탠턴과 그의 공동 작가 밥 피터슨은 이것을 '2 더하기 2'라고 불렀고, 그리스인들은 이것을 페리페테이아(역전)와 아나그노리시스(인지)라고 불렀다. 쿨레쇼프는 이미지의 병치에서 이것을 보았다. 뒤샹은 소변기를 가지고 이것을 철저히 이용해 먹었다. 셰익스피어는 오셀로와 이아고 속에서 이것을 구현해 냈다. 제인 오스틴은 엘리자베스와 다시에게서 이것을 느꼈다. 조이가 언니에게 "언니는 엄마가 아니잖아!" 하고 소리쳤을 때 캣은 "내가 네 엄마야!"라고 대답했다.

2011년 런던의 무대에서는 프랑켄슈타인과 그가 만들어 낸 괴물을 두 배우가 서로 번갈아 가며 상대역을 했는데 엄청난 호평을 받았다. 이것이 새로운 아이디어는 아니었다. 이미 1973년에 존 바턴John Barton(40년 넘게 영국 로열 셰익스피어 컴퍼니에서 활동한 연출가 - 옮긴이)은 로열 셰익스피어 컴퍼니에서 볼링브로크와 리처드 2세의 캐스팅을 서로 바꾸는 똑같은 방식을 보여주었다. 이에 대해 『가디언』은 "갑자기 그들이 거울 이미지가 되었다."라고 적었다.[24] 물론 구조적으로는 베아트리스와 베네디크, 카타리나와 페트루치오, 로미오와 줄리엣, 안토니오와 클레오파트라, 프로스페로와 칼리반, 맥베스와 레이디 맥베스, 리어와 코델리아, 폴스태프와 헨리, 핫스퍼와 할, 〈트로일로스와 크레시다Troilus and Cressida〉의 그리스인과 트로이인, 〈실수 연발The Comedy of Errors〉의 안티폴러스 형제와 드로미오 형제, 〈한여름 밤의 꿈A Midsummer Night's Dream〉의 신사와 직공이 그런 것처럼 거울 이미지는 늘 있어 왔다. 셰익스피어의 모든 작품은 이 거울 이미지 위에 쓰였다. 모든 원형적인 드라마가 거울 이미지 위에 쓰이기 때문이다. 안티고네와 크레온으로부터 〈인도로 가는 길〉의 아델라와 아지스를 거쳐 〈이스트엔더스〉의 초창기 구성원인 파울러 가족과 와트 가족에 이르기까지 대립자들 사이의 대결은 이야기의 심장부에 놓여 있다.

인물에 관한 도식적 해석으로 다시 돌아가 보자. 우리는 아주 간단한 방식으로 내적인 변화가 어떻게 주인공을 설명해 주는지 보았다. 〈금발이 너무해〉와 〈맥베스〉에서 한 인물이 어떻게 변화해 가는지도 도식으로 보았다. 변화의 로드맵 또한 같은 패턴 위에서 그려진다. 델마와 루이스는 계속해서 반대되는 방향으로 행동하며 둘 사이에 주고받는 대사는 두 사람의 역할이 서로 바뀔 때까지 끊임없는 변화를 야기한다. 이것은 셰익스피어의 〈리처드 2세〉에서 더 잘 확인할 수 있다. 볼링브로크와 왕은 20세기에 탐색 여행을 하는 델마와 루이스와 똑같은 여행을 한다. 처음에 리처드는 글로스터의 죽음이라는 비호를 받는 왕이고, 반면에 볼링브로크는 리처드로부터 유죄 판결을 받은 신세였다. 그런데 5개의 막이 끝난 뒤에는 볼링브로크가 왕이 되고 리처드는 갇혀 지내는 신

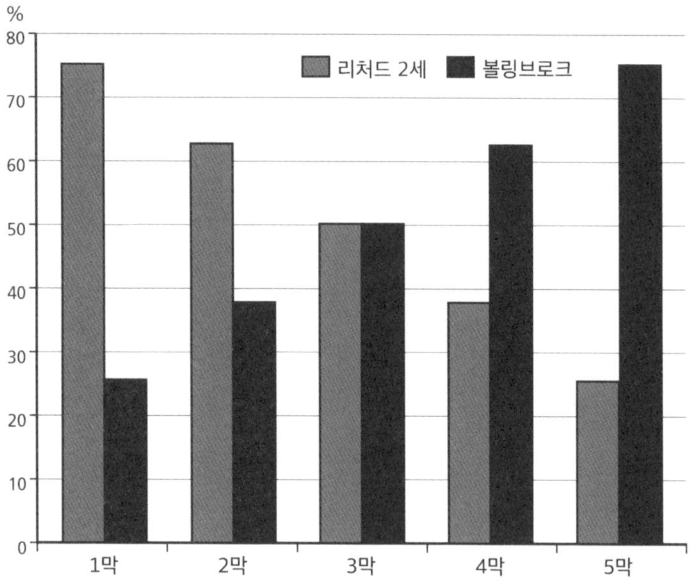

세가 된다. 새 왕은 이전의 왕과 정확히 똑같은 방식으로 한 사람의 죽음에 책임이 있다는 비난을 받는다. 대립자와 추는 춤은(꼭 융을 언급하지 않더라도) 설명을 해 줄 뿐 아니라 우리에게 완벽한 구조를 제공한다.

이 그래프는 주인공과 적대자의 운명을 기록한 것이다. 두 대립자가 각각의 막에서 어떤 상태인지를 매우 분명하게(지나치게 도식적이긴 하지만) 볼 수 있다. 물론 중간 지점은 매우 중요하다. 3막 2장에서 리처드 2세는 모든 것을 체념하고 명목상으로는 아니지만 실질적으로는 자신의 성스러운 왕위를 볼링브로크에게 내어준다. 이것은 〈대부〉와 놀랍게 흡사하다. 마이클 콜레오네가 솔로초와 매클러스키에게 총을 겨누었을 때 그는 그때까지 자기가 믿었던 모든 것과는 완전히 상반된 것과 대면한다. 숲속을 응시하면서 그는 방아쇠를 당겼고, 대립자들은 하나가 되었으며 새로운 캐릭터가 태어난 것이다.[25]

프랭크 코트렐 보이스는 3막 구조에 대해 "쓸모없는 모델이다. 그것은 너무 정적이다."[26]라고 했다. 이 말에 대한 유일하게 그럴듯한 답은, '그래 맞아, 그 구조가 정적이라면 쓸모가 없지.' 뿐이다. 그런데 주인공이 적극적이어야 하고, 주인공이 무기력해지는 순간 이야기가 시들해지는 것도 이 때문이다. 욕망이 없었다면(마이클이 방아쇠를 당기지 않았다면) 그 장면을 살아 숨 쉬게 만드는 것은 아무것도 없다. 움직임만이 두 대립자 사이에 다리를 놓고 융합이 일어나게 만든다. 이러한 에너지가 없다면 세포는 증식되지 않고 기능도 효과적으로 발휘되지 않는다. 글쓰기에서도 마찬가지다. 내 의도는 대립자를 종합하여 논리적인 전체를 세워 나가는 것이다. 독자가 폭스바겐 비틀의 사진과 '레몬'이라는 단어를 종합하려고 시도하는 것과 같다. 드라마 속에서 우리는 주인공도 똑같은 일을 하는 것을 볼 수 있다. 그들의 욕망은 세포를 통과해서 그것을 의미로 전환하는 에너지다.[27] 종합의 매 순간이 횃불을 꺼지지 않게 유지하며 불꽃은 전달된다. 의미는 서로 연결되는 대립자들로부터 태어난다.

우리는 화학, 물리학, 그리고 생물학을 배웠기 때문에 아마 놀라지 않을 것이다. 나이 베번Nye Bevan(웨일즈 출신의 영국 노동당 좌파 정치가 – 옮긴이)이 한번은 이런 말을 했다. "순수한 사람들은 아이를 못 낳는다." 지구의 탄생부터 아기의 출산에 이르기까지, 우리 세계는 융합의 순간에 만들어진다. 미켈란젤로는 이것을 시스티나 성당의 천장에 포착해냈다. 그는 신이 아담에게 생명을 주는 장면을 그렸지만, 실제로 우리 눈에 보이는 것은 완벽하게 조화를 이루고 있는 두 대립자가 서로 다가가는 그림이다. 그 관계의 융합을 통해서, 손가락 끝과 손가락 끝으로 생명이 전달되는 것이다.

이야기 형태의 기원

우리가 이야기를 어떻게, 왜 하는지에 대해 어떤 이유를 제시하더라도 그 이유가 결국 서사적인 흐름이 도처에 깔려 있다는 것을 설명할 수 있어야만 한다. 한 장면에는 시작과 중간, 끝이 있고, 변화가 들어 있어야 한다. 이 장면들을 한데 모으면 막들로 자라나고, 막들을 하나로 모으면 이야기가 태어난다.

장면들을 하나로 연결하면 어떤 일이 발생하는지 살펴보자. 한 장면과 다른 한 장면을 연결하면 새로운 중간이 생겨난다. 세 번째 장면과 마지막 장면을 연결하면 서로 호응을 한다. 새로 연결이 될 때마다 전체 형태는 원래의 '세포' 구조와 비슷하게 조정되어 간다. 조금 전까지 위기였던 곳이 막간이 되고, 이어서 중간 지점이나 도발적인 사건이 되며, 마치 사슬이 무한정 이어지듯이 계속된다. 장면에서 막으로, 막에서 이야기로, 이야기에서 3부작으로[〈오레스테이아Oresteia〉(〈아가멤논〉, 〈제주를 바치는 여인들〉, 〈자비로운 여신들〉의 세 작품으로 이루어진 아이스킬로스의 비극 3부작 - 옮긴이)가 실제 좋은 사례가 될 것이다], 나아가 그 이상으로 이야기가 확대됨에 따라 하나의 구성 요소는 복제가 되면서 형태를 갖추어 나간다.

장면들은 그것이 대립물들(각 대립물은 새로운 사실이나 '진실'을 담고 있다)의 병치일 때 효과를 발휘한다. 그 진실은 꼭 대립물이어야 할까? 물론 아니다. 이질적이어도 괜찮다. 하지만 대립물일 때 가장 잘 작동한다. 이야기가 커질수록 반드시 대칭적이어야 할까? 물론 아니다. 하지만 대칭일 때가 가장 잘 어울린다. 물이 가장 쉬운 길을 찾듯이 지각의 흐름(그러므로 스토리텔링 또한)은 가장 즐겁고 받아들이기 편한 형태를 찾는다. 그래서 중간 지점(중심적인 '진실'을 전달하는 순간)은 중앙에 놓이고, 그러한 자질이 없는 주인공은 대립 지점에서 출발한다. 주인공이 중간 지점에 도착한 후에 배워서 얻은 자질을 흡수해야 한다. 이것을 알리는 가장 쉬운 방법은 현재의 캐릭터와 과거의 캐릭터를 비교해 보여주는 것이다. 이때부터 단순하고 구조적인 박자에 맞추어 병행적인 이야기 형태가 발달해 간다.

이야기가 펼쳐지고 대립물이 연결되면, 관객은 인과 관계를 이해하고 이야기는 살아 움직이게 된다. 앞 장면에 있던 소재들이 융합하면서 다음 장면이 저절로 나타난다. 앞 장면은 폭발하는 태양처럼 뒷 장면을 위한 원재료를 만들어 주며 죽는다. 장면들이 만들어지면 새로운 형태가 나타난다. 서사는 정보원을 모방하고 지각은 탐정을 모방한다. 의미는 만들어지고 대립물은 흡수되고 동화된다. 세계에는 질서가 부여된다. 새로 나타나는 형태는 물론 매우 친숙한 것이다. 이 형태는 왜 원형이 있는지, 전체적으로 왜 이야기 구조가 있는지 설명해 준다.

그것은 무엇일까?

그것은 단일한 장면이 프랙털로 확장된 것이다.

구성 성분들, 서로가 서로를 계속해서 모방하려는 지각의 단일 단위들이 모여 하나의 커다란 모양을 만들어 나가는 것, 이것이 바로 이야기 구조다.

모든 개별 장면에서 인물은 자기의 대립자와 직면한다. 내적 존재는 외적 비밀과 마주친다. 그 비밀은 벗겨지고 인물은 교훈을 얻고 변화한다. 이 과정이 계속된다. 니나는 천천히 블랙 스완의 특징을 받아들이며 매 장면 변화하고 성장하다가 마침내 적대자와 완전히 동화된다. 각각의 장면은 바로 그 앞 장면의 마지막 지점으로 만들어진다. 새로운 상태는 대립물을 만나고 그것을 받아들이며, 다시 대립물을 만날 준비를 한다. 인물들은 단지 모든 이야기에서만 숲속으로 가는 것은 아니다. 그들은 모든 장면에서 숲속으로 간다. 그렇다고 이야기가 더 복잡해지는 것은 아니다. 원형적인 이야기는 지각의 기본 단위가 프랙털 구조로 확장된 것이다. 이야기의 구조와 장면의 구조는 같기 때문이다.

이것이 9살 먹은 아이도 완벽하게 구조화된 이야기를 할 수 있는 이유다.

그때까지 없었던 것에 동화하고 그것에 질서를 부여하는 간단하고 짧은 여행[28]이라고 볼 수 있는 조지프 캠벨의 모험 여정도 마찬가지로 장면 구조의 확대판에 지나지 않는다. 일단 이 점을 이해한다면 '영웅의 여행'이 단순히 꾸며 낸 이야기가 아니라는 것을 저절로 깨닫게 된다. 처음에 캠벨이 이야기했고, 보글러가 널리 알렸던 것은 시작, 중간과 끝, 그리고 대칭을 찾는, 원인과 결과의 사슬인 물리학의 산물 이상의 것은 아니었다.[29] 기왕에 주어진 어떤 막 구조에서도 인물은 그 자체로 무의식적인 정신의 산물인 드라마 구조가 지정한 패턴에 따라 변화하고 성장해야 한다. 그러므로 그 인물은(물론 꼭 그래야 하는 것은 아니지만) 가장 쉬운 경로를 선택해 중간 지점을 향해, 그리고 중간 지점부터 여행을 하게 된다. 그래서 영웅의 여행은 실제로는 구조가 정해 놓은 지점들 사이의 가장 빠른 길을 오가는 것 이상의 것은 아니다. '변화의 로드맵'은 단순히 대칭적인 경로를 거쳐 A에서 B로 가는 논리적인 박자이다. 이것은 자연스러운 형태이며, 무의식적으로 일어난다(작가 또한 이 경로를 따른다). 변화의 로드맵이 〈베어울프〉와 〈죠스〉에 나타나는 이유다. 그렇게 비밀스러운 것도 아니고, 해로운 것도 아니다. 두려워할 것도 아니다.[30] 이것은 우리가 세계에 질서를 부여하는 방식에 따라 자연스럽게 생겨나는 부산물이다.

보편적인 이야기

이야기의 형태가 그렇듯이 유일무이한 이야기란 그리 많지 않다. 이 말이 사실이라면, 왜 어떤 문학적인 주제는 계속해서 되풀이되는지 그 이유는 어떻게 설명해야 할까? 왜 어떤 주제들(그리고 신화들)은 끊임없이 반복될까? 보편적인 이야기가 존재하기는 하는 것일까?

이야기는 의미를 찾고 공감을 찾는다. 그렇지 않다면 우리가 왜 같은 이야기를 알고 있겠는가? 이야기가 의미를 찾고 나면 이야기는 반복되고 우리의 집단 무의식 속에 심어진다. 어머니, 아버지, 커져 가는 성적 욕구, 그리고 한 세대에서 다음 세대로 이어지는 삶의 역정에 관한 이야기는 항상 공감을 얻고 그 때문에 이런 이야기는 오랫동안 살아남는다. 이런 이야기는 사실상 융이 집단 무의식이라고 정의했던 우리의 보편적인 욕망, 감정과 상징들과 가깝기 때문이다. 융은 같은 인류로서 우리 모두가 공감할 수 있는 보편적인 상징들을 공유하고 있다고 믿었다. 분명히 우리는 그렇다. 하지만 이것이 우리가 이야기를 만들어 내는 이유는 아니다. 이런 가정은 다시금 서사의 오류일 따름이다. 이것은 관심을 많이 받는 주제를 둘러싸고 왜 그리 많은 이야기들이 만들어지는지를 설명할 뿐이다. 융의 사고방식으로 보자면, 지금처럼 대립물을 바탕으로 지어진 이야기 구조는 비슷한 이야기들이 대량으로 서식하는 완벽한 숙주다. 그러나 우리는 증상과 원인을 혼동하는 실수를 범해서는 안 된다. 우리는 모든 것들에 대해 셀 수도 없이 많은 이야기를 하지만, 그중에 오래가는 것은 별로 많지 않다.

오래가는 이야기란 결국 자유 시장의 결과다. 만일 이야기의 내용이 우리에게 뭔가 줄 것이 있다면 그 이야기는 오래간다. 네이험 테이트Nahum Tate(아일랜드 출신 시인이자 극작가 - 옮긴이)가 1681년에 쓴 〈리어 왕〉을 기억하고 있는 사람은 거의 없다. 아마도 그가 이 작품에 설득력이 없는 해피 엔딩을 갖다 붙였기 때문일 것이다. 많은 작품들이 그랬던 것처럼 이런 것은 잠깐은 유행하지만 오래 살아남지는 못했다. 이렇게 해서는 뭔가 의미 있는 이야기를 할 수 없기 때문이다. 좀 더 점검해 볼 가치가 있는 것은 한 작품이 한 세대 이상을 버텨냈는지를 보는 일일 것이다. 셰익스피어의 〈리어 왕〉은 우리가 400년 이상 보고 있는 작품이다. 많은 그리스 신화들처럼 이 작품은 우리 내부에 깊숙이 숨어 있는 무언가를 건드린다. 오래가는 이야기는 단지 진실만이 아니라 우리에게 공감을 주는 내용을 담고 있다. 〈신데렐라〉 같은 판타지 또한 오래가는 능력이 있다. 자유 시장은 우리가 진실이라고 알고 있는 것들과 우리가 믿고 싶은 것들 둘 다 살아 있게 만든다.

"헤카베는 그에게, 그는 헤카베에게 무엇이기에 그가 그녀로 인해 울어야 하나."*

극중에 나오는 햄릿의 질문은 실제로는 공감에 관한 질문이다. 2001년 9월에 쌍둥이 빌딩에 대한 공격이 있고 난 4일 뒤, 『가디언』은 소설가 이언 매큐언Ian McEwan의 에세이 형식으로 이에 대한 글을 실었다.[31]

"이것은 다른 사람들의 마음속으로 들어가 자신을 생각해 보는 공감의 본성이다…… 만일 비행기 납치범들이 승객들의 생각과 감정 속으로 자신들이 들어가 보는 상상을 할 수 있었다면 그들은 그런 일을 할 수 없었을 것이다. 일단 희생자의 마음속으로 들어가 본다면 그렇

* 헤카베는 그리스 신화에 나오는 트로이의 왕 프리아모스의 왕비다. – 옮긴이

게 잔인하기가 힘들다. 내가 아닌 다른 사람의 모습을 상상하는 것이 우리가 가진 인간성의 핵심이다. 이것이 동정심의 본질이고, 도덕성의 시작이다."

공감이란 단순한 이론 이상의 것인 듯하다. 네덜란드 신경과학 연구소의 크리스티안 케이서스Christian Keysers 교수는 우리가 이야기를 보는(그리고 그에 반응하는) 방식에 대해 폭넓은 연구를 한 바 있다.[32] 우리 세대는 모두 〈죠스〉에서 어부의 잘린 목이 배 밖으로 떨어지는 것을 보았을 때 움찔했던 일, 〈레이더스〉에서 뱀으로 가득한 구덩이를 보고 몸서리쳤던 일을 기억하고 있다. 케이서스의 분석을 따르자면 공감이란 우리가 실제 생리적으로 주인공과 하나가 되었을 때 일어난다고 한다. '바나나/구토'의 병치에 대해 우리 몸이 어떻게 반응했는지를 생각해 보자. 〈쏘우〉를 볼 때, 또는 〈007 골드핑거〉에서 제임스 본드 다리 사이로 레이저 광선이 기어올라오는 것을 볼 때, 우리 느낌이 어땠는지 생각해 보자. 본드의 심장 박동이 빨라질 때 우리의 심장도 그만큼 더 빠르게 뛰었다. 누군가 맞는 장면을 보면 실제로 맞을 때처럼 똑같은 뇌 영역이 활성화된다. 다행히 고통을 똑같이 느끼지는 않지만 생리적인 반응은 동일하다. 이렇게 이야기는 우리를 문자 그대로 '똑같은 파장 위에' 올려놓는다. 이것이 아리스토텔레스가 『시학』에서 말한, 우리가 겪는 '연민과 공포'다.[33] 우리는 우리의 주인공이 사는 삶을 산다.

관찰자인 우리는 우리가 관찰하는 대상이 겪는 일을 우리 머릿속에서 경험하고, 그렇게 해서 이해하기 시작한다. 이것은 왜 보여주기가 말하기보다 더 강력한지를 설명해 줄 뿐 아니라, 공감하는 데에는 신경학적인 바탕도 있음을 말해 준다. 정서적으로나 과학적으로나 매큐언의 말은 옳다. 이야기는 우리와 대상을 서로 이어 주는 힘이 있다. 이야기는 우리를 인간으로 만들어 준다. 이것이 내가 '진정한 원형'(이야기가 진행됨에 따라 필요한 것을 바라는 것으로 대체하는 이야기의 동력)이라고 부르는 것이 존재하는 이유다. 주인공이 바라기만 하는 이야기는 바로 그 본성 때문에 외부 세계를 거부한다. 우리는 주인공이며 이야기는 우리에게 우리가 옳다는 이야기를 해 주기 위해 존재한다. 본드는, 우리가 본드이며 그러므로 우리가 옳기 때문에 우리에게 매력적이다. 마찬가지로 텔레비전 시리즈는 우리 삶이 괜찮다는 것을 보장하기 위해 존재한다. 이런 이야기가 없다면 세계는 따분할뿐더러 심각하게 암울할 것이다. 그러나 주인공이 바라기만 하는 이야기는 결국, 자기 자신을 극복하고 우리와 자기 자신을 이어 줄 수 있는 주인공이 나오는 이야기만큼의 똑같은 보상은 못 해 줄 것이다. 이것이 장르물이 아닌 이야기에서 인물들이 무언가를 학습하는 이유다. 그래야만 우리는 우리 자신을 극복할 수 있고, 그래야만 진정한 연결이 이루어진다.

조지 엘리엇George Eliot[34](『미들마치』를 쓴 영국의 소설가 - 옮긴이)은 다음과 같이 말했다. "예술가가 우리에게 준 가장 좋은 선물은 우리의 공감 능력을 확대시켜 준 것이다. 일반화와 통계에 기초한 호소는 기성의 동정심, 이미 작동 중인 도덕 감정을 필요로 한다. 그러나 위대한 예술가가 보여주는 인간 삶의 모습은 평범한 사람들과 이기적인 사람들마저 놀라게 해서 자기 자신들과는 동떨어진 것, 어쩌면 도덕 감정의 원재료라고 불릴 만한 것들에까지 주의를 기울이게 한다." 그녀가 말하는 '예술'이란 '우리의 개인적인 운명의 울타리를 벗어나 우리의 인간 동료와의 접촉을 확대시켜 주는 방식'이다. 이야기는 우리를 하나로 만들고 우리에게 구조를 선물해 주는 과정이다.

헝가리의 철학자이자 문학 평론가인 죄르지 루카치György Lukács 는 이렇게 말했다. "예술의 본질은 형식이다. 예술은 반대자를 물리치는 것이고, 반대 세력을 정복하는 것이며, 모든 원심력과 지금까지 이 형식과 언제나 낯설게 지냈던, 이 형식의 외부에 있었던 모든 것들과 통일을 이뤄 내는 것이다. 형식을 창조한다는 것은 사물에 대해 내리는 마지막 심판이다. 성스러운 힘으로 모든 사물에 사면을 내리는, 구원할 수 있는 것은 모두 구원하는 마지막 심판이다."[35]

질서를 부여해야 할 우리의 절대적인 필요성이 서사 구조가 시작하는 곳이다. 실비아 플래스Sylvia Plath(미국의 시인 – 옮긴이)는 자신의 창작 과정에 대해 이렇게 이야기했다.[36] "내 생각에 내 시들은 나의 감각적이고 정서적인 경험에서 즉각 나온다. 그러나 나는 진심으로 바늘이나 칼, 또는 그것이 무엇이든 간에 이런 것들에 의해서 만들어지는 비명에는 공감할 수 없다고 말해야만 하겠다. 나는 사람들이 광기처럼 가장 두려운 경험이든, 고문을 받은 경험이든, 이런 종류의 경험을 통제하고 조종할 수 있어야 한다고 믿는다. 잘 알고 있고 영리한 마음으로 이런 경험들을 조종할 수 있어야 한다고 믿는다." 감정에서 구조가 나온다. 그리고 구조로부터 소통이 이루어진다.

로버트 휴스가 관찰한 것으로 이 책을 시작했듯이 마무리도 그렇게 할 수 있을 것 같다. "예술의 기본 과제는 늘 논리가 아니라 감정을 통해 세계를 하나로 만들고 수긍이 가는 것으로 만드는 것, 모든 영광과 때로는 불결함 속에서 세계를 우리에게 되돌려주는 것이다. 그런 다음, 당신과 당신이 아닌 모든 것 사이의 간극을 메우는 것, 그리고 이런 방식으로 감정을 지나 의미로 나아가는 것이다."[37]

스토리텔링은 우리 외부에 있는 모든 것에 질서를 부여해야 할 우리의 필요에서 태어난 것이다. 이야기는 무작위로 던져서 혼돈 상태의 사물들로부터 일종의 형태와(운이 좋다면) 의미를 끌어내는 자석 같은 것이다. 모든 이야기는 미쳐 날뛰는 현실을 올가미로 붙들고는 그것을 길들여서 복종시키려는 시도다.

숲속으로

사람들은 모두 자신이 알 수 있는 사실들에 맞추어 세계를 해석한다. 아틀라스가 지구를 어깨 위에 짊어지고 있다는 우주관은, 지구가 태양계의 중심이고 행성의 궤도는 원이며 우주는 수정구로 만들어졌고, 또는 담배는 몸에 좋다는 후대의 믿음만큼이나 중세에는 타당한 것이었다.

모두 당시에는 과학적 추론의 냉철하고도 확고한 결과로 사실이라 제시되었다. 물론 모두(이것 때문에 이것이 일어난다) '서사의 오류'의 산물들이다. 그리고 모두 오류임이 증명되었다. 과학은 사실이 아니라 특정 시대에 우리가 알 수 있는 지식으로 구성되었을 뿐만 아니라 사람들이 보고 싶어 하는 것으로 만들어진 하나의 모형일 뿐이다. 당신이 신이 존재한다는 증거를 찾으려 한다면 당신은 아마도 그것에만 집중해서 그것을 지지하는 사실들만 수집할 것이다. 우리의 역사는 알려진 사실들로부터 잘못된(그리고 종종 재난에 가까운) 결론들을 추론해 낸 사람들의 시체로 덮여 있다.

이야기에 관한 이론도 마찬가지다. 많은 사람들이 서사에 대해 공부했고, 이야기 구조에 관한 책들도 많이 쓰였다. 모든 책이 해당 작가들이 알고 있는 지식에 따라 고유한 진실을 담고 있다. 프로프에서 나보코프, 보글러에서 맥키에 이르기까지 모두 이야기 과정을 체계화해 보려는 모형을 제시하고 있다. 그러나 그것들은 '진리'가 아니다. 이 책 또한 진리가 아니다. 그 책들은 현재의 경험적 증거 대부분과 자주(항상은 아니지만) 잘 들어맞는 모형들이다. 과학과 마찬가지로 모형이란 결국은 알 수 없는 어떤 것을 위한 유사물에 불과하다. 융 또한 결국은 유사물이다. 하지만 유사물을 받아들이지 못할 이유는 무엇인가? 이야기란, 질서를 부여할 수 있는 우리의 능력과 신경증을 해결하고자 하는 우리의 욕구, 삶 또는 출산을 위한 모형의 산물일 수 있다. 이야기는 이 모든 것일 수 있다. 아마 실제로 그럴 것이다. 어떤 종류의 유사물이 실제로 이 모든 것을 수용할 수 있을까?

2010년도 영화 〈윈터스 본Winter's Bone〉에서는 한 소녀가 오자크 숲 한가운데에서 잃어버린 아빠를 찾아 나선다. 그러나 그곳에는 늑대와 괴물 대신 피폐한 마약상과 중독자들이 있을 뿐이다. 이 영화는 여전히 전래 동화다. 완전히 현대를 배경으로 한 전래 동화인 것이다. 우리는 같은 이야기를 할 수밖에 없다. "숲속으로 가는 여행은 출생에서 죽음을 거쳐 다시 태어나기 위한 영혼 여행의 일부다." 힐러리 맨틀이 묘사하는 여행은 지각과 성장에 대한 은유다. 오랜 옛날의 신이란 우리가 생존을 위해서 우리의 공포에 의미를 부여하고자 했던 이야기였다. 스토리텔링은 기본적으로 똑같은 종교적 기능을 했다. 그것은 이질적인 것들을 서로 이어 주고, 우리에게 형태를 부여해 주었으며, 그렇게 함으로써 우리 안에 평온함을 불어넣어 주었다.

이야기는 우리를 신과 성적 파트너, 적절한 행동, 또는 더 나은 정신 건강에 가까워지게 해 줄 수 있다. 이야기가 끝나도, 우리는 간단히 알 수 없을 것이다. 그러나 잃어버린 부분을 찾고, 그것을 되찾아 무언가를 완전하게 만드는, 이런 숲속으로 떠나는 여행은 우리에게 없어서는 안 된다. 한 장면에서도 그런 것처럼, 이야기 전체에서도 그런 것처럼, 이 무언가는 우리가 될 수도 있고 퍼즐이 될 수도 있으며 비밀이나 다른 수많은 변형이 될 수도 있다. 이 모든 것을 매우 간단한 과정 하나로 정의할 수도 있다. 두 대립물이 동화되어 갈등이 해소된다는 것이다. 이것이 우리가 마약처럼 이야기를 갈망하는 이유다. 이야기를 통해서만 우리의 내적 자아와 외부 세계가 조화를 이룰 수 있기 때문이다. 이 과정에서 약간의 의미를 만들 수 있으며, 운이 좋다면 약간의 진실을 발견할 수도 있다.

이야기란 이토록 단순하고도 또 복잡하다.

부록

부록 1

〈레이더스〉의 막 구조

1막

1936년, 고고학자 인디애나 존스가 페루의 정글에서 부비트랩이 설치된 사원에 숨겨진 황금 두상을 찾고 있다. 그는 두상을 손에 넣어 사원을 탈출하지만 경쟁 관계에 있는 고고학자 르네 벨로크를 만난다. 벨로크는 인디에게서 두상을 빼앗고는 인디를 죽도록 버려둔다. 인디는 탈출해서 기다리던 수상 비행기에 오른다.

2막

미국으로 돌아와 고고학을 가르치고 있는 인디를 군 정보 요원들이 찾아와 나치가 그의 스승 애브너 레이븐우드를 찾고 있다고 알려 준다. 나치는 잃어버린 계약의 궤가 어디 있는지를 알려 줄 수 있는 고대 이집트의 유물, 태양신 라의 지팡이 장식을 그가 갖고 있다고 믿고 있다. 이것이 나치의 손에 들어가면 짐작하기도 힘든 막강한 힘을 나치가 갖게 된다는 것을 아는 인디는 자기가 먼저 그것을 찾아야겠다고 결심한다.

3막

인디는 레이븐우드를 찾으러 네팔로 왔지만, 그는 이미 죽고 머리 장식은 그의 다혈질 딸(인디의 전 여자 친구) 매리언이 갖고 있다는 것을 알게 된다. 매리언은 인디에게 지팡이 장식을 팔지 않겠다고 거절한다. 그때 그녀의 술집에 나치 요원들이 쳐들어와 술집을 불태워 버린다. 양쪽이 서로 싸우는 사이 악당 토트 소령은 지팡이 장식에 한쪽 손을 데어 손바닥에 지팡이 장식 문양의 화상을 남긴다. 매리언과 인디는 지팡이 장식을 갖고 탈출한다. 매리언은 이제부터 둘이 함께 잃어버린 성궤를 찾겠다고 선언한다.

4막

카이로로 간 두 사람은 인디의 숙적 르네 벨로크가 성궤가 마지막으로 숨겨져 있었던 '영혼의 우물'을 발굴 중인 나치를 돕고 있다는 것을 알게 된다. 나치는 토트 소령의 손바닥에 남은 화상 자국을 이용해 지팡이 장식의 복제품을 만들고, 이것으로 성궤가 있는 장소를 찾을 수 있을 것이라고 믿는다. 그러나 나치의 계산은 틀린 것이었고, 진짜 지팡이 장식을 이용해 정확한 성궤의 위치를 발견한 것은 인디였다. (중간 지점)

그런데 인디와 매리언을 몰래 뒤쫓아온 나치가 두 사람에게서 성궤를 빼앗는다. 두 사람은 영혼의 우물에 갇히지만, 간신히 탈출에 성공한다.

5막

인디와 매리언은 나치가 성궤를 실으려는 비행기 활주로로 간다. 덩치가 매우 큰 거인을 죽인 뒤, 두 사람은 성궤를 트럭에 실어서 옮기려는 나치를 추적한다. 인디는 팔에 총을 맞지만, 성궤가 독일로 옮겨지기 전에 가까스로 성궤를 구한다.

6막

두 사람은 영국으로 가는 부정기 화물선에서 잠수함을 타고 온 벨로크에게 다시 한번 저지당한다. 성궤는 빼앗기고 매리언은 납치당한다. 인디는 바다로 뛰어들어 잠수함에 숨어 들어간다. 그러고는 나치를 따라 어느 외딴섬으로 간다.

7막

인디는 성궤를 폭파해 버리겠다고 위협하지만, 벨로크는 인디의 허풍에 넘어가지 않는다. 인디는 붙잡히고 만다. 매리언과 함께 나무 기둥에 묶인 인디는 나치가 성궤를 여는 것을 지켜본다. 성궤의 내용물을 직접 보면 몹시 위험하다는 것을 깨달은 인디는 매리언에게 눈을 감으라고 말한다. 악마 같은 형체들이 나타나더니 나치들을 죽이고 성궤는 인디에게 돌아온다.

결말

성궤는 '극비'라는 글자가 쓰인 나무 상자에 넣어 봉해지고, 정부의 거대한 물품 창고에 숨겨진다. 셀 수도 없이 많은 나무 상자들이 성궤를 넣은 상자를 에워싸고 있다.

부록 2

〈햄릿〉 - 구조 형식

테렌티우스는 극소수의 작품만이 5막 모형에 들어맞는다고 했는데 정말 옳은 말이다. 무엇보다 주된 이유는 아주 극소수의 사람만이 그런 정교한 모형에 맞추어 글을 쓸 수 있기 때문이다. 그럼에도 아주 묘한 것은 서로 다른 시기에, 서로 다른 매체에서 쓰인 작품들이 놀랄 만큼 유사성을 지니고 있다는 사실이다. 우리의 신체는 각자 다르지만, 그럼에도 신체 속에 숨어 있는 골격 구조는 모두 똑같다는 것을 알고 있다. 이야기도 마찬가지다. 지면의 제약이 있어서 많은 예를 들 수는 없지만, 영어로 된 드라마 작품 가운데 가장 훌륭하다고 할 수 있는 〈햄릿〉은 모든 예를 대체할 수 있는 유용한 작품일 것이다.

이 연극의 5막 구조는 즉각 눈에 띈다. 각각의 막에는 새로운 욕망이 시작되는 주요 전환점이 포함되어 있다. '변화의 로드맵' 또한 환상적이다. 정확히 들어맞지 않는 순간들도 있지만(우리가 기대한 대로 4막의 끝부분에서 오필리아의 죽음이 나오는데, 햄릿은 이미 포틴브라스의 군대를 보고 난 뒤 행동하기로 결정했다), 가장 중요한 형태는 매우 분명하다. 여기에서 〈햄릿〉과 〈델마와 루이스〉의 구조적인 유사성을 이야기하는 것은 조금 이상하게 보일지도 모르지만, 두 작품의 유사성은 스토리텔링 형태의 동일성과 보편성을 설명해 준다.

〈햄릿〉 – 간단한 시놉시스

1막

덴마크의 왕자 햄릿은 아버지의 유령을 만난다. 왕은 햄릿에게 자기 동생인 클라우디우스와 아내 거트루드가 자기를 살해했다고 이야기한다. 왕은 자기의 죽음을 복수해 달라고 햄릿에게 요구한다.

2막

유령이 실제였는지, 아니면 자기가 열에 들떠 상상한 것인지 확신이 안 서는 햄릿은 아무런 행동도 하지 못한다("사느냐, 죽느냐……"). 클라우디우스가 햄릿의 오랜 친구 로젠크란츠와 길든스턴을 보내 햄릿을 정탐하게 한 것을 알고, 햄릿은 유랑 극단을 이용해서 클라우디우스의 죄책감을 자극하여 그의 죄를 입증하겠다고 결심한다. "연극이 바로 그거야. 연극을 보다가 왕이 양심의 가책을 느끼게 하는 거야."

3막

배우들은 햄릿의 지시대로 연극 공연을 시작하고, 3막 2장(네 개의 장 가운데 2장이므로 거의 완전한 대칭 구조이다)에서 클라우디우스가 연극에 대해 보이는 반응으로 그가 살인범이라는 것이 확인된다.

자신의 성공에 마음이 들뜬 햄릿은 거트루드의 방에 가서 그녀를 만나고, 처음으로 왕자의 상태에 대해 의심을 가졌던 왕의 조언자 폴로니우스를 죽인다. 클라우디우스는 햄릿을 영국으로 보내기로 작정하고 도중에 몰래 그를 죽이려는 계획을 세운다.

4막

햄릿은 폴로니우스의 시체를 숨긴다. 추방당해서 떠나는 길에 그는 포틴브라스의 군대가 '아무 이익도 없고 이름만을 얻을/작은 땅덩어리'를 함락하러 행진해 오는 것을 본다. 별 중요하지도 않은 것을 위해 누군가는 기꺼이 목숨을 던진다는 데에 감명을 받은 햄릿은 반드시 복수하겠다고 다짐한다. 한편, 폴로니우스의 딸 오필리아는 아버지가 죽었다는 소식을 듣고 미쳐 버린다. 해외에서 돌아온 그녀의 오빠 레어티즈는 아버지가 살해당했다는 말에 격노한다. 클라우디우스는 그에게 햄릿을 죽이라고 부추긴다. 클라우디우스는 모든 비난이 햄릿에게 쏟아지도록 이야기를 꾸며 댄다. 레어티즈는 오필리아의 비극적인 자살 소식을 듣고 왕의 말에 동의한다.

5막

추방되어 떠나는 길에 탈출한 햄릿은 오필리아의 무덤 자리에 갔다가 광대 요릭의 두개골을 발견한다. "아, 불쌍한 요릭……." 여기에서 레어티즈는 햄릿을 만나고, 둘 다 펜싱 대회에 참가하기로 한다. 레어티즈는 칼에 독을 바르고 클라우디우스는 독이 든 포도주를 준비한다. 결투가 벌어지고 레어티즈는 칼에 맞아 죽어 간다. 하지만 햄릿 또한 치명상을 입는다. 거트루드는 포도주를 마신다. 레어티즈는 클라우디우스가 모든 일을 꾸몄다고 고백한다. 햄릿은 죽기 전에 자기 아버지를 살해한 자를 마침내 죽인다. 포틴브라스가 도착하여 왕위 계승자로 지정된다. 햄릿은 영웅이라고 선언되고 질서가 회복된다.

변화의 로드맵 - 〈햄릿〉에 적용

1막

지식 없음	햄릿은 유령에 대해 아무것도 모른다
지식 증가	햄릿이 유령에 대해 알게 된다
자각	햄릿이 유령을 만나고 유령은 그에게 복수를 요구한다

2막

의심	자살에 대해 고민한다: "최근에 나는…… 내 모든 즐거움을 잃어버렸다네."
저항 극복	로젠크란츠와 길든스턴이 첩자였다는 것을 알게 된다
수용	극단을 이용하여 클라우디우스를 함정에

	빠뜨리기로 결심한다('연극이 바로 그거야……')

3막

지식으로 실험함	새로운 열정으로 배우들을 훈련시킨다
큰 변화를 가져오는 (중간 지점의) 지식	클라우디우스와 거트루드를 함정에 빠뜨리고 그들의 죄를 증명한다
나중에 얻은 지식으로 실험함	거트루드를 비난하고, 폴로니우스를 죽인 다음, 영국으로 추방당한다

4막

의심	영국을 향해 출발한다
저항 증가	우리는 햄릿을 살해하려는 클라우디우스의 계획을 알게 된다
퇴행	포틴브라스의 군대를 보게 된다. 복수를 하겠다고 재차 다짐한다. 오필리아가 죽는다

5막

재자각	"아, 불쌍한 요릭." 레어티즈와 햄릿이 만난다
재수용	칼싸움. 햄릿이 클라우디우스를 죽인다. 모두 죽는다
완전한 장악	자신의 이야기가 후세에 전해질 것임을 안다. 그의 시신이 명예롭게 운구된다

부록 3

〈존 말코비치 되기〉 - 구조 형식

많은 면에서 우상 파괴적인(더불어 훌륭한) 작품이 아주 분명하게 고전적인 구조 형태와 일치한다는 것은 몹시 흥미로운 일이다. 공감의 과정에 관한 찰리 코프먼의 변주라고 할 수 있는 〈존 말코비치 되기〉는 구조면에서 거의 완전히 원형적이다.

영화는 108분의 상영 시간 동안 거의 완전히 대칭적인 균형을 이루고 있으며 '숲속으로'의 패턴이 매우 분명히 나타난다. 자기 자신에게 없는 일부를 찾기 위해 다른 장소로 여행을 떠나는 것이 표면에 드러나지 않고 서브텍스트로 숨어 있다. '박자'를 생략하고는 하나의 막에서 다른 막으로 넘어가기 위해 박자를 슬쩍 가져오기는 하지만(고전적으로는 2막이라고 해야 할 곳에서 관문을 발견한다), 여전히 이 영화가 원형적인 5막의 틀에 아주 잘 들어맞는다는 것을 볼 수 있다.

1막

크레이그 슈워츠는 인생에서도, 결혼에서도 실패한 자다. 그러나 인정을 못 받기는 하지만 매우 훌륭한 인형 조종술사다. 그는 레스터 박사라는 수수께끼의 인물 밑에서 서류 정리하는 직원으로 일하게 된다. 이곳에서 그는 촌스러운 아내와는 정반대인 동료 맥신의 치명적인 아름다움에 금세 푹 빠지고 만다. 집착에 빠진 그와 그녀를 닮은 인형 한 쌍을 만들어 그녀와의 섹스를 시뮬레이션한다.

2막

사랑 고백을 한 다음 날 맥신은 그에게 퇴짜를 놓는다. 크레이그는 서류 캐비닛 뒤에 있는 작은 문을 발견한다. 그곳으로 들어간 그는, 자신이 존 말코비치의 머릿속에 들어왔음을 깨닫는다. 그래서 유명한 배우가 보고 경험하는 것을 똑같이 보고 경험한다. 그는 그곳에서 뉴저지의 고속도로 외곽으로 튕겨 나올 때까지 15분간 머무를 수 있다는 것을 알게 된다. 크레이그는 맥신에게 관문에 대해 알려준다. 맥신은 200달러를 받고 다른 사람들도 그 관문을 이용할 수 있게 하자고 제안한다. 그의 아내 로테는 이 사실을 듣고, 스스로 그 관문에 들어가 보고 싶다고 한다. 그녀는 이 경험에 집착하고 이것이 그녀의 삶을 바꿔 놓는다.

3막

맥신과 크레이그는 말코비치의 머릿속 여행을 판매하자는 계획을 실행에 옮긴다. 한편, 자기 경험에 매료된 로테는 자신이 성전환자인 것 같다고 말한다. 로테는 맥신을 만나자마자 그녀에게 혹한다. 이에 대한 직접적인 화답은 아니지만, 로테로서는 다행스럽게도, 맥신은 존 말코비치에게 매력을 느낀다. 그래서 존의 머릿속에 있는 로테가 맥신과 섹스를 할 수 있겠다는 계획이 세워진다. 그리고 정확히 영화 한가운데(54분)에서 두 사람이 섹스를 한다.

분노와 질투에 휩싸인(그 경험에서 아무것도 못 얻은 유일한 사람인) 크레이그는 로테를 우리 안에 가두고 말코비치의 머릿속으로 들어간다. 그러고는 맥신과 섹스를 하고 싶었던 욕구를 채운다. 크레이그가 자기 머릿속에서 인형 조종술사가 되자, 말코비치는 의심하기 시작한다. 이 배우는 레스터 박사의 건물로 쳐들어가고, 모든 사실을 알고는 자기 머릿속으로 들어간다. 뉴저지의 고속도로에서 크레이그를 만난 그는 그 관문을 폐쇄하라고 요구한다.

4막

우리를 탈출한 로테는 맥신에게 그 사이에 벌어진 일을 알린다. 그러나 아이러니하게 맥신은 존이었던 크레이그와 섹스를 한 경험이 더 짜릿했음을 알게 된다…….

로테는 레스터 박사를 만나러 간다. 박사는 관문에 대해, 그리고 그 관문이 영원한 젊음을 제공해 준다는 것을 자세히 설명해 준다. 그와 함께 음모를 꾸미는 노인들 무리와 그는 계속해서 생명을 유지하기 위해 말코비치의 44살 생일에 말코비치의 머리를 차지해야 한다. 한편 자신의 인형 조종술이 완벽한 재능임을 깨달은 크레이그는 점점 더 확신에 차서 말코비치 안에서 영원히 머물면서 맥신과 함께 말코비치를 세계적으로 유명한 인형 조종술사로 변신시키기로 결심한다…….

레스터는 로테에게 말코비치 속에 한 자리를 주겠다고 약속한다. 그녀는 그들이 알아야 할 것이 또 있다고 말한다(크레이그로서는 최악의 순간이다).

5막

존 말코비치를 차지한 크레이그는 인형 조종술사로서 엄청난 성공을 거둔다. 그는 맥신과 결혼하고 맥신은 아이를 임신한다. 그러나 둘의 관계에는 금이 가기 시작한다. 한편 로테를 통해 사실을 알게 된 레스터 박사 무리는 맥신을 납치해 크레이그에게 말코비치를 떠나라는 압력을 넣기 위한 인질로 이용한다. 치열한 싸움을 벌이던 맥신과 로테는 함께 말코비치의 머릿속에서 빠져나오고, 로테는 맥신의 아이가 (말코비치였던) 자기 아이이며, (말코비치였던) 크레이그의 아이가 아니라는 것을 알게 된다.

죄책감을 느낀 크레이그는 말코비치를 떠난다. 노인들은 말코비치의 머릿속으로 들어가고 로테는 맥신과 함께 떠난다. 질투심에 사로잡힌 크레이그는 다시 관문 안으로 들어가지만 엉뚱한 곳으로 가게 된다. 관문이 달라진 것이다…….

7년 후, 맥신과 로테가 아이 에밀리와 함께 놀고 있다. 에밀리의 눈으로 세상을 보는 관객은 크레이그가 이제 에밀리 안에 갇혀 있음을 깨닫게 된다. 그리고 앞으로 40년 동안 그 속에 있게 될 것이다.

변화의 로드맵 - 〈존 말코비치 되기〉에 적용

〈존 말코비치 되기〉의 주제는 영화 시작 51분 만에 맥신이 알려준다. 집착에 빠진 로테와 크레이그와 저녁 식사를 하면서 그녀가 생각에 잠긴다.

> 내 생각에, 세상 사람들은 원하는 걸 뒤쫓는 사람들과 안 그런 사람들로 나누어져요. 맞죠? 원하는 걸 뒤쫓는 정열적인 사람들은 원하는 걸 못 얻을 수도 있어요. 하지만 알죠? 그들은 적어도 생기가 넘치잖아요. 그러니까 마지막 숨을 거둘 때 후회할 게 별로 없어요. 맞죠?

영화가 시작될 때 우리가 만난 크레이그는 가진 게 아무것도 없었다. 그러나 맥신과 관문을 발견하고 나서는, 새로운 세계가 그의 눈앞에 펼쳐진다. 그가 원하기만 하면 손에 쥘 수 있다고 약속하는 세계다. 본질적으로 그는 과거의 자신을 벗어나는 여행을 떠나는 셈이다. 그러나 결과는 끔찍하다.

여기에서 최악의 지점은 크레이그가 자신을 노리고 있는 세력에 대해 모르고 있을 때이다. 이 지점을 퇴행(무엇보다도 그는 인형 조종사로 살고 싶었을 뿐이다)이라고 해석할 수도 있겠지만, 비극적 구조에서는 매우 흔한 변주라고도 할 수 있다. 최악의 지점은 주인공의 야망이 고전적인 최고점이 되는 순간으로 바뀐다.

1막

지식 없음	크레이그는 자신의 세계 외부에 대해서는 아무것도 모른다
지식 증가	크레이그가 일자리를 얻고 무언가를 알아 가기 시작한다
자각	완전히 새로운 세계로 들어가는 관문을 발견한다

2막

의심	관문으로 들어가지만 자기가 발견한 것이 무엇인지 확실히 모른다
저항 극복	로테에게 말하자 그녀는 관문으로 들어가 보겠다고 고집한다
수용	크레이그는 맥신과 사업을 시작한다

3막

지식으로 실험함	로테가 맥신에게 말코비치 안으로 들어가 자기와 섹스를 하자고 설득한다
큰 변화를 가져오는 (중간 지점의) 지식	둘은 섹스를 한다 - 크레이그의 분노가 폭발한다
실험	크레이그가 로테를 가두고 존의 머릿속으로 들어간다
나중에 얻은 지식으로 실험함	말코비치가 되어 맥신과 섹스한다

4막

의심	크레이그가 자신이 괴물이 되어 가는 것이 아닐까 의심하기 시작한다
저항 증가	그러나 그것은 속임수일 뿐이었다. 그는 존 말코비치를 장악하기 시작한다
퇴행	그는 계획을 세우지만 그것은 그를 몰락시킬 것이다

5막

재자각	맥신과 로테는 존의 머릿속에서 싸움을 벌인다. 크레이그는……
재수용	지배의 길을 다시 걷기 전에 의심한다
완전한 장악	그는 다른 사람을 완전히 지배하는 데에 성공한다(그러나 그가 기대했던 사람은 아니었다)

부록 4

〈나의 아연 침대〉 - 구조 형식

데이비드 헤어의 중독에 대한 연구라고 할 수 있는 이 작품은 전적으로 대립물들(열정과 억압, 감정과 격동, 삶과 생존)의 조화를 둘러싸고 만들어져 있다. 멀리 소포클레스의 〈안티고네〉와도 끈이 닿아 있으면서, 두 극단적인 견해와 뒤이어 일어나는 이들의 동화를 병치해서 보여주는 것이 이 연극의 형식이며, 나아가 내용이기도 하다. 한 기업가에게 고용된 알코올 중독자(둘이 같은 여자를 놓고 다툰다)를 다루는 이 작품은 아주 원형적인 작품이다. 사실 헤어의 연극은 모든 이야기 구조에 내재하는 중추적인 변증법에 관해 이야기한다. 심지어는 인물들 가운데 하나가 인용하기도 한다. "우리가 남을 사랑하는 건 실제로는 자신에게 없는 것을 보상받으려 하는 것이라고 융이 말했어. 그러나 다른 사람을 통해 나를 완전하게 하려는 노력은 결코 성공할 수 없다고도 했지."

〈나의 아연 침대〉는 감정과 감정의 억압, 삶과 중독에 관한 작품인 것만은 아니다. 이 작품은 이야기 구조에 대한 은유로서의 역할도 할 수 있다. 빅터가 도발적으로 폴 앞에서 마가리타를 만들면서 마가리타를 이렇게 묘사한다. "입안에서는 지옥처럼 차갑고, 목에서 넘어갈 때는 지옥처럼 뜨겁지요. 이것이 우리 삶의 중심에 있는 모순이오. 안 그렇소?" 이것이 바로 이 작품의 주제다.

이 작품은 5막이 아닌 2막으로 쓰였는데, 각각 여섯 장으로 되어 있다. 그러나 숨어 있는 형태와 그것이 얼마나 구조적인 규정을 충실하게 지키고 있는지를 보여주기 위해 나는 임의로 5막(원래의 분할은 따로 표시해 놓았다)으로 나누어 설명했다. 우리가 서사 위에 어떤 구조물을 설치하더라도 골격은 동일하게 남아 있음을 보여주기 위해서다.

감정을 억압하며 살던 폴이 어떻게 열정적으로 변하는지 살펴보라. 그럼 그 사이 어딘가에서 그가 이해될 것이며 그리하여 치유라는 것에는 여러 종류가 있다는 것도 알게 될 것이다.

〈나의 아연 침대〉 - 간단한 줄거리

1막

알코올 중독에서 회복 중인 시인 폴 페플로가 인터넷 백만장자 빅터 퀸의 집에 나타난다. 거의 재난에 가까운 인터뷰가 끝나고 나서, 폴과 관객의 기대에 어긋나게도 빅터는 폴에게 카피라이터 일자리를 제공한다(3장의 끝).

2막

폴이 빅터의 아내 엘사를 만난다. 그녀도 코카인 중독에서 회복 중이다. 알코올 중독자 모임이 사교 집단인지 아닌지(그 모임이 폴을 구해 줬는지 아니면 그가 예전의 관계들로부터 단절된 데 대한 변명 거리를 만들어 줬는지)에 대해 격렬한 언쟁을 벌이다가, 둘의 기대와는 반대로 입을 맞추며 언쟁을 끝낸다(4장의 끝).

3막

폴은 완전히 빅터의 세계로 들어간다. 빅터와 엘사의 세계에 더욱 휩쓸리면서 공포와 두려움, 흥분을 느끼면서 새로운 삶을 살기 시작한다. 빅터는 폴의 대립자다. 그는 술 마시기를 두려워하지 않으며, '한잔하는 것'만한 것이 없다고 즐거이 믿는 사람으로서 도발적으로 폴 앞에서 마가리타를 만들어 마시는 사람이다. 폴은 위험 앞에서 오히려 흥분을 느낀다. 그리고(6장 끝에서) 사랑을 연상하면서 첫 잔을 마신다(실제로 달라고 요구한다).

(1부 끝)

빅터는 가고 술에 취한 폴이 집에 나타난다. 그는 엘사에게 그녀를 소유할 수 있다면 영원히 술을 끊을 것이라고 맹세한다(8장의 끝). 그는 병에 든 위스키를 화분에 부어 버린다.

4막

폴은 빅터가 자신의 불륜에 대해 알고 있을 것이라고 의심한다.

여름이 끝나 가고, 빅터와 엘사가 언쟁을 벌인다. 그는 그녀가 술을 너무 많이 마신다고 나무란다. 그의 사업 또한 어렵다. 폴은 다시 알코올 중독자 모임에 나가며 빅터가 시킨 일을 그만두고 떠나겠다고 말한다(9장의 중간).

5막

엘사는 그에게 가지 말라고 빌면서 그를 사랑한다고 고백한다. 그러나 그는 그녀에게 그녀를 사랑하는 것은 단지 한 종류의 중독을 다른 종류의 중독으로 대체하는 것일 뿐이라고 말한다. 빅터가 들어오자 하늘이 어두워진다. 그가 불륜에 대해 알고 있다는 암시다. 엘사의 애원에도 불구하고 폴은 자기 결심을 굽히지 않는다. 관객은 빅터가 술에 취해 차를 몰다가 사고로 죽는다는 것을 알게 된다. 폴은 자신이 여전히 알코올 중독자 모임에 나가고는 있지만, 자신감과 판단력, 그리고 어쩌면 사랑할 수 있는 능력이 다시 생겼기 때문에 살아갈 방법을 새로이 배운 것 같다는 (모호하다고 해야 적절할) 암시를 한다.

변화의 로드맵 - 〈나의 아연 침대〉에 적용

1막

지식 없음	폴이 빅터의 집에 들어온다
지식 증가	폴이 빅터에 관해 알기 시작한다

자각	폴이 빅터가 제안한 일자리를 받아들인다

2막

의심	과거의 자신에 대해 이야기한다
저항 극복	과거의 자신이 갖고 있던 결함을 보기 시작한다
수용	엘사와 첫 키스를 한다

3막

지식으로 실험함	두렵다는 것을 시인한다/엘사에게 더 많이 끌린다
큰 변화를 가져오는 (중간 지점의) 지식	폴이 술을 마신다 - 사랑의 맹세를 상징하는 설정이다. '삶'의 힘을 느낀다
나중에 얻은 지식으로 실험함	삶/술이 주는 흥분을 지배한다. 엘사를 위해 술을 포기한다

4막

의심	빅터가 의심스러워하자 엘사를 멀리한다
저항 증가	빅터의 어두운 면과 엘사의 의존성을 본다
퇴행	중독자 모임에 나가며 떠날 것이라고 알린다

5막

재자각	엘사의 애원을 뿌리친다 - 그녀를 사랑하는 것은 또 다른 중독일 뿐이다

재수용	빅터에게 일을 그만두겠다고 한다 - 더는 의존하지 않는다
완전한 장악	폴이 떠난다

부록 5

〈대부〉 - 구조 형식

〈대부〉는 이 책 도처에서 만날 수 있다. 그만큼 그 구조 형식은 완벽하다. 현대 비극(영웅이 육체적으로는 아니지만 정신적으로는 죽는다)의 고전적 사례인 이 작품은 문자 그대로 비극적 형식 속에서 나타나는 변화의 패러다임을 정확히 따르고 있다. 이 작품은 원형이 어두운 면으로 전도된 버전이다. 다시 말하지만 이 작품이 5막으로 쓰였느냐를 따져 묻는 것은 너무 학구적인 질문이다. 이 본보기 작품은 감추어져 있는 '숲속으로'의 형식을 불편할 만큼 선명하게 드러내는 역할을 할 것이다.

〈대부〉 - 간단한 줄거리

1막

마이클 콜레오네가 약혼녀 케이와 함께 여동생 코니와 카를로의 결혼식에 참가한다. 그가 집안 사업을 설명하면서 말한다. "케이, 내 가족은 그런 사람들이야. 하지만 나는 전혀 달라." 뉴욕에서 크리스마스 쇼핑을 하던 그는 아버지 돈 콜레오네가 총에 맞았다는 것을 알게 된다.

2막

마이클이 아버지를 보러 가족에게 돌아왔을 때, 마이클의 형 서니가 가족을 이끈다. 그는 병원에서 아버지를 향한 두 번째 암살 시도를 막는다. 그리고 이것이 두려운 경험이 아니라 흥분되는 경험이라는 것을 깨닫는다. 매클러스키가 마이클의 턱에 주먹을 날린다. 그의 뜻이 좌절된 것이다.

3막

마이클은 그가 알기로 암살 시도의 배후에 있는 부패 경찰 매클러스키 반장과 마약업계의 거물 솔로초를 살해할 계획을 세운다.

마이클은 둘을 처형하고 (중간지점) 도망간 시칠리아에서 사랑에 빠져 결혼을 한다. 그러나 그의 아내는 마이클에게 복수하려는 자들에게 살해당한다. 뉴욕에서는 서니가 살해당한다. 돈 콜레오네는 복수는 하지 않겠다고 맹세한다. 그리고 돈 바치니의 힘이 막강한 것을 알고는 그에게 마이클이 집에 돌아오면 안전을 보장해 달라고 말한다.

4막

뉴욕으로 돌아온 마이클은 케이를 찾아가서 5년 안에 자기 가족의 사업을 합법적으로 만들겠다고 약속한다. 뉴욕의 다른 패밀리들이 마이클의 패밀리에 가하는 압력이 점점 더 커진다. 사업을 확장하고 네바다로 옮기려는 마이클의 계획을 카지노 사업가인 모 그린이 방해하며, 콜레오네 가문이 공룡 같다고 비웃는다. 동생 프레도가 그린이 시키는 대로 하자 사태는 더 나빠져 간다.

돈 콜레오네가 마이클에게 패밀리 가운데 배신자가 있으며, 바치니와의 거래를 주선하는 자가 배신자라고 경고한다. 돈 콜레오네가 정원에서 평화롭게 죽는다.

5막

아버지 장례식에서 가족의 충직한 일꾼 테시오가 마이클에게 다가와 돈 바치니와의 거래를 주선하겠다고 한다. 코니 아들의 세례식 날, 마이클은 테시오와 바치니, 그린, 뉴욕의 다른 두목들, 그리고 서니의 죽음의 배후라고 알고 있는 카를로를 죽인다. 케이는 마이클에게 코니의 남편을 죽였느냐고 묻는다. 그는 그녀의 눈을 들여다보며 아니라고 대답한다.

변화의 로드맵 - 〈대부〉에 적용

1막

지식 없음	마이클은 가족 사업에서 떨어져 있다
지식 증가	아버지의 암살 기도에 대해 알게 된다
자각	가족에게 급히 돌아온다

2막

의심	서니가 두목의 자리를 맡는다
저항 극복	자신만의 복수 계획을 세운다
수용	다른 사람들이 그 계획을 받아들인다

3막

지식으로 실험함	계획을 실행에 옮긴다
큰 변화를 가져오는 (중간 지점의) 지식	마이클이 솔로초와 매클러스키를 죽인다
나중에 얻은 지식으로 실험함	마이클이 시칠리아로 도망간다. 아내가 살해당한다

4막

의심	뉴욕으로 돌아온다. 합법화하겠다고 약속한다
저항 증가	다른 패밀리들과 그린으로부터의 압력이 거세진다
퇴행	패밀리 가운데 배신자가 있다고 경고한 후 아버지가 죽는다

5막

재자각	테시오가 배신자임을 알게 된다
재수용	모두를 죽인다

완전한 장악	가족의 우두머리가 된다. 마이클은 케이에게 거짓말을 한다

부록 6

첫 번째 막과 마지막 막의 병렬: 몇 가지 추가 사례

〈킹스 스피치〉에서

1막	5막
1. 연설을 망친다	1. 로그를 찾아간다
2. 아무와도 이야기를 하려고 하지 않는다	2. 자기에게도 목소리가 있다고 주장한다
3. 로그를 거부한다	3. 멋진 연설을 해낸다

〈사랑의 행로〉에서

1막	5막
1. "다시 만날 수 있을까요?" "아니요."	1. 모니카를 만난다 - 그녀를 거부한다
2. 냉정한 겉모습 - 형제와 있기를 싫어한다	2. 겉모습은 벗어 버리고 형제를 끌어안는다
3. 수지를 만난다 - 그녀를 얻고자 한다	3. "다시 만날 수 있을까요?" "아마도요."

부록 7

시나리오 작법 교사들을 위한 반짝 가이드

시나리오 작법 분야에서 만병통치약을 파는 약장수들이 돌아다니고 있지 않은가 의심해 본 적이 있다면, '시나리오 구조'라는 말을 인터넷 검색창에 입력하는 것보다 더 어리석은 일을 했을 수도 있다.

정말 많은 시나리오 작법 교사들이 있다. 몇몇은 좀 재미있고 몇몇은 그저 그렇다. 가장 나쁜 교사의 특징은 기묘하고 복잡하고 이상한 용어를 사용하며 맹목적인 확실성을 주장하는 것, 그리고 '진리'를 가르쳐 준다며 수없이 그리고 끊임없이 돈을 요구하는 것이다. 돈을 주면 진리를 주겠다는 많은 사람들이 그렇듯이 그들이 주로 성취하는 것은 구조에 대해 진지하게 연구하는 사람들에게 오명을 씌우는 것이다.

정말 놀라운 일은 그들이 시키는 대로 하다 보면 정말 좋은 원고를 쓸 수 있게 된다는 사실이다. 모든 글쓰기 교사는 같은 이야기를 하려고 애쓰기 때문이다. 서로 달라 보이는 이런 이론들(내 이론도 마찬가지다)이 실은 동일하다는 깨달음이야말로 이야기에는 원형이 있다는 것을 보여주는 가장 강력한 증거다.

다음에 있는 간략한 도표는 몇몇 주요한 교사들의 주장에 숨어 있는 유사성을 간단히 설명한 것이다. 나는 블라디미르 프로프와 조지프 캠벨을 여기에 포함시켰는데, 둘 다 자기가 글쓰기 교사라고는 생각하지 않았을 것이다. 그러나 동일한 구조를 주장했다는 점에서 나는 이들을 여기에 포함시켰다. 이들이 사용한 모형은 정도의 차이는 있지만 모두 이 구조에 잘 들어맞는다. 내가 너무 단순화했을지도 모른다. 물론 더 자세한 것은 모든 모형들을 살펴봐야 한다. 그러나 이것이 요점을 잘 보여줄 수 있기를 바란다. 모든 것은 이야기의 참된 형태를 파악하고자 하는 내 욕심에서 비롯된 것이다.

	1	2	3	4	5
테렌티우스/프라이타크	배경과 행동에 대한 요청 도발적인 사건	일이 잘 돌아간다 초기 목표들을 달성한다 전환점	적대세력의 힘이 커짐에 따라 일이 어긋나기 시작한다 중간 지점	일이 정말 안 좋게 돌아가서 적대 세력과 최후의 결전을 벌인다 전환점/최악의 지점	결함을 극복한다 좋게든 나쁘게든 문제가 해결된다
블라디미르 프로프	악행 또는 결핍	출발	투쟁 승리 중간 지점 정리	귀환 추적 몰래 돌아옴	어려운 과제 결혼
조지프 캠벨	무지 모험 세계로의 요청 아동기와 결별	요청에 대한 거절 초자연적 도움	한계를 넘음 아버지와 화해 중간 지점 절정	귀환에 대한 거절 마법적인 투쟁	구조 자유 획득 두 세계를 모두 장악
모린 머독*	여성성과의 결별 남성성과의 동일성 확인	시련의 길 쌍두 용 괴물 처단	헛된 선물 여신으로의 입문과 하강 중간 지점 여성성과의 재결합 갈망	거친 여성 치유	여성성과의 통합 이원성 극복

	1	2	3
시드 필드	설정	위기 지점 대결 위기 지점	절정과 해결

	1	2	3	4	5
보글러	일상 세계 모험에 대한 요청	저항 또는 요청에 대한 거절 스승의 격려	한계 1차 극복 최대의 시련 보상 시험 협력자 적 중간 지점	귀로에서의 추적 3차 한계 죽음	부활 영약을 갖고 귀환
블레이크 스나이더	최초의 이미지 설정 주제언급 기폭제 도발적인 사건	토론 B-스토리 2막 진입	재미와 놀이 중간 지점 악당 접근	모든 것 상실 영혼의 어두운 밤	최종 막 진입 종결 마지막 이미지

존 트러비	필요/욕망	1차 반전	계획	1차 반격	추진	외견상 패배	2차 반전	관객에 대한 협력자의 폭로	3차 반전	전투	도덕적 결정	새로운 균형

	1	2	3	4	5	6	7	8
프랭크 대니얼†	현재 상황	외면적 소망이 분명해짐	새로운 세계의 폭발	1차 큰 시련 극복	힘을 모음	난관에 부딪힘	절망적 행동	성공과 그 이후

린다 애런슨	정상 상태 방해 주인공 계획 놀라움 장애물 복잡해짐 하위 이야기 더 복잡해짐 장애물 절정 해결

크리스토퍼 부커	행동에 대한 요청	꿈	좌절	악몽	문제 해결

마이클 헤이그	1. 설정	2. 새로운 상황	3. 진전	4. 복잡화&더 고조된 위기	5. 마지막 압력	6. 이후

* 모린 머독, 『여성 영웅의 탄생』(1990)

† 프랭크 대니얼은 8개의 시퀀스 구조를 개발한 시나리오 작법 교사였다(폴 조셉 줄리노Paul Joseph Gulino, 『시나리오: 시퀀스로 풀어라*screenwriting: The Sequence Approach*』(2004)를 보라).

주석

들어가는 말

1. 끝없이 수다를 늘어놓는 인터넷 포럼〈theweek.com/.../top-4-avatar-pocahontas-mash-up-vide...-United States〉을 보라. 수많은 비교 사이트 가운데 하나이다.
2. 〈캐주얼티〉를 쓴 작가의 아들이다. 내가 2007년에 받은 이메일에서 옮긴 것이다.
3. 가깝게 접근한 유일한 사람은『드라마 쓰기의 기술*The Art of Dramatic Writing*』(1947년에 처음 출판되었을 때는 제목이『희곡을 어떻게 쓸까*How to Write a Play*』였다)을 쓴 러요시 에그리이다. 하지만 이것도 '진실'이라기보다는 시에 가깝다.
4. 1912년에 펴낸 무대 연출에 관한 그의 책『연극 만들기: 기예인을 위한 매뉴얼*Play-Making: A Manual of Craftmanship*』에서 윌리엄 아처William Archer는 이론가 지망생의 딜레마에 대해 매우 잘 설명하고 있다.

   그러므로 한쪽에는 현학자가, 다른 한쪽에는 돌팔이가 달려 들어오기 좋은 입구가 있다. 이 맥락에서 현학자란 형이상학적인 또는 물리학적인 기본 원리들로부터 규칙 한 세트를 만들어 낸 다음, '어딘지 모를' 대학교의 시나이(모세가 하느님으로부터 십계명을 받았다고 하는 산 - 옮긴이) 강의실에서 드라마의 십계명을 받았다고 공언하는 자다. 반면에 돌팔이란 가장 천박한 드라마 기술자들의 최악의 관행들을 일반화하고, 박스오피스의 신탁을 해석하는 것 이상의 야망은 전혀 없는 자다. 만일 그렇게 하는 데에 그가 성공한다면 그의 기능이 완전히 너절하다고만은 할 수 없을 것이다. 그러나 대체로 그는 통찰력이 없으므로, 더구나 박스오피스의 신탁이란, 달마다는 아니더라도 계절마다는 달라지므로, 그의 역작은 재드키엘이나 올드 무어의 작품(책력이나 연감을 말하는 것으로 점성술이나 날씨 정보, 예언 등을 담고 있다 - 옮긴이)만큼의 가치밖에 없다.
5. 기예르모 델 토로가 〈국제 시나리오 작가 페스티벌〉에서 한 연설. Time Out, 2006. 7. 12.

6. 2010년 12월, BBC4의 〈앞 열Front Row〉에서 영국에서 가장 성공적인 작가 세 명을 불러다 놓고 시나리오 쓰기의 기술에 대해 토론을 벌였다. 많은 것이 설명되었으나, 그들이 구조와 기능을 앞 다투어 비난하자, 이 토론은 몬티 파이선Monty Python(영국의 코미디언 그룹 - 옮긴이)의 촌극 '요크셔의 네 남자Four Yorkshiremen'의 패러디와 비슷해지기 시작했다.
7. 『드니로와의 나빴던 열 번의 데이트: 대안적인 영화 목록*Ten Bad Dates With De Niro: A Book of Alternative Movie Lists*』에 실린 데이비드 헤어의 글. 리처드 켈리Richard T. Kelly 편집(2007).
8. 영국 영화 협회가 주관하는 〈제52회 런던 필름 페스티벌 2008〉에서 발표한 찰리 코프먼의 원고.
9. 구조에 대한 연구가 낮게 평가되어 온 것은 놀라운 일도 아니다. 평균적인 시나리오 쓰기 교과서를 읽어 보면 교사들은 스스로를 비난할 수밖에 없다. 엄격한 분석도 없이 절대적인 확실성만을 전파하는 체제, 문제 제기를 거부하는 체제, 꼭대기에 절대적 교사가 있는 체제, 이런 체제들에서는 경험적 사실에 기초한 그 어떤 것도 발 디딜 틈이 없다. 누군가 아주 진지한 표정으로 도발적인 사건에 대해서 "그것이 들어가야 할 자리, 12쪽에 그것을 넣으라…… 12쪽이 기폭제이므로 그렇게 하라……."(블레이크 스나이더Blake Snyder의 『고양이를 구하라!』)라고 썼다면, 그것은 앞뒤가 바뀌어도 크게 바뀌었다는 것을 알 수 있다. 불필요하게 끝없이 복잡하게 만드는 것(존 트루비의 『이야기의 해부: 스토리텔링의 대가가 되기 위한 22단계*The Anatomy of Story: 22 Steps to Becoming a Master Storyteller*』), '주제'와 같이 간단하고 기본적인 원칙을 완전히 낯설고 더 복잡하고 전혀 불필요한 용어들로 고쳐 부르고자 하는 유혹(로버트 맥키의 『Story: 시나리오 어떻게 쓸 것인가』), 그리고 1960년대 그레이트풀 데드(1960년대 중후반 미국 샌프란시스코 지역의 히피 문화를 이끌었던 미국의 록 그룹. 환각 상태에서 음악을 만들었기 때문에 가사가 말이 안 되는 경우가 많다 - 옮긴이)의 앨범 재킷 뒷면에나 더 어울릴 것 같은 말들(크리스토퍼 보글러의 『신화, 영웅 그리고 시나리오 쓰기』)은 도움이 되지 않는다. 이것들은 사교 집단의 고전적 마케팅 기법을 생각나게 한다. 딱한 일이다. 이 사람들이 이야기하는 것 중 많은 것들이 가치가 있기는 하다. 그러나 이것은 스스로에게도 호의적이지 못하다. 그들은 맹목적인 믿

음을 요구하면서 스스로를 종교처럼 내세운다. 어떠한 과학도 근본 원인을 찾지 않는 그런 이론화를 받아들이지 않을 것이다. 구조에 관한 연구 역시 그런 식으로 이루어져야 할 이유를 나는 모르겠다.

10. 애런 소킨, 잡지 『글쓰기론』과의 인터뷰(2003. 2. 18권).
11. 프리드리히 엥겔스, 『반 듀링론*Herrn Eugen Dührings Umwälzung der Wissenschaft*』(1878).
12. 로버트 휴스의 『새로운 것의 충격*The Shock of the New*』(1980)에서.

1장. 이야기란 무엇인가?

1. 프랭크 코트렐 보이스, '영화 쓰는 법How to Write a Movie', 『가디언』, 2008. 6. 30.
2. 데이비드 에드거, '악을 방어하며In Defence of Evil', 『옵서버』, 2000. 4. 30. 그는 이어서 다음과 같이 말했다. "이해가 가기는 하지만 슬프게도, 메리 벨(1957년 10살 때 두 명을 살해한 영국의 최연소 연쇄 살인범 - 옮긴이)에게 살해된 희생자의 부모가 『선』에 '메리 벨은 인간이라고 고려할 가치가 없다.'라고 썼을 때, 그들은 우리를 자유롭게 놓아 준 셈이다. 사악한 자와 우리를 분리시켜 주는 악이라고 불리는 것이 있다는 생각은 편리한 환상이다. 불편한 진실은 이해가 인식과 공감을 포함한다는 것이다. 그것은 사악한 자의 눈을 통해 세계를 보기를 요구하며, 그럼으로써 다른 상황에서는 (우리는 고통스럽지만 인정해야 한다) 우리가 끔찍한 행위를 하게끔 몰아갈 수 있는, 우리 안에 있는 그러한 충동과 원한, 공포를 발견하기를 요구한다."

   피터 브룩Peter Brook이 『빈 공간*The Empty Space*』에 썼듯이, "극장에서는 모든 기록이 깨끗이 지워진다. 드라마는 실험실 같은 조건에서 우리의 가장 어두운 충동을 시험하고 맞닥뜨릴 수 있는 시험대다. 그곳에서 우리는 결과에 책임지지 않고 욕망을 경험할 수 있다. 드라마는 황무지로 자기 아버지를 내몬 사람이 아니라, 그렇게 하고 싶은 사람의 영혼을 우리가 응시할 수 있게 해 준다.…… 그러나 그것은 첫 번째 충격일 뿐이다. 두 번째는 우리가 그 장면을 즐긴다는 것이다. 사실 즐거움이란 우리로 하여금 용납할 수 없는 우리의 이런 모습을 직면할 수 있게 해 주는 것이다."

3. 폴 슈레이더는 〈택시 드라이버〉에 대해 이렇게 말했다. "당신은 공감할 가치가 없는 누군가에게 관객이 공감하도록 만들 수 있다. 그런 다음에 당신은 매우 흥미로운 장소에 있게 된다."(〈영화 이야기The Story of Film〉, More4, 2011)
4. 로버트 맥키의 『Story: 시나리오 어떻게 쓸 것인가』를 보라.
5. 프랑수아 트뤼포Francois Truffaut, 『히치콕*Hitchcock*』(1985)에서 인용.
6. 이것은 모두 대단히 포스트모던하다. 조커는 사실 영화 〈제리 맥과이어Jerry Maguire〉(1996)를 인용하고 있다.
7. 애런 소킨, 잡지 〈글쓰기론〉과의 인터뷰(2003. 2. 18권).
8. 스타니슬랍스키는 이 말을 배우들에게 했다. 그래서 다른 사람들이 더 넓은 의미를 이야기해야 했다. 19세기 말에 프랑스의 연극 평론가 페르디낭 브뤼느티에르Ferdinand Brunetière는 이렇게 말했다. "드라마는 우리에게 한계를 짓고 우리를 폄하하는 신비한 힘 또는 자연의 힘과 갈등을 겪는 인간 의지의 표현이다. 그것은 우리 중 하나가 산 채로 무대 위로 던져지는 것이다. 거기에서 우리는 운명에 맞서서, 사회의 법에 맞서서, 인간 동료에 맞서서, 자기 자신에 맞서서, 필요하면, 우리를 둘러싼 사람들의 야망과 이해관계, 편견, 어리석음, 악의에 맞서서 투쟁을 벌인다." 『비평 연구*Etudes Critiques*』 VII권(1880~1898)을 보라.
9. 좀 더 정확히 말하자면, 이 말을 한 사람은 〈지루한 이야기Skuchnaya istoriya〉에서 자기 자신의 이야기를 한, 체호프의 인물 니콜라이 스테파노비치Nikolai Stepanovich였다.
10. 앨프리드 히치콕, 1939년 컬럼비아 대학교에서 한 강연에서. 도널드 스포토Donald Spoto의 『천재의 어두운 면*The Dark Side of Genius*』에서 인용.
11. 본드에게 좀 더 깊이를 주기 위한 시도가 주기적으로 있었다. 〈007과 여왕On Her Majesty's Secret Service〉, 〈007 카지노 로얄〉, 〈007 스카이폴〉이 그것이다. 뒤의 두 영화는 변화의 가능성을 보여 준 신화를 효과적으로 창조한 것이고 첫 번째 영화도 3차원적인 여지를 보여 준 사랑 이야기다. 그러나 본드는 본드이기를 멈추기 직전까지만 변화할 수 있다(변화에 내재하는 문제에 대해서는 20장을 보라). 그러므로 제작자들이 다음에는 본드를 어디까지 데려갈 수 있을지 지켜보는 것은 매우 흥미로울 것이다.

12. 내가 확인한 바로, 이 용어는 1945년에 토머스 볼드윈이 처음 만들었다. 시드 필드Syd Field가 한번 사용한 적이 있으나, 현대에 들어와서 유행하게 된 것은 의심할 여지 없이 로버트 맥키의 작품을 통해서이다. 시나리오 쓰기 분야에서는 이제 보편적으로 채용된 용어인데, 이 용어가 그 기능을 가장 잘 설명해 주기 때문일 것이다.

13. 도발적인 사건이 실제로 무엇인지 정확히 설명하려는 시도는 긴 역사를 지니고 있다. 슐레겔의 『드라마 예술과 문학에 관한 강연*Vorlesungen Über Dramatische Kunst und Literatur*』(1808)에서는 도발적인 사건을 비극적인 풍경 속에서 일어나는 자유 의지의 첫 번째 행동이라고 정의하고 있다. 구스타프 프라이타크는 도발적인 사건을 체계화하는 데에서 다시 중심적인 위치를 차지한다. 1863년에 발표한 『드라마의 기법』(이 책에서 처음으로 5막 패러다임이 설명되었다)에서 그는 이렇게 쓰고 있다. "[드라마의 다섯 부분] 사이에 세 가지 중요한 장면 효과가 들어간다. 이들을 통해 부분들이 나뉘거나 연결된다. 이들 극적 순간이나 위기들 중에서 중요한 행동의 시작을 알리는 한 가지가 도입부와 절정 사이에 놓인다. 이것을 흥분시키는 순간 또는 힘이라고 부른다." (프라이타크가 말한 이 한 문단이 이 책 전체를 깔끔하게 요약한 것이라고 해야 할 듯하다.)

1892년에 『드라마의 기법*Technique of the Drama*』에서 윌리엄 톰프슨 프라이스William Thompson Price 교수는 이렇게 말하고 있다. "문젯거리가 결합할 때가 행동이 실제로 시작하는 때이다.…… 연극의 주인공 또는 그의 추종자, 또는 적대 세력이 자기 목적을 알리는 순간, 여러 장치가 작동을 시작한다.…… 그것은 모두 첫 번째 막에서 일어나며, 대개는 그 결말과 멀리 떨어져 있지 않다." 6년 후, 『드라마: 법칙과 기법*The Drama; Its Law and Its Technique*』(1898)에서 엘리자베스 우드브릿지 모리스Elisabeth Woodbridge Morris는 선언했다. "연극에서 진짜 행동은 '흥분시키는 힘'이라고 불리는 것과 함께 시작된다. 그 힘은 균형과 평온의 조건을 변화시켜 극적 갈등을 촉진하는 힘이다." 1902년, 블리스 페리Bliss Perry는 『산문 픽션 연구*A Study of Prose Fiction*』에서 우리가 오늘날 도발적인 사건이라고 부르는 것의 위치에 대해 이렇게 적어 놓았다. "보통 연극의 첫 번째 막 중간이나 끝 쪽에 그리고 잘 구성된 이야기의 시작에서 멀지 않은 곳에 소위 '흥분시키는' (또는 '도발적인') 힘이나 '순간'이 나온다." 윌리엄 아처도 그의 책 『연극 만들기』(1912)에서 이에 동의하고 있다. "프라이타크가 도발적인 순간이라고 부르는 것은 무슨 일이 있더라도 첫 번째 막에 있어야 한다. 도발적인 순간이 무엇인가? '도화선에 불이 붙는 순간'이라고 부르고 싶은 순간이다. 법률 용어로 말하자면 쟁점의 결합이라고 해석할 수도 있을 것이다. 이것은 그때까지 숨어 있던 드라마가 스스로를 명백히 드러내는 지점을 뜻한다. 그것은 위기의 시작을 뜻하며, 사람 손보다 크지 않은 구름이 지평선 위로 모습을 드러내는 순간을 뜻한다."

이들 대부분에 대해, 1902년 이 주제에 관해 〈드라마에서 흥분시키는 힘The Exciting Force in the Drama〉이라는 훌륭한 평론을 쓴 제임스 브루너James. D. Bruner에게 정말 고맙게 생각한다. 그는 그때까지 (아처 이전에) 존재했던 지식들을 요약했을 뿐만 아니라, 당시 명백했던 모순들을 해결했다(이 책 8장을 보라). 사건과 행동 사이에 약간의 혼란이 있음을 깨닫고 그는 결론을 내렸다. "어려움에 대한 해결책으로 내가 제안하는 것은 다음과 같다. 무엇보다, 드라마 속 행동이 흥분시키는 원인과 이 행동이 흥분시키는 시작점을 분명하고 엄격하게 분리해야 한다. 나는 전자를 흥분시키는 또는 도발적인 경우라고 부르고, 후자를 흥분시키는 또는 초기의 힘이나 순간이라고 부르고자 한다. 예를 들어 소포클레스의 〈안티고네〉에서 누구든 폴리네이케스의 시신을 매장하는 자는 사형에 처하겠다는 크레온의 포고령이 흥분시키는 원인이다. 흥분시키는 힘은 그녀의 형제를 매장하겠다는 안티고네의 결심이다." 이 평론은 『현대 언어학 노트*Modern Language Notes*』(1902. 1.)에 실려 있다.

14. 〈007 카지노 로얄〉에서 본드는 여자를 얻지 못한다. 그러나 〈터미네이터 2〉에서 터미네이터는 아무도 죽이지 않고도 목표를 달성한다. 그가 배워야 할 필요가 있던 진정한 교훈이다.
15. 흥미롭게도 〈에이리언〉이 처음 상영되었을 때는 이 순간이 영화에서 삭제되었다. 이 순간은 그 후, 디렉터스 컷(1992)에서 다시 추가되었다.
16. 패멀라 더글러스Pamela Douglas, 『TV 드라마 시리즈 쓰기*Writing the TV Drama Series*』(2005).
17. 『Story: 시나리오 어떻게 쓸 것인가』에서 로버트 맥키는 이것을 위기 지점

(The crisis point)이라고 불렀는데, 내 생각에는 그가 틀렸다.

18. 러요시 에그리는 모든 장이 필수적이라고 고집한다. 조금 현학적인 듯하지만 좋은 관점이다. 그의 주장은 존 하워드 로슨John Howard Lawson의 주장과 비슷하다. 로슨은 『연극 쓰기의 이론과 기법*Theory and Technique of Playwriting*』(1936)에서 필수적인 장은 '연극이 향해 가는 당면 목표'라고 주장했다. 똑같이 타당한 관찰이다. 프랑시스크 사르세는 실제로 필수적인 장이 하나 이상 있을 수 있다고 주장했다(사실, 연극이 질문을 던질 때마다 장 하나는 있어야 한다). 그러나 도발적인 사건이 야기하는 압도적이고, 구조상 필수적인 장 하나가 있다. 어느 모로 보나 그것은 주인공과 적대자가 벌이는 마지막 결전의 장이다. 그러므로 나는 그것은 전체에서 가장 마지막 막이라고 주장하겠다.
19. 〈007 스카이폴〉은 특별히 포스트모던하게 공식을 비튼 사례이다. 본드는 세계를 구하고 비서를…… 얻는다. 나는 페미니즘이 이런 것을 위해 싸운 것은 아니라고 생각할 수밖에 없다.
20. 〈스타워즈〉를 보는 통찰력에 대해서는 크리스토퍼 부커에게 감사를 표한다.
21. 얀 코트, 『우리 시대의 셰익스피어*Shakespeare our Contem-porary*』(1962).
22. 이 패턴에 맞지 않는 듯이 보이는 이야기를 찾는 것은 언제나 가능하다. 흔히 예로 드는 것이 체호프의 〈세 자매Tri sestry〉인데, 중심인물들은 모스크바 꿈을 꾸는 것 말고는 실제로 하는 일이 별로 없다. 그러나 천재 체호프는 욕망의 결과를 고요한 그림처럼 보여 준다. 관객은 인물들이 보이는 지루함과 권태로움을 넘어 그 밑에 깔려 있는 불타는 욕망(나타샤의 집안 장악부터 마샤의 베르쉬닌과의 비참한 외도에 이르기까지)의 구조를 볼 수 있다. 드라마를 구성하는 주요 요소가 모두 제대로 쓰였는데, 그저 '구성이 없다는' 착각 아래에 숨어 있다. 체호프가 드라마로 만든 것은 드라마적 욕망의 과정이 아니라 시간이 흐름에 따라 언제든 변할 수 있는 욕망의 결과들이다. 우리의 마음은 이런 욕망의 결과들을 보고 최초의 원인을 돌이켜 생각한다.
23. 이 용어 또한 『일곱 가지 기본 구성』(2004)에서 빌려 왔다. 크리스토퍼 부커에게 고마움을 표한다. 그것이 어떻게 작동하는지는 내가 설명한 것이

다.

24. 이것은 물론 『시학』에 나오는 'Hamartia'를 어떻게 번역하느냐에 달려 있다. 어떤 사람들은 '결함'이라고 부른다. 그러나 1996년 펭귄 판에는 확실히 '실수'라는 데에 무게가 실려 있다. 이것은 명백히 우리 자신의 정의와 더 편하게 들어맞는다.
25. 〈http://www.filmmakermagazine.com/news/2011/12/tragedy-in-slowmotion-amcs-breaking-bad/〉
26. 많은 사람들(데이비드 에드거의 『연극은 어떻게 작동하는가*How Plays Work*』)이 입센의 희곡과 〈죠스〉의 유사점에 대해 언급해 왔다. 그러나 후자가 고전적인 영웅의 여행을 보여 주는 반면, 사람들은 〈민중의 적〉을 한 남자가 깨우쳐 가는 과정을 그린 것으로 보거나 아니면 어두운 성향을 가진 한 남자에 관한 이야기로 본다. 어떻게 보건 스필버그의 영화와는 분위기가 너무 다르다. 후자의 영웅은 다시 일어선다. 그러나 입센의 스토크만 박사는 공동체와의 싸움에서 지는 것으로 끝난다. 이런 종류의 어둠은 스필버그 영화에서는 결코 나타나지 않는다.
27. 또 다른 변형은 어둠 속으로 떠났다가 다시 돌아오는 여행이다. 이것은 〈히치콕〉과 〈원 데이One Day〉 두 영화 모두에서 볼 수 있다. 그러나 이 영화들에서도 겉으로는 하강하는 것처럼 보이지만, 이기심에서 이타심으로 가는, 숨어 있는 더 직선적인 여행을 추적해 볼 수 있다.

2장. 3막 구조

1. 2007년에 앨런 플래터가 필자에게 들려준 이야기다.
2. 막간은 중간 지점(이 책의 뒤에 나오는 정화에 관한 부분을 보라)으로 긴장감을 올리면서 효과적으로 작동한다.
3. 『시학』은 막 구조에 대해서, 이야기에는 사건들의 인과 관계로 연결된 시작과 중간 그리고 끝이 있어야 한다는 아리스토텔레스의 믿음을 넘어선 특별한 언급은 하지 않았다. 이것은 전통적인 3막 구조에 대한 정의로서 다른 정의만큼이나 훌륭한 정의다.
4. 마크 노먼, 『다음에는 무슨 일이 일어나는가: 미국 시나리오 창작의 역사 *What Happens Next? – A History of American Screenwriting*』(2008)에서.

5. 데이비드 마멧, 『칼의 세 가지 용도*Three Uses of the Knife*』(1998)에서.
6. 나는 이것이 내 독창적인 생각이라고 주장하지는 않는다. 이것을 가장 웅변적으로 이야기한 사람은 마멧이다. 블레이크 스나이더는 『고양이를 구하라!』에서 지나가는 말로 언급했고, 러요시 에그리는 『드라마 쓰기의 기술』(1946)에서 그의 전체 드라마 이론을 변증법을 중심으로 쌓아 올렸다. 그러나 이 중 어느 것도 상당한 세부까지 파 들어가거나 구조적인 면에서든 다른 면에서든 그것이 지닌 완전한 함의를 탐구하지는 않았다.

3장. 5막 구조

1. 윌리엄 아처는 『연극 만들기』(1912)에서 다음과 같이 주장했다.

   호라티우스가 전해 준 알렉산드리아 수칙은 완전히 자의적으로 5막 분할을 기준으로 정했다. 이것은 극작가들로 하여금 자기 주제의 자연스러운 리듬을 인공적인 기준 밑에 숨기도록 유도했다. 그러나 사실상 3막 분할은 5막 분할과 같은 절대적 규칙으로 승격될 필요가 없었다. 우리는 연극이란 일련의 작은 위기들로 구성된 커다란 위기로 이루어진다는, 또는 이루어져야 한다는 것을 보아 왔다. 그럼 막 하나는 일시적인 해결책으로 이어지는 작은 위기 또는 눈에 띄는 그런 위기들로 이루어져야 한다. 주어진 주제의 발전에 따라 스스로를 드러내야 하는 위기의 개수에 대해서는 규칙이 있을 수 없다. 현대적인 무대 위에서는 단순히 공연의 사회적 관습에 의한 시간제한 때문에 5막이 최대라고 간주될 것이다. 그러나 '5개의 막과 8개의 타블로(움직이던 배우가 멈추거나 정적인 상태로 표현하면서 다른 상황을 환기하는 기법 - 옮긴이)' 또는 그 이상으로 분할된 멜로드라마(비현실적일 정도로 과장된 사건과 인물들을 그린 드라마 - 옮긴이)도 흔히 볼 수 있다. 이것은 실제로 연극이 8개, 9개 또는 10개의 막으로 이루어진다는 것을 뜻한다. 그러나 저녁 시간 동안 단지 4개의 관습적인 막간이 있게 될 것이다. 극작가는 막의 수가 정해진 자의적인 틀 속으로 주제를 억지로 밀어 넣는 관습을 강요받아서는 안 된다. 3막은 좋은 숫자다. 4막도 좋은 숫자다. 5막에 대한 결정적인 반대는 없다. 더 많은 막을 갈망하는 스스로를 발견한다면 자신이 어떤 면에서 응축의 기술에 실패했거나 소설가의 영역으로 넘어가야 하지 않는지 고려해 보는 것이 좋겠다.

아처는 (현재 대부분의 학자는 잘못 생각하고 있으나) 셰익스피어는 철저히 5막의 틀을 따랐다고 확신하고 있다(아래 각주 7을 보라).

2. 라파엘 베어, 『가디언』 그리고 2007년 3월 1일자 블로그.
3. 토머스 볼드윈, 『셰익스피어의 5막 구조*Shakespeare's Five-Act Structure*』(1947).
4. 볼드윈은 이어서 연극이 세 부분(도입, 전개 그리고 절정)으로 나누어질 수 있다고 처음으로 인지한 사람은 4세기 로마 시대의 문법학자 도나투스Donatus와 인문학 연구의 기초자로 알려진 초기 로마 시대의 철학자 바로Varro라고 알려 주었다.
5. 토머스 볼드윈, 『셰익스피어의 5막 구조』(1947).
6. 에필로그가 첨가되어 있지만, 소포클레스의 〈오이디푸스Oedipus〉도 마찬가지였다.
7. 윌프레드 주크스Wilfred T. Jewkes는 그의 책 『엘리자베스와 제임스 1세 시대 연극의 막 분할*Act Division in Elizabethan and Jacobean Plays 1583–1616*』(1958)에서 1583년에서 1616년 사이에 쓰인 희곡 236편을 검토한 다음, 절반 정도가 5개의 막으로 분할되어 있음을 발견했다. 주크스는 이렇게 분할된 상당수가 출판사에 의해 자의적으로 이루어졌거나 추가된 것이라고 주장했다. 셰익스피어 2절판 선집First Folio(1623년에 2절판으로 인쇄된 대형 책 - 옮긴이)에 실린 연극 대다수도 마찬가지였다. 1616년에는 막 구조가 연극에서 사용되는 것이 보통이라고 여겨졌다.

   이 다툼의 성격에 대해 몇 가지 설명을 하자면, 〈로미오와 줄리엣〉의 4절판 Q1(〈로미오와 줄리엣〉은 초기부터 두 개의 판본이 있었는데, 둘 다 4절판으로 인쇄했기 때문에 Quarto1, Quarto2로 불린다. Q1은 1597년에 출간되었다 - 옮긴이)에서는 두 인쇄업자 중 하나가 막의 분할을 표시한 곳에 장식을 폭넓게 사용했다. 그러나 어떤 사람들은 작은 활자를 사용해서 할당받은 종이를 다 써 버리기 위해서 채택했을 뿐이라고 주장한다. 그렉W. W. Greg은 1591년부터 1610년 사이에 인쇄된 102편의 희곡을 검토한 후, 19% 정도가 막으로 분할되어 있다고 결론 내렸다('셰익스피어의 막 분할Act-Divisions in Shakespeare', 『영어 연구 리뷰*Review of English Studies*』 1928. 4. 4.).

'아든판 셰익스피어'(학술적으로 엮은 셰익스피어 작품 선집. 아든Arden은 셰익스피어 어머니의 처녀 때 이름이기도 하고 〈뜻대로 하세요As You Like It〉의 배경인 숲의 이름이기도 하다 - 옮긴이)시리즈 3에 실린 〈리처드 2세〉의 텍스트를 분석한 뒤, 찰스 포커Charles R. Forker는 이렇게 썼다. "2절판의 분할(특히 장면에 붙인 번호들)이 셰익스피어의 원래 의도를 보여 주는 것인지, 아니면 단순히 제임스 1세 시대의 편집이나 연극의 관습을 반영한 것인지 묻는 것은 좋은 질문이다. 2절판에 보이는 5막 분할은 후기 엘리자베스 시대 연극의 현실에서 구조가 파괴되고 있는 변화를 암시하는 것일지도 모른다. 물론 단순히, 17세기의 대중적인 극장에서는 완전히 확립된 고전적 전통에 대한 존경심이 커져 가고 있었음을 증명한 것일 수도 있다. 〈리처드 2세〉만큼이나 자필 원본에 가까운 다른 2절판을 증거로 볼 때, 막과 장면의 공식적인 표시가 셰익스피어의 원고에 있을 법하지는 않다. 물론 이런 결론이 극작가들에게서 의식적인 구조의 5막 원리를 결코 빼앗을 수는 없을 것이다."

8. 요약은 미국의 학자 프랭크 데이스Frank Deis가 한 것이다. 프라이타크의 작업은 복잡하고 때로는 번역하기가 곤란하다. 내가 발견한 요약 중에 가장 잘 걸러진 것이 데이스의 요약이다.
9. 소설가 힐러리 맨틀은 〈줄리어스 시저〉의 이 장면("벗들이여, 로마인이여, 내 민족이여", 3막 2장)에 대해 이렇게 말했다. "내가 하는 모든 것이 어떻게든 이 장면에 파묻혀 버린다. 나는 혁명에, 설득에, 수사법에, 군중이 폭도로 변하는 순간에 관심이 있었다. 더 넓은 의미에서는 하나가 다른 하나로 변하는 순간에 관심이 있었다. 유령이 형체를 갖춘 사람으로 변하거나 폭동이 혁명으로 변할지에 관심이 있었다. 내게는 이 모든 것이 이 장면에 들어 있는 듯이 보인다."(『가디언』, 2012. 8. 15.) 물론 그녀의 말은 그녀 자신의 글뿐만 아니라, 중간 지점의 기능을 매우 정확히 묘사한 것이다.
10. 크리스토퍼 보글러는 중간 지점이 '죽음의 순간'이라고 주장하지만, 그 주장의 근거는 단순히 〈싸이코〉에서 자넷 리가 죽는 것이 중간 지점이고, 이티가 죽는 것도(실은 죽지 않는다) 중간 지점이라는 사실이다. 두 가지 예가 모두 내게는 그럴듯하게 보일 뿐이다. 보글러의 이론을 철저히 분석한 것

은 4장과 아래의 주석을 보라.

11. 부커의 『일곱 가지 기본 구성』은 불만스러운 작품이다. 그는 통일적인 패턴을 마련하려고 서두르는 바람에 들어맞지 않는 요소(특히 중간 지점)의 결정적 중요성을 무시해 버렸다. 그러나 그가 한 많은 관찰은 타당하며 그중 몇 가지는 매우 뛰어나다.

12. 부커는 그의 '형태'와 막 구조가 전체적으로 직접적인 연관성이 있음을 드러내 놓고 밝히려 애쓰지는 않았지만, 그 '형태'가 〈맥베스〉의 막 구조와 잘 들어맞는다는 것을 알게 되었다.

13. 1912년, 윌리엄 아처는 그의 저서 『연극 만들기』에 다음과 같이 적었다. 보편적인 형태에 대해서 잘 정리되어 있기 때문에 전문을 인용했다.

빅토리아 시대 중기에는 멜로드라마의 막 하나하나에 매력적인 제목을 붙이는 것이 유행이었다. 나는 이것을 절대 추천하고 싶지는 않지만, 연극의 얼개를 짤 때 각 장을 묘사하는 제목을 머릿속에 담아 두거나 아니면 개인 노트에 써 두는 것, 그리고 그렇게 함으로써 각 장이 각 장만의 특징을 갖도록 하고 동시에 각 장이 전체적인 생각의 전개에 자기 몫을 제대로 하도록 스스로 확인하는 것은 초심자를 위해서는 나쁜 계획이 아닐 것이다. 이 원리를 셰익스피어의 연극에, 예를 들어 〈맥베스〉에 적용해 보자. 막의 제목은 대충 다음과 같이 붙일 수 있을 것이다.

1막 - 유혹
2막 - 살인과 왕좌 찬탈
3막 - 범죄의 광풍과 회한의 망령
4막 - 커지는 응징의 의지
5막 - 응징의 완수

셰익스피어의 마음속에 이 막 분할로 만들어지는 리듬이 있었다는 것을 의심할 수 있을까? 물론 그가 의식적으로 이러한 어구나 이와 비슷한 어떤 것을 생각하고 있었다는 뜻은 아니다. 단지 그가 '막 속에서 생각'했으며 위기가 발전함에 따라 각각의 막이 맡아야 할 정확한 역할을 머릿속에서 부여했다는 뜻이다.

이제 입센으로 돌아가 그의 연극 가운데 가장 쉽고 간단한 연극 〈민중의 적〉의 막의 얼개를 짜 보자. 다음과 같이 될 것이다.

1막 - 못 말리는 낙관론자 - 스토크만 박사가 온천 상태가 비위생적임을 발견했다고 발표한다.
2막 - 든든한 다수 - 스토크만 박사는 그가 발견한 악을 치료하기 전에 기득권 세력과 싸워야 한다는 것을 깨닫는다. 하지만 든든한 다수가 자기 등 뒤에 있음을 확인한다.
3막 - 운명의 전환 - 박사는 낙관론의 정점에서 아래로 추락한다. 그리고 든든한 다수가 자기 등 뒤가 아니라 등 위에 있게 될 것임을 알게 된다.
4막 - 싸움에 나선 든든한 다수 - 소수 특권층의 이해관계와 자신의 직접적인 이해관계가 같다는 것을 발견한 군중은 관료와 합세해 진실을 잠재우고, 침묵하기로 음모를 꾸민다.
5막 - 환멸을 느꼈지만 굴하지 않는 낙관론 - 입에 재갈이 물리고 다시 가난해진 박사는 도망치고 싶은 유혹을 느낀다. 하지만 그의 고향에 남아 물리적인 위생이 아니라면 도덕적인 위생을 위해 싸우기로 결심한다.

각각의 막은 그 자체가 작은 드라마다. 그러면서 각각의 막은 다음 막으로 이어진다. 그리고 위기가 발전하는 과정에서 명확한 단계를 표시해 준다.

아처는 물론 숨어 있는 형태를 보여 주지는 않았지만, 5막 패턴을 매우 분명하게 전달해 주었다.

14. 시드 필드는 주인공의 목표에 다시 초점을 맞추는, 전통적으로 2막에 있는 두 개의 순간인 '위급한 지점'에 대해 이야기한다. 물론 이것은 막간을 말한다. 필드는 무의식적으로 5막의 사용을 지지하는 셈이다.
15. 학자들이 수년간 숨어 있는 5막 형태를 정확히 표현해 보려고 어떻게 노력했는지를 살펴보면 참으로 흥미롭다. 브래들리A. C. Bradley(영문학자. 1904년부터 1909년까지 옥스포드 대학교에서 시를 가르치는 교수로 일했다 -

옮긴이)는 20세기 전반에 걸쳐서 가장 영향력 있는 셰익스피어 평론가였다. 프라이타크를 인정한 몇 안 되는 학자 가운데 한 사람이며 구조 형식을 진지하게 받아들인 사람이다. 그는 이렇게 썼다.

> 모든 비극에서, 다른 것들에서보다 어떤 것들에서는 좀 더 분명하지만, 전체로 보아 한 면이 갈등의 특정 지점까지 상승한다고 느껴진다. 그러고 나서는, 전체로 보아 다른 면이 반응하기 이전에 하강한다고 느껴진다. 그러므로 행동에서는 결정적인 지점이라고 느껴지는 데가 있다. 그 지점은 전환점이라는 것이 드러난다. 전환점은 그곳에 이르기 전까지는 갈등이 해결되지 않는다는 의미에서 때로는 결정적이다. 두 세력 중 하나가 힘이 빠졌을 수도 있다. 아니면 어찌해서 화해가 이루어졌을지도 모른다. 하지만 이 지점에 이르자마자 우리는 이것이 오래 갈 수 없으리라고 느낀다. 앞으로 나아가는 세력은, 모두가 그러기를 바랄 수는 없겠지만, 실질적으로 유리한 점을 얻음으로써 승리할 것이 명백하기 때문에 전환점은 역시 결정적이다. 하지만 이 세력은 하강하기 직전의 전환점 위에 있는 것도 사실이다. 원칙적으로 이 위기는 연극의 중간 가까운 어디쯤에서 발생한다. 그리고 구조면에서 이것은 연극을 세 부분 대신 다섯 부분으로 나누는 효과를 가져온다. 이 다섯 부분은 (1) 아직은 갈등이라고 할 수 없는 상황, (2) 갈등의 발생과 발전, 전체로 보아 A 또는 B가 위기에 이를 때까지 진행된다. (3) 위기, 이를 바탕으로 (4) A 또는 B의 하강이 이어진다. (5) 파국, 그리고 4부와 5부는 A 또는 B의 입장에서 반대 방향이기는 하지만 2부와 3부의 움직임을 반복한다. 그리고 2부와 3부는 위기를 향해 나아가지만, 4부와 5부는 파국을 향해 나아간다. (『셰익스피어의 비극: 햄릿, 오셀로, 리어 왕, 맥베스에 관한 강연*Shakespearean Tragedy: Lectures on Hamlet, Othello, King Lear, Macbeth*』 재판, 1905에서)

브래들리가 '위기'라고 말한 것은 물론 우리가 중간 지점이라고 칭하는 것이다. 그의 말이 맞지만, 중간 지점은 주인공에게 딜레마의 핵심, 그래서 심각하고 생명이 걸린 선택을 하게 하는 장애물이다. 브래들리는 몇 가지 실수를 했다. 흥미롭게도 그는 〈로미오와 줄리엣〉에서 절정에 이르게 한 행동이 2막 끝에 나오는 결혼이라고 생각했다(물론 절정은 로미오가 티볼트를 죽이고 그 때문에 베로나에서 추방된 사건으로 3막이다). 그러나 그가 막 구조에 대해 한 묘사는 아주 정확하다.

16. 영국 영화 협회가 주관하는 〈런던 영화제 2008 마스터 클래스〉에서 찰리 코프먼이 한 연설의 원고.

17. 외젠 스크리브에 관해 존 러셀 테일러John Russell Taylor는 『잘 만들어진 연극의 발생과 몰락*The Rise And Fall of the Well-Made Play*』(1967)에서 이렇게 말했다. "그의 주된 독창성은 관객의 주의를 붙잡기 위해 가장 믿을 만한 공식은 이야기를 잘하는 것임을 깨달은 데에 있다. …… 그가 성취한 것은 낭만적인 과장됨을 길들이고 규제하는 것이 아니라, 과장되고 통제할 수 없는 것처럼 보이는 어떤 종류의 소재라도 부어 넣을 수 있는 틀을 고안한 것이었다."

18. 다음이 스크리브의 완전한 공식이다. 셰익스피어의 패턴을 발견하기가 어렵지 않다.

> 1막: 주로 설명적이고 가볍게. 막 끝으로 갈수록 주인공들이 바빠지고 갈등이 시작된다.
> 2막과 3막: 긴장이 고조되는 분위기 속에서 인물들의 행동은 좋은 운명과 나쁜 운명 사이를 오간다.
> 4막: 무도회의 막. 일반적으로 무대는 사람들로 꽉 찬다. 스캔들이든, 싸움이든, 도전이든, 모종의 폭발이 일어난다. 이 지점에서 사태는 주인공으로서는 매우 나빠 보인다. 이 막에 절정이 놓인다.
> 5막: 모든 것이 논리적으로 해결되며 그리하여 마지막 장면을 향해 나아간다. 출연자들이 모두 모이고 조정이 이루어진다. 시적 정의에 따라 그리고 당대의 도덕을 강화하는 방향으로 보상이 적절히 분배된다. 모두가 대단히 만족한 상태로 극장을 떠난다.

위의 정의는 웨인 터니Wayne Turney(미국 드세일즈 대학의 연극학 교수 - 옮긴이)의 스크리브에 관한 에세이/블로그에서 퍼 온 것이다. 이것이 스크리브가 정리한 원문인지는 확실치 않지만, 그의 작품의 일반적인 형태에 대해 정확히 묘사하고 있다.

19. 아치볼드 헨더슨Archibald Henderson이 그의 책 『버나드 쇼: 바람둥이 선지자*Bernard Shaw: Playboy and Prophet*』(1932)에 기록해 놓은 것이다. 헨더슨은 계속해서 이렇게 적고 있다. "사실, 쇼는 위대한 극작가를 많이 알고 있었다. 그러나 스크리브에 대해서는 아무것도 몰랐고, 신경도 쓰지 않았다." 이 인용문은 스티븐 스탠턴의 놀라운 에세이 '쇼가 스크리브에게 빚진 것Shaw's Debt To Scribe', 『*PMLA*』 76권, 5호(1961. 12.)에도 나와 있다. 헨더슨의 주장은 잘못된 듯하다. 스탠턴은 쇼와 스크리브의 작품들 사이의 유사성에 대해 설득력 있게 주장하고 있다.
20. 윌리엄 아처와 찰스 아처Charles Archer(편집), 『헨릭 입센 작품집*The Works of Henrik Ibsen*』(1911)의 머리말.
21. 스티븐 스탠턴, '쇼가 스크리브에게 빚진 것', 『*PMLA*』 76권, 5호(1961. 12.)를 보라.
22. 실은, 쇼의 〈피그말리온Pygmalion〉에 대한 아주 좋은 묘사다. 그러나 마지막 장은 매우 드라마적이지 못한 것으로 느껴진다. 반면에 〈인형의 집Et Dukkehjem〉은 아주 역작이다.
23. 조지 버나드 쇼의 『입센주의의 정수*The Quintessence of Ibsenism*』(1891)를 보라.
24. 존 러셀 테일러, 『잘 만들어진 연극의 발생과 몰락』(1967)을 보라.

4장. 변화의 중요성

1. 모든 TV 연출가가 현실에서든 허구에서든 항상 찾는 이미지는 변화를 표시하는 인간의 얼굴 클로즈업이다. 이 말은 〈어프렌티스〉에서도 진실이고 〈더 스트리트〉(2006년에서 2009년 사이에 방영된 영국의 단막극 시리즈. 한 회마다 같은 거리에 사는 한 가정의 이야기를 다룬다 - 옮긴이)에서도 진실이다. 하지만 가장 좋은 예를 들라면 스포츠를 이길 수 없을 것이다. 한 스포츠 선수가 이겼거나 졌다는 것을 알아차리는 순간은 텔레비전 제작진에게는 금메달과 같다. 영국의 조정 선수 캐서린 코플랜드Katherine Copeland가 2012년 런던 올림픽에서 거두었던 예기치 않았던 성공을 생각해 보면 이보다 더 아름답고 감동적인 사례는 거의 없을 것이다. 여자 경량급 더블

스컬 경기에서 결승선을 통과한 직후, 그녀가 얼마나 엄청난 일을 성취했는지 이해될 때까지 주의 깊게 지켜보라. 파트너 소피 호스킹Sophie Hosking에게 믿을 수 없다는 듯이 "우리 이제 우표에 나오겠다!"라고 말하는 그녀의 입술을 읽을 수 있을 것이다.

2. 빈스 길리건, 〈브레이킹 배드〉 시즌 1, 제1화에서.
3. 어떤 단계는 없을 수도 있고 또 없어야 한다는 점을 강조하는 것이 중요하다. 〈리처드 2세〉의 2막 끝에서 리처드 2세는 변화하지도 않고, 변화하겠다는 약속도 하지 않고 변화해야 한다는 것을 인정하지도 않는다. 대신 셰익스피어는 슬며시 사라지는 그의 동맹 세력에 초점을 맞춘다. 다른 사람들의 이런 행동은 리처드 2세의 성격이 변화하는 직접적인 원인이 된다. 변화는 그가 없을 때 일어난다고 해도 좋을 것이다. 마찬가지로 〈헨리 4세 1부Henry IV Part I〉에서도 핼이 변화를 약속하는 순간은 볼 수 없다. 그러나 폴스태프가 자기를 추방시키지 말아 달라고 살짝 돌려서 요청하자, 그는 이상하고도 잊기 어려운 반응을 보이면서 "그렇게 하겠다. 나는 그렇게 할 것이다."라고 대답한다. 우리가 다음으로 보는 그는, 왕을 찾으러 간 뒤다. 새로운 사람이 되겠다는 약속이 이미 시작된 것이다.
4. 크리스토퍼 보글러의 작품에 익숙한 사람들은 내가 '변화의 로드맵'이라고 이름 붙인 것의 첫 부분의 밑그림을 그가 그리고 있다는 것을 알 것이다. 그는 3부 형태와 본질적인 대칭을 인정하지 않고 그것의 중요성도 놓치고 있지만, 내 분석은 용어와 마찬가지로 그의 초기 작업에 빚지고 있다. 러요시 에그리에게도 공을 돌려야 하겠다. 그는 〈인형의 집〉, 〈로미오와 줄리엣〉 그리고 〈타르튀프Tartuffe〉(프랑스의 극작가 몰리에르의 작품으로 위선적인 인물을 그리고 있다 - 옮긴이)에서 성격 변화의 동일한 패턴을 발견했지만, 그것이 암시하는 바를 완전히 탐구하지도 않았고 망설임의 역할도 인정하지 않았다.
5. 조지 루커스는 말했다. "현대에 와서는 정말로 신화를 사용하지 않는다는 생각이 들었다.…… 서부 영화가 우리의 가치에 대해 말해 주는 마지막 미국 동화였을 것이다. 서부 영화가 사라지자, 그 자리를 대신할 수 있는 것은 아무것도 없었다. 문학은 모조리 과학 소설로 가고 있었고,…… 그래서 이때 나는 전래 동화와 민속, 그리고 신화를 탐구하는 좀 더 힘든 일을 하

기 시작했다." 프린스턴 대학의 제임스 그로스먼James B. Grossman의 에세이 '두 얼굴을 가진 영웅The Hero with Two Faces'에서 인용한 것이다.

6. 스티븐 라슨Stephen Larsen과 로빈 라슨Robin Larsen이 쓴 조지프 캠벨의 공인 전기 『조지프 캠벨: 마음속의 불*Joseph Campbell: A Fire in the Mind*』(2002)에 실린 조지 루커스와의 인터뷰. 루커스는 캠벨이 미친 영향에 대해 꽤 길게 논하고 있다.
7. 이 메모의 제목은 '천의 얼굴을 가진 영웅으로 가는 실용적 안내문A Practical Guide to the Hero with a Thousand Faces'(1985)이었다. 전체 원문은 이곳에서 볼 수 있다. 〈http://www.thewritersjourney.com/hero's_journey.htm#Memo〉
8. 조지프 캠벨, 『천의 얼굴을 가진 영웅』. '영웅의 여행'이라는 용어는 제임스 조이스의 『피네간의 경야*Finnegans Wake*』에서 따온 것이다.
9. 다시 한번 나는 보글러의 초기 통찰력에 빚을 졌다. 하지만 그는 계속해서 자기가 발견한 것들의 중요성을 파악하지 못하고 있으며 구조의 대칭적인 성격과 구조의 3막 성격을 무시하고 있다. 그러나 그렇다고 해서 그 작업의 중요성을 과소평가해서는 안 된다. 이 책은 그 작업 없이는 결코 쓸 수 없었을 것이다.
10. 보글러는 그의 책 초반에 인물의 결함에 대해서 많이 다루고 있고, 실제로 변화의 패러다임을 제안했다. 그러나 그는 이렇게(아주 영리하게) 관찰한 것을 논리적 결론에 이를 때까지 연구하지는 않았다.
11. 신화적인 언어 또한 난해할 수 있다. 고대와 뉴에이지의 혼합, 그리고 지적 엄격함의 부재가 그것을 샤머니즘의 불행한 외투로 감싸고 있다. 게다가 보글러 자신의 시도들이 잘 보여주듯이 그것을 적용하기란 그리 쉽지 않다(각주 12를 보라). 그럼에도 기억해야 할 만큼 중요한 것은 그것이 은유라는 것이다. 톨킨적인 것을 빼 버리면 매우 단순한 형태만이 남는다. 치료제를 찾아 나서서 치료제를 발견하고 치료를 완수하는 것으로 원형적인 이야기는 응축된다. 적어도 그 참된 중요성은 캠벨 자신이 발견한 것 속에 있다. 보글러의 예들은 묘하게 설득력이 없다. 누군가 문 앞에 서 있다고 해서 그 사람을 '문지기 수호신'이라고 부를 수는 없다. 스튜어트 보이틸라Stuart Voytilla(『신화와 영화*Myth and the Movies*』를 썼다. 책 전체가 신화가 어떻게 사

용되는지를 보여 주려 한다)는 더 당혹스러운 예들을 많이 알고 있다. 보글러 자신은 이에 동의하지 않았다.

12. 내게는 보글러가 이것을 대단히 오해하고 있는 듯이 보인다. 〈오즈의 마법사〉에 대해 그가 분석한 것을 보면, 그는 중간 지점과 위기를 완전히 혼동하고 있는 듯하다. 중간 지점은 물론 마법사를 만나는 지점이다. 여기에서 주인공들은 처음으로 자신의 용기를 발견한다. 보글러는 중간 지점을 나쁜 마녀가 패배하는 지점에 놓는다. 그는 중간 지점과 위기를 혼동하는 실수를 〈이티〉에서도 하고 있다. 이것이 별 문제가 안 된다는 사실, 패러다임을 따르면 여전히 작동한다는 사실이 글쓰기 선생 집단의 정체를 가리는 연기와 그들을 비추는 거울에 대해 모든 것을 말해 준다.

5장. 우리가 이야기하는 방법

1. 데이비드 로지, 『소설의 기술*The Art of Fiction*』(1992)에서.
2. 몬드리안과의 인터뷰(1919). '테이트 모던'에서 열린 '판 되스부르크 전시회'(2010) 목록에서.
3. 〈스푹스〉 시즌 3, 10화. 벤 리처즈가 각본을 썼다(쿠도스 영화 텔레비전이 BBC1을 위해 제작).
4. 〈007 골드핑거〉에서 〈007 스카이폴〉까지 많은 본드 영화의 중간 지점은 악당의 은신처를 발견하는 순간이다. 어두운 동굴일 때가 많다.
5. 움베르토 에코Umberto Eco는 『독자의 역할: 텍스트의 기호학 탐구*The Role of the Reader: Explorations in the Semiotics of Texts*』(1979)에 실린 그의 에세이 '플레밍의 서사 구조Narrative Structures in Fleming'에서 본드의 동화 같은 이야기들의 선조(용의 발톱에서 구조된 처녀)와 플레밍의 모든 작품이 마니교적 대립물 위에 지어졌다는 사실을 적고 있다. 그리고 다음과 같은 공식 도 적어 놓았다.

   A. M이 움직여 본드에게 임무를 준다.
   B. 악당이 움직여 본드 앞에 나타난다. (아마도 대리자의 형태로)
   C. 본드가 움직여 악당에게 첫 번째 장군을 부른다. 또는 악당이 본드에게 첫 번째 장군을 부른다.

D. 여자가 움직여 본드 앞에 나타난다.

E. 본드가 여자를 차지한다.

F. 악당이 본드를 잡아간다. (여자와 함께 또는 여자 없이)

G. 악당이 본드를 고문한다. (여자와 함께 또는 여자 없이)

H. 본드가 악당을 죽인다. (또는 그의 공범을 죽인다. 본드 이야기에서 최고의 악당이 러시아 조직 스메르시였을 때처럼.)

I. 본드는 휴식을 취하면서 여자와 즐거운 시간을 보낸다. 그러고는 여자를 잃는다.

에코의 도식에서 '숲속으로' 형태(악당에 의해 숲속 한가운데로 납치되는 것, 그리고 보상으로 주어지는 여자)를 발견하기는 어렵지 않다. 사실 여자는 대개 보상에 대한 부속물이다. 그 보상은 이야기의 실제 목표로서 악당이 뒤쫓고 있는 것(〈007 골드핑거〉)을 찾아 멈추든가 암호 해독기 렉터를 훔치는 것이다. 물론 여자들은 본질적으로 일종의 보너스 상품으로서 목표와 연결되어 있다. 에코는 마지막에 본드가 여자를 잃는다고 쓰고 있다. 대부분의 007 영화에서(시리즈 중에서 3차원적인 〈007과 여왕〉, 〈007 카지노 로얄〉, 〈007 스카이폴〉은 예외다) 그는 여자들이 제공할 수 있는 섹스만을 원할 뿐 여자들을 진심으로 원하지는 않는다. 본드의 최고 목표는 〈007 카지노 로얄〉에서 분명히 알 수 있듯이 완전하고 여지없는 자기만족이다.

6. 블라디미르 프로프의 뛰어나지만 복잡한 책 『민담 형태론*Morphology of the Folk Tale*』(초기 스토리텔링의 기능 연구)을 해독해 보면 정확히 같은 형태를 발견하게 될 것이다. 이 형태는 그가 제안한 31개의 기능 단계를 통해서 밝혀졌으나, 대부분의 기능은 구조보다는 장르와 관계가 있다. 단순화시켜 보면, 숨어 있는 패턴이 매우 명확해진다.

악당 또는 결함: 무엇인가 가족 구성원에게 해를 끼친다. 또는 가족이나 공동체에 없는 것이 욕구의 대상이 된다.

출발: 영웅은 그것을 찾아 집을 떠난다.

투쟁: 영웅은 악당을 발견하고 맞서 싸운다.

승리: 영웅이 악당을 물리친다.

제거: '결핍'이 제거된다.
귀환: 영웅이 돌아온다.
추적: 영웅이 추적당한다.
은밀한 도착: 영웅이 정체성을 잃는다.
어려운 임무: 마지막 시험
결혼: 드러난 정체성과 마지막 결합

7. 힐러리 맨틀, '전래 동화 속의 사악한 부모들Wicked parents in fairytales', 전래 동화에 관한 무료 소책자에 실린 머리말. 『가디언』, 2009. 10. 10.
8. 윌리엄 골드먼, 『영화 산업의 모험: 할리우드와 시나리오 쓰기에 대한 개인적 견해*Adventures in the Screen Trade: A Personal View of Hollywood and Screenwriting*』(1983)

6장. 프랙털

1. 폴리클레이토스Polycleitos의 '도리포로스Doryphoros(창을 들고 가는 남자)'를 보며, 운동과 정지 사이의 긴장, 반대편에 있는 팔과 다리가 서로 거울 이미지를 이루는 방식, 중심에서 멀어지면서 균형감을 획득하는 방식에 주목하자.
2. 채널4의 〈응답할 권리Right to Reply〉(1985)에서 이루어진 지미 맥거번과의 인터뷰 및 필자와의 대화.
3. 역시 러요시 에그리가 처음으로 비슷한 관찰을 했다. 하지만 중간 지점이나 대칭 구조의 역할은 인정하지 않았다.

7장. 막

1. 로버트 맥키는 이것을 설명하기 위해 헤겔로부터 '부정의 부정'이라는 용어를 슬쩍했다. 이중 부정은 긍정이기 때문에(헤겔이 뜻하는 것도 이것이었다) 맥키가 이것으로 무엇을 얻으려 했는지는 이해하기가 상당히 힘들다. 그가 무엇을 뜻했는지 정확히 아는 작가를 나는 아직 한 사람도 만나 보지 못했다.

8장. 도발적인 사건

1. 시드 필드는 이것을 '구성 지점 1'이라고 부르는데, 정확히 같은 것이다. 필드 역시 막의 3부적 성격을 주목했지만, 그가 관찰한 것이 어떤 의미가 있는지 탐구하지는 못했다.
2. 로버트 맥키는 『Story: 시나리오 어떻게 쓸 것인가』에서 〈보통 사람들〉의 도발적인 사건이 콘래드의 신경증적인 어머니가 소년의 아침 식사인 프렌치토스트를 버리는 순간이라고 주장한다. 그러나 분명한 3부 구조로 보아 프렌치토스트를 버리는 순간은 사실 첫 번째 전환점에 불과하다. 후반부에 콘래드가 보트 사고를 회상하는 것이 도발적인 사건이다. 이 때문에 그는 실제로 정신과 의사를 찾게 된다. 맥키는 사실상 콘래드의 아버지가 이 영화의 주인공이라고 주장한다. 이 말이 맞다고 하더라도 (하지만 콘래드의 아버지는 너무 소극적이기 때문에 이 주장은 설득력이 없다) 콘래드를 다른 세계로 몰아내는 것이 프렌치토스트는 아니다.
3. 변화의 '실천'은 부커가 말한 '초기에 성취된 목표'보다 실제로 2막의 결말을 알아보는 더 좋은 방법이다. 초기의 목표를 추구할 때, 인물은 그것을 성취하기 위해 변화해야만 한다. 그는 자신의 일상적인 세계 밖으로 발 내딛기를 실천해야 한다.
4. 이것은 인기가 많은 기법이지만 자주 오해받는 기법이기도 하다. 크리스토퍼 보글러는 1막에는 모두 요청에 대한 거절이 들어 있다고 주장했다. 그러고는 〈스타워즈〉를 예로 들었다. 사실 그럴 수도 있으나, 셰익스피어식으로 2막의 끝까지 수용이 미루어지는 것이 더 흔한(아마도 더 흥미 있는) 일이다. '요청에 대한 거절'을 발견하기가 몹시 어려울 때도 있다. 미루어진 요청은 흔히 1막에서의 '생략'과 함께 나타난다. "늦게 들어가고 일찍 나와라."라는 격언은 장에서뿐만 아니라 막에서도 똑같이 적용된다. 1막의 작은 절정은 생략되는 것이 보통이며, 대신 궁극적으로 요청에 대해 오래 미루어 두었던 반응이 2막의 절정에서 나타난다.
5. 『천의 얼굴을 가진 영웅』에서 조지프 캠벨은 〈개구리 왕자〉에서 공주가 공을 연못에 빠뜨리는 순간을 예로 든다. "이것은 모험이 시작될 수 있는 여러 가지 방식 가운데 하나다. 실수(명백히 순전히 우연) 하나가 예기치 않았던 세계를 드러내고, 한 개인이 전혀 이해할 수 없는 세력과 관계를 맺

는다."

9장. 장면

1. 더스틴 호프먼은 〈작은 거인〉에서 실제로 17살 나이의 잭 크랩에서부터 연기를 시작한다. 영화에서 배우 한 사람이 이렇게 오랜 시간의 폭을 연기한 것은 지금까지도 기록이다.
2. 윌리엄 골드먼, 『영화 산업의 모험』(1983).
3. E. M. 포스터, 『소설의 이해*Aspects of the Novel*』(1927).
4. 데이비드 색스턴David Sexton(『이브닝 스탠다드』의 기자 - 옮긴이)과의 인터뷰. '거인들의 충돌Clash of the Titans', 『이브닝 스탠다드』, 2010. 3. 31.
5. 필자와의 대화. 2006.

10장. 모든 구성 요소의 결합

1. 얼마나 많은 중간 지점이 동굴 안이나 숲속, 또는 그와 비슷한 장소에 위치하는지를 보는 것은 매우 흥미로운 (그러나 과학적이지는 않은) 일이다.
2. 구스타프 프라이타크, 『드라마의 기법』(제6 독어판의 공인된 번역본. 엘리아스 맥이완Elias J. MacEwan 편집, 1900).
3. 내가 최근에 보았거나 읽은 것들 중 몇 가지를 예로 들어 보자. 영화: 〈본 얼티메이텀〉, 〈인디아나 존스-최후의 성전The Last Crusade〉, 〈지옥의 묵시록〉, 〈로미오와 줄리엣〉, 〈겨울〉, 〈코리올라누스: 세기의 라이벌Coriolanus〉, 〈스타워즈〉, 〈팅커 테일러 솔저 스파이〉, 〈네 번의 결혼식과 한 번의 장례식〉, 〈펄프 픽션〉, 〈드라이브Drive〉, 〈킹메이커〉, 〈홍등〉, 〈더 가드The Guard〉, 〈어택 더 블록〉. 책: 『레베카』, 『호박색 눈을 가진 토끼*The Hare With Amber Eyes*』, 『휴먼 스테인*The Human Stain*』, 『자유*Freedom*』, 『커루*Karoo*』. 연극: 〈조명 활주로Flare Path〉, 〈햄릿〉, 〈헨리 4세 1부〉. 모든 장르에서 그 사례는 엄청나게 많다. 픽션과 논픽션 모두에 걸쳐 있음도 눈여겨보자.

   기대할 수 있듯이, 모든 막의 작은 위기 지점은 흔히 죽음의 순간 또한 담고 있다. 〈대부〉와 〈델마와 루이스〉의 1막과 〈맥베스〉의 2막이 고전적인 사례이다. 이에 대해 무슨 종교적인 이유 비슷한 것이라도 있을까? 확실히 죽음과 부활이라는 논리는 설득력이 있다. 그리고 이것은 분명히 정립이 종합에 의해 대치되는 순간이다. 그러나 모든 위기 지점은 단순히 주인공이 같은 상태에 머물지 아니면 변화할지를 결정해야 하는 딜레마일 뿐이라는 것도 기억해 둘 만하다. 만일 드라마의 전환점이 주인공으로 하여금 변화하지 않은 결과에 직면하게 만드는 것을 둘러싸고 이루어진다고 하면, 이야기의 구조상 당연할 수밖에 없는 그 결과는 가능한 한 아주 나빠야 한다. 위기 지점에서 육체적인 죽음이 많이 등장하는 것은 단순히 이것의 결과일 수도 있다.

11장. 보여 주기와 말하기

1. ITV의 〈더 사우스 뱅크 쇼The South Bank Show〉, 마이크 스키너(별칭 더 스트리츠)와의 인터뷰에서(2008. 9. 21.).
2. 앤드루 스탠턴의 강연 '이야기의 이해 또는 고통스러운 나의 여행Understanding Story: or My Journey of Pain'(2006)
3. 배우는 이반 모주킨Ivan Mosjoukine이었다. 쿨레쇼프의 동료 프세볼로트 푸돕킨Vsevolod Pudovkin은 관객들이 배우의 연기에 대해 얼마나 격찬을 했는지에 대해 나중에 글을 썼다. "관객들은 식어 빠진 수프를 보는 그의 무겁고 수심 어린 표정을 지적했으며, 죽은 아이를 바라보는 깊은 슬픔에 몹시 감동받고, 놀고 있는 소녀를 살펴보는 가볍고 행복한 미소를 칭찬했다. 그러나 세 가지 모두 똑같은 얼굴이라는 것을 우리는 알고 있다." 푸돕킨, 'Naturshchik vmesto aktera', 『*Sobranie sochinenii*』, vol. I(1974). 푸돕킨은 감독으로서 자신의 작품에서 이 기법을 완성시키려 했다. 그 가운데 가장 주목할 만한 예는 아마도 〈어머니Mat〉일 것이다.

   실험의 정확한 성격에 대해서는 몇 가지 이설이 있다(쇼트가 두 개라든지 세 개라든지, 피사체가 무엇이었는지, 또는 새로 마련한 쇼트라든지 이미 있었던 쇼트라든지 등등). 쿨레쇼프 자신은 "나는 모주킨의 같은 쇼트를 다른 여러 가지 쇼트와 함께 번갈아 사용했다. 이들 쇼트는 각각 다른 의미를 획득했다. 이것을 발견하고 나는 큰 충격을 받았다. 이렇게 해서 나는 편집에는 엄청난 힘이 있음을 확신하게 되었다."라고 쓰고 있다. 쿨레쇼프, 『영화론: 쿨레쇼프의 글 모음*Kuleshov on Film: Writings by Lev Kuleshov*』(1974).

4. 앤드루 스탠턴의 강연 '이야기의 이해 또는 고통스러운 나의 여행'(2006)
5. 존 필, 『옵서버』, 1988. 07. 17.
6. 마이클 빌링턴Michael Billington, 『가디언』에서. 한 가지 예가 있다. 〈http://www.guardian.co.uk/culture/2010/dec/15/michaelbillington-shakespeare-tv〉, 또는 도미닉 드롬굴, 『셰익스피어와 나: 셰익스피어는 어떻게 내 삶을 빼앗았나*Will and Me: How Shakespeare Took Over My Life*』(2006). 역설적이게도 1970년대 후반부터 과격한 비주류의 성장 및 에드워드 본드, 하워드 브렌턴Howard Brenton, 데이비드 헤어와 같은 작가들의 발전과 더불어 연극은 좀 더 영화에 가까워졌다. 이 작가들이 협업으로 내놓은 연극 〈철면피Brassneck〉는 이름만 연극이었지 완전히 영화였다.
7. BBC의 2012 셰익스피어 〈할로우 크라운Hollow Crown〉 시즌 같은 각색은 물론 다른 문제다. 연극(〈리처드 2세〉, 〈헨리 4세 1부〉와 〈헨리 4세 2부〉, 〈헨리 5세〉)을 텔레비전에 맞게 만들려면 감독들은 엄청나게 많은 일(편집, 재배열, 확대, 생략 등)을 해야 한다는 것이 중요하다. 이것들은 매우 훌륭했다. 전혀 연극이 아니었다. 셰익스피어는 특히 논란의 여지가 많다. 그가 사용하는 언어는 매우 시각적이어서 마치 라디오 대사처럼 작동한다. 헨리 5세의 합창대는 우리에게 이렇게 요청한다. "생각하라. 우리가 말에 대해 이야기할 때, 대지 위에 찍히는 말들의 자랑스러운 발굽 자국을 보리라. 우리의 생각들이 우리의 왕들을 장식해야 하므로 발굽 자국을 여기저기 남기라." 폴란스키의 〈맥베스〉와 루어먼의 〈로미오와 줄리엣〉은 좋은 영화일 것이다. 그러나 내게 셰익스피어 작품의 힘은 빈 무대 위에서 가장 심오하게 느껴진다.
8. 내 나름의 해석이다. '천재'라는 말은 너무 광범하게 남용되는 단어로 거의 의미가 없는 용어가 되고 말았다. 뒤샹의 〈샘〉은 통찰력 있고, 역설적이며, 짓궂은 작품으로서 당시로서는 완벽했다. 불행히도 이 작품은 수많은 엉터리들에게 문호를 열어 주고 말았다.
9. E. M. 포스터, 『소설의 이해』(1927).
10. 닉 혼비Nick Hornby와의 인터뷰. 『더 빌리버*The Believer*』, 2007. 08.
11. 통속극과 드라마의 차이를 굳이 말하라고 한다면, 나는 나쁜 통속극이 (나는 이미 모든 통속극이 다 나쁜 것은 아니라고 말한 적이 있다) 이런 범죄를 저

지른다고 주장하겠다.
12. 아리스토텔레스, 『시학』(맬컴 히스Malcolm Heath의 번역판: 1996).

12장. 인물과 인물 묘사

1. 월터 아이작슨Walter Isaacson, 『스티브 잡스*Steve Jobs: The Exclusive Biography*』(2011).
2. 『옵서버』 기자인 유언 퍼거슨Euan Ferguson이 〈킬링〉에 대해 "이 덴마크 드라마는 오랜만에 그 어떤 새로운 범죄 스릴러보다 더 온 나라를 떠들썩하게 만들었다."라고 썼을 때, 실제로는 5천6백만 인구 가운데 겨우 30만 명이 이 드라마를 시청한 것에 대해 언급한 것이다. 유행에 민감한 모임의 핵심에서까지 우리는 스스로를 합의의 중재자라고 확신하기 위해 무리한 일을 벌이는 것이다.
3. 안전에 대한 개인적인 정의는 불가피하게 개인에 따라 특별할 수밖에 없다. 〈이스트엔더스〉에서 데이비드 윅스는 위험 속에서 그것을 발견했다. 그가 한 모든 선택은 자기 스스로 살아 있음을 느끼게 만들었다. 리처드 마이클스 스테파니크Richard Michaels Stefanik는 자신의 책 『메가히트 무비스*The Megahit Movies*』에서 수많은 성공적인 영화의 중심에는 매슬로의 위계에 나타난 안전에 대한 추구를 담고 있다고 지적했다.
4. 〈소셜 네트워크〉 DVD 엑스트라: '트렌트 레즈너, 애티커스 로스, 그리고 데이비드 핀처가 영화 음악에 대해'를 보라.
5. 내게 처음으로 이 매력적인 역설에 대해 알려준 토니 조던에게 감사한다.
6. 다음은 〈라이프 온 마스〉 시즌 1의 길었던 개발 기간에(원고 35회분!) 쿠도스 영화와 텔레비전 회사의 상무 이사인 제인 피더스톤에게 채널4의 드라마국장 으로 있던 내가 쓴 이메일이다.

저는 실제로 다른 캐릭터는 생각하지 않고 있습니다. 저는 여전히, 우리가 톰과 완전히 레이건 스타일의 70년대 경찰관으로 팀을 짜야 하며 이 드라마의 전체 아이디어가 이 한 쌍을 중심으로 구현되어야 한다고 생각합니다. 이렇게 하면 해야 할 작업이 많이 줄어들 것입니다. 저는 이를 맡을 사람은 제프가 좋겠다고 생각합니다.…… 우리에게는 48시간 버디 영화 같은 완벽한 공식이 있습니다. 같은 주제에 대해 전혀 다른 해석을 하는 두 남자 이야기지요. 이것을 잘 개발해 봅시다. (2003년 6월 23일자 이메일)

나에게 대단한 예지력은 없다. 그리고 우리는 분명히 이 주제에 대해 이미 이야기했었다. 우리가 둘 다 알고 있던 것은 드라마가 잘 작동하지 않는다는 것이었다. 버디 아이디어에 대해서는 딱 맞는다고 느껴지는 뭔가가 있었다. (톰과 제프가 그 둘이었는데, 물론 나중에는 샘과 진으로 바뀌었다.) 우리 둘 다 대립 이론에 대해서는 아무것도 몰랐고, 작가들도 그런 것을 알 필요가 없었다. 구조에 대해 탐구할수록 나는 그것이 본능적이라고 믿게 되었다. 위대한 작가들은 그렇다고 느낀다. 우리는 모두 어느 정도 본능적으로 대립물의 필요성을 이해한다.

7. 리키 저바이스, 『더 워드*The Word*』 잡지, 2011. 06.
8. 비슷한 사례를 〈모던 패밀리〉에서도 볼 수 있다.

13장. 인물과 구조 설계

1. 로리 허틀러Laurie Hutzler와 '인물 만들기'에 관련한 그녀의 업적과 통찰력에 대해 이 자리에서 고마움을 표한다. 그녀의 이론은 극도로 복잡한 듯이 보이지만, 서로 다른 '문제적 습성'에 대한 그녀의 설명은 매우 가치 있다고 생각한다.

   시즌 5이자 마지막 시즌의 첫 방영을 기념하여 『주간 엔터테인먼트*Entertainment Weekly*』(2012. 7. 20.)는 〈브레이킹 배드Breaking Bad〉의 스타 브라이언 크랜스턴Bryan Cranston과 인터뷰를 했다. 크랜스턴은 온순한 화학 교사였다가 메타암페타민(매우 강력한 중추신경 흥분제 - 옮긴이) 제조업자로 변신한 월터 화이트 역을 했다. 댄 스니어슨Dan Snierson 기자는 다음과 같이 썼다.

   이 드라마는 이번 시즌에 영혼이 가장 많이 부패하고 과대망상인 월터를 보여 준다. 그는 단 한 번도 돈을 충분히 벌어 본 적도 없고 자기 내부의 공허함을 채우는 데는 전혀 관심이 없는 듯 보인다. 크랜스턴의 말이다. "처음과 마찬가지로 월터 화이트는 자기 실체 안으로 조금씩 확산하는 부패를 잘 다루어요. 바뀌지 않았어요. 그 부패에는 약간의 선함이 들러붙어 있어요.…… 나는 이 남자가 복잡한 사람이라는 게 마음에 들어요.…… 우리는 다면적인 사람들입니다. 사물의 다양성을 느낄 줄 알지요. 나는 그가 뭔가 영웅적인 일을 하고 누군가 또는 무언가를 구하는 모습을 좋아합니다." 아이들로 가득한 버스 같은 것? "예, 아이들로 가득한 스쿨버스라고 칩시다. 아이들을 구조해 준 다음, 나는 아이들을 내 마약 제조실로 데려가 일을 시킵니다." 그는 사악하게 즐거워하면서 말을 이었다. "아이들은 나한테 고마워해야 해요. 내가 방금 아이들의 목숨을 구해 줬잖아요. '다 끝나기 전에는 집에 못 갈 줄 알아!'" 길리건[빈스 길리건. 이 드라마의 기획자이다]이 그럴 가능성이 있다고 보았는지 한술 더 떴다. "아마 포도 향이 나는 마약을 만들기 위해 같이 일할지도 모르지. 있잖아, 아이들용으로."

2. 이 부분에서 한쪽 편이 반드시 이겨야 한다고 믿는 에그리는 나와 견해가 다르다. 그는 '종합'이라는 개념을 부정하는 듯하다.

14장. 인물의 개성화

1. 안나 프로이트, 『자아와 방어 기제*Das Ich und die Abwehrmechanismen*』 (1936, 개정판 1968)
2. 조지 베일런트George E. Vaillant의 『성공적 삶의 심리학*Adaptation to Life*』 (1977)에서 따온 범주화. 심리 분석의 많은 용어들이 그렇듯이 서로 다른 범주와 변형 들이 많다. 하지만 여기에서는 간단히 써먹을 수 있을 것이다.
3. 여기에서 『시나리오 작가를 위한 심리학*Psychology For Screenwriters*』 (2004)에서 보여 준 윌리엄 인디크William Indick의 통찰력에 대해 인정해야 하겠다. 이 책은 환상적인 가설들 몇 가지를 제공했는데, 내가 기본을 이해하는 데에 믿을 수 없을 만큼 큰 도움이 되었다. 그가 예로 든 영화 한 두 편은 정말 훌륭한 예들이다.
4. 시드니 루멧은 『영화 만들기*Making Movies*』(1995)에서 이렇게 말했다. "텔레비전의 초기 시절, 수많은 리얼리즘 유파가 지배하던 때, 우리는 항

상 인물에 대해 '설명'하는 지점을 만났다. 드라마의 2/3쯤 되는 지점에서, 누군가 어떤 인물의 캐릭터를 그렇게 만든 심리적인 진실을 이야기하는 것이다. [패디] 차옙스키와 나는 이것을 드라마의 '고무 오리' 유파라고 불렀다. '누군가가 과거에 그에게서 고무 오리를 빼앗는다. 그럼 이것이 그가 미치광이 살인마가 되는 이유가 된다.' 당시에는 이것이 유행이었고, 많은 제작자와 스튜디오에서는 여전히 이런 방식을 사용한다. 나는 늘 고무 오리식 설명을 제거하기 위해 노력한다. 캐릭터는 그의 현재 행동을 통해 분명하게 나타나야 한다. 그리고 그의 행동은 드라마가 진행됨에 따라 심리적인 동기를 드러내야 한다. 작가가 인물이 왜 그렇게 행동하는지 그 이유를 설명해야 한다면, 그것은 인물을 묘사하는 방식이 어딘가 잘못되었다는 뜻이다."

5. 시드 필드는 『시나리오란 무엇인가*Screenplay*』(1979)에서 '존재의 순환'에 대해 언급하면서 이것이 지닌 드라마적 가치에 주목했다. 그러나 그 기원과 실제 목적을 탐구하지는 않았다.
6. 『옵서버』(2009. 8. 30)와 사이먼 스티븐스의 인터뷰.
7. 데이비드 마멧, 『밤비 대 고질라: 영화 산업의 성격과 목적, 실제에 관해서 *Bambi vs. Godzilla: On the Nature, Purpose, and Practice of the Movie Business*』(2008)에서.
8. E. M. 포스터, 『소설의 이해』(1927).
9. 〈007 스카이폴〉(2012)에서는 제작자가 본드의 배경 이야기를 회상 장면으로 보여주려는 시도를 했다. 지극히 주관적인 생각이기는 하지만 이 점에 관해서 나는 마멧과 같은 입장이다. 알고 싶지 않다.
10. 『가디언』(2011. 2. 2.)과 데이비드 핀처의 인터뷰.
11. 이것이 아리스토텔레스가 말하는 '카타르시스' 또는 펭귄의 1996년 번역본 『시학』에서 말하는 '정화'의 진정한 의미라고 나는 믿는다. 우리는 다른 사람들과의 공감을 통해 우리의 공포와 두려움과 함께 살 수 있다. 우리는 공감을 통해 우리 자신의 악마를 몰아낸다.

15장. 대사와 인물 묘사

1. 데이비드 헤어, 영국 영화 협회/영국 영화 및 텔레비전 예술상 강연(2010.

9.)

2. 흔히 1918년으로 알려져 있지만, 정확한 기록은 없는 듯하다.
3. 조스 웨던의 '10가지 글쓰기 팁Top 10 Writing Tips'에서. 캐서린 브레이 Catherine Bray가 펴내는 채널4의 탤런트 잡지에 처음 실렸다.

16장. 해설

1. 1990년대 영국 TV 시리즈의 오프닝 대사.
2. 로버트 맥키의 『Story: 시나리오 어떻게 쓸 것인가』에 나오는 용어이다. 놀랍고도 좋은 사례는 입센의 〈헤다 가블레르〉인데, 이 작품에서는 미스 테스만과 그녀의 하녀 베르타가 해설을 맡는다. 윌리엄 아처가 〈연극 만들기〉(1912)에 썼듯이, 이런 기법은 "입센이 프랑스 무대의 관습적인 해설 방식에서 벗어나, 가구의 먼지를 터는 하인과 하녀가 해설을 하도록 했을 때 가장 잘 드러난다." 아처는 또한 〈사회의 기둥들Samfundets Støtter〉에서 비롯하여 〈인형의 집〉을 거쳐 〈들오리Vildanden〉에 이르기까지 입센의 해설 기법이 놀랍도록 발전하고 있다고 적고 있다. 첫 번째 작품에서는 인물들에 대해 수다를 떠는 바느질 모임에서 시작한다. 두 번째 작품에서는 친한 친구를 등장시키는 방법을 쓴다. 반면, 세 번째 작품에서는 매우 격렬한 논쟁을 통해 필요한 사실들이 전달된다. 이 세 무대는 초보자에서 숙련자에 이르는 해설의 발전 과정을 남김없이 보여 준다.
3. 2005년에서 2012년까지 〈홀비시티〉를 책임지고 있었던 나는 당시에는 그렇게 해야 할 이유가 충분히 있었다. 지금이라면 매우 다를 것이고 특히 지난 몇 년 사이라면 좀 더 영리한 드라마가 되었을 것이라고 생각한다.
4. 사실 에피소드의 이 지점에서, 시청자는 환자가 이미 죽었다는 것을 알고 있다. 콜린 박사의 정보는 반복에 불과하다. 초보 작가가 범하는 중요한 잘못 가운데 하나인 반복이 여기에서는 감정을 숨기는 역할을 하기 때문에 효과를 발휘한다. 반복 해설이 아이러니하게 콜린의 감정 상태를 보여주기 위해서 쓰였으며, 그가 신경이 예민한 상태이며 지쳐 있다는 것을 설명할 필요가 없게 만들어 준다. 그러므로 이 지점은 유효하다. 감정을 통해 전달된 정보는 인물 묘사와 연결되며 작가의 존재를 느끼지 못하게 해 준다. 매우 유용한 설명과 실례를 제공해 준 제드 머큐리오에게 감사한다.

5. 제드 머큐리오와 필자가 주고받은 이메일에서(2006. 7.)
6. 제드 머큐리오와 필자가 주고받은 이메일에서(2006. 7.)

17장. 서브텍스트

1. 테드 탤리, 『시나리오 작가의 마스터클래스*Screenwriter's Masterclass*』, 케빈 컨로이 스콧Kevin Conroy Scott 편집(2006).
2. 이 대사는 BBC 시리즈를 위해 해리 H. 코벳이 클라이브 굿윈Clive Goodwin과 인터뷰한 내용을 말 그대로 옮긴 것이다. 이 인터뷰는 1970년에 『60년대의 연기*Acting in the Sixties*』라는 책의 형태로 출간되었다. 브라이언 필리스의 기법은 단어들을 맥락이 있게 엮어서 부가적인 의미를 갖도록 하는 것이었다.
3. 『게오르크 지멜의 사회학*The Sociology of Georg Simmel*』(커트 H. 울프Kurt H. Wolff 번역, 1950)의 제4부 '비밀과 비밀 사회'에서.

18장. 텔레비전과 구조의 승리

1. 최초의 텔레비전 드라마는 〈여왕의 사자The Queen's Messenger〉라고 알려져 있다. 아일랜드의 극작가 J. 할리 매너스J. Harley Manners가 쓴 이 작품은 1928년 9월에 뉴욕의 W2XB(제너럴 일렉트릭 소유)에서 방영되었다. 『뉴욕 헤럴드 트리뷴』은 이 광경을 다음과 같이 묘사하고 있다.

   감독 모티머 스튜어트Mortimer Stewart는 여주인공 미스 이세타 주얼Isetta Jewell과 남주인공 모리스 랜덜Maurice Randall에 초점을 맞추고 있는 두 대의 카메라 사이에 서 있었다. 스튜어트 앞에는 텔레비전 수상기 한 대가 있어서 그는 언제든지 송신기에서 나오는 이미지를 볼 수 있었다. 그는 작은 제어 상자를 이용, 두 대의 카메라를 번갈아 가며 작동시키고 이미지를 어둡게 했다가 밝게 했다가 하면서 나오는 그림들을 통제할 수 있었다. 어떤 시점에 이것이 잘 수신되었는지의 여부는 제너럴 일렉트릭 연구소에 있는 운전 장치 말고는 즉각적으로 확인할 수는 없었다. 이날 실험을 지켜본 사람들 사이에서는 라디오가 그림을 실어 나르는 날이 오려면 앞으로 한참을 더 기다려야 한다는 의견이 보편적이었다. 이 시스템이 상업적 실용성과 공적 유용성을 갖게 될지는 의문으로 남는다.

『뉴욕 타임스』는 좀 더 선견지명이 있었다.

지난 몇 년 동안 시간과 공간의 벽이 상당히 낮아졌는데, 제너럴 일렉트릭 연구소에서 있었던 최근의 라디오 텔레비전 시범 방송으로, 이날 오후에는 그 벽이 더욱 많이 허물어져서 경이로운 미래의 빛줄기가 반짝였다.

그리고 이렇게 결론을 내리고 있다.

유성 영화가 크게 성공한 것처럼 기술적인 어려움을 극복한다면 라디오 텔레비전도 이에 못지않은 성공을 쉽게 거둘 것이다.

2. 애사 브리그스Asa Briggs, 『영국 방송의 역사*The History of Broadcasting in the United Kingdom*』, 제2권 『무선의 황금 시대*The Golden Age of Wireless*』(1965).
3. '텔레비전으로 보는 최초의 연극 - BBC와 베어드의 실험', 『더 타임스』, 1930. 7. 15.
4. 숀 서튼, '등장인물들', 『더 타임스』, 1972. 9. 2.
5. 타이즈 바히마기Tise Vahimagi, 『영국의 텔레비전: 화보로 보는 가이드*British Television: An Illustrated Guide*』(1994).

19장. 시리즈와 연속극의 구조

1. 라파엘 알바레즈Rafael Alvarez, 『더 와이어: 전해진 진실*The Wire: Truth Be Told*』(2004년판)에 데이비드 사이먼이 쓴 서문에서.
2. 같은 책.
3. 마크 커즌스Mark Cousins의 TV 시리즈 〈영화 이야기〉(2011, 채널 More4)에서.
4. 흥미로운 사실이 있어서 여기에 덧붙이려 한다. 데이비드 사이먼의 견해

가 타당성이 있다. 특히 작품이 더 어렵고 까다로울수록 평론가들로부터 좋은 평을 듣는 경향이 있다는 단순한 이유 때문이다. 내가 채널4의 드라마국장일 때, 주인공을 죽이면 우리가 상을 받을 기회가 더 많아진다는 것을 우리는 일찍이 알아차렸다. 주인공이 스스로 목숨을 끊으면 그 기회 또한 더욱 증가한다는 것도 깨달았다. 〈보이 ABoy A〉와 〈시크릿 라이프Secret Life〉, 〈레드 라이딩Red Riding〉이 모두 이 훌륭한 전통을 따르고 있으며, 유튜브〈http://www.youtube.com/watch?v=-HXaj2IYYn8〉에서 '그리티 바프타Gritty Bafta'('대단한 바프타'라는 뜻으로 영국 아카데미 영화 텔레비전 예술상을 비꼬는 말 - 옮긴이)로 유쾌하게 패러디되고 있다. 이들 작품의 가치를 부정하는 것이 아니라, 단지 코미디 부문 후보로 낼 가치는 없을 것 같다고 말하는 것이다. 물론 제작자가 죽는다면 그것은 다른 문제다. 히치콕은 저속한 쇼맨십 때문에 조롱을 받았지만 죽은 뒤에는 천재라고 칭송받고 있다.

미국의 유선 방송이 〈소프라노스〉와 〈식스 핏 언더Six Feet Under〉를 보여주기 전까지, 영국의 텔레비전 시리즈는 아무리 성공을 거두더라도(ITV에서 테드 차일즈Ted Childs가 이끌었던 20세기 말의 25년간, 즉 〈스위니〉, 〈마인더〉, 〈모스 경감〉, 〈피크 프랙티스Peak Practice〉, 〈솔저 솔저Soldier Soldier〉 등을 내놓았던 시기는 예외적이었다) 진지하게 받아들여지지 않았다. 차일즈의 작품은 (그만을 지목하는 것은 부당할 수도 있겠지만) 좀 더 '진지한' 텔레비전이 생산해 낸 작품이란 말과 동의어였다. 내 생각에, 영국 텔레비전 드라마에서 가장 성공적인 제작자가 그보다 재능 없는 사람들이 칭찬을 받는 동안 결코 인정받지 못했다는 것은 매우 딱한 일이다.

20장. 드라마 시리즈 속의 변화

1. 밥 데일리와 『주간 엔터테인먼트』의 인터뷰(2012. 3. 30.)
2. 이것은 듣기보다 경멸조의 말은 아니다. 많은 드라마는 거짓말이다. 존 르 카레이는 〈스푹스〉가 자기가 알고 있는 정보국의 모습을 제대로 그리고 있지 않다고 해서 '쓰레기'라고 불렀다. 이것은 개와 닮지 않았다고 고양이를 비난하는 것과 비슷하다. 이 드라마는 진실을 말하기 위해 만들어진

것이 아니라 재미를 위해서 만들어진 것이다. 드라마는 항상 거짓말을 한다.

3. 에바 롱고리아와 『주간 엔터테인먼트』의 인터뷰(2012. 3. 30.)
4. 나는 원래 〈라이프 온 마스〉의 편집자로 위탁을 받았다가 이 드라마의 제작이 유보되자 바로 떠났다. 다시 이 드라마를 시작했을 때는 〈닥터 후〉의 뛰어난 제작자 줄리 가드너Julie Gardner와 함께 제작 책임자로 일했다.

21장. 다시 집으로

1. 공정을 기하기 위해 말하자면, 작가가 맥거번 한 사람은 아니었다. 당시 〈브룩사이드〉는 가장 뛰어난 TV 작가 몇 사람이 담당하고 있었다. 그러나 다른 작가들과는 비교가 안 되게 그가 쓴 에피소드에서는 갈등이 살아 있었다.
2. 지미 맥거번, BBC 작가실(리즈 소재)을 위한 대화, 2009.
3. 〈라이팅 더 롱스: '부두 노동자' 만들기Writing the Wrongs; The Making of 'Dockers'〉, 다큐멘터리, 채널4(1999).
4. T. W. 볼드윈, 『셰익스피어의 5막 구조*Shakespeare's Five-Act Structure*』(1947; 2판1963).
5. 〈매드맨〉 시즌 1, 에피소드 1: 매슈 와이너Mathew Weiner의 '연기가 당신의 눈 속으로 들어간다'.
6. 『아널드 버넷의 일기*The Journals of Arnold Bennett*』, 뉴먼 플라워Newman Flower 경 편집(1932), 기록(1897. 10. 25.)
7. 적대자에게 '동등한 권리'를 허락하는 것은 감독에게 수많은 해석의 여지를 허락하는 부가적인 이점이 있다. 이것이 셰익스피어의 작품이 장수하는 또 다른 이유이다.
8. 『안톤 체호프 희곡집*Anton Chekhov Plays*』(펭귄, 2002), 리처드 길먼Richard Gilman의 서문에서.
9. 체호프와 입센을 비교해 보는 것은 유익한 일이다. 〈헤다 가블레르〉는 〈바냐 아저씨Dyadya Vanya〉나 〈세 자매〉만큼이나 복잡한 작품이다. 그러나 〈민중의 적〉은 작가가 인정하는 단 한 남자에 관한 이야기이며, 모든 사람을 바보라고 비난하는 작품이다. 이 작품은 매우 강력한 작품이고 또한 효

과적인 선전물이기도 하다. 스토크만 박사의 편집증을 전면에 내세우는 것도 흥미로울 것이다[앞에서 언급한 것처럼, 그가 지방 정부를 비난한 것이 글렌 벡(미국의 방송인, 거칠고 솔직한 자기반성으로 하루아침에 유명인이 되었다 - 옮긴이)과 폭스 뉴스의 정신적 조상이라고 보는 것도 가능하다]. 이런 작품은 자유주의자들에게는 환영받지 못하겠지만, 더 흥미로운 작품이 될 것 같다.

10. 앤드루 스탠턴, 강연, '이야기의 이해: 또는 고통스러운 나의 여행'(2006). 이 점에서는 지미 맥거번과 앤드루 스탠턴이 일치한다. "좋은 이야기에는 주제와 주장이 담겨 있어야 한다." 그런데 지미는 주의할 점을 하나 더 알려준다. "이야기의 흐름을 방해해서는 안 된다. 끝까지 보기 전에는 주제나 주장에 대해 몰라야 한다." 〈마크 로슨이 말한다〉(BBC4, 2010. 9.)에서.
11. 러요시 에그리, 『드라마 쓰기의 기술』(1946).
12. 앨런 엔톱Alan Yentob, 'BBC의 방송 심의'(2000)에 대해.
13. 앨리스테어 쿠크 : "60년간 …… 마이크 뒤에, 카메라 앞에 있었다. …… 회고록", 왕립 텔레비전 협회 강연(뉴욕, 1997.).
14. "보헤미안 랩소디는 어때?!" 토니 조던이 초고를 놓고 작가와 논의하다가 한 말이다(2010. 10.).
15. 마크 커즌스가 한 이 말은 언제 봐도 즐겁고 도발적인 그의 〈영화 이야기〉(2011, More4)에 나온다. 그는 또한 〈마지막 영화The Last Movie〉의 경우도 예를 들었다(다음을 보라).
16. 주류에 대한 반발은 우리 기질의 필수적인 부분이다. 이것은 사회가 발전하는 방식이다. 한 세대의 일부가 반란을 일으켜 한 스타일을 만들면, 다음 세대에게는 이것이 주류가 된다. 이것도 정립과 반정립이다. 하지만 영화 평론가 데이비드 톰슨David Thomson이 데니스 호퍼Dennis Hopper의 〈마지막 영화〉를 '잘난 체하는 헛소리의 표시'라고 비꼬았을 때, 그는 호퍼의 멍청함만이 아니라 보편적인 경향을 꼬집은 것이다. 그는 호퍼가 '반항이 예술가의 진실성에 대한 증거'라고 믿는 치명적인 오류를 범했다고 했다. 이 말은 일반적인 작품과 자신의 작품을 차별화하려고 노력하는(모든 작품은 아니지만) 수많은 작품에 따라붙는 후기 같은 말이다. 〈하얀 리본〉은 위대한 영화다. 데이미언 허스트Damien Hirst도 위대한 예술일까? 확실히 우

상 파괴는 아주 좋은 결과를 가져다줄 수 있고, 형식을 파괴하려는 경향은 장인의 손 안에서는 좋게 끝날 수 있다. 그러나 최악의 경우에는 옛날부터 그래 왔듯이, 심판과 (보통은 신문이겠지만) 관객이 어떤 식으로 항상 필요한 것보다 바라는 것(자신이 어떻게 보이고 싶은지, 진지하게? 예술가처럼? 등등)을 우위에 놓는지를 보여 줄 뿐이다.

작곡가 존 애덤스John Adams는 자기가 쓴 『화성법*Harmonielehre*』 서문에 아주 적절한 말을 적어 놓았다.

> 나는 쇤베르크라는 인물을 존경하기도 하고 어려워하기도 하지만, 솔직히 12음계 음악을 끔찍히 싫어한다고 시인해야 하겠다. 내가 보기에 그의 미학은 19세기 개인주의가 너무 숙성한 것이다. 거기에서는 작곡자는 일종의 신이고, 청자는 마치 성스러운 제단에 끌려가는 사람들 같다. '현대 음악의 고통'은 쇤베르크와 함께 태어났다. 20세기에 들어 고전 음악을 듣는 사람들의 숫자가 급격하게 줄어들었다는 것은 비밀도 아니다. 새로 쓰이는 많은 음악 작품들이 청각적으로 매우 추하다는 사실이 한몫한 것이다.

전후 독일의 예술이 관습적인 형식을 깨뜨리는 데에 집착한 것은 아주 멋진 일이었다. 이것을 패전국의 독특한 분위기 탓이라고 말하고 싶은 유혹도 강하다. 정치적으로든[바더 마인호프 그룹(적군파, 냉전 시대에 서독에 있었던 극좌 테러리스트 집단 - 옮긴이)], 음악적으로든['크라우트록'(1960년대 말 서독에서 발생한 사이키델릭, 프로그레시브 록 계열의 음악 - 옮긴이)], 드라마적으로든(서사를 배신이라고 본 '후기 드라마 극장' 운동), 자기 선조들의 작품을 파괴하고 싶은 충동은 매우 지배적인 습성이다. 베르톨트 브레히트는 또 다른 고전적인 예다. 하지만 그가 말하는 '낯설게 하기', 드라마를 감성이 아니라 이성으로 경험해야 한다는 그의 주장은 말만 그럴듯하다. 드라마가 아주 형편없거나 우리가 사이코패스가 아닌 한, 공감을 하지 않는다는 것은 인간적으로 불가능하다. 다행히 그의 연극은 그의 이론이 상상하게 하는 것보다는 훨씬 낫다.

17. 리처드 포드, 『캐나다』(2012).

18. 마크 커즌스, 〈영화 이야기〉(2011, 채널 More4)에서.
19. 가끔 개혁적인 것처럼 보이는 작품도 있다. 배즈 루어먼(〈댄싱 히어로〉, 〈위대한 개츠비〉의 감독 - 옮긴이)의 말이다. "그저 아름다운 세트와 멋진 의상, 눈을 사로잡는 풍경과 가슴 벅찬 감정들에 익숙해져 있다면,…… 그런데 누군가 등장해서 말을 하는데, 그가 청바지를 입고 '헤럴드 트리뷴'이라고 적힌 하얀 티셔츠를 입고 있다면 이렇게 말할 것이다. '야, 이런 게 사는 거지.' 음, 아니다. 이런 것은 또 다른 영화적 장치일 뿐이다.…… 언어란 살아 있는 것이다. 언어는 변화하고 진화한다. 그런데 보통은 말이 변화하지 않는다. 사람들은 여전히 '사랑해.'…… '죽여 버릴 거야.' 이렇게 말한다. 사람들이 '사랑해.'…… '죽여 버릴 거야.' 이런 말을 하는 방식도 유행이다." 마크 커즌스의 〈영화 이야기〉(2011, More4)에서 인용한 것이다.
20. 데이비드 프로스트, 『프로스트/닉슨: 한 명의 언론인, 한 명의 대통령, 하나의 고백*Frost/Nixon: One Journalist, One President, One Confession*』(2007).
21. 마이클 홀로이드Michael Holroyd, 『버나드 쇼: 전기*Bernard Shaw: A Biography*』(1997)에서 인용.

22장. 왜?

1. 조지프 캠벨, 『천의 얼굴을 가진 영웅』(1949)에서.
2. 수전 그린필드 남작 부인, 대영 제국 3급 훈장 수상자, 옥스포드 링컨 대학의 신경 약리학 교수. 그녀의 강연 '인생의 학교School of Life'(콘웨이 홀, 2011. 12. 11.)에서.
3. 이것은 『일곱 가지 기본 구성』에서 크리스토퍼 부커가 한 주장과 매우 비슷하다. 신화의 세계에 대해 조지프 캠벨과 그의 제자들이 했던 말들도 마찬가지다. 내가 보기에 부커의 주장은 스토리텔링이 지난 200년간 걸어온 길에 대해 『데일리 메일』 같은 대중 신문이 떠들어 댄 것 때문에 많이 약화된 듯하다. 그는 산업 혁명 이후에 인간의 본성 가운데 무언가가 부패되었다고 상당히 강력하게 주장하고 있다. 정서적 성숙으로 가는 원래의 원형적 여행을 망가뜨린 것이 바로 이것이라는 것이다. 그는 그 증거로 어두운 반전이 발흥한 것을 예로 들고 있고, 스탕달과 존 브레인John Braine(앵그리 영맨 세대를 대표하는 영국의 소설가 - 옮긴이)의 작품들, 심지어는 〈프

랑켄슈타인〉, 〈모비 딕〉, 〈킹콩〉까지 악취 나고 비도덕적인 작품이라고 간주하고 있다. 이런 종류의 이야기가 많아진 것은 사실인 듯하지만, 그렇다고 사람들이 이런 이야기를 좋아한다고 생각하는 것은 잘못이다. 이 작품들의 작가들이 에이허브나 조 램턴Joe Lampton(존 브레인의 소설이자 드라마에 나오는 주인공 - 옮긴이), 또는 빅터 프랑켄슈타인을 용납했다는 사실은 작품 속 어디에도 나오지 않는다. 사실, 각 작품들은 고전적인 신화와 깊은 관련이 있다. 〈프랑켄슈타인〉이 '현대의 프로메테우스'라고 불리는 데에는 다 이유가 있다. 이 작품들은 분명히 변화된 사회에 대한 반응이고, 자신만의 방식으로 이루어 낸 예술적 승리이며, 그가 칭찬해 마지않는 초기, 아마도 인간이 타락하기 전 시대의, 신에 대한 도전과 그에 따른 천벌의 원리에 굳건하게 뿌리를 박고 있다. 그는 〈모비 딕〉, 〈킹콩〉, 〈프랑켄슈타인〉에서는 주인공이 어둡고 괴물이 밝게 나온다고 주장하는데, 이것이 사실 비극의 아주 훌륭한 정의가 아닐까?

4. 우리는 여기에서 다시 러요시 에그리로부터 출발한다. 그는 종합보다는 정립의 승리를 이야기한다. 이게 아니라면 주인공들이 배우는 게 아무것도 없을 것이다. 헤겔의 변증법보다 더 고전적이다.
5. A. A. 질, TV 칼럼, 〈선데이 타임스Sunday Times〉(2011).
6. "대사는 바보 같았고, 그런 상황은 있을 것 같지도 않았어요. 사람들도 그런 사람들이 있을까요?" 영국 국립 발레단의 댄서이자 예술 감독이었던 타마라 로호Tamara Rojo가 『옵서버』(2012. 4. 15)에서 터뜨린 불평이다.
7. 프랭크 토머스와 올리 존슨, 『디즈니의 악당*The Disney Villain*』(1993)에서.
8. "현대의 지성인들은 신화에 대해, 자연계를 설명하려는 원시적이고 어설픈 노력(프레이저), 선사 시대의 시적 환상의 산물이며 후대에도 계속 오해받아 온 것(뮐러), 집단에서 개인을 만들어 내기 위한 비유적인 가르침의 저장소(뒤르켕), 인간의 영혼 깊숙이 침투하는 원형적 충동의 징후인 집단의 꿈(융), 인간의 가장 심오한 형이상학적 통찰력을 나르는 전통적 도구(쿠마라스와미), 자기 자녀들에 대한 신의 현시(교회) 등등 여러 가지로 해석해 왔다. 신화는 사실 이 모든 것이다. 재판관의 관점에 따라 다양한 판결이 내려진다. 신화가 실제로 무엇이냐가 아니라, 신화가 어떻게 기능하느냐, 과거에 인류에게 어떻게 봉사했느냐, 지금은 어떻게 봉사하고 있느

냐 하는 것으로 살펴보자면, 신화는 개인이나 인종, 세대의 집착과 요구에 맞추어 삶 자체만큼이나 다루기 쉬운 것으로 드러난다." 조지프 캠벨, 『천의 얼굴을 가진 영웅』.

9. 프리드리히 막스 뮐러Friedrich Max Müller(1823~1900)는 그러한 추상적인 생각은 모든 것을 의인화하고자 하는 인간 욕망의 희생물이라고 믿었다.
10. 제임스 조지 프레이저James George Frazer 경(1854~1941), 『황금 가지*The Golden Bough*』(1890년 두 권으로 출간되었다가 1906년~1915년 사이에 열두 권으로 출간되었다). 〈황무지The Waste Land〉(T. S. 엘리엇의 장시 - 옮긴이)와 〈지옥의 묵시록〉에 영향을 미쳤다.
11 . 우리가 부여하는 질서는 인물을 아주 잘 설명해 준다. 같은 사건을 두고도, 불안정하고 편집증이 있는 사람은 보다 더 균형이 잡히고 다른 정신적 기질을 갖고 있는 사람과는 다른 해석을 내놓을 것이다. '질서'에 대한 찰리 코프먼의 버전은 그 자신에 대해 더욱 많은 것을 우리에게 말해 준다.
12. 스티븐 핑커, 『마음은 어떻게 작동하는가*How the Mind Works*』(1997)에서.
13. 노엘 갤러거Noel Gallagher(영국의 가수이자 작곡가 - 옮긴이)는 주드 로의 〈햄릿〉(2011)을 보고 그러지 않기로 했다. "4시간이나 되는 연극인데, 나는 무슨 말을 하는지 단 1분도 이해하지 못했다. 나는 이렇게 생각했다. '저들이 영어를 하긴 하는데, 모조리 헛소리뿐이잖아. 연기도 훌륭하고 대사 외우느라 고생들 했을 텐데…… 도대체 무슨 이야기야?'" 『런던 이브닝 스탠더드』(2011. 9.)
14. 대니얼 카너먼, 『생각에 관한 생각』(2011).
15. 아마도 전형적인 버전들은 (1)존 밀스John Mills(아카데미 상을 받은 영국의 배우 - 옮긴이)의 오리지널 영화 〈남극의 스콧Scott of the Antarctic〉(1948), (2)롤런드 헌트포드Roland Huntford의 책 『지구 최후의 장소: 남극 정복을 위한 스콧과 아문센의 경주*The Last Place on Earth: Scott and Amundsen's Race to the South Pole*』(1979) (마틴 쇼Martin Shaw가 나오는 TV 시리즈로도 만들어졌다), 그리고 최근에 나온 (3)에드워드 J. 라슨Edward J. Larson의 『얼음의 제국*The Empire of Ice*』(2011)일 것이다. 물론 다른 버전들도 있다.
16. 작가가 글을 쓰는 시대도 엄청난 영향을 미친다는 말을 덧붙여야 하겠다. 전쟁에서의 승리라는 후광이 사라지자, 1970년대 후반은 수많은 우상이

파괴된 시기가 되었다.

17. 폴리 토인비, "『선 온 선데이』(영국의 대중적 신문 - 옮긴이)가 살아나면 루퍼트 머독도 살아날 것이다."(가디언, 2012. 2. 23.) 그녀의 말이다. "…… 신성한 체하기 이전에도 언론은 진실의 대변자는 아니었다. 명망 있는 언론도 '글쓰기'라는 바로 그 행위 안에 계략을 감추고 있다. 언론은 소위 시각과 이유를 찾는다며 넓은 회색 그림자를 단순하게 흑과 백으로 나누어 버린다. 우리는 복잡한 현실을 옳고 그름이라는 서사로 단순화시켜 버린다. 우리는 모두 이야기에 굶주려 있다. 나는 우리가 하는 일이 고상하고 명예로워야 한다는 요구를 아주 많이 받을 때도 불편함을 느낀 적이 없다."

18. W. B. 예이츠가 수집하고 편찬한 『아일랜드 농민의 요정담과 민담*Fairy and Folk Tales of the Irish Peasantry*』을 보라. 콘에다(부모의 결합)라는 이름에서도 알 수 있듯이. 이 이야기는 실제로 아일랜드 코나하트 지방의 기원 설화이다.

19. 하인리히 지머, 『왕과 시체: 악을 정복한 자의 이야기*The King and the Corpse: Tales of the Soul's Conquest of Evil*』(조지프 캠벨 편집). (1948년에 처음 출간되었고 2차 수정본이 1971년에 나왔다.)

20. 시드 필드는 『시나리오란 무엇인가』(1979)에서 크기는 같고 방향은 반대인 반작용에 대해 언급하고 있다. 그런데 그는 이것을 소극적인 주인공이 가진 문제를 설명하는 데에만 이용하고 있다. 더 깊은 영향에 대해서는 탐구하지 않았다.

21. 법정에서 하는 변론이 흔히 진실에 대한 것이 아니라 변호사가 할 수 있는 가장 훌륭한 이야기라는 것은 대단한 아이러니다. 이럴 때, 재판이란 단순히 스토리텔링의 경쟁인 것처럼 보인다.

22. 헤겔은 『논리학*Wissenschaft der Logik*』(1812)에서 이렇게 말했다. "이것은 사물 자체 안에 모순이 있기 때문이다. 그것은 늘 움직이며 자극과 활동을 요구한다. 이것이 모든 운동과 발전의 과정이다." 러요시 에그리의 『드라마 쓰기의 기술』(1946)에서 인용한 것이다. 러요시는 이야기를 더 확대한다. "정립과 반정립, 종합은 모든 운동의 법칙이다. 모든 것은 운동을 통해 대립물 쪽으로 변화한다. 현재는 과거가 되고, 미래는 현재가 된다. 움직이지 않는 것은 아무것도 없다. 끊임없는 변화야말로 모든 존재의 본질이다.

시간 속에 존재하는 모든 것은 대립물을 향해 나아간다. 모든 것은 자기 안에 대립물을 품고 있다."

23. 라파엘 알바레즈, 『더 와이어: 전해진 진실』(2004). 데이비드 사이먼이 쓴 서문에서.
24. 연극 평론가 마이클 빌링턴, 1973년 작품들에 대한 그의 회고록, 『가디언』(2000. 4.)에서
25. 수사는 〈로미오와 줄리엣〉(2막 2장)에서 이렇게 말했다.

> 아무리 악한 것이라도 이 땅에 사는 것은
> 조금이라도 이 땅에 선한 일을 하고,
> 아무리 선한 것이라도 잘못 사용되면
> 천성을 벗어나 흔들리기 때문이야.
> 잘못 사용되면 미덕 자체가 악덕이 되고
> 악덕이 그럴듯한 위엄을 갖게 되지.
> 이 연약하고 어린 꽃 껍질 속에
> 독이 자리 잡고 효과를 발휘해.
> 이 향기를 맡으면 몸의 각 기관이 기운을 내고,
> 맛을 보면 심장과 함께 모든 감각이 죽어 버리니까.
> 적대적인 왕 두 사람이 그 안에 조용히 머물도다.
> 약초뿐만 아니라 사람에게도 있구나. - 기품과 거친 의지.
> 더 나쁜 것이 우위를 점하면,
> 죽음에 이르는 병이 그 식물을 먹어 버린다네.

수사의 이 말은 마이클 콜레오네에 대해서도 아주 잘 설명한 말일 것 같다.

26. 프랭크 코트렐 보이스, '영화 쓰는 법', 『가디언』 (2008. 6. 30.)
27. 『Story: 시나리오 어떻게 쓸 것인가』에서. 로버트 맥키는 드라마가 탄생하는 '간극'에 대해 말하고 있다.
28. 캠벨 스스로 이렇게 써 놓았다(『천의 얼굴을 가진 영웅』).

"신화 속 영웅의 표준적인 여행은 통과 의례(분리-입문-귀환)의 공식을 확

대한 것이다. 영웅의 모험 여행의 기초 단위라고 불러도 될 것이다. 프로메테우스는 하늘로 올라가 신들로부터 불을 훔쳐 내려왔다. 이아손은 암초 사이를 뚫고 경이의 바다를 항해해서 황금 양털을 지키는 용을 피하고 약탈자로부터 자신의 정당한 왕좌를 지켜 냈다. 아에네아스는 저승으로 내려가, 죽은 자들만 건널 수 있는 끔찍한 강을 건너 저승을 지키는 머리가 셋 달린 개 케르베로스에게 먹이를 던져 주고 나서야 마침내 죽은 아버지의 그림자와 대화를 나눌 수 있었다."

29. 클로드 레비스트로스Claude Levi-Strauss는 모든 신화가 두 가지 대립물의 결과물이라고 전제했다. 헤겔의 영향을 받은 그는 『신화의 구조 연구』(1955)(『구조 인류학Anthropologie structurale』 1권)에서 이렇게 주장했다. "신화의 목표는 모순(이런 모순이 실제로 일어난다면 극복하기가 불가능하지 않을까)을 극복할 수 있는 논리적 모델을 제공하는 것이다." 이 말은 복잡한 주장이기도 하고(때로는 말도 안 된다고 생각된다) 그만큼 설득력도 전혀 없지만, 우연히 이야기에 관한 본질적인 진실에 닿은 것처럼 보인다.
30. 물론 그것을 그대로 따라 할 때는 이야기가 다르다. 작가 닐 게이먼Neil Gaiman(〈닥터 후〉의 작가 - 옮긴이)은 캠벨의 『천의 얼굴을 가진 영웅』을 보다가 중간에 던져 버렸다. "이 말이 맞다면, 나는 알고 싶지 않다.…… 나는 패턴이 무엇인지 듣기보다는 그냥 그것을 우연히 따라 하고 싶다."라는 이유였다."
31. 이언 매큐언, '오직 사랑 그러고는 망각Only love and then oblivion'. 『가디언』(2001. 9. 15.)에 처음 발표되었다.
32. 더 자세한 것은 크리스티안 케이서스, 『인간은 어떻게 서로를 공감하는가 *The Empathic Brain*』(2011. 11.)를 보라.
33. 아리스토텔레스, 『시학』, 말콤 히스Malcolm Heath의 번역본(1996).
34. W. J. 릴의 『독일 사회 정치의 기반으로서의 민족의 자연사*Die Naturgeschichte des Volkes als Grundlage einer deutschen Social-Politik*』에 대한 조지 엘리엇의 비평(웨스트민스터 리뷰, 1856. 7.)에서.
35. 죄르지 루카치의 『미학 문화*Aesthetic Culture*』(1910)에서. 이 작품의 서문을 쓴 『나머지는 소음이다』의 작가 알렉스 로스에게 감사드린다.

36. 힐러리 모리시Hilary Morrish, 피터 오어Peter Orr, 존 프레스John Press, 이언 스콧-킬버트Ian Scott-Kilvert이 펴낸 『시인이 말한다: 현대 시인들과의 인터뷰*The Poet Speaks: Interviews with Contemporary Poets*』(1966).
37. 로버트 휴스, 『새로운 것의 충격』(1980)에서.

참고문헌

Alvarez, Rafael(2010), *The Wire: Truth Be Told.*

Archer, William(1912), *Play-Making: A Manual of Craftsmanship.*

Aristotle(1996), *The Poetics*(『시학』, 박문재 옮김, 현대지성, 2021), translated by Malcolm Heath.

Aronson, Linda(2001), *Screenwriting Updated.*

Baldwin, T. W.(1947; later edition, 1963), *Shakespeare's Five- Act Structure.*

Booker, Christopher(2004), *The Seven Basic Plots: Why We Tell Stories.*

Booth, Wayne C.(1961), *The Rhetoric of Fiction*(『소설의 수사학』, 최상규 옮김, 예림기획, 1999),

Bradley, A. C.(1904) *Shakespearean Tragedy*(『셰익스피어 비극론』, 이은종·유지훈 옮김, 주영사, 2017)

Campbell, Joseph(1949), *The Hero With a Thousand Faces*(『천의 얼굴을 가진 영웅, 이윤기 옮김, 민음사, 2018)

Cousins, Mark(2011), The Story of Film (TV series, More 4)

Cunningham, Keith(2008), *The Soul of Screenwriting: On Writing, Dramatic Truth, and Knowing Yourself.*

Dancyger, Ken and Jeff Rush(2006), *Alternative Scriptwriting*(『얼터너티브 시나리오』, 안병규 옮김, 커뮤니케이션북스, 2006)

Davis, Rib(3rd edn, 2008), *Writing Dialogue For Scripts.*

Davies, Russell T. and Benjamin Cook(2008), *Doctor Who: The Writer's Tale.*

Dethridge, Lisa(2003), *Writing Your Screenplay.*

Douglas, Pamela(2005), *Writing The TV Drama Series: How To Succeed as a Professional Writer in TV*(『넷플릭스 시대의 글쓰기』, 이은주 옮김, 도레미, 2020)

Eco, Umberto(1979), 'Narrative Structures in Fleming' , *The Role of the*

Reader: Explorations in the Semiotics of Texts.
Edgar, David(2009), *How Plays Work.*
Egri, Lajos(1946), *The Art of Dramatic Writing*(『극작의 기술』, 김성호 옮김, 비즈앤비즈, 2021)
Eisenstein, Sergei(1942), *The Film Sense.*
Field, Syd(1994), *Four Screenplays: Studies in the American Screenplay.*
Field, Syd(1979), *Screenplay: The Foundations of Screenwriting*(『시나리오란 무엇인가, 유지나 옮김, 민음사, 2017)
Field, Syd(1988), *The Screenwriter's Workbook*(『시나리오 워크북』, 박지홍 옮김, 경당, 2020)
Flinn, Denny Martin(1999), *How Not To Write A Screenplay: 101 Common Mistakes Most Screenwriters Make.*
Forster, E. M.(1927). *Aspects of the Novel.*
Frazer, Sir James George(1890), *The Golden Bough*.
Frensham, Ray(1996), *Teach Yourself Screenwriting.*
Freud, Anna(1937; revised edition, 1966), *The Ego and the Mechanisms of Defense.*
Freytag, Gustav(1900), *Technique of the Drama ; The Authorized Translation of the Sixth German Edition*, translated by Elias J. MacEwan.
Frost, David(2007), Frost/Nixon: One Journalist, One President, One Confession.
Frye, Northrop(1957), *Anatomy of Criticism*(『비평의 해부』, 임철규 옮김, 한길사, 2000)
Frye, Northrop(1981), *The Great Code.*
Garfinkel, Asher(2007), *Screenplay Story Analysis: The Art and Business.*
Goldman, William(1983), *Adventures in the Screen Trade: A Personal View of Hollywood and Screenwriting.*
Gulino, Pau(2004), *Screenwriting: The Sequence Approach*(『시나리오 시퀀스로 풀어라』, 김현정 옮김, 팬덤북스, 2020)
Harmon, Dan, Channel 101 (www.Channel101.Com), in particular 'Story

Structure 101 - Super Basic Shit', and the articles that follow it.
Hauge, Michael(1988), *Writing Screenplays That Sell: The Complete Guide to Turning Story Concepts into Movie and Television Deals.*
Hegel, Georg(1812~1816), *The Science of Logic.*
Highsmith, Patricia(1989), *Plotting And Writing Suspense Fiction*(『긴장감 넘치는 글쓰기를 위한 아이디어』, 송기철 옮김, 북스피어, 2020)
Hiltunen, Ari(2002), *Aristotle in Hollywood: The Anatomy of Successful Storytelling.*
Hughes, Robert(1980), *The Shock of the New*(『새로움의 충격』, 최기득 옮김, 미진사, 1995)
Hulke, Malcolm(1980), *Writing For Television.*
Indick, William(2004), *Psychology For Screenwriters : Building Confl ict in Your Script*(『시나리오 작가를 위한 심리학』, 유지나 옮김, 인벤션, 2017)
Isaacson, Walter(2011), *Steve Jobs: The Exclusive Biography*(『스티브 잡스』, 안진환 옮김, 민음사, 2015)
Jewkes, Wilfred(1958), *Act-Division in Elizabethan and Jacobean Plays.*
Kahneman, Daniel(2011), *Thinking, Fast and Slow*(『생각에 관한 생각』, 이창신 옮김, 김영사, 2018)
Kelly, Richard T. (ed.)(2007), *Ten Bad Dates with De Niro: A Book of Alternative Movie Lists.*
Keysers, Christian(2011), *The Empathic Brain*(『인간은 어떻게 서로를 공감하는가』, 고은미·김잔디 옮김, 바다출판사, 2018)
King, Stephen(2000), *On Writing*(『유혹하는 글쓰기』, 김진준 옮김, 김영사, 2017)
Kott, Jan(1962), *Shakespeare Our Contemporary.*
Kuleshov, Lev(1974), *Kuleshov on film: Writing of Lev Kuleshov.*
Larsen, Stephen and Robin(2002), *Joseph Campbell: A Fire in the Mind.*
Lawson, John Howard(1936), *Theory and Technique of Playwriting.*
Levi- Strauss, Claude(1955), 'The Structural Study of Myth' in *Structural Anthropology*, vol. 1.

Lodge, David(1992), *The Art of Fiction*(『소설의 기교』, 김경수·권은 옮김, 역락, 2010)

Logan, John and Laura Schellhardt(2008), *Screenwriting For Dummies.*

Lumet, Sidney(1995), *Making movies.*

Mamet, David(2007), *Bambi vs. Godzilla: On the Nature, Purpose, and Practice of the Movie Business.*

Mamet, David(1998), *Three Uses of the Knife.*

McKee, Robert(1999), *Story: Structure, Style and the Principles of Screenwriting*(『시나리오 어떻게 쓸 것인가』, 고영범 옮김, 민음인, 2002)

Morris, Elisabeth Woodbridge(1898), *The Drama; Its Law and its Technique.*

Norman, Marc(2007), *What Happens Next : A History of Hollywood Screenwriting.*

Ondaatje, Michael(2004), *The Conversations: Walter Murch and the Art of Editing Film*(『월터 머치와의 대화』, 이태선 옮김, 비즈앤비즈, 2013)

Perry, Bliss(1902), *A Study of Prose Fiction.*

Pinker, Steven(1997), *How the Mind Works*(『마음은 어떻게 작동하는가』, 김한영 옮김, 동녘사이언스, 2007)

Propp, Vladimir(1928), *Morphology of the Folk Tale*(『민담 형태론』, 어건주 옮김, 지만지, 2009)

Ross, Alex(2007), *The Rest Is Noise: Listening to the Twentieth Century.*

Sargent, Epes Winthrop(1916), *Technique of the Photoplay.*

Schlegel, A. W.(1808), *Lectures on Dramatic Art and Literature.*

Schmidt, Victoria Lynn(2007), *45 Master Characters*(『캐릭터의 탄생』, 남길영 옮김, 바다출판사, 2017)

Scott, Kevin Conroy (ed.)(2005), *Screenwriters' Masterclass.*

Seger, Linda(2008), *And the Best Screenplay Goes To...... Learning from the Winners: Sideways, Shakespeare in Love, Crash.*

Seger, Linda(1987; 3rd edn, 2010), *Making a Good Script Great*(『시나리오 거듭나기』, 윤태현 옮김, 시나리오친구들, 2001)

Simmel, Georg(1950), *The Sociology of Georg Simmel*, translated by Kurt H. Wolff, Part IV, 'The Secret and the Secret Society'.

Snyder, Blake(2005), *Save the Cat! The Last Book on Screenwriting That You'll Ever Need*(『*Save the Cat!*』, 이태선 옮김, 비즈앤비즈, 2014)

Snyder, Blake(2007), *Save the Cat! Goes to the Movies. The Screenwriter's Guide to Every Story Ever Told*(『*Save the Cat!*: 모든 영화 시나리오에 숨겨진 비밀』, 이태선 옮김, 비즈앤비즈, 2015)

Stanton, Andrew(2006), 'Understanding Story: or My Journey of pain', lecture.

Stefanik, Richard Michaels(2001), *The Megahit Movies*.

Surrell, Jason(2004), *Screenplay by Disney*.

Sutton, Shaun(1982), *The Largest Theatre in the World*.

Taled, Nassim(2007), *The Black Swan: The Impact of the Highly Improbable*.

Taylor, John Russell(1967), *The Rise and Fall of the Well- Made Play*.

Thomas, Frank and Ollie Johnson(1993), *The Disney Villain*.

Thompson Price, William(1892), *The Technique of the Drama*.

Tierno, Michael(2002), *Aristotle's Poetics For Screenwriters*(『스토리텔링의 비밀』, 김윤철 옮김, 아우라, 2008)

Tilley, Allen(1992), *Plot Snakes and the Dynamics of Narrative Experience*.

Truby, John(2007), *The Anatomy of Story: 22 Steps to Becoming a Master Storyteller*(『이야기의 해부』, 조고은 옮김, 비즈앤비즈, 2017)

Vogler, Christopher(1985), *A Practical Guide To The Hero With a Thousand Faces*.

Vogler, Christopher(1996), *The Writer's Journey*(『신화, 영웅 그리고 시나리오 쓰기』, 함춘성 옮김, 비즈앤비즈, 2013)

Voytilla, Stuart(1999), *Myth and the Movies: Discovering the Mythic Structure of 50 Unforgettable Films*((『영화와 신화』, 김경식 옮김, 을유문화사, 2005)

Waters, Steve(2010), *The Secret Life of Plays*.

Yeats, W. B.(1888), *Fairy and Folk Tales of the Irish Peasantry.*

Zimmer, Heinrich(1948; 2nd edition, 1956/1971), *The King and the Corpse: Tales of the Soul's Conquest of Evil*, edited by Joseph Campbell.

스토리텔링의 아름다움, 프랙털 구조

이 책은 드라마 제작자이자 스토리텔링 컨설턴트인 존 요크John Yorke가 쓴 『Into the Woods: How Stories Work and Why We Tell Them』를 완역한 책이다. 작가가 밝히고 있듯이 이 책은 '드라마 작법'에 관한 책은 아니다. 물론 드라마 쓰기에 도움이 아주 많이 되는 책이기는 하지만, 이 책은 기본적으로 좋은 이야기가 갖추고 있는 구조에 관해 살펴보는 책이다.

아리스토텔레스가 이미 아주 오래전 『시학』에서 밝혔듯이 세상의 모든 이야기는 '시작 - 중간 - 끝'이라는 3막 구조로 이루어져 있다. 왜 이야기가 이런 3막 구조로 이루어져 있는지 수많은 이야기 연구자가 머리를 싸매 연구 하고 가설을 세워 왔지만, 어찌 보면 당연하다. 시작과 중간, 끝이 없는 이야기가 세상에 어디 있단 말인가.

이 책에서는 이야기의 구조를 밝힌다고 하고 있지만 여기에서 이야기란 '좋은 이야기', '재미있는 이야기'를 말한다. 그리고 작가는 좋은 이야기란 단순히 3막으로 이루어져 있을 뿐만 아니라, 더 나아가 아름다운 구조를 갖추고 있다고 말한다.

작가는 이 아름다운 이야기의 구조를 밝히기 위해, 자신이 구할 수 있는 모든 이야기 관련 이론서와 문건들을 읽어보았다. 그리고 자신이 읽을 수 있는 모든 이야기 이론서와 연극, 영화, 드라마를 살펴보았다. 그렇게 이 책에서 자기 나름의 이야기에 관한 이야기를 펼쳐놓는다.

작가에게 이야기는 곧 여행이다. 1막에서 주인공은 여행을 떠날 수밖에 없는 요청을 받는다. 2막에서 주인공은 온갖 어려움을 겪지만, 결국 그 어려움으로부터 자신에게 부족한 것이 무엇인지 깨닫고 새롭게 변화한다. 그리고 3막에서 주인공은 자신이 받았던 요청을 해소할 영약이나 해결책을 들고 고향으로 돌아온다. 주인공이 여행을 떠나는 곳은 지금껏 가 본 적이 없는 미지의 숲속이다. 컴컴하고 어두운 그곳은 여러 괴물이 도사리고 있는 곳이다. 그러므로 이 여행은 과거 신화 속 영웅들이 떠났던 여행과 완전히 같은 것이다.

이처럼 스토리텔링의 근본 구조는 3막 형식을 띤다. 1막의 끝에 '도발적인 사건'이 일어나고, 2막의 끝에 '위기'가 닥쳐서 3막 구조를 명확하게 만들어 준다. 그런데 셰익스피어와 입센을 비롯한 근현대의 연극은 모두 5막 구조를 취하고 있다. 현대의 할리우드 영화들도 대개는 5막 구조이다. 이유가 뭘까?

5막 구조와 3막 구조는 본질적으로 같다. 5막 구조는 3막 구조를 상세하게 다듬은 것일 뿐이다. 5막은 두 번째 막에 두 개의 막을 더 끼워 넣어 만들어진다. 두 형식에서 첫 번째 막과 마지막 막은 그대로 남아 있다. 작가들이 5막 형식을 선택하는 이유는 이야기를 관객들에게 더 잘 이해시키기 위해서라고 하지만, 실은 5막 형식을 다루기가 더 쉽기 때문이다.

이야기란 주인공이 자신의 결함을 극복하기 위해 여행을 떠나는 것이라고 했다. 주인공은 자신의 목표에 도달하기 위해 자신에게는 없는 필요한 자질을 갖춘다. 달리 말해 그는 변화한다. 드라마 속의 욕망은 결국 변화를 바라는 욕망이다. 만일 주인공이 무언가를 원한다면 그는 변화해야 한다.

주인공이 변화하는 순간은 시간상으로나 이야기 전개상으로나 이야기의 중간에 놓인다. 그래서 이 순간을 '중간 지점'이라고 부른다. 중간 지점은 매우 의미 있는 사건이 발생하는 순간이다. 〈타이타닉〉에서는 배가 얼음덩이와 충돌하는 순간이고, 〈위험한 정사〉에서는 댄이 자기 정부가 임신했음을 알게 되는 순간이다. 〈에이리언〉에서는 무시무시하게 생긴 외계 생명체가 케인의 가슴을 뚫고 대가리를 쳐드는 순간이다. 작가들은 중간 지점의 중요성을 알기 때문에 중간 지점이 있는 사건을 하나의 막으로 독립시키고 비중 있게 다루기 시작했다. 따라서 1막과 중간 지점이 있는 막(3막) 사이는 2막이 되고, 3막과 마지막 막 사이는 4막이 된다.

신기하게도 좋은 이야기에서 하나의 막은 다시 3부로 이루어진다. 하나의 막 안에 또 시작과 중간, 끝이 있다는 말이기도 하고, '도발적인 사건'과 '위기'가 있다는 말이기도 하다. 다시 말해 세 개의 막이 이루는 이야기 한 편과 세 개의 부분이 이루는 막 하나의 구조는 똑같다는 뜻이다. 이처럼 작은 구조를, 이 작은 구조들이 모여서 이루어지는 큰 구조와 비슷한 형태를 '프랙털'이라고 부른다. 이야기의 구조가 해안선의 모양처럼, 공작의 깃털 무늬처럼, 잭슨 폴록의 그림처럼 프랙털 구조로 이루어져 있기에 작가는 이야기의 구조가 아름답다고 말한다.

하나의 이야기는 중간 지점을 중심으로 '떠나는 여행'과 '돌아오는 여행'으로 양분된다. 거기에 하나의 막은 또 각각 3부 구조로 이루어지기 때문에 이야기 전체는 크게 보아 구조상 대칭을 이룬다. 이야기 한 편의 줄거리가 역사 연대표처럼 키워드로 적혀 있다면, 그리고 이 기다란 연대표를 중간 지점을 접어 겹쳐 본다면, 1막과 5막, 2막과 4막, 3막의 전반과 후반이 각각 거울 이미지를 이룬다는 말이다. 아름다운 구조란 바로 이런 것이다.

이런 아름다운 구조를 갖추었다고 해서 모든 이야기가 재미있는 이야기가 되진 않을 것이다. 작가는 이에 놓치지 않고 재미있는 이야기가 갖추어야 할 여러 요소들을 좋은 사례와 함께 쉽고 자세하게 설명해 준다. 왜 '말하지 말고 보여줘야 하는지', '인물 묘사는 어떻게 해야 하는지', '서브텍스트는 어떻게 활용해야 하는지' 등을 읽다 보면, 솜씨 좋은 드라마 작가들의 일하는 모습이 절로 떠오를 것이다.

작가는 이 책이 '드라마 작법'에 관한 책은 아니라고 강조했다. 단순히 좋은 이야기의 구조를 분석해 본 책이라는 뜻이다. 그러나 좋은 이야기를 쓰고자 하는 사람들이 좋은 이야기의 구조를 익히는 것은 기본 아니겠는가. 그러니 이 책은 좋은 이야기를 쓰고자 하는 사람들은 반드시 읽어보아야 할, 아니 몇 번씩 읽어서 몸에 익혀야 할 이야기 쓰기의 교과서 같은 책이다. 또, 이야기를 사랑하는 사람들도 한 번쯤 읽으면서, 재미있었던 영화나 연극, 소설 등을 다시 즐길 수 있는 훌륭한 이야기에 관한 이야기책이라고 할 수 있겠다.

2022년 3월

정재윤

색인*

〈007 골드핑거Goldfinger〉 80, 240, 364
〈007 스카이폴Skyfall〉 119
〈007 위기일발From Russia with Love〉 45, 119
〈007 카지노 로얄Casino Royale〉 35, 45, 101
〈007 황금총을 가진 사나이The Man with the Golden Gun〉 35
〈2012 타이타닉2012 Titanic〉 288
3막 170
3막 구조 61, 75, 162
5막 구조 75
〈48시간48 Hrs〉 217

A

BAFTA 15
〈CSI〉 9
〈ER〉 121, 250, 268, 285

ㄱ

〈개구쟁이 데니스Dennis the Menace〉 334
개성화 228
〈거짓의 FF For Fake〉 267
〈건스모크Gunsmoke〉 279, 285
걸리버 여행기Gulliver's Travels〉 10, 68, 267
〈겨울 이야기The Winter's Tale〉 81
고다르Jean Luc Godard 29
〈고질라Godzilla〉 9
고립 232
고무 오리 234, 236
골드먼William Goldman 132, 163, 207
공감 31
〈괴물The Thing〉 9
〈굿 셰퍼드The Good Shepherd〉 56
〈귀여운 여인Pretty Woman〉 80
〈그랜드 디자인Grand Designs〉 313
〈그랜드 테프트 오토Grand Theft Auto〉 31
〈그레이 아나토미Grey's Anatomy〉 285
『극영화의 기술*The Technique of the Photoplay*』 64
〈글리Glee〉 48, 211
〈금발이 너무해Legally Blonde〉 11, 38, 355
『길 위에서*On the Road*』 136
길티 플레저Guilty Pleasures 211

ㄴ

〈나바론 요새Guns of Navarone〉 10
〈나의 아연 침대My Zinc Bed〉 19, 101, 390
〈나이트메어Nightmare on Elm Street〉 9
〈남아 있는 나날The Remains of the Day〉 232

* 영화 제목은 〈 〉, 책 제목은 『 』로 구분하였다.
한국어 제목이 있는 경우 그대로 달았으며, 제목이 없는 경우는 직역하였다.

〈내가 가는 곳은 어디 인가!I Know Where I'm Going!〉 235
〈내일을 향해 쏴라Butch Cassidy and the Sundance Kid〉 131, 207, 217
냉장고를 핵무기로 공격하기Nuke the fridge 303
〈네 번의 결혼식과 한 번의 장례식Four Weddings and a Funeral〉 53, 137
네오 리얼리즘 318
노먼Marc Norman 65
〈노인을 위한 나라는 없다No Country For Old Men〉 50, 317
〈노팅 힐Notting Hill〉 38, 137, 222, 229, 233, 330
〈누가 백만장자가 되고 싶은가Who Wants To Be a Millionaire〉 43
뉴먼Newman 135, 274
〈뉴욕경찰 24시NYPD Blue〉 292
〈니모를 찾아서Finding Nemo〉 11, 188
〈닉슨Nixon〉 211
니체Friedrich Nietzsche 135

ㄷ
〈다운폴Downfall〉 33
『다음에는 무슨 일이 일어나는가*What Happens Next*』 65
〈다이 하드Die Hard〉 297, 307
〈다크 나이트 라이즈Dark Knight Rises〉 9, 36
〈다크 나이트The Dark Knight〉 36
닥터 노Dr. No 35
〈닥터 후Doctor Who〉 166, 279, 283
〈당신을 오랫동안 사랑했어요I've Loved You So Long〉 172
〈대부The Godfather〉 46, 55, 91, 101, 110, 169, 396
〈대부 2〉 53, 129, 297
대사 240
〈댄싱 히어로Strictly Ballroom〉 100, 106, 176
〈댐드 유나이티드The Damned United〉 322
〈더 딜The Deal〉 322
〈더 스트리트The street〉 164, 185
〈더 엑스 팩터The X Factor〉 17
〈더 와이어The Wire〉 53, 194, 220, 283, 288, 310, 354
〈더 퀸The Queen〉 322
〈데드위시Death Wish〉 232
던John Donne 317
〈덱스터Dexter〉 218
〈델마와 루이스Thelma and Louise〉 10, 68, 93, 111, 144, 149, 175, 235, 237
델 토로Guillermo Del Toro 18, 29, 101
도발적인 사건 43, 169, 175
〈독 그린의 딕슨Dixon of Dock Green〉 279
뒤샹Marcel Duchamp 192
〈드라그넷Dragnet〉 278, 285, 298
드라마 341
『드라마의 기법*Die Technikdes Dramas*』 79, 170
드레위에르Dreyer 318
들라크루아Eugèe Delacroix 12
〈디 아더스The Others〉 196
〈디아볼릭Les Diaboliques〉 196
〈또 만나요Auf Wiedersehen〉 269
〈뜨거운 것이 좋아Some Like It Hot〉 148

ㄹ

〈라스베가스를 떠나며Leaving Las Vegas〉 232
〈라이언 일병 구하기Saving Private Ryan〉 10, 42, 128
〈라이언의 딸Ryan's Daughter〉 187
〈라이온 킹Lion King〉 103, 182
〈라이팅 더 롱스Writing the Wrongs〉 306
〈라이프 온 마스Life on Mars〉 10, 36, 152, 165, 250, 292, 300
〈라인 오브 듀티Line of Duty〉 56
래티건Terence Rattigan 88
램지Peggy Ramsay 62
러시아 형식주의 13
러카레이Johnle Carré 202
〈레드 플렌티Red Plenty〉 122, 316
〈레베카Rebecca〉 10
〈레이Ray!〉 234
〈레이더스Raiders of the Lost Ark〉 10, 38, 63, 139, 151, 364, 373
〈레이디킬러The Lady killers〉 264
〈레이첼, 결혼하다Rachel Getting Married〉 235
〈레인맨Rain Man〉 235
〈로리타Lolita〉 56
로메르Eric Rohmer 197
〈로미오와 줄리엣Romeo and Juliet〉 58, 83
로버트슨T. W. Robertson 89
로스코Rothko 135
로저 에이버리Roger Avary 122
〈로하이드Rawhide〉 279
〈록키Rocky〉 42
롤링J. K. Rowling 218
〈롱 굿 프라이데이The Long Good Friday〉 43, 171
〈롱퍼드Longford〉 322
루멧Sidney Lumet 235
루어먼Baz Luhrmann 106
루카치Gyögy Lukács 366
루커스George Lucas 101, 120
〈루크페리의 뱀파이어 해결사Buffy The Vampire Slayer〉 242
〈리썰 웨폰Lethal Weapon〉 217, 297
〈리어 왕King Lear〉 58, 81, 269, 317, 362
〈리처드 2세Richard Ⅱ〉
리처즈Ben Richards 116
리턴Bulwer-Lytton 89
〈리킹 히틀러Licking Hitler〉 71
〈리피피Rififi〉 10
린David Lean 187

ㅁ

마멧David Mamet 67
마인더Minder 279, 285, 293
〈마스터 앤드 커맨더Masterand Commander〉 10
〈마음의 저편One From The Heart〉 267
마이클스Leonard Michaels 61
막 139
〈말괄량이 길들이기The Taming of the Shrew〉 330
〈매드맨Mad Men〉 209, 211, 307
〈매리골드Marigold〉 274
매슬로Abraham Maslow 212
매큐언Ian McEwan 363
맥거번Jimmy McGovern 136
맥거핀MacGuffin 38
〈맥베스Macbeth〉 51, 55, 80, 83, 101, 110, 171, 309, 355

맥케이Neil McKay 284
맥키Robert McKee 18, 208
맨틀Hilary Mante 156
〈맨해튼Manhattan〉 231
〈머니볼Money ball〉 346
메이Rollo May 214
〈머펫The Muppets〉 48
〈먼로Monroe〉 44
『면죄부 판매자의 이야기*The Pardoner's Tale*』 196
모건Peter Morgan 322
모팻Peter Moffat 282
몰리에르Molièe 15
〈무방비 도시Naked City〉 279
〈미드나이트 런Midnight Run〉 42
『미들마치*Middlemarch*』 20
〈미스 리틀 선샤인Little Miss Sunshine〉 42
〈민중의 적En folkefiende〉 59, 88

ㅂ

〈바디스Bodies〉 259
〈바벨Babel〉 121
〈바보와 말 들뿐Only Fools and Horses〉 295
〈바티칸의 철십자The Scarlet and the Black〉 58
반동 형성 232
반전 55, 68
반정립 66
〈반지의 제왕Lord of the Rings〉 10
〈발굴Excavation〉 191
〈배트맨Batman〉 47, 166, 217
〈배틀스타 갤럭티카Battlestar Galactica〉 291
〈백경Moby Dick〉 56
범죄 드라마 29
범죄소설 42
베넷Arnold Bennett 309
베르길리우스Vergilius 115
〈베리드Buried〉 287
베리만Ingmar Bergman 197, 318
〈베어울프Beowulf〉 9, 68, 361
베텔하임Bruno Bettelheim 334
변화의 로드맵 98, 149, 326, 361, 387
보글러Christopher Vogler 102
〈보난자Bonanza〉 279
〈보드워크 엠파이어Boardwalk Empire〉 228
〈보이스 프롬 더 블랙스터프Boys from the Blackstuff〉 305
〈보통 사람들Ordinary People〉 9
복코Steven Bochco 298
〈본 슈프리머시The Bourne Supremacy〉 235
〈본 얼티메이텀The Bourne Ultimatum〉 82, 196
볼드윈Thomas Baldwin 75
부정 232
부커Christopher Booker 13,53, 82
〈북북서로 진로를 돌려라North by Northwest〉 38
불워 리턴Bulwer-Lytton 89
〈붉은 거리Red Road〉 235
〈브라이즈헤드 리비지티드Brideshead Revisited〉 10, 68
브라크Braque 318
〈브레이킹 배드Breaking Bad〉 57, 93
〈브룩사이드Brookside〉 30, 301, 305, 309
〈블랙 스완Black Swan〉 332
『블랙 스완*The Black Swan: The Impact*

of the Highly Improbable』 328
블레이크슨J. Blakeson 344
〈블루문 특급Moon lighting〉 302
『비극의 탄생*Die Geburtder Tragödieaus-dem Geisteder Musik*』 135

ㅅ
〈사랑의 행로The Fabulous Baker Boys〉 222, 402
〈사생활Private Lives〉 280
〈사운드 오브 뮤직Sound of Music〉 317
〈사인펠드Seinfeld〉 63, 99
사전트Epes Winthrop Sargent 64
〈산장의 밤Roomat the Top〉 58
상어 뛰어넘기Jumping the shark 301
〈새로운 탄생The Big Chill〉 232
〈샘Fontaine〉 192
『생각에 관한 생각*Thinking, Fast and Slow*』 343
〈샤이닝The Shining〉 9
서브텍스트 260, 289
〈세머테리 정션Cemetery Junction〉 311
〈센스 앤 센서빌리티Sense and Sensibility〉 330
셰익스피어Shakespeare 15, 77, 125, 317
〈소셜 네트워크The Social Network〉 167, 216, 237
소킨Aaron Sorkin 20, 36
소포클레스Sophocles 353
〈소프라노스The Sopranos〉 209, 232
『솔로몬 왕의 보물*King Solomon's Mines*』 64, 330
〈쇼생크 탈출The Shawshank Redemption〉 171
〈숏 컷Short Cuts〉 30, 121
〈수색자The Searchers〉 229, 232
〈수퍼내니Supernanny〉 313
〈순찰차Z Cars〉 285
〈쉐임리스Shameless〉 280, 293, 346
〈쉰들러 리스트Schindler's List〉 329
〈슈퍼맨Superman〉 47, 217
슈페어Albert Speer 31
슐레겔A. W. Schlege 144
슐링크Bernhard Schlink 70
〈스노우타운Snowtown〉 56
〈스위니The Sweeney〉 279, 285
스콧Ridley Scott 93
〈스크림Scream〉 9
스크리브Eugène Scribe 15, 87
스키너Mikeskinner 185
스타니슬랍스키Constantin Stanislavski 37, 261
〈스타스키와 허치Starsky and Hutch〉 298
〈스타워즈Star Wars〉 42, 47, 52, 102, 148, 330
〈스타 트렉Star Trek> 279, 285
스탠턴Andrew Stanton 187
스탠턴Stephen S. Stanton 88
〈스텝토의 저주The Curse of Steptoe〉 264
스토리텔링 12, 23, 129, 312, 336
스톤Oliver Stone 211
〈스트로우 독스Straw Dogs〉 38
스티븐스Simon Stephens 237
〈스팅The Sting〉 269
〈스파이더맨SpiderMan〉 217
스퍼포드Francis Spufford 122, 316
〈스푹스Spooks〉 9, 11, 28, 116, 280, 287
스필버그Spielberg 140
승화 232

시리즈 277, 282, 285
〈시민 케인Citizen Kane〉 38, 235
〈시크릿 밀리어네어Secret Millionaire〉 313
〈식스 센스The Sixth Sense〉 68, 196
신경증 234
『신화, 영웅 그리고 시나리오 쓰기*The Writer's Journey*』 102
『실낙원*Paradise Lost*』 30
〈실수 연발The Comedy of Errors〉 355
〈심정지Cardiac Arrest〉 252, 259
〈쏘우Saw〉 9, 364

ㅇ

아나그노리시스Anagnorisis 197
아니마/아니무스 331
아들러Alfred Adler 214
아리스토텔레스 20, 197
〈아바타Avatar〉 8
〈아빠 부대Dad's Army〉 217
〈아서 왕의 죽음Morte D'Arthur〉 10
〈아웃캐스트Outcasts〉 287
『아이네이스*Aeneis*』 115
〈아이 양육Bringing Up Baby〉 101
〈아이언맨Iron Man〉 101
〈아포칼립토Apocalypto〉 112
〈아프리카의 여왕The African Queen〉 101, 111
〈악마의 씨Rosemary's Baby〉 232
〈악질 경찰Bad Lieutenant: Port of Call-New Orleans〉 58
〈안드레이 루블료프Andrei Rublyov〉 181
안토니오니Michelangelo Antonioni 318
〈안티고네Antigone〉 353
〈암체어 시어터Armchair Theatre〉 275
〈앙코르Walk The Line〉 234
애러놉스키Darren Aronofsky 332
『애크로이드 살인 사건*The Murder of Roger Ackroyd*』 196
〈앤과 해롤드Ann and Harold〉 274
〈앨리스 크리드의 실종The Disappearance of Alice Creed〉 68, 345
〈야망의 함정The Firm〉 119
〈약속The Promise〉 38
〈양들의 침묵The Silence of the Lambs〉 234, 261
〈어 퓨 굿 맨A Few Good Men〉 92, 162, 330
〈어둠의 심연Heart of Darkness〉 68
〈어벤져스The Avengers〉 242, 275
〈어택 더 블록Attack the Block〉 100
〈어프렌티스The Apprentice〉 17, 313
〈어프로프리에이트 어덜트Appropriate Adult〉 284
억압 231
에그리Lajos Egri 311
에드거David Edgar 31
〈에린 브로코비치Erin Brockovich〉 9, 152
〈에어플레인Airplane!〉 297
에우리피데스 63
〈에이리언Alien〉 11, 29, 38, 45, 47, 81, 264, 297
〈에이콘 앤티크Acorn Antiques〉 249
〈엑소시스트The Exorcist〉 9
엘리엇George Eliot 365
〈엘리트 스쿼드Elite Squad〉 58
엥겔스Friedrich Engels 21
여행 44
연속극 277, 282
〈연을 쫓는 아이The Kite Runner〉 50

예이젠시테인Eisenstein 190
『옛이야기의 매력*The uses of Enchantment: The meaning and Importance of Fairy Tales*』 334
『오디세이아*Odysseia*』 115
〈오만과 편견Prideand Prejudice〉 330
〈오션스 일레븐Ocean's Eleven〉 10
〈오이디푸스 왕Oedipus Rex〉 196
〈오즈의 마법사The Wizard of Oz〉 10, 331
올트먼Robert Altman 119
〈와이프 스와프Wife Swap〉 313
와일드Oscar Wilde 89
『왕과 시체*The King and the Corpse*』 348
욕망 36
〈우주 전쟁War of the Worlds〉 42
우드Victoria Wood 249
〈울프 홀Wolf Hall〉 56
워드David S. Ward 269
〈워킹 데드The Walking Dead〉 39, 283
〈워터십 다운Watership Down〉 10
〈월튼네 사람들The Waltons〉 279, 285, 291
〈웨더바이Wetherby〉 71
웨던Joss Whedon 242
〈웨스트 윙The West Wing〉 20, 121, 158, 164, 268, 296, 343
위기 46, 165
〈위기의 주부들Desperate Housewives〉 295
〈위대한 유산Great Expectations〉 284
위어Peter Weir 147
〈위트니스Witness〉 11, 147, 152, 229, 233
〈위험한 정사Fatal Attraction〉 9, 81
〈윈슬로우 보이The Winslow Boy〉 246
〈유령Gengangere〉 88
〈유주얼 서스펙트The Usual Suspects〉 10
융Carl G. Jung 214, 335
의학 드라마 29
〈이바노프Ivanov〉 310
〈이상한 나라의 앨리스Alicein Wonderland〉 10
〈이스트엔더스East Enders〉 30, 37, 47, 104, 158, 165, 197, 234, 250, 262, 269, 300, 327, 352, 355
〈이지 라이더Easy Rider〉 10
〈이터널 선샤인Eternal Sunshine of the Spotless Mind〉 71
〈이티E.T.〉 46, 55, 100, 128, 175, 330
『인간 동기 이론*A Theory of Human Motivation*』 121
〈인게이지먼트Un Long Dimanche De Fiancailles〉 267
『인도로 가는 길*A Passage to India*』 114
〈인디아나 존스: 크리스탈 해골의 왕국 Kingdom of the Crystal Skull〉 303
〈인디아나 존스IndianaJones〉 64
〈인디펜던스 데이Independence Day〉 42
인물 묘사 240
〈인크레더블 헐크The Incredible Hulk〉 217
『일곱 가지 기본 구성*The Seven Basic Plots*』 82
〈일명 스미스와 존스Alias Smithand Jones〉 290
〈잃어버린 전주곡Five Easy Pieces〉 102
입센Henrik Ibsen 59, 88,
『입에 꽃을 문 남자*The Man with the*

Flower in his Mouth』 273

ㅈ

자아 방어 기제 230
잘 만들어진 연극 87
〈잠수종과 나비The Diving Belland the Butterfly〉 35
잠재의식 244
장면 156
〈재즈 싱어The Jazz Singer〉 241
『잭 리처*Jack Reacher*』 165, 291
적대자 34
전위 232
전환점 158
절정 49
정립 66
〈제3의 사나이The Third Man〉 10
〈제너럴The General〉 126
제임스 패터슨James Patterson 87
〈제인 에어Jane Eyre〉 330
〈존 말코비치 되기Being John Malkovich〉 19, 66, 86, 101, 239, 383
존슨Ben Jonson 77
존슨Samuel Johnson 317
종합 66
죄네Jean-Pierre Jeunet 267
〈죠스Jaws〉 9, 11, 29, 35, 55, 68, 237, 361, 364
〈주노Juno〉 101
〈주말Weekend〉 29, 181
주인공 29
주제 306
주지화 231
중간 지점 115, 170, 283
중심인물 27
〈줄리어스 시저Julius Caesar〉 81, 310
〈쥬라기 공원Jurassic Park〉 9
지머Heinrich Zimmer 348
지멜Georg Simmel 265
〈지옥의 묵시록Apocalypse Now〉 10, 38, 128, 146, 151, 253
질A. A. Gill 332

ㅊ

차옙스키Paddy Chayefsky 235
〈차이나타운Chinatown〉102
차일드Lee Child 165
『책 읽어 주는 남자*Der Vorleser*』 70
『천로역정*The Pilgrim's Progress*』 47
『천의 얼굴을 가진 영웅*The Hero with a Thousand Faces*』 102
〈청춘 낙서American Graffiti〉 101, 120, 311
〈청춘의 양지Diner〉 121
체호프Anton Chekhov 310
초서Chaucer 196
〈초콜릿Chocolat〉 232
치유 327

ㅋ

〈카Cars〉 42, 68, 170, 222
카너먼Daniel Kahneman 343
〈카르멘Carmen〉 57
〈카사블랑카Casablanca〉 47, 57, 101, 235
『캐나다*Canada*』 319, 320
〈캐넌 목장The High Chaparral〉 292
캐머런James Cameron 8, 44
캐스던Lawrence Kasdan 140
〈캐주얼티Casualty〉 9, 44, 250, 266, 285
캠벨Joseph Campbell 18, 103, 325,

352
〈캡틴 아메리카Captain America〉 217
커티스Richard Curtis 66
커포티Truman Capote 136
〈코미디의 왕The King of Comedy〉 58
코워드Noë Coward 280
코트렐 보이스Frank Cottrell Boyce 30, 323, 357
코프먼Charlie Kaufman 19, 29, 71
〈콜 더 미드와이프Call the Midwife〉 32, 285, 293
〈콜 오브 듀티Call of Duty: Modern Warfare〉 31, 33
쿠닝Willemde Kooning 191
쿠리Callie Khouri 93
쿨레쇼프 효과 188, 241, 260
쿨레쇼프Lev Kuleshov 188, 190
크루치Joseph Wood Krutch 339
〈쿵푸KungFu〉 279, 290
〈크고 작은 모든 생명체들All Creatures Greatand Small〉 279, 285
〈크래쉬Crash〉 233, 307
크리스 락Chris Rock 220
크리스티Agatha Christie 119
〈크리미널 저스티스Criminal Justice〉 282
클로델Philippe Claudel 172
클루조Henri Georges Clouzot 195
〈키클로페스Cyclopes〉 63
〈킥애스Kick-Ass〉 171
〈킬링The Killing〉 11, 31, 283
〈킹 메이커The Idesof March〉 56
〈킹스 스피치The King's Speech〉 141, 401

ㅌ

타란티노Quentin Tarantino 119, 122
타르콥스키Tarkovsky 318
〈타워링The Towering Inferno〉 9
타이넌Kenneth Tynan 230
〈타이타닉Titanic〉 81, 110
〈태양은 외로워/일식L'eclisse〉 318
〈택시 드라이버Taxi Driver〉 58, 102
〈터미네이터 2〉 44, 297
〈터미네이터Terminator〉 45
테렌티우스Terence 75
테이트Nahum Tate 362
〈텔레크라임Telecrime〉 274
〈템페스트The Tempest〉 89
〈토이 스토리 3〉 171
〈토이 스토리Toy Story〉 143, 297
『톰 존스*Tom Jones*』 114
퇴행 232
〈투모로우The Day after Tomorrow〉 42
투사 232
〈투씨Tootsie〉 42
〈트랜스포머3〉 323
〈트랜스포머Transformers〉 28
〈트레메Treme〉 283, 310
〈트로일로스와 크레시다Troilus and Cressida〉 355
〈팀 아메리카: 세계 경찰Team America〉 172
〈팅커 테일러 솔저 스파이Tinker Tailor Soldier Spy〉 36, 202

ㅍ

〈파더 브라운Father Brown〉 301
파로아Ashley Pharoah 165
〈파리의 충격Paris By Night〉 323
〈파우스트Dr. Faustus〉 56

〈판셴Fanshen〉 323
〈패러독스Paradox〉 287
〈펄프 픽션Pulp Fiction〉 120, 122, 320
페리페테이아 69, 197
〈페어런트후드Parent hood〉 121
〈페이킹 잇Faking It〉 313
〈펫과 민더Petand Minder〉 269
포드Richard Ford 319
〈포세이돈 어드벤처The Poseidon Adventure〉 9
포스터E. M. Forster 114
〈포카혼타스Pocahontas〉 8
폴록Jackson Pollock 86
〈폴링 다운Falling down〉 38
〈폴티 타워Fawlty Towers〉 154, 216
〈푸싱 데이지Pushing Daisies〉 267
프라이Northrop Frye 13
〈프라이데이 나잇 라이츠Friday Night Lights〉 288
프라이타크Gustav Freytag 15, 78, 170
〈프라임 서스펙트Prime Suspect〉 112
프라하학파 13
프랙털 154, 173, 360
〈프랑켄슈타인Frankenstein〉 58
〈프레이저Frasier〉 302
〈프로스트vs닉슨Frost/Nixon〉 322
프로이트Sigmund Freud 230
프로프Vladimir Propp 41
〈프리스트Priest〉 228
프리스틀리J. B. Priestley 89
플래스Sylvia Plath 366
〈플래시 고든Flash Gordon〉 47
플래터Alan Plater 62
〈플레이 포 투데이Play For Today〉 305
피란델로Luigi Pirandello 273
피카소Picasso 318
피터슨Bob Peterson 188
〈핀리 박사의 케이스 북Dr Finlay's Case book〉 279
필리스Brian Fillis 264

ㅎ

하네케Michael Haneke 316
〈하얀 리본Das weiße Band–Eine deutsche Kindergeschichte〉 182, 317
〈하우스House〉 9, 216
〈한나 몬타나Hannah Montana〉 28
〈한여름 밤의 꿈A Midsummer Night's Dream〉 355
합리화 232
해거드Rider Haggard 64
해결 52
〈해리 포터Harry Potter〉 285
〈해리 포터와 불의 잔The Goblet of Fire〉 285
〈해리가 샐리를 만났을 때When Harry Met Sally〉 137, 308, 330
해설 245
해피 엔딩 290
〈행오버The Hangover〉 297
〈허슬Hustle〉 292
〈헤다 가블레르Hedda Gabler〉 88
헤어David Hare 18, 29, 70, 323
〈헨리 4세Henry Ⅳ〉 331
〈헨리 8세King Henry VIII〉 246
〈형사 콜롬보Columbo〉 116, 285
호메로스Homeros 115
〈혹성 탈출Planet Of The Apes〉 196
〈혹성탈출: 진화의 시작Rise of the Planet of the Apes〉 58
〈홀비시티Holby City〉 249, 258, 268
〈홈랜드Homeland〉 11, 284

휴스Robert Hughes 21
히치콕Hitchcock 35, 38
〈힐 스트리트 블루스Hill Street Blues〉
285, 298